U0647661

"中国村庄发展：浙江样本研究"丛书

主编　陈野

富 民 之 路

温州上园村发展研究

THE WAY
TO CREATE WEALTH
DEVELOPMENT STUDY
OF
SHANGYUAN VILLAGE ,
WENZHOU

徐剑锋等◎著

ZHEJIANG UNIVERSITY PRESS
浙江大学出版社

图书在版编目（CIP）数据

富民之路 ： 温州上园村发展研究 / 徐剑锋等著. — 杭州 ：
浙江大学出版社，2021.12
　（"中国村庄发展：浙江样本研究"丛书 / 陈野主编）
　ISBN 978-7-308-21341-7

　Ⅰ. ①富… Ⅱ. ①徐… Ⅲ. ①农村经济发展－研究－温州
Ⅳ. ①F327.555

中国版本图书馆CIP数据核字(2021)第085235号

富民之路：温州上园村发展研究

徐剑锋 等 著

丛书策划	陈丽霞　宋旭华　赵　静
丛书统筹	赵　静　王荣鑫
责任编辑	平　静
责任校对	周烨楠　蔡　帆
装帧设计	林智广告
出版发行	浙江大学出版社
	（杭州市天目山路148号　　邮政编码　310007）
	（网址：http://www.zjupress.com）
排　　版	杭州林智广告有限公司
印　　刷	浙江省邮电印刷股份有限公司
开　　本	710mm×1000mm 1/16
印　　张	23.25
插　　页	4
字　　数	391千
版 印 次	2021年12月第1版　2021年12月第1次印刷
书　　号	ISBN 978-7-308-21341-7
定　　价	98.00元

版权所有　翻印必究　　印装差错　负责调换

浙江大学出版社市场运营中心联系方式：0571-88925591；http://zjdxcbs.tmall.com

浙江省文化研究工程指导委员会

主　任　袁家军

副主任　黄建发　朱国贤　彭佳学　陈奕君
　　　　　刘小涛　成岳冲　任少波

成　员　胡庆国　朱卫江　蔡晓春　来颖杰
　　　　　盛世豪　徐明华　孟　刚　陈根芳
　　　　　尹学群　吴伟斌　褚子育　张伟斌
　　　　　俞世裕　郭华巍　鲍洪俊　高世名
　　　　　蔡袁强　蒋国俊　张　兵　马卫光
　　　　　陈　龙　汤飞帆　俞东来　李跃旗
　　　　　胡海峰

"中国村庄发展：浙江样本研究"项目组研究人员名单

"中国村庄发展：浙江样本研究"丛书

丛书主编 陈　野

首席专家 闻海燕　顾益康

"富民之路：温州上园村发展研究"课题组简介

课题组组长 徐剑锋

课题组成员 陈振宇　尚再清　陈静慧　王亦凡　周佳松

改革开放初期的上园村

上园旧村改造规划鸟瞰图

改革开放初期的车站路

求精开关厂——正泰与德力西的前身

正泰集团

德力西集团

上园电子大厦

柳市气动市场

上园华联大厦

上园平安主题公园

上园老年宫

上园幼儿园

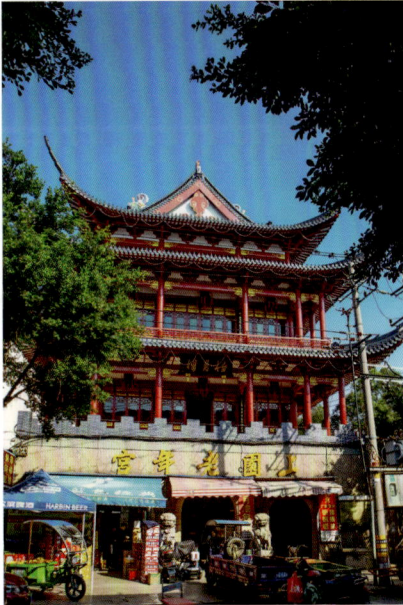

清明祭祖

胡氏宗祠内景

上园村元宵节"划龙船"

上园村重阳节敬老活动

上园村民代表大会

（以上图片均由上园社区居民委员会提供）

浙江文化研究工程成果文库总序

有人将文化比作一条来自老祖宗而又流向未来的河，这是说文化的传统，通过纵向传承和横向传递，生生不息地影响和引领着人们的生存与发展；有人说文化是人类的思想、智慧、信仰、情感和生活的载体、方式和方法，这是将文化作为人们代代相传的生活方式的整体。我们说，文化为群体生活提供规范、方式与环境，文化通过传承为社会进步发挥基础作用，文化会促进或制约经济乃至整个社会的发展。文化的力量，已经深深熔铸在民族的生命力、创造力和凝聚力之中。

在人类文化演化的进程中，各种文化都在其内部生成众多的元素、层次与类型，由此决定了文化的多样性与复杂性。

中国文化的博大精深，来源于其内部生成的多姿多彩；中国文化的历久弥新，取决于其变迁过程中各种元素、层次、类型在内容和结构上通过碰撞、解构、融合而产生的革故鼎新的强大动力。

中国土地广袤、疆域辽阔，不同区域间因自然环境、经济环境、社会环境等诸多方面的差异，建构了不同的区域文化。区域文化如同百川归海，共同汇聚成中国文化的大传统，这种大传统如同春风化雨，渗透于各种区域文化之中。在这个过程中，区域文化如同清溪山泉潺潺不息，在中国文化的共同价值取向下，以自己的独特个性支撑着、引领着本地经济社会的发展。

从区域文化入手，对一地文化的历史与现状展开全面、系统、扎实、有序的研究，一方面可以藉此梳理和弘扬当地的历史传统和文化资源，繁荣和丰富当代的先进文化建设活动，规划和指导未来的文化发展蓝图，增强文化软实力，为全面建设小康社会、加快推进社会主义现代化提供思想保证、精神动力、智力支持和舆论力量；另一方面，这也是深入了解中国文化、研究中国文化、发展中国文化、创新中国文化的重要途径之一。如今，区域文化研究日益受到各地重视，成为我国文化研究走向深入的一个重要标志。我们今天实施浙江文化研究工程，其目的和意义也在于此。

千百年来，浙江人民积淀和传承了一个底蕴深厚的文化传统。这种文化传统的独特性，正在于它令人惊叹的富于创造力的智慧和力量。

浙江文化中富于创造力的基因，早早地出现在其历史的源头。在浙江新石器时代最为著名的跨湖桥、河姆渡、马家浜和良渚的考古文化中，浙江先民们都以不同凡响的作为，在中华民族的文明之源留下了创造和进步的印记。

浙江人民在与时俱进的历史轨迹上一路走来，秉承富于创造力的文化传统，这深深地融汇在一代代浙江人民的血液中，体现在浙江人民的行为上，也在浙江历史上众多杰出人物身上得到充分展示。从大禹的因势利导、敬业治水，到勾践的卧薪尝胆、励精图治；从钱氏的保境安民、纳土归宋，到胡则的为官一任、造福一方；从岳飞、于谦的精忠报国、清白一生，到方孝孺、张苍水的刚正不阿、以身殉国；从沈括的博学多识、精研深究，到竺可桢的科学救国、求是一生；无论是陈亮、叶适的经世致用，还是黄宗羲的工商皆本；无论是王充、王阳明的批判、自觉，还是龚自珍、蔡元培的开明、开放，等等，都展示了浙江深厚的文化底蕴，凝聚了浙江人民求真务实的创造精神。

代代相传的文化创造的作为和精神，从观念、态度、行为方式和价值取向上，孕育、形成和发展了渊源有自的浙江地域文化传统和与时俱进的浙江文化精神，她滋育着浙江的生命力、催生着浙江的凝聚力、激发着浙江的创造力、培植着浙江的竞争力，激励着浙江人民永不自满、永不停息，在各个不同的历史时期不断地超越自我、创业奋进。

悠久深厚、意韵丰富的浙江文化传统，是历史赐予我们的宝贵财富，也是我们开拓未来的丰富资源和不竭动力。党的十六大以来推进浙江新发展的实践，使我们越来越深刻地认识到，与国家实施改革开放大政方针相伴随的浙江经济社会持续快速健康发展的深层原因，就在于浙江深厚的文化底蕴和文化传统与当今时代精神的有机结合，就在于发展先进生产力与发展先进文化的有机结合。今后一个时期浙江能否在全面建设小康社会、加快社会主义现代化建设进程中继续走在前列，很大程度上取决于我们对文化力量的深刻认识、对发展先进文化的高度自觉和对加快建设文化大省的工作力度。我们应该看到，文化的力量最终可以转化为物质的力量，文化的软实力最终可以转化为经济的硬实力。文化要素是综合竞争力的核心要素，文化资源是经济社会发展的重要资源，文化素质是领导者和劳动者的首要素质。因此，研究浙江文化的历史与现状，增强文化软实力，为浙江的现代化建设服务，是浙江人民的共同事业，也是浙江各级党委、政府的重要使命和责任。

2005 年 7 月召开的中共浙江省委十一届八次全会，作出《关于加快建设文化大省的决定》，提出要从增强先进文化凝聚力、解放和发展生产力、增强社会公共服务能力入手，大力实施文明素质工程、文化精品工程、文化研究工程、文化保护工程、文化产业促进工程、文化阵地工程、文化传播工程、文化人才工程等"八项工程"，实施科教兴国和人才强国战略，加快建设教育、科技、卫生、体育等"四个强省"。作为文化建设"八项工程"之一的文化研究工程，其任务就是系统研究浙江文化的历史成就和当代发展，深入挖掘浙江文化底蕴、研究浙江现象、总结浙江经验、指导浙江未来的发展。

浙江文化研究工程将重点研究"今、古、人、文"四个方面，即围绕浙江当代发展问题研究、浙江历史文化专题研究、浙江名人研究、浙江历史文献整理四大板块，开展系统研究，出版系列丛书。在研究内容上，深入挖掘浙江文化底蕴，系统梳理和分析浙江历史文化的内部结构、变化规律和地域特色，坚持和发展浙江精神；研究浙江文化与其他地域文化的异同，厘清浙江文化在中国文化中的地位和相互影响的关系；围绕浙江生动的当代实践，深入解读浙江现象，总结浙江经验，指导浙江发展。在研究力量上，通过课题组织、出版资助、重点研究基地建设、加强省内外大院名校合作、整合各地各部门力量等途径，形成上下联动、学界互动的整体合力。在成果运用上，注重研究成果的学术价值和应用价值，充分发挥其认识世界、传承文明、创新理论、咨政育人、服务社会的重要作用。

4

我们希望通过实施浙江文化研究工程，努力用浙江历史教育浙江人民、用浙江文化熏陶浙江人民、用浙江精神鼓舞浙江人民、用浙江经验引领浙江人民，进一步激发浙江人民的无穷智慧和伟大创造能力，推动浙江实现又快又好发展。

今天，我们踏着来自历史的河流，受着一方百姓的期许，理应负起使命，至诚奉献，让我们的文化绵延不绝，让我们的创造生生不息。

2006 年 5 月 30 日于杭州

浙江文化研究工程成果文库序言

袁家军

浙江是中华文明的发祥地之一，历史悠久、人文荟萃，素称"文物之邦""人文渊薮"，从河姆渡的陶灶炊烟到良渚的文明星火，从吴越争霸的千古传奇到宋韵文化的风雅气度，从革命红船的扬帆起航到新中国成立初期的筚路蓝缕，从改革开放的敢为人先到新时代的变革创新，都留下了弥足珍贵的历史文化财富。纵览浙江发展的历史，文化是软实力、也是硬实力，是支撑力、也是变革力，为浙江干在实处、走在前列、勇立潮头提供了独特的精神激励和智力支持。

2003 年，习近平同志在浙江工作时作出"八八战略"重大决策部署，明确提出要进一步发挥浙江的人文优势，积极推进科教兴省、人才强省，加快建设文化大省。2005 年 7 月，习近平同志主持召开省委十一届八次全会，亲自擘画加快建设文化大省的宏伟蓝图。在习近平同志的亲自谋划、亲自布局下，浙江形成了文化建设"3+8+4"的总体框架思路，即全面把握增强先进文化的凝聚力、解放和发展文化生产力、提高社会公共服务力等"三个着力点"，启动实施文明素质工程、文化精品工程、文化研究工程、文化保护工程、文化产业促进工程、文化阵地工程、文化传播工程、文化人才工程等"八项工程"，加快建设教育、科技、卫生、体育等"四个强省"，构建起浙江文化建设的"四梁八柱"。这些年来，我们按照习近平同志当年作出的战略部署，坚持一张蓝图绘到底、一任接着一任干，不断推进以文铸魂、以文育德、以文图强、以文传道、以文兴业、以文惠民、以文塑韵，走出了一条具有中国特色、时代特征、浙江特点的文化发展之路。

文化研究工程是浙江文化建设最具标志性的成果之一。随着第一期和第二期文化研究工程的成功实施，产生了一批重点研究项目和重大研究成果，培育了一批具有浙江特色和全国影响的优势学科，打造了一批高水平的学术团队和在全国有影响力的学术名师、学科骨干。2015 年结束的第一批浙江文化研究工程共立研究项目 811 项，出版学术著作千余部。2017 年 3 月启动的第二期浙江文化研究工程，已开展了 52 个系列研究，立重大课题 65 项、重点课题 284 项，出版学术著作 1000 多部。特别是形成了《宋画全集》等中国历代绘画大系、《共和国命运的抉择与思考——毛泽东在浙江的 785 个日日夜夜》等领袖与浙江研究系列、《红船逐浪：浙江"站起来"的革命历程与精神传承》等"浙 100 年"研究系列、《浙江通史》《南宋史研究丛书》等浙江历史专题史研究系列、《良渚文化研究丛书》等浙江史前文化研究系列、《儒学正脉——王守仁传》等浙江历史名人研究系列、《吕祖谦全集》等浙江文献集成系列。可以说，浙江文化研究工程，赓续了浙江悠久深厚的文化血脉，挖掘了浙江深层次的文化基因，提升了浙江的文化软实力，彰显了浙江在海内外的学术影响力，为浙江当代发展提供了坚实的理论支撑和智力支持，为坚定文化自信提供了浙江素材。

当前，浙江已经踏上了实现第二个百年奋斗目标的新征程，正在奋力打造"重要窗口"，争创社会主义现代化先行省，高质量发展建设共同富裕示范区。文化工作在浙江高质量发展建设共同富裕示范区中具有决定性作用，是关键变量；展现共同富裕美好社会的图景，文化是最富魅力、最吸引人、最具辨识度的标识。我们要发挥文化铸魂塑形赋能功能，为高质量发展建设共同富裕示范区注入强大文化力量，特别是要坚持把深化文化研究工程作为打造新时代文化高地的重要抓手，努力使其成为研究阐释习近平新时代中国特色社会主义思想的重要阵地、传承创新浙江优秀传统文化革命文化社会主义先进文化的重要平台、构建中国特色哲学社会科学的重要载体、推广展示浙江文化独特魅力的重要窗口。

新时代浙江文化研究工程将延续"今、古、人、文"主题，重点突出当代发展研究、历史文化研究、"新时代浙学"建构，努力把浙江的历史与未来贯通起来，使浙学品牌更加彰显、浙江文化形象更加鲜明、中国特色哲学社会科学的浙江元素更加丰富。新时代浙江文化研究工程将坚守"红色根脉"，更加注重深入挖掘浙江红色资源，持续深化"习近平新时代中国特色社会主义思想在浙江的探索与实践"课题研究，努力让浙江成为践行创新理论的标杆之地、传播中华文明的思想之窗；擦亮以宋韵文化为代表的浙江历史文化金名片，从思想、制度、经济、社会、百姓生活、文学艺术、建筑、宗教等方面全方位立体化系统性研究阐述宋韵文化，努力让千年宋韵更好地在新时代"流动"起来、"传承"下去；科学解读浙江历史文化的丰富内涵和时代价值，更加注重学术成果的创造性转化，探索拓展浙学成果推广与普及的机制、形式、载体、平台，努力让浙学成果成为有世界影响的东方思想标识；充分动员省内外高水平专家学者参与工程研究，坚持以项目引育高端社科人才，努力打造一支走在全国前列的哲学社会科学领军人才队伍；系统推进文化研究数智创新，努力提升社科研究的科学化水平，提供更多高质量文化成果供给。

伟大的时代，需要伟大作品、伟大精神、伟大力量。期待新时代浙江文化研究工程有更多的优秀成果问世，以浙江文化之窗更好地展现中华文化的生命力、影响力、凝聚力、创造力，为忠实践行"八八战略"、奋力打造"重要窗口"，争创社会主义现代化先行省，高质量发展建设共同富裕示范区，提供强大思想保证、舆论支持、精神动力和文化条件。

丛书序言

PREFACE

中国乡村曲折艰难的现代化进程，步履艰难而又波澜壮阔。其意蕴之丰沛，与中国生活、中国社会和中国文化深切相连。回溯中国乡村自1840年中国社会开启现代转型以来走过的兴衰起伏之命运轨迹，可谓千回百转、曲折萦纡。数辈乡民身居不同时代，应对多重挑战，以吃苦耐劳、隐忍柔韧、顽强进取的品格精神，维系了村庄命脉和厚重历史。

一

当代乡村发展，承历史之重，开乡村现代化之时代新局。改革开放以来，浙江乡村变化巨大，以其走在前列的先行先试，开乡村发展的时代新局，呈现了发展中国家走向现代化的轨迹，为中国乡村的现代化发展提供了分析参照的样本。有鉴于此，本套丛书以"中国村庄发展：浙江样本研究"为主题，着力于从以下方面开展研究，并取得相应成果。

改革开放40多年，特别是自2003年习近平同志在浙江工作后，作为习近平新时代中国特色社会主义思想的重要萌发地，浙江乡村发展迈入新阶段，呈现城乡融合、"五位一体"全面发展的新态势。习近平同志以以人为本、执政为民的治理理念和统揽全局的思维方式，对浙江乡村发展全面布局，实施"千村示范，万村整治"等重点工程，从推动产业新发展、建设新社区、培育新农民、树立新风尚、构建新体制等维度全面推进乡村发展。习近平同志有关乡村发展的理性思考、创造性实践和历史性成果，是我们选择浙江村庄作为中国村庄发展样本加以研究的重要遵循和行动指南。

村庄是最基层的社会单位之一，是最为鲜活丰沛的日常生活之地，是中华历史文化传统的重要根基，是我国全面建成小康社会、开启全面建设社会主义现代化国家新征程的重要建设领域。然而，由古至今，村庄也是最缺乏历史记载和文献档案系统、最难听到它本真的话语呼声、最难触摸到它脉动的心灵、最难见到它在历史进程中完整形影的场所。本丛书旨在以长时段的历史研究视野，观察、记录和研析作为基层生活共同体的中国村庄，在面对社会转型期的急剧巨变时，如何通过调整、舍弃、更新、吸纳共同体内在结构和要素的策略，重建与生活、与生产、与社会、与时代均相契合的新型乡村社会生活的规则和秩序，以此维系村庄生存，推动村庄发展，提升村庄品质。同时，亦拟以翔实细致的个案性剖析，探求乡村传统建构的实际场景和内在机制。故此，在各专著框架中，特设"史地篇"，追寻村庄过往在其当下时段中的历史投射，记述村庄的整体性历史进程，定位其当今发展在乡村文明进程中的历史坐标，为观察、研究村庄建立长程的历史背景；特设"访谈篇"，以大量的村民口述访谈和全面系统的乡村档案收集整理，为一直以来缺乏史料积淀的村庄建立由文献、田野调查和口述访谈为架构的资料系统，记下了村民传承、维系、建设、发展村庄的种种心声；尤其重视以经济、政治、治理、文化、生态等各篇组合的整体性研究，通过深度驻村调研、深层次介入村庄内部生产生活环境，为不同类型村庄在当代社会变革时期所做的探索与发展，建立起完整的事实记录和分析样本，在浩瀚苍茫的历史时空中留下了我们这个时代的乡村社会发展印记，见证了乡村传统建构中的众多真实过程。

乡村研究是社会学、历史学、政治学、文化学等学科的重要领域，村庄个案研究、专题研究、历史断代研究、现实问题研究等成果丰硕。本套丛书以 11 个村庄为研究对象，以各个村的纵向历史发展特别是改革开放 40 多年来的乡村发展基本轨迹为历史纵轴，以独具浙江特色的村庄经济、政治、文化、社会、治理、生态等为记述研究主体，从不同角度记述浙江乡村发展轨迹，并从中提炼具有普遍意义的发展路径、特征和价值，为相关学科深化乡村研究提供了丰富个案和鲜明的地方资源。

乡村发展在我国改革开放史中具有众多首创之功和重要的历史地位，目前乡村振兴背景下来自各级党委、各级政府、社会各界和广大村民等的积极作为，是当代中国历史进程的重要组成部分。本套丛书各部专著所述浙江村庄历史和改革开放 40 多年来的乡村建设历程、发展成就和价值意义，以来自乡村一线这种最为社会基层的真实场景、鲜活实践和全方位的研究阐释，极大地丰富了浙江以至中国当代发展研究的内涵，为党史、新中国史、改革开放史、社会主义发展史的研究，输送了来自乡村大地的源头活水，增强了研究的内在活力。

本套丛书积极探索学术研究对接当下社会需求的内在理路，将来自改革前沿的现实问题研究与学术研究紧密结合，在全面系统记述乡村历史、开展理论研究的同时，直面乡村建设发展中的困境、不足和问题，走进当代社会实践，走向乡村基层，走进乡民群体，在与政府、乡村和农民的互动中开展现实问题专题研究，发挥学术研究参与现实社会建设的作用和价值，以理性分析、务实举措从村庄发展现实问题中提炼可供下一步乡村振兴所需的理论资源和对策建议，撰写多个智库报告，得到省委省政府领导多项肯定性批示，实现了学术研究中问题意识、现实关切和人文关怀的有机关联，提升了人文社科研究在基层社会的知晓度和影响力。

二

自项目正式实施以来，项目组科研人员深入全省相关市县宣传、文化、旅游、建设、农办等政府部门和百余个村庄开展深入调研。从东部海岛到西部田园，从浙南山区到浙北平原，课题组成员顶着烈日酷暑、冒着风雨严寒，克服诸多困难，走进田间地头，结交农民朋友，深入农户开展深度访谈，全方位多视角实地考察村庄发展实况。5年来深入乡村的实践探索和项目研究，让我们收获良多，也给我们带来很多启示。

在本套丛书研究和撰写过程中，乡镇村干部群众一致认为本研究在梳理村庄历史、增强集体认同、提升文化自信、提供发展资源、理清发展思路等方面，与乡镇和村的建设需求十分契合，对项目研究给予极大肯定，表现出极高的参与和配合热情，尤其热切地表达了对专业性强、学术水平高的人文社科研究的衷心期待。蕴含于乡村大地的家园故土寻根意愿、强烈的文化自觉意识、丰富的创业创新业绩、高昂进取的精神面貌和积极态度，以及存在于一些村庄的老龄化、空心化、业态陈旧、过度开发、贫富差距、文化生活单调等发展中的问题和不足，均让我们深切感受到村庄发展的巨大需求空间，看到了乡村社会发展对专家学者的热切期盼。广阔的乡村大地，正是开展人文社科研究、获取厚重科研成果的丰富沃土。

习近平总书记指出："人民的需要和呼唤，是科技进步和创新的时代声音。"社会科学工作者只有走出书斋，积极探索学术研究对接当下社会需求的内在理路，深入开展脚踏实地的基层调研，将哲学社科理论研究与社会实践紧密结合，将来自改革前沿的现实问题与学术研究紧密结合，准确了解社情民意、把握时代脉搏，实现学术研究中问题意识、现实关切和人文关怀的有机关联，才能克服从书本到书本、从理论到理论的研究局限，强化基础理论研究厚重感，提升应用对策研究针对性，取得适应现实所需、彰显学术价值、具有中国气派的哲学社会科学研究成果。

以重大系列项目构建综合性学术团队，开展集聚多学科、多梯队联合共事的集体攻关项目，既整合了原先相对分散的科研力量，也在团队的协同共进、交流互鉴、相互砥砺中营建起浓厚的学术氛围、深厚的同事情谊，为年轻科研人员的成长提供了优质平台，达到了既出成果又出人才的双赢效果。

5 年来的学术劳作和辛勤付出，让我们收获满满，既有研究专著的丰硕成果，也是一次整合院内乡村研究相关科研力量、以团队合作形式开展重大主题研究的实战历练，为我院培育乡村研究平台、打造乡村研究品牌、历练乡村研究队伍、承担乡村研究重大课题，做出了有益尝试，取得了扎实成效。创新不易，守成更难，开拓尤需勇气、毅力和实力。衷心祝愿项目组和各位科研人员以本套丛书出版为新起点，勉力精进，深耕勤研，取得更多丰硕成果。

浙江省社会科学院副院长、研究员

"中国村庄发展：浙江样本研究"项目负责人、丛书主编　陈　野

2020 年 12 月 6 日

丛书绪论

中国是一个历史悠久的农业大国，农业是关系到国计民生的基础产业，农民是占人口最多的社会群体，农村是最广阔的地域空间。"三农"问题在我们党和国家发展中占有重中之重的地位。村庄作为中国最古老的社区，既是农民的集居地，也是农业赖以发展的基础，亦是农耕文明、农耕文化、地域文化生存发展之地。从一定意义上来说，村庄发展就是"三农"发展的缩影，村庄发展演变也反映着社会的变革趋势，特别是城乡关系的发展变化趋势。

村庄是乡村经济社会发展最基础、最基本的单元，村庄发展也是整个中国经济社会发展演变的一个风向标。无论是城市发展还是农村发展、工业发展还是农业发展都会在村庄的发展上表现出来，所以研究中国村庄发展实际上是解剖中国经济社会变革的"麻雀"，"麻雀虽小、五脏俱全"，我们通过对改革开放 40 多年来村庄发展的一些样本的解剖，可以揭示中国改革开放 40 多年来政治、经济、社会、生态和文化等方面的发展轨迹与发展规律，起到"窥一斑、见全貌"的作用。

一、改革开放 40 多年来浙江村庄发展的基本经验

浙江是 5000 年中华文明实证地、中国革命红船起航地、改革开放先行地和习近平新时代中国特色社会主义思想的重要萌发地。浙江作为中国东部沿海发达的代表省之一，市场化、工业化、城镇化进程走在全国的前列，同时浙江也是地域差异性十分明显的省份，"七山一水二分田"的基本省情和兼有山海之利的特点，使得浙江村庄发展的多样性特色十分明显。由浙江省第二期文化研究工程重大系列项目"中国村庄发展：浙江样本研究"形成的这套丛书，选取的 11 个村庄研究样本，既来自 11 个地（市），也兼顾了发达地区明星村与欠发达地区的后发村、平原村与山区村、城郊区村

与纯农区村、少数民族村与海岛渔村等不同类型的地域村庄。这11个不同村庄在浙江既有一定的代表性，也隐含了发展的普遍性与多样性相统一的规律性。特别是改革开放的伟大变革是从农村开始的，改革开放的先行者和主力军也是农民。"春江水暖鸭先知"，从一定意义上来说，浙江村庄也是浙江变革最早、最快的地方，因此这11个样本村庄的研究就有了多方面的意义与价值。

丛书的11个不同类型的浙江村庄个案，每个研究基本上都由史地、经济、社会、治理、生活、生态、文化、访谈、文献等篇组成，从而分析每个村庄发展基础，记述发展历史，总结发展经验，解释发展动因，揭示发展本质，提炼样本价值。浙江这11个样本村庄地域位置各异，资源禀赋不一，发展水平参差不齐，但通过对这11个个案村改革开放40多年来的发展历程、发展实绩、发展经验、发展动因等的整体分析，我们大致上可以揭示浙江农村40多年改革开放的基本经验，也可以从中寻找到浙江40多年改革开放与发展之所以能够走在全国前列的内在原因。正如时任浙江省委书记习近平同志总结的，浙江发展快是因为农村发展快，浙江富是因为农民率先富，浙江活是因为农村搞得活。从这11个个案样本村的发展总体情况来分析，浙江村庄40多年改革开放中值得全国村庄借鉴的发展经验主要有以下五点：

一是坚持走以"人民大众创造财富、人民政府创造环境"为运行机制的大众市场经济的创新发展之路。改革开放以来浙江把家庭联产承包制改革对农民生产力的解放运用到了极致，通过千百万农民率先闯市场，鼓励农民以市场为导向调整优化农业结构，鼓励农民务工经商，大力发展乡镇经济、家庭工业和个私经济，率先在全省快速推进市场化、工业化和城镇化的进程，促进农民分工分业分化，让千百万农民成为自主创业创富的市场经营主体，形成了"百万能人创业创富、千万农民就业致富"的新格局。以乡镇企业、个私经济为主体的民营经济不仅带动了农民快速致富，也成为推动浙江工业化、市场化最强大的力量。花园村、上园村、邵家丘村、缪家村等村庄的发展都实证了这一以农民大众为创业创新主体力量的创新发展之路。农民大众和民营企业成为全省市场经济绝对的主体力量，市场化、工业化、城镇化中的浙江农民的创造力得到了前所未有的爆发。同时，浙江各级政府按照时任省委书记习近平的"以人为本谋'三农'"的要求，为农民自由全面发展创造环境，大力改善基础设施、公共服务和人居环境，推进"最多跑一次"改革，形成了"人民大众创业致富、人民政府管理服务""人民大众创造财富、人民政府创造环境"的大众市场经济的创新发展模式。这一发展路子非常全面地体现了以人民为中心的发展思想，做到了发展为了人民、发展依靠人民、发展成果为人民共享，浙江这一大众市场经济的运行机制使浙江"三农"发展表现了极大的创造力。

二是坚持走"城乡融合发展、一二三产业融合发展"的城乡一体化的协调发展之路。城乡关系在"三农"问题解决上起着极为重要的作用。改革开放以来，浙江逐步改革了城乡二元分割体制，允许农民到城镇务工经商，走出了一条农民城镇农民建的城镇化之路，县城和小城镇成为农民首选的安居乐业之地。特别是从新世纪以来，时任浙江省委书记习近平亲自制定《浙江省统筹城乡发展　推进城乡一体化纲要》，实施了新型城镇化与建设新农村双轮驱动的新战略，实施千村示范、万村整治的工程，大力推动城市基础设施向农村延伸、城市公共服务向农村覆盖、城市现代文明向农村辐射，快速缩小了城乡在基础设施、公共服务和现代文明方面的差距。经过十几年坚持不懈的建设，我们这11个个案村庄无一例外地都变成了生态宜居的美丽乡村，农村人居环境得到了根本性改善。在这一背景下，城市出现了逆城市化和新一轮"上山下乡"的热潮，追求绿色生态的城市消费者热衷于到美丽乡村来休闲度假、养生养老，城市有识之士和城市资本技术也开始出现了"上山下乡"，到美丽乡村发展民宿等美丽经济和现代农业。传统农业也出现了加速向现代农业转变的新趋势。家家粮棉油、户户小而全的小农经营大幅减少，适度规模经营的家庭农场、合作社、龙头企业成为新型农业经营主体。大学毕业生、研究生、留学归来的高层次农二代和来自城市的农创客给浙江农业注入了新的生机和活力。同时，农业出现了功能多样化以及与第二、第三产业相融合的新趋势，休闲观光农业、文创农业、体验农业、智慧农业、设施农业等新型农业业态快速增多，现代农业呈现出与第二、第三产业深度融合的全产业链发展的新趋势。农业绿色化、标准化、品质化、品牌化让浙江农业呈现出前所未有的发展新态势。

三是坚持走"绿水青山就是金山银山"理念为引领的生态生活优先的绿色发展之路。浙江人多地少，人均资源稀缺，在改革开放初期，为了解决产品短缺、工业品供应匮乏问题，被迫走了一条以牺牲生态环境为代价的粗放型、数量型经济发展之路。在世纪之交，生产发展与生态保护的矛盾更加突出。2003 年，时任浙江省委书记习近平高瞻远瞩地提出了建设生态省和绿色浙江的新战略。在全省实施"千村示范、万村整治"工程，2005 年习近平在安吉余村首次提出了"绿水青山就是金山银山"理念，强调优美的生态环境就是最普惠的民生福祉。在农村经济发展上，把为农民创造优美生活环境、优良生态环境放到首要位置。本丛书 11 个样本村无一例外地都开展了农村人居环境和生态环境整治，将原来污染严重的垃圾村建设成为生态宜居的美丽乡村。像余村、棠棣村、清漾村、沙滩村等都成为美丽乡村精品村和文化旅游名村，美丽乡村成为农民引以为豪的美好生活的幸福家园，也成为城市人越来越向往的休闲度假、养生养老的生态乐园。越来越多的城市消费者、投资者兴起"上山下乡"的新热潮。乡村旅游、农家乐、民宿、体验农业等"美丽"经济和"乡愁"产业成为"两山"转化的有效载体，这些绿色产业成为浙江农民创业就业、创业致富的新亮点。

四是坚持走"对外开放、对内开放"相互联动的特色块状经济的开放发展之路。通过对改革开放前后的经济发展路子的比较，使浙江干部群众意识到全方位开放经济和市场经济是发挥资源小省、市场大省优势的必然选择。浙江抓住中国的对外开放新机遇，大力发挥劳动力人才和工贸优势，大力发展市场在外、原料基地在外的"两头在外"的集聚化、特色化生产加工、贸易基地，形成了柯桥轻纺、海宁皮革、义乌小商品、永康小五金、桐乡羊毛衫、东阳红木家具、大唐袜业等特色块状经济。本书的 11 个样本村在这一开放发展大潮中形成的一村一品、一村一业的特色专业村的发展模式，则是浙江这种开放型块状经济的基础和重要生力军。这种"两头在外、无中生有"的块状产业是县域经济、农村经济的强大支撑和竞争力所在，都是浙江农民创业就业的主阵地，也是浙江民营经济具有强大竞争力的重要因素。在浙江这些以县城和小城镇为依托的特色块状经济集聚发展的地方，浙江农民只要有劳动能力就可以找到工作岗位，只要有资本就可创业办实业。目前这种对外对内双向开放和市场原料两头在外的块状经济正向产业集群的方向转型，并通过智能化改造促进传统制造业向先进制造业转型。通过这种双向开放的特色块状经济的发展，以农民和民营经济为主体的县域经济也得到了不断提升，成为浙江"三农"发展极为亮丽的风景线。

五是坚持走家庭经营、合作经营互促共进，鼓励先富帮扶后富、双管齐下的共创共富的共享发展之路。在40多年改革发展中，浙江农村逐步形成了符合社会主义市场经济发展要求的经营体制。确立了农户家庭经营在农业生产中的主体和基础地位，强调这适合农业自然再生产和经济再生产相结合的产业特点，也适合社会主义市场经济运行机制，但我们家庭经营规模太小、数量太多，参与市场竞争能力非常有限。因此，在发挥家庭经营在农业生产中的基础作用的同时，充分发挥合作经营在农民走向市场中的服务作用。为了适应现代农业发展的要求，浙江在农业经营体制上不断地推陈出新，一方面我们按照承包农地"三权分置"的原则，促进土地经营权向专业大户、家庭农场和龙头企业集中。另一方面，通过发展专业合作社，特别是大力发展生产合作、供销合作、信用合作三位一体的农合联组织，为农业家庭经营提供全方位的合作服务。与此同时，村经济合作社作为集体土地所有者代表和社区集体经济组织，承担起发展壮大集体经济为社员服务的职能。在农业创业创富和收入分配方面，我们致力于打破分配上的平均主义和"大锅饭"，允许和鼓励一部分人和一部分地区，通过勤劳致富和创业开拓市场先富起来，同时引导和鼓励先富带后富，先富帮后富。本丛书中处于欠发达地区的缙云北山村、海岛地区的蚂蚁岛村和龙峰民族村等，也都先后走上了先富带后富、大家一起富的共富之路。浙江40多年改革开放中的"三农"发展实践证明，共同富裕不等于平均富裕，不能通过计划经济搞纯而又纯的公有制、过度集中的单一公有制经济来实现，而是要通过发展社会主义市场经济，充分发挥市场机制的基础作用和政府的积极有为作用，让千百万农民成为独立的家庭经营的市场主体，在此基础上，政府通过发展合作经营和扶贫攻坚，帮扶欠发达地区和低收入群体增强发展能力。只有让一部分地区、一部分人群先富起来，才能形成先富带后富、大家共同富裕的共同发展的新格局。

二、浙江村庄发展的个性特色和影响因素

以本套丛书所述11个村庄为代表的浙江村庄发展经验弥足珍贵，有许多值得全国村庄借鉴的地方。而通过对这11个村庄历史地理、资源禀赋、社会文化、人文环境、政府服务等多方面的深入挖掘和综合思考，揭示这11个村庄之所以发展快、发展好、发展有个性特色的深层次的原因及其规律性，则更是我们这套丛书出版所要达到的一个重大预期目标。全面分析浙江这些村庄的历史文化、地理区位、资源禀赋、产业特点、人文因素、发展环境、政府服务等多方面因素，浙江村庄发展与下列五大因素密切相关：地域位置与资源禀赋、文化传承与人文素养、乡村能人与乡村干部、改革政策与民众认知、地方领导与地方治理。这五大因素影响并决定着村庄发展方向、发展特点和发展水平。

首先是地域位置与资源禀赋。中国人常说"一方水土养一方人"，浙江就是受这方面因素影响特别大的地方，尤其是农业生产为基础的村庄发展以及民风民俗影响更是特别直接。浙江地处中国东部沿海长三角地区，气候是亚热带季风气候，四季分明，雨热同季，气候多变同时又有人多地少、山多田少、人均农业资源不足等特点。这些地域特点与资源禀赋总体上使得浙江农民和村庄发展形成了自身的群体特征。农业生产一年四季都可进行，农民既勤劳又节俭，家庭手工业发达。同时相邻地区的差异性也比较大，如杭嘉湖、宁绍平原这种江南水乡地区的村庄与村民同浙西南山区、浙中山区盆地的村庄产业及民俗民风的差异性也比较大，但总体上浙江村民勤奋节俭、农商兼营、心灵手巧的特点十分明显。

其次是文化传承与人文素养因素，这也是对村庄发展影响久远的因素。浙江是

中华民族 5000 年农耕文明实证地、中国农业文明重要发祥地，有将近万年的上山文化、八千年跨湖桥文化、七千年河姆渡文化、六千年马家浜文化和五千年良渚文化，这种农耕文化对浙江村庄和农民影响极其深远。农耕文化影响下形成的天人合一、道法自然的农事理念，巧用资源、精耕细作的农作制度，勤劳勤俭、勤学勤勉的农家品质，村落集居、族人互助的农村价值及耕读传家、回馈乡里的乡贤精神都使得浙江村庄发展带有明显的农耕文化、民俗文化影响的深深的烙印。

第三是当地乡村能人与乡村干部因素的作用非常巨大。我们从 11 个样本村的 40 年改革发展的历程与成效来看，乡村能人和乡村干部的行为、思维的影响是决定性的。尤其那些在改革开放中率先富起来的村庄，诸如样本村中金华的花园村、温州的上园村、宁波的邵家丘村、绍兴的棠棣村、丽水的北山村等，都是由乡村能人和乡村干部带头闯市场、带头经商办厂兴实业而带领村民群众走上共创共富之路的。可以说在所有发展因素中，这种能人因素的作用是极其明显的，尤其是村庄的干部，应该既有创业创富闯市场的能力，又有带领村民走共同富裕道路的奉献精神，这显得尤为重要。

第四是政策导向与民众认知的因素。这在村庄改革开放 40 多年发展中的影响力也特别的明显。浙江这种具有悠久的农商兼营、工农商皆本的地俗文化和人多地少的地方，在计划经济和以粮为纲的左的年代，浙江人的手工业和家庭工业、小商品生产都被当作资本主义尾巴砍光了，农民生活十分贫穷。在 1978 年改革开放和普遍实行包产到户的新的改革政策环境下，浙江农民发展商品生产、乡镇企业、个私经济的积极性得到全面激发。从实践来看，农民群众对改革政策的认同度越高、响应越热烈的地方，村庄的经济社会发展就越快，农民们致富的速度也越快，政策效应也越明显。当然，这也与当地党委政府的工作力度密切相关，政策宣传和贯彻落实越到位的地方，农民群众认知度越高，政策效果也越明显。

第五是地方领导和地方治理的因素，这也是村庄发展十分重要的因素。地方领导思想是否开放、思路是否开阔、对"三农"工作是否重视、对农民群众感情是否深厚、工作作风是否求真务实，这些都关系到能否为当地村庄发展创造良好的环境条件。如改革开放初期，温州地方领导、金华东阳义乌地方领导、宁波余姚地方领导的思想比较开放、开明，作风求真务实，就为这些地方村庄改革发展创造了比较宽松的发展环境。在乡村地方治理上，浙江农村都比较好地实行了村民委员会自治的地方治理，并且很多地方都把村民自治与德治、法治紧密结合起来，形成了村民自治、德治、法治"三治合一"的地方治理模式，为村民自我治理、自我发展创造了良好的治理机制。

总之，浙江村庄在 40 年改革开放中发展的经验弥足珍贵，值得各地借鉴，发展的内在机制、规律也反映了中国改革开放以来"三农"发展的规律性。本丛书记述的浙江 11 个样本村庄的发展各具特色，但也有许多共性的经验、规律可循，期望读者们能从这一丛书的村庄发展案例中发现一些对今后中国村庄有借鉴意义的东西，希望大家将这一丛书看作研究浙江 40 年改革开放村庄发展和"三农"发展的一个重要窗口。

"中国村庄发展：浙江样本研究"项目首席专家　顾益康

2020 年 10 月

目 录

C O N T E N T S

CONTENTS

导语　自立自强、创业富民的上园乡村振兴之路

农村向来是中国社会组织的根基，而农业、农村、农民这一"三农"问题长期以来是影响着中国经济发展与社会稳定的重大难题。改革开放之初，我国首先推进农村家庭联产承包责任制改革，以市场化改革来缩减工农产品价格的剪刀差，农民的生产经营积极性得到了充分发挥，农业得到大发展，农民收入持续快速提高，农村面貌得到了很大改善。但随着工业化的推进，在经济发展规律的作用下，农业在国民生产总值中的比重不断下降，进入工业化后期，这一比例会降到10%以下，其后仍会不断下降并趋于零。2018 年，我国农业（第一产业）增加值在国民生产总值中的比重已经降到7.2%[①]，浙江的农业占本地生产总值比重降到3.5%[②]。与此同时，随着工业化推进，城市化率不断上升，到发达经济阶段，城市化率将达到80% 以上。但在我国，由于土地制度、户籍制度等因素的影响，城市化远远滞后于工业化进程，2018 年我国常住人口城市化率为59.6%[③]，浙江省常住人口城市化率为68.9%[④]。农村人口占比的下降远远跟不上农业产值占比的下降速度，这造成了农村居民的收入明显低于城镇居民。在工业化进程中，随着农业的式微，农村居民收入的持续增长遭遇很大的困难，大多数农村居民只能依靠进城打工赚取收入，成为两栖人。我国不少农村出现了空心村与破败萧条的景象；而部分依靠工商经济发展起来的农村，也面临着被动融入城市的无奈选择。"乡关何处"、"村如何成市"成为中国农村发展亟待解决的重大课题。

长期以来，中共中央把"三农"问题作为每年的第一号文件。中共十九大报告

---

① 国家统计局：《2018 年国民经济和社会发展统计公报》，http：//www.stats.gov.cn/tjsj/zxfb/201902/t20190228_1651265.html

② 浙江省统计局：《2018 年浙江省国民经济和社会发展统计公报》，http：//tjj.zj.gov.cn/art/2019/2/28/art_1229129205_519768.html

③ 国家统计局：《2018 年国民经济和社会发展统计公报》，http：//www.stats.gov.cn/tjsj/zxfb/201902/t20190228_1651265.html

④ 浙江省统计局：《2018 年浙江省国民经济和社会发展统计公报》，http：//tjj.zj.gov.cn/art/2019/2/28/art_1229129205_519768.html

提出实施乡村振兴战略。这是决胜全面建成小康社会的重要部署，是实现富民强国的中国梦的重要内容，是实现"共同富裕"的关键。总结中国社会经济发展典型村的成功经验，可以为全国乡村振兴提供有益的借鉴与启示。

浙江省乐清市柳市镇上园村（2019 年 5 月改制为社区）是浙江温州地区农村发展的一个缩影，也是浙江乃至全国农村发展的一个缩影。上园村是浙江民营经济的先发地，也是浙江民营经济的典型村。有句名言充分说明了上园村民营经济的地位："中国民营经济看浙江，浙江民营经济看温州，温州民营经济看乐清，乐清民营经济看柳市，柳市民营经济看上园。"上园村不仅是温州，也是浙江乃至全国民营经济的先发地与典型。

上园村位于浙江省温州市乐清市柳市镇中部，面积约 0.56①　平方公里，明朝成化十五年（1479）随着胡氏先人的迁入与繁衍，上园村正式形成。1950 年 12 月，上园村共有村民 105 户，总人口 461 人，按户主共有 12 个姓氏在上园居住。上园村主体区域的土壤属于典型的东南沿海平原土壤，平原水网多，耕地数量有限，水利条件差异很大。因人口众多，人均耕地面积少。20 世纪 50 年代初，上园村居民人均耕地仅为 0.95 亩，其后随着人口增长，人均耕地不断下降，到 20 世纪 90 年代初，已降至人均耕地只有 3 分多。改革开放后，随着经济的快速发展，上园村户籍人口增长不快，但外来人口大幅增长，根据上园村最新统计，到 2018 年，新上园人（常住半年以上）超过 2300 人，远超出本土上园人（1820 人）。

中华人民共和国成立前，上园村因为地少人多与战乱等各种纷扰，除了 3 户地主家庭，绝大多数村民生活一贫如洗。新中国成立后，经过土地改革，村民分得了田地，生活水平有了改善。但随着人民公社的建立、计划经济的推行，"一大二公"体制下的集体劳动、平均分配、排斥市场、工农业产品价格剪刀差等严重挫伤了农民生产积极性，村民的收入提高缓慢。到 1979 年改革开放之初，上园村农民人均年收入仍只有 132 元，比起当年全国贫困线标准（1978 年国家贫困标准为100 元）高出不多。上园村年长村民回忆，改革开放前的上园村"农民每天主食往往只有二稀一干，还不稳定"，上园村居民的生活艰辛可见一斑。改革开放之初，上园村居民的收入几乎全部来自农业种植，除了破旧的平房与简陋的必要家具，上园村人几乎没有什么财产，而集体资产也仅有几个小手工作坊。

改革开放后，上园村的农村生产力得到大解放，有着经商传统与市场意识的

---

① 　胡省三主编《上园村志》，浙江人民出版社，1999，第 1 页。

上园村人，率先行动起来，寻找各种"赚钱"机会，从跑遍全国各地的供销员，到自主创办的家庭作坊，再到以开关电器生产为主的工厂，之后发展成以股份制企业为主体的现代企业，上园村的民营经济迅速成长，居民收入也得到了快速提高。到 1996 年，上园村居民人均收入达到 1.48 万元，是 1979 年的 112 倍，集体资产也达到了 1.86 亿元。[①] 2003 年，上园村与江苏省华西村一起被评为首届"中国十佳小康村"；2007 年，上园村被中共浙江省委评为省级"全面小康建设示范村"。2009 年，据当地统计部门抽样统计，上园村村民人均年收入为 38930 元。到 2018 年，据上园村自己上报的统计数据，上园村人均年收入为 43780 元（由于难以统计资产投资收益，统计的人均收入要远低于实际收入）。根据课题组对村民的抽样调查，上园村村民家庭平均年收入为 37.21 万元，按户均 4.8 人计算，上园村人均年收入为 7.75 万元，要比上园村自己统计的 4.3 万元高出不少。而且大部分企业投资分红收益、村集体分红与奖励收入未统计在内，实际上园村人均年收入肯定要高于 7.75 万元。上园村居民的户均财产粗略估计（包含房屋、股份与企业固定资产）不低于 600 万元，人均超过 125 万元。2018 年，上园村集体净资产达 10.8 亿元，集体收入 2800 万元，用于分红的资金高达 1895 万元，上园成为市民也羡慕的"土豪村"。

从上园村民营经济的发展过程看，它经历了不少波折。上园村民营经济的发展可分为三个阶段，即改革开放初期到 20 世纪 90 年代初的起步与调整阶段，20 世纪 90 年代初到 21 世纪初的大发展阶段，21 世纪初到 2018 年的转型升级阶段。

改革开放后，随着上园村家庭联产承包责任制的推广，农民生产积极性得到充分发挥，农民也从土地中解放出来。一些村民开始利用闲暇时间从事贩运经商。部分村民通过贩卖废铜旧铝，开始进行家庭加工开关、电源启动器等生产工艺较为简单的电器产品，随之迅速扩大到全村乃至整个柳市镇。以小微家庭作坊企业为主体的低压电器产业集群初步形成。随着小微企业之间竞争的加剧，一些企业在生产时偷工减料，甚至生产假冒伪劣产品，柳市低压电器的声誉严重受损。柳市电器产业为此经历了多次的市场整顿。柳市的低压电器产业集群开始了艰难的转型，家族式企业与家庭工厂向股份公司等现代企业制度转变。企业开始向工业园区集中，沿街店铺向专业市场集聚，柳市的低压电器产业竞争力得到稳步提升。这一阶段，也是上园村民营经济发展经历诸多波折的阶段。受传统的计划经济思

---

① 胡省三主编《上园村志》，浙江人民出版社，1999，第 1 页。

维影响，私营经济发展受到限制，柳市的"八大王"事件一度使私营经济受到打击，几次市场整顿也殃及一些遵纪守法的私营企业，以致不少私营企业不敢做大，有了些积累就拿来建房造坟、大办红白喜事，比阔斗富。更多的私营企业只能挂靠在国有企业、集体企业名下发展，股份合作制成为流行的企业组织形式。

与此同时，随着低压电器产业的兴起，上园村也完成了从农业向工业的转变。1979年农村土地承包责任制的实施，使农业生产效率大幅提高，但在工业化与城市化崛起的过程中，农业土地不断转为住宅、交通、商业、工业等非农用地，农业耕地不断减少，农业产值也随之减少。到1987年，上园村的农业用地全部承包给邻村的农业种植大户。到1992年，上园村的农业用地全部转化为非农业用地，上园村的农业与农民正式消失。

1992年初邓小平同志视察南方发表重要谈话后，中国社会主义市场经济体制得以逐步确立，全国民营经济得以大发展。上园村民营经济也进入了高速发展阶段。电器产业产值迅速增长，产业链不断延伸；上园村三个专业市场建立并不断扩大，物流等配套产业迅速发展；上百家现代企业制度得以建立，正泰、德力西等多家企业集团形成。这一阶段也是上园村电器产业开放发展的阶段。随着国内市场竞争加剧，上园村企业把目光转向海外市场，大量的中低压电器产品出口到欧美市场；由于土地资源的限制，上园村绝大多数生产企业开始搬迁到村外，主要是柳市镇乃至乐清市本地，一些企业更是进行全国范围内的投资布局，在县外甚至省外设立分支机构，正泰、德力西等大中型企业进军杭州、上海、北京及全国主要中心城市。上园村经济开始向上园人经济转变。

2008年以来，浙江经济在全国各省自治区中率先进入工业化发达阶段。受资源、劳动力成本与环境压力的制约日益凸显，上园村人创办的企业也不例外。与此同时，随着电子商务等新业态的崛起，原有的专业市场与产业集群受到越来越大的冲击。上园人经济开始进入转型升级阶段。这一阶段，以正泰、德力西、兰博为代表的上园人企业加大人才引进与培育，以科技创新为基础，大力推进产品创新、模式创新、生产方式创新与组织创新。一是根据市场与科技发展趋势，加大研发力度，大力开发新产品，提升产品性能，提高产品竞争力，同时进军光伏、风能、核能、环保设备、高铁装备制造等新行业。二是推进业态创新，上园村人创办的企业与上园村专业市场大力发展电子商务，开展线上线下融合，加大品牌培育与宣传，拓展营销渠道，提高经营效率。三是推进生产方式创新，正泰、德力西等企业开展企业上云，实施工业物联网建设，推进智能化生产，并将研发、生产、管理、物流、营销进行智能化组合，从而提高了生产经营效率。四是推进组织创新，正泰、德力西等大企业强化产品研发、设计与产品营销即"微笑曲线"两端，在中间的生产则加强与中小企业的分工协作，使产业内部分工协作不断增强，产品竞争力与产业竞争力得到明显提升。与此同时，这一阶段上园人企业加大对内开放与外开放步伐，大胆地引进来、走出去，在全国乃至全球进行投资布局，充分利用国内与海外"两个市场、两种资源"，谋求更好的发展。

随着上园村工业的大发展，第三产业服务业也得到很快的发展。低压电器产业的兴起直接拉动了专业市场、专业产品商店、交通运输等生产性服务业发展，商业银行纷纷入驻上园村。与此同时，随着经济发展与人民生活水平提高，餐饮旅馆、商店超市、文化娱乐等生活服务业也得到了迅速发展。根据《上园村志》记载，1996年，上园村11条街道上开设各类商店有605间，其中五金电器类商店350间，占总间数的57.8%；生活服务、家用电器、装潢装饰、建筑建材等占40%余。全村从事经商的130人，占全村总人数1638人的8%，其中专门经营电器及关联产业的人员88人，占经商人数的67%。[①] 随着上园村融入柳市镇区，市政建设不断推进，上园村的商店数量有了较大增加。根据上园社区居民委员会统计，到2019年9月底，上园村的临街商店数量增长到1772家（不包含电信、邮局、税务、老年宫等非企业、3个专业市场及市场内的铺位、银行等金融机构与物业管理公司），其中经营五金电器类的商店为1055家，占总数的约60%，其他餐馆、服装店、副食品店、美容理发店、旅馆、电脑店、黄金珠宝店等占40%左右。由上园村本地居民直接经营的约占10%，其他大多为外地居民或外来常住居民租赁经营。上园村还有了集住宿、餐饮、办公与娱乐为一体的五星级宾馆。

上园村因其居民家庭的高资产、高收入还被网络誉为"中国最富的村庄"。上园村从一个贫困落后的农业小村，经过改革开放40年的发展，成功跻身中国最富裕村庄行列，其发展的特点、蕴含的经验值得人们去总结探究。

首先，上园村的发展经验在于始终不渝地促进民营经济发展。改革开放初期，小小的上园村就有200多名供销员奔波于全国各地，成为富有商业头脑又吃苦耐劳的温州供销员的典型。上园村正是抓住改革开放的春风，先人一步，以家庭经营为基础，从发展家庭工业、小商品入手，大力发展专业市场，形成了"小商品、

---

① 胡省三主编《上园村志》，浙江人民出版社，1999，第147页。

大市场"的发展模式。在改革开放初期，上园村也曾经受累于"姓资姓社"的争论而左右为难。但整体而言，乐清市与上园村对民营经济的发展基本上采取了默认与保护的态度，即使在 20 世纪 80 年代严厉打击"假冒伪劣"电器产品的阶段，上园村也尽力保护经营户的合法权益。上园村人更是大胆追求富裕，崇尚创业，而不仇商、不嫉富。上园村人具有团结与互助的精神，通过邻帮邻、亲帮亲、富带穷，为民营经济的发展奠定了良好的社会基础。正因如此，上园村的民营经济迅速崛起，小小的上园村才能在改革开放的 20 年间就诞生出中国正泰、中国德力西等全国著名的大企业。到 2018 年底，上园村人创办的企业有上市公司 5 家，村民共同创办的股份制企业 80 多家，中外合资企业 15 家，工商经营户 200 多家。低压电器产业带动了整个上园村的经济社会发展，也使柳市镇通过集聚发展、创新发展、开放发展，成为全国最大的中低压电器产业基地。在电器产业的带动下，第三产业也蓬勃发展，各类商业服务业如雨后春笋遍布大街小巷。四大国有商业银行与其他五个商业银行入驻上园村，上园村还有了五星级宾馆酒店。村民中有 500 多人从事第二、三产业。"家家有老板、户户经营忙"，上园村迅速成为全国首富之地。由于全民自主创业，因此村民收入高、家庭之间收入差距小。正因为有着雄厚的经济基础与物质保障，上园村的社会、文化也得到了巨大进步。

其次，上园村的经验在于治理能力的提升。社会治理的关键在于拥有一个坚强的核心。上园村党支部与村委紧紧围绕乡村振兴的中心任务，以及务求实效、群众满意、走在前列的总体要求，密切党群、干群关系。上园村村"两委"紧紧抓住发展机遇，集中国家土地征用费，兴建专业市场与交通设施，对上园村产业集群的兴起、村集体经济发展起到积极的引领作用；用集体企业的收益为全村居民发放"大红包"，让全村居民共享集体经济的发展成果；同时通过政务公开、村民议事等制度，不让私营企业介入村庄公共事务，谢绝私营企业与个人的赞助。这些措施对上园村的和谐发展颇有助益。上园村各届党支部与村委紧密团结，一任接着一任干，尤其是现任党支部书记胡成云与村委会主任胡志川，相继连任七届，携手为乡村振兴出力。党员干部与村干部做到以身作则、勤勤恳恳、廉洁奉公。上园村还实行"三化"管理制度，即队伍专业化、报酬货币化、责任契约化，建立人民调解委员会，做到"纠纷不出村、矛盾不上交"，坚持"调防结合、以防为主"方针，重视法治宣传教育，提高群众法治观念，保得上园村社会和谐、人民安居乐业。上园村还根据需要，积极组织治安联防队、消防协作员等，强化治安网络建设，多年来更是充分应用科技发展手段，加强智能化治安网络建设，做到"人过留名、机过留号、车过留牌"，使得上园村这个外来流动人口众多的社区能保持长期的平安和谐。

与此同时，上园村积极探索与实践村民民主法治。在社会主义民主与法治建设的理论指导下，上园村顺从民意，建立起村民参政与监管机制。上园村的集体土地开发使用、村民住宅改造搬迁、专业市场的建设以及铺位租金的确定、村集体企业的财务账簿等，都向村民公开，接受村民的监督，村庄重大事务都有村民代表参与议事，做到群策群力、集思广益。这对上园村社会经济发展决策的民主化与科学化起到了积极作用，也是上园村村"两委"能长期保持勤政高效、清廉服务的制度保障。多年来，上园村被司法部、民政部授予"全国民主法治示范村"，被温州市、乐清市委市政府授予"平安创建示范村""平安示范村"等称号。

再次，上园村的成功在于精神文明的建设。乡村文明不仅是新时代农村精神文明建设的重要内容，更是乡村振兴的重要标志和有力保障。早在20世纪90年代中期，上园村就编写了《上园村志》，创作了村歌《上园之歌》，丰富村民文化生活。多年来，上园村重视传统文化的传承与创新，建设习俗文化中心，展示上园村的历史文化与习俗沿革，促进优秀传统文化的传承；建设与保护胡氏祠堂，发挥胡氏宗亲在文化传承、社会和谐中的关键作用；制作《科普园地》，宣传科技政策，普及科技知识；在村文化礼堂的大戏台上演各类正能量剧目，让村民接受文化熏陶；配备各类健身活动器材，鼓励村民参与各类体育活动，如组建篮球队，开展村邻比赛，以强健居民体魄；重视教育，鼓励成长，培育浓厚的尊师重教氛围。2014年，根据上园村退休教授胡省三的建议，在乐清市委、市政府的支持下，上园村专门开设了"温州模式展示厅"，通过展示作为浙江以至全国的民营经济先发地——上园村的民营经济发展历程与辉煌成果，总结上园村民营经济发展的经验，让世人特别是上园村民及后代能更好地传承上园人敢于拼搏、勇立潮头的创业精神，激励村民在新的发展阶段，不断创新，再创新辉煌。

经过不断的探索、改革和发展，上园村的普通居民户年均纯收入超过37万元，人均年收入达到7.75万元，家家户户都拥有不菲的财产与资产，还享受村集体提供的福利保障。相较于国内一些富裕村，上园村难能可贵的是村民的收入主要来自自主的创业与辛苦工作，居民的自由度与自主性高，对经济生活与社会治理的参与度强。与此同时，上园村的集体经济也不断发展壮大，根据上园村统计资料，到 2018 年底，上园村集体资产达 11 亿元，村集体经济收入 2890 万元。如今，村民的医疗、就业等社会保障费用由村集体统一缴纳。上园村村民每人每年还可享受生活补贴 10000 元，60 岁以上的老年人每年可领取健康长寿金 1200 元，村内大学生均可享受奖学金。从幼儿园、老年宫、村民公寓，真正做到"少有托教、老有所养、病有康养、居有大宅"。

2019 年 5 月，上园村撤村改社（区），"上园村"正成为历史，这也是工业化与城市化背景下绝大多数村庄的必由之路。目前，上园村正全面推进旧村改造、美化生活环境、提高居民综合素质。在未来的城市化融合中，如何保持居民收入的可持续增长、生活环境的美化、文化素质的不断提升，又能传承与发扬传统文化、让老村民与下一代记得住乡土、留得住乡愁，将是上园村的一个新课题。相信富有聪明才智与创新活力的上园人，能在城市化的大潮中不断创造出更多的惊喜。

史 地 篇

浙南小村　千年变迁

SHIDI PIAN
ZHENANXIAOCUN QIANNIANBIANQIAN

中国村庄发展

村庄的历史是一个村庄经济社会的发展史，也是村庄文明的变迁史。本篇主要介绍与总结上园村的地理区位和上园村改革开放前的发展历史。

上园村的发展是村民人口增加、集聚度不断提高的过程，是与周边区域交流互动不断增强的过程，是村庄建制不断完善的过程，也是村庄意识和村庄文化印记不断加深的过程。独特的地理位置和优厚的自然条件，使上园村拥有了保障村民生产生活的基础条件，使上园村在计划经济时期稳定有序地开展生产生活。在相对公平的分配中，上园村积极探索，开拓进取，解决了低水平的温饱问题，实现了农耕时代的村域经济社会持续稳定发展。上园村改革开放前的发展为之后先人一步勇立潮头的跨越式发展和温州模式的发祥奠定了思想基础与物质基础。

第一章 地理环境

上园村地理区位优越，为 104 国道贯穿村和中国电器之都柳市镇的建成区，既是旧时柳市农耕发展的重要基地，也是今日柳市建成区的中心区块。本章将重点介绍上园村地理方位和发展历史。

第一节 地理方位与区位简史

上园村坐落于浙江省温州市乐清市柳市镇中部，为温州模式的始发地之一。

一、乐清市简史

乐清市为县级市，位于浙江省东南沿海，为温州市所辖，南距温州市 63 公里，北距省会杭州市场 448 公里。晋孝武宁康二年（374），分永嘉郡的永宁县设立乐成县，属永嘉郡，乐清建县从此开始。五代后梁开平二年（908），为避梁太祖父朱诚之讳，改县名为乐清。1949 年 5 月，乐清县解放，隶属浙江省。1981 年 9 月，温州地、市合并，称温州市，实行市辖县体制，乐清县归温州市管辖。1993 年 9 月 18 日，经国务院批准，同意撤销乐清县，设立乐清市（县级）。

在 1600 多年的历史中，乐清陆地面积变化较大，境域几经变化。境域的变化，有些是区划调整造成的，有些是乐清先民与自然斗争，使沧海变桑田的奋斗所为。1600~2000 年前的乐清，曾是汪洋一片，为东海一隅。据考古发现，温州地区新石器时期人类活动的遗址主要分布在海拔 60 米以上的山上。在石器时代，在白石（现为乐清市白石街道）杨柳滩出现过人类活动的迹象。一代又一代乐清人开山辟地，驾舟下海，与天地斗，与命运争，将海岸线整整向外推出了 8~10 千米，从此有了柳市平原、乐成平原、虹桥平原及慎海、南塘等平原。

据明永乐《乐清县志》记载，永乐年间乐清县四境"东西相距二百五里，南北相距一百九十五里，东南距西北一百九十里，东北距西南二百六十里"，四至"东至海渡一十里，越渡至温岭一百三十里为黄岩县界；西至楠溪桐岭六十里为永嘉县界；南至海五里，越海至玉环乡南社一百三十里为海洋；北至接莆岭六十里为永嘉县界"。全县计二隅、六乡、三十四都、二百五十五图。东隅，辖图七；西隅，辖图七；永康乡，旧名永昌，辖都四、图三十五、里四十九；长安乡，旧名章安，辖都四、图二十八、里三十九；若屿乡，辖都四、图三十、里四十；瑞应乡，旧名石帆，辖都四、图四十六、里四十二；山门乡，辖都十五、图六十九、里八十三；玉环乡，辖都三、图三十三、里三十三。

乐清市现东临乐清湾，与玉环、洞头两县隔海相望；南以瓯江为界，与温州市区隔江相望；西与永嘉县毗邻；北与台州市黄岩区接壤；东北与温岭市为邻。乐清市境陆域略呈长方形，东西宽约 25 公里，南北长约 65 公里。西北为雁荡山山脉，东南为海积平原，地势自西北向东南倾斜，陆地面积 1385 平方公里，海域面积 284.3 平方公里。

可以说，乐清的文明史，是一部沧海变桑田的历史。当前的乐清市，除了山，剩下的全部是从海里"淘"出来的，是经围海筑堤开垦形成的。在一代又一代乐清人的拼搏下，乐清大地才拥有了"绿遍山原白满川，子规声里雨如烟。墟落四月闲人少，才了蚕桑又插田"[①]的农耕世界。

二、柳市镇简史

柳市地处乐清市东南部，约于西汉初形成村落。北宋时，柳市已形成集镇，先后属章安乡、长安乡。1912 年，柳市置镇。1949 年 5 月，柳市镇解放，并设立柳市镇民主政府；1949 年 12 月，改称柳市镇人民政府。1992 年 6 月，湖头镇、湖横乡、茗东乡并入柳市镇。2011 年，乐清市进行区划调整，七里港镇、黄华镇、象阳镇并入柳市镇。2018 年柳市镇镇域面积为 92 平方公里，户籍人口约 22 万人，外来人口约 20 万人。柳市镇属滨海冲积平原地带，系虹（桥）柳（市）平原组成部分，兼属半山区。地势北高南低，平均海拔高度 4.85 米。

柳市，最早的记载见于北宋左丞相王存的《元丰九域志》。柳市，以柳荫下的集市为名。据明隆庆六年（1572）《乐清县志》载，西乡有柳市，旧传按日列市。

---

① 余力：《翁卷集笺注（乐清文献丛书）》，线装书局，2009。

据传，今独龙冈旧时山水秀美，杨柳成荫，在东安桥和龙首桥之间有一棵大柳树，浓荫如盖，乡人多聚集在柳树下交易农副产品，年长日久，形成固定集市，故名镇为"柳市"。

旧时柳市平原为乐清湾的一部分，柳市山（今龙岗山）、岐头山等为海中岛屿。后海潮退去，到东晋初期，绕柳市山等山体形成海岸线，而各山体间仍为海洋，海岸线外形成滩涂。柳市有一地名为峡门，其名来自两边山体之间的海峡峡口。到唐朝中期前，"西乡"（乐清县城以西统称）建成了第一条海塘（泥塘，现称为古海塘）。唐贞元（785—805）年间，因旧有泥塘废久水患多，时有海水倒灌，民众分界修筑。古海塘紧贴乐成东门向南延伸，经万岙、峡门、方斗岩、高岙、白鹭屿等到琯头。

到唐朝中后期和宋代，乐清海岸线向外推移速度加快，形成了现在的柳市前后街等陆地。宋代在这条古海塘内侧开挖河路以通舟楫，称为运河塘，其河为古运河。宋绍兴二年（1132），民众在泥塘上砌石护卫，建成"刘公塘"。刘公是指南宋绍兴年间在乐清任知县的刘默[①]。至今为止古运河仍发挥着交通运输的功能，在陆路交通不便的年代，运河是交通、运输、人流与物流的黄金通道。

直到清初，现今的柳市镇南部才完全成陆。《温州地理》作者姜竺卿认为："至南宋时期，今瓯江口北岸磐石山至岐头山，即磐石—七里港—黄华一线形成一条离岸沙堤，沙堤后方（北侧）的浅海便遗留下来成为一个巨大的海迹湖，即潟湖。该潟湖的范围在今柳市横带桥—北白象西岑—磐石西横河一带，面积约 21 平方千米。逾 400 多年，至明末清初该潟湖才淤积湮废，完全成陆。"今柳市横带桥离上园的直线距离约为 800 米。

在海岸向南向东迁移的过程中，陆地得以形成。为发展农业生产，各朝官府出台政策号召民众兴修水利，加高沙堤固塘以减缓海潮，凿河流以通渠，从而得到上好的田地用于生产生活。据《乐清县水产志》（1990）记载，明朝洪武年初

① 据《乐清市水利志》记载：刘默，山东沂州人，南宋绍兴二年（1132）任乐清知县。北宋宣和（1119—1125）以来，因浙江沿海地区连年水灾，乐清西乡（泛指县城以西区域，包括柳市镇和北白象镇、白石街道）累遭山洪海潮，大片土地水土流失，桑田复为沧海，人民流离失所，温台驿路被废，邮传交通遏阻。自乐清县西门迎恩桥至琯头五十余里塘路，因水患毁坏不能行走。刘默便捐献俸禄，发动西乡民众疏通河道，分段修筑河塘，并亲赴督导，增加高广，砌石加固，将之前的泥塘修建为石塘。这条官塘的规划路线是：自县城承流门外（即今公安西路、环城西路交会处的"金溪汇"）南下，经通井街、下马桥直抵城南万岙，由万岙折而西，穿柳市峡门经湖横往西，过方斗岩至湖头，再西向稍南行孤屿并越沟旁桥至北白象万家垟，继又西行跨廿里桥折而南，绕马山嘴转西，穿沙门弄经高岙、白鹭屿，折而南行达于琯头，全程 28.8 公里。刘默在巡功之暇登上湖横山休息。民众念其功绩，取名为"刘公谷"，并在巨岩上刻有"刘公谷"三字，山下有"刘公桥"，塘路也被称为"刘公塘"。

（1368—1372），相继开凿柳市、新市（今虹桥镇）等沿海地带河道 28 条，使滨海塘田得到开发。在柳市各水流汇聚处逐渐有民众开始生活，在塘田和滩涂上开展生产，繁衍生息并聚落成村。

据明朝隆庆《乐清县志》记载，现乐清西乡（乐清县城以西统称）分属明初的三个乡、九都，共 85 个里①。其中，柳市为"里"名(或图)，属长安乡八都。旧时"柳市"里的范围应为横径至人宕一带，即现柳市镇方斗岩村前古运河"刘公塘"以南，西仁宕以北。旧时"柳市"（镇、里、图）居民相对集中且溽水而居，主要分布在现柳市东风村南、后街村北位置，且常受水患和海溢之难。如果将"里"看成一"图"，那么"柳市"里在永乐年间应约有民众 110 户，人口超过 500 人。

三、上园村地理方位及简史

1. 上园村的地理方位

上园村位于浙江省温州市乐清市柳市镇中部，其地理位置为东经 120° 54'，北纬 28° 03'，距离乐清市城关西南方向约 11 公里处。上园村现东接柳市镇前街村、后街村，以金钩路（原为上园浃，后经村庄环境治理和村镇建设填浃为路）为界，南与前街村接壤，西与翔金垟村相连，以十浃河为界北与前西垟村、东风村相临。自 1934 后，温杭公路（现 104 国道一部分）贯穿其中。

2. 上园区域发展简史

上园村所在陆地应形成于唐朝（618—907）后期。宋朝（960—1279）以前已有人在村域内居住，但当时无村名。后该地有"柳市西垟"之称。也有传言，有人将当时的上园称为"柳市西头"。南宋时期（1127—1279），柳市集市所处位置为东安桥与龙首桥一带，这附近为当时最为繁华的区域，也是"柳市"（里）居民最为集中的区域，该区域为现柳市东庄河与十浃河的交汇处，交通方便，地肥水美。东庄河向北延伸直通古运河，向南延伸数里至瓯江；十浃河向西延伸与乐琯运河交汇，向东延伸至象阳（为象丰河）。随着经济社会的进一步发展，村民集聚

---

① 明朝隆庆《乐清县志》记载，西乡有三乡九都共 85 里。分别是：永康乡的吕宕、湖横、峡门、苏宕、何宕、上洋浃 6 个里；长安乡（原名章安）的蝗宕、潭头、八铧、钟洋、粟米坑、长山、霓山、乌墩、黄渎、汤岙、上保、长林、沙堠、雁塔、塔头、篦峙、地团、下保、翁垟、岐头、黄宕、下皋、黄花、后金、上颜、山前、斗宕、曹田、项浦、池宕、西浃、河头、洋田、西金、柳市、横带、人宕、蟾峙、崇儒里等全乡 39 个里；茗屿乡的陈洋、密溪、白石、赤水洋、倪洋、济头、黄宕、沙宕、仙洋、湖头、孤屿、下庠、屠宕、钱下保、下印、前窑、大港、小港、下浃、石船、新城、象浦、屠村、寅印、白塔、凤翔里、山门、馆头、白鹭屿、潘洋、黄香、五保、重石、盘石、支湾、沧下、营田、瓦砾、东浦、西浦等全乡 40 个里。

区从横街过十浃河经连接洲渚的东安桥（又称武桥，今后街大桥，建于南宋）和西安桥（又称文桥、西头桥，建于南宋）向南、向西和北扩张。从地理位置上看，上园位于柳市洲渚之地（现后街村位置，柳市镇前街村与后街村以上园浃雨伞桥头支浃为界）的西面，为所谓的"柳市西垟"的一部分。垟是指"田地；多用于地名"，"柳市西垟"大意是指柳市西边的田地。如按旧时柳市的社会发展状况，现在的柳市镇的上园村、前西垟村、后西垟村均为"柳市西垟"的一部分。上园村有一条河浃亦称西垟浃（西垟浃往北延伸穿前后西垟村与古运河连通）。（见图1-1）

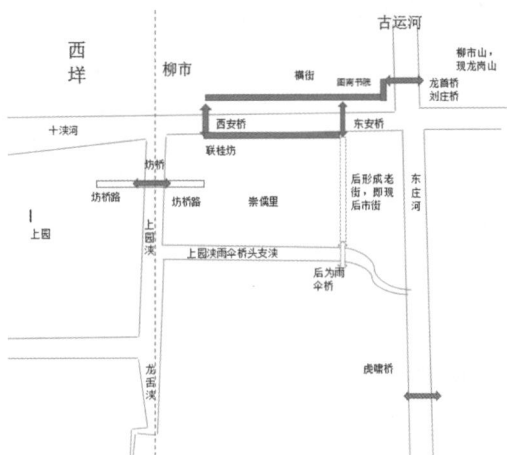

图 1-1　旧时柳市集聚区地理图
资料来源：作者自制。

桥梁不仅仅是打破山川、河堑阻隔的交往媒介，一种具有交通功能的工程，更是一个时代文化记录、沧海桑田的历史见证。桥梁的建造也是迎合了河流两岸民众开展更加充分交流的需要，是区域间开展充分交往的见证。在河网交错的柳市，桥梁显得更为重要。1238年后，横跨现柳市十浃河的西安桥（文桥）、东安桥（武桥）分别由翁安之和翁岩寿建立，它们的建设将后街的横街与洲渚之地相互贯通，标志着柳市的南向扩张，满足了发展和区块交流的强烈需求。西安桥，也称西头桥，据传为翁安之所建，因翁安之是文进士，又称文桥。西安桥现位于育英南路，横跨十浃河。东安桥，也称后街大桥，据传为翁岩寿所建，因翁岩寿是武进士，又称武桥。东安桥横跨十浃河，连接横街和后街。

建于宋明期间的横跨上园浃的坊桥也将上园村所在地与横街等在地理上实现了联通，满足了当时区域间经济社会发展的需求。坊桥，又名方桥，其名因联桂坊而起。坊桥是当时柳市里民众集居地通向柳市西垟十浃河南侧上园区域的唯一的陆路通道。坊桥满足了上园浃两岸生产生活交流扩张的需要。现在后街村与上园村中有一条道路名为坊桥路。坊桥于1995年填建上园浃为金钩路时被拆除。

建于宋明期间的上园浃南侧的桥板头（上元桥）和横跨垟头浃的柳庄桥则使上园与当时的前街村有了更加紧密的联系，从上园村域到前街村域不需要再经坊桥、后街、雨伞桥后到前街，只需要走路径更短的上元桥和柳庄桥就行了。上元桥，又名桥板头，位于上园南路和上园中路的衔接处，建于明代，原系单孔，由木段连成桥面，1984年改建为水泥桥。1995年7月，上园浃治理时，上元桥被拆除，改造成团结西路。柳庄桥，位于赤岩殿东首、龙舌浃上，建于明代；龙舌浃被填平后，柳庄桥现仅存桥面。

3. 上园村落形成简史

据传，上园始住民为章姓居民，为章纶后代，后因上园居住处火灾全毁而弃住。而又有前街方姓居民认为上园地为方姓所属，现在上园胡姓始迁祖所葬上园地其名为"方宅基"或可例证。而《乐清地名志》则认为，上园村以"上园"为名是因为村中有一片地势较高的园地。另有推测说，前街、后街的称谓也仅在清朝后期民国开始时才逐渐开始，如此，"上园"的正式称谓或许也是在相同的时期后才会分化而出。但上园胡氏宗族认为，"上园"的称谓应来自上园胡氏始迁祖的在上园的落户。

明成化年间（1465—1487），上园胡姓始迁祖凤清公，讳居廉，祖籍漕川（即曹田）。自幼好学，弱冠知名，入庠为廪生。柳市马翁见而器之，许以女，乃寄居岳家，设馆教学，舌耕笔耨，渐臻殷实。本里有古刹曰报恩寺，亦捐资重建。时，去柳市西百余步，有地三面临水，象洵秀美，形家称为"金钩挂月"。明成化十五年（1479），公乃析胡家垟之产，于其地筑室居之。屋舍俨然，园林秀洁，号为"上园"。后子孙繁衍，蔚为村落。明弘治十八年（1505），作家祠于村东南隅水汇清淑之地，以祀祖考，乃称上园小宗祠。卒后，与马氏孺人合葬上园村方宅基。[①]

明朝弘治年间（1488—1505），据传章玄梅[②]曾在上园访友，并作《访柳西小隐》诗。诗名"柳西"及诗文"柳市西头"的用词，似乎表示上园所在区域当时的

---

① 来自上园村实物《胡氏碑记》。
② 章玄梅（1467—1550），字和德，号千峰、枫山，乐清南阁人，章纶从子，方志避康熙讳称章元梅。弘治八年（1495）和陈璋、朱谏同中举人，后授湖口县令。著有《千峰集》。

方位名。但从诗文的内容看，可以推测当时上园区域已有民众居住，且很有可能有一区域名人在此居住，诗文也反映了当时上园区域的生产生活状况。《访柳西小隐》诗云：

> 柳市西头访隐翁，草堂遥与市桥通。野塘流水渔蓑雨，村店斜阳酒旆风。
>
> 玩易乾坤高枕外，著书岁月闭门中。何当挂杖听莺去，共醉春花烂漫红。

自上园胡姓始迁祖凤清公落户上园后，子孙繁衍，再加上其他姓氏人口迁居此地，上园所在区域人烟渐渐增多，渐成村落。

胡姓在老屋西北方向建设一座二披舍，现称为老西屋；在老屋东北角建设一座房屋，座中称娘娘屋（前称娘娘前屋，后称娘娘后屋）。原娘娘屋并不叫"娘娘屋"。据传，有一年台风造成大水，淹没了村中房屋，而当洪水退去时，"娘娘屋"里留存了一个被洪水推送而来的菩萨塑像，因而，该屋后被称为"娘娘屋"。

在清朝康熙年间，湖头黄姓移居上园西首田垟中河浃处，后此地被称为上垟，其意为上面的田垟。相邻河浃被称为上垟浃。黄姓始祖开始建了1座3间茅棚用于居住。后在生活条件改善后，在其相邻处又建了2座3间二披舍。河边建有三官堂（即郭元帅殿，或称上垟庙、翔垟庙）。

在清雍正年间，胡姓和周姓联姻，两姓在上园桥板头建1座五间二披舍，称东屋。周姓居东半，胡姓居西半。道光年间，胡姓人口繁衍，为提高族人文化素质，在原老西屋东侧兴建了1座三间二披舍，称前新屋。前新屋东边侧房设有书房，后有花园及花坞、金鱼池。咸丰年间，林姓在娘娘屋后建1座三间二披舍；胡姓建三间底屋及里后底屋和外屋。光绪年间，胡姓在祠堂后建三间二披舍，称河头屋；在里后建1座五间二披舍，称后新屋。光绪十八年（1892），村民按民间风俗习惯，在祠堂前隔河的柳庄桥西建赤岩殿1座。

民国初年，胡姓在上园西边靠近上垟建3座三间二披舍，称新西屋。1920年，新西屋被台风袭击倒塌。其中有2座合并1座而建，有1座在原地复建。启洪公在上园"后边栏"东边建1座三间二披舍，称启洪公屋。周姓在油车园南建1座3间二披舍楼房称朝东屋。金姓建1座三间一披舍称光滔公屋。1935年，国民政府在车头建造柳市汽车站。20世纪30年代，耶稣教在上园胡氏宗祠西首兴建耶稣教堂，1944年被日军拆除，1946年又复建。1946年，胡姓在公路桥头东南边建1座三间二披舍楼房，称公路桥边屋。民国建立后，又有多位其他姓氏居民迁居上园。

到新中国成立前，上园共有房屋 22.5 座（包括上垟），大部分的房屋坐落在现 104 国道以东、上园浃原址以西以北、十浃河以南区域。到 1950 年 12 月，上园村共有村民 105 户，总人口 461 人，按户主共有 12 个姓氏在上园居住。

旧时上园村建筑群，大致四个部分组成：以娘娘屋为界，娘娘屋门前的建筑群称"门前栏"；娘娘屋后面的建筑群称为"后边栏"；村西边建筑群称"西屋"；上垟建筑群称"上垟"。旧时居民房屋多为矮平房，或棚屋。矮平房大多为小青瓦木结构，或土木结构，或石木结构。房屋形式有三间二披舍、五间二披舍等。三间二披舍结构大多表现为前有轩间，后有居头，前后有道坦，最中间房间为中堂（上间），两边有"正间"（东侧）、"歇间"（西侧），其中中堂为屋内住户红白喜事之用，中堂北房（后堂）往往用于祭祀。（见图 1-2）

图 1-2　三间二披舍结构图

资料来源：作者自制。

第二节　村庄布局

现在的上园村境是 1955 年全国掀起合作化运动后定型的。1955 年 12 月，柳市镇柳市高级农业生产合作社成立，其范围为柳市镇整个行政区域，包括了方斗岩、垟心、平阳厂（现朝阳村）、前后西垟、包宅（现东风村）、后街、前街、上园、上金垟、吕庄 10 个村。上园为第八生产大队。1956 年初，茗东片的 11 个村并入，全社共有 21 个生产大队。合作社实行土地集体所有制，对原交叉耕种的土地进行重新划分和兼并，按原耕为基础、就近划拨的方式进行土地调整。到 1961 年后，上园村的村域范围几无变化。现在的上园村村境包括三个独立区域。

一、主体区域

主体区域所在位置为柳市平原，形状如正方形，东西宽约 615 米，南北长约 665 米，陆地总面积 0.41 平方公里。四至是：东起前街村、后街村；南连前街村；西邻上金垟村；北靠西垟村、东风村，以十涑河为界。旧时上园居住区主要由两部分建筑群落构成，上园民居集聚区域和上垟区域。其中上园民居集聚区域在温杭公路（现 104 国道）过境路以东，十涑河以南，上园涑以西、以北区域；上垟区域在上垟涑周围，主体在上垟涑以西。旧时上园村主体区域部分多为耕地，现已成为柳市镇建成区的一部分，全部被开发用于第二产业和第三产业。

二、官山山场

官山山场在村北距村主体部分约十里的官山上。

据传，官山山场被划归给西乡各村村民用于生产以度荒年。清朝道光年间，乐成洪宅占用山场，产生民间占山纠纷，乐清西乡民众在秀才的带领下向乐清知县告状，民众抬轿请使知县下乡调查，终由乐清知县将官山判给西乡民众。

上园官山山场所属境域呈船形。东至白沙山，与吕庄村场园相接；南至风车峪东、西两坑，与上来桥村山场毗连；西至西嘴，与智广村山园相接；北至大船背下，以西垟山壕沟为界，其面积为 0.15 平方公里（约 225 亩）。

三、山边园地

上园所属山边园地在官山南面，离上园村主体区域北约 5 公里的方斗岩村龙珠山东首山边，呈长方形。山边园地东接平阳厂村山园、方斗岩村农田，南与方斗岩村农田相连；西与吕庄村山园相接，北与茗东山场相接；山边园地东西宽约 34.5 米，南北长约 46.5 米，共计面积约 2.45 亩。现在该地块已被开发使用，建成标准厂房，成为柳市镇方斗岩小型微利企业产业创业园的一部分。（见图 1-3）

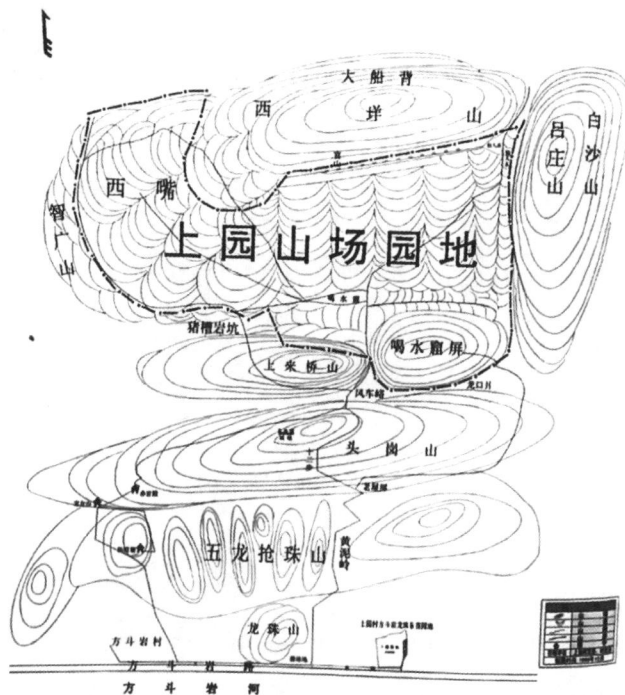

图1-3　上园村官山山场及园地

资料来源：胡省三主编《上园村志》，浙江人民出版社，1999。

第三节　自然资源和物产

相比乐清其他村落，旧时上园村拥有相对丰富的水资源和农田、山地等自然资源。上园村主体部分地处柳市平原水网地带，拥有适宜的气候条件，属湿润的亚热带季风气候，并深受海洋性季风尤其是台风的影响。气候特点是四季分明，雨量充沛。冬温夏热，但夏无酷暑，冬无严寒，无霜期长，热量较丰富。虽偶尔出现对农业生产有不良影响的低温、七八月的伏旱和台风气象，但上园气候总体上有利于农作物生长，上园为一年三熟地区。适宜的气候使上园村物产丰富、动植物种类繁多。旧时上园有连片的农田，大多为水田，可种植种类繁多的植物。

一、水资源

20世纪80年代前，上园区域水资源丰富，村北有柳市干河十浃河，村中有5条十浃河支流（河浃），从西到东分别是双车头浃、河鳗浃、上垟浃、西垟浃、上园浃，为满足上园村民生产生活、应对伏旱和台风洪涝天气发挥了积极作用。其中上园浃中又和支浃雨伞桥浃、垟头浃与一条新河相连。除了这些小河流外，上园村在上园浃处有3处河潭。随着经济社会的发展，人地矛盾日益突出。随着村镇建设强度的增加，十浃河上园段的这些河浃与支流逐渐被填埋，或用于道路等公共建设，或用于商用建设开发使用。

1. 十浃河。十浃河为柳市河的一部分，是柳市水路交通要道，在陆路交通工具不常见的时期承担了柳市到各地的客货运输的主要功能。十浃河也是柳市镇最大、最深、抗旱时间最长、防洪排涝流量最快的河流。据《乐清市水利志》记载：柳市河，上游主流白石溪，源于郭公山、黄坦洞，流经中雁荡山白水漈，先后注入钟前、白石水库，下泄至合湖纳东漈来水。出合湖东流为柳市河，流经湖头的前窑后在店后与古运河相交（这一段称湖头河），经智广穿柳市镇与乐琯运河（东庄河）汇合（这一段称智广河，或十浃河），向东过长虹、象山至三条桥（称象丰河）分成凰屿河、白浦河和潘阳河；向南出虎啸桥、马仁桥，在东仁宕接纳凤屿河、横带河，向南至七里出慎江水闸入瓯江。柳市河主流长16.8千米，平均水深3.5米，水面宽32~56米，从源头至出口落差为595米。十浃河为柳市河经智广穿柳市镇到东庄河的部分。相传旧时，自智广桥至柳市后街大桥，河流两岸有十条河浃，故而名之。十浃河长约2.7千米，狭窄处在后街村宽约10多米，宽阔处超过了120米。十浃河上园段共有5条河浃，自西向东分别是双车头浃、河鳗浃、上垟浃、西垟浃、上园浃。十浃河上园段长度约615米，宽度约20~120米。

2. 上园浃。上园浃位于上园村东首，河浃对岸东首有旗杆屋、女子学校及后街村的林氏宗祠，上园浃出入口为十浃河，由村东伸入，弯向上园老屋前"车头"止。旧时上园浃内有两条支浃、三个河潭，后增加一条新河。上园村于1951年始开凿新河与之相连并通向垟心田，用于灌溉和排涝。旧时上园浃主体长约420米，河浃狭处约4米，宽阔处约20多米。上园河浃不仅担负着水上运输、农田灌溉、防洪排涝、民间体育活动（如划龙舟、游泳）、安全防火等重要任务，而且还供应60%上园村民的饮食用水和生活用水。

（1）雨伞桥头支浃，是从上园浃油车潭开始向东延伸，至柳市中街的雨伞桥头，向东南流向东庄河，长度约360米。20世纪50年代前，担负着水上交通运输任务，是柳市街集市贸易、商品交换的集散地，一切物资由上园浃水运出入。雨伞桥头在20世纪五六十年代曾设立一个农贸市场。遇台风暴雨汛期，柳市前、后街的雨水和污泥排入雨伞桥头支浃，由上园浃出口，流入十浃河。

（2）垟头支浃（又称龙舌浃），是从上园河浃的金钩挂月潭向南延伸，至垟头车头，长共约60米。垟头支浃解决了上园部分农田（门前垟）灌溉、防洪排涝和垟头村民饮食用水、生活用水，承担水上运输的功能。

（3）油车潭，位于上园浃和雨伞桥头支浃的交汇处，在村朝东屋东首。柳市街雨伞桥头支浃污泥、废水流出后，淀积在此潭中，以防河床淤塞。

（4）金钩挂月潭，位于上园浃南端转角处与垟头浃交汇，在村胡氏宗祠南首。垟头浃的污泥废水流出后，淀积此潭，以防止河床淤塞用。

（5）门前河潭，又称上园风水潭，位于上园老屋前。三潭中该潭最深，久旱水不干，也是抗旱的重要支撑力量。新河开凿后，门前垟农田里的水和上园村内流出的污泥废水，淀积在此潭。1967年，柳市遭遇长达131天的大旱灾，十浃河干涸似路。上园村民在门前河潭前筑坝储水，解决了本村和镇上部分居民的饮食用水，柳市镇饮食业也从此处取水。

3. 新河。1952年2月，上园村为提高垟心田的抗旱排涝能力，发动群众参加义务劳动，开展兴修水利工作。计划开凿新河长520米，宽10米，深3.5米。第一期新河长度为260米，从组织发动到完成规定任务，共3个月。1953年2月，继续发动群众参加义务劳动，开凿新河，完成长度为260米的第二期工程。新河的开凿大大提高垟心田的产量。

4. 双车头浃，为上园村和上金垟的交界，为十浃河的河浃，由十浃河向南伸入，至"双车头"。旧时因该埠可架两张脚踏水车抽水，故名"双车头"。车水埠古有两条水溇，所以，也有"双溇头"的称呼。双车头浃为上园垟心田提供水利支持。

二、土地资源

上园村主体区域的土壤属于典型的东南沿海平原土壤，平原水网处耕地数量有限，水利条件差异很大。因人口众多，人均耕地面积少。

1. 耕地。上园村主体部分虽系平原水网地带，但水源主要在十漈河和上园漈一侧，门前垟的垟心田的水利条件较差，后在 1952 年开凿新河，增加双车头漈抽水作业、农业学大寨，水利条件才有了改善。这些耕地实行连作两季水稻和冬季春花种植，实现了水田种植的一年三熟制。

20 世纪 50 年代初，全村共有 431 亩土地，其中垟心田 310 亩，占全部耕地的 72%。据《上园村粮食产量、征购、留粮资料表》记载，上园村的耕地数量集体所有最多时为 1958 年的 480 亩，而前后两年耕地面积为 1957 年的 431 亩、1959年的 424 亩。受访者表示，当年将上园村屋边的园地、"烂地"、杂地、官山的山园、养鱼场（10 亩）、柳市公社糖厂种植用田（32 亩）及争议田地等都统计在内。在 1958 年到 1959 年间，应生产活动的需要开展一些建设，如柳市车站、柳市粮管所、柳市道班基地建设，归还各集体因养鱼场和糖厂失败田地（42 亩），并因上园生产大队与前街生产大队的合并将原属上园 10 多亩的土地划给前街套种黄花草子，从而使上园集体耕地减少到 1959 年的 424 亩（水田 402 亩）。1961 年，随着《农村人民公社工作条例（草案）》的贯彻落实，先后从集体耕地中按 5% 和 2%比例计提（先旱地后耕地）分配给农民作为自留地使用。1961 年，上园村集体耕地数量为 380 亩，其中水田为 368 亩，旱地为 12 亩。农民自留地 27 亩，其中水田 26 亩，旱地 1 亩。农民的自留地除旱地归农民自主耕种外，其余部分由村生产队统一耕种。从 1967 年开始，随着上园村经济社会的发展、村民住房改善和村庄建设的需要，耕地数量逐渐减少，到 1993 年所有耕地都被开发使用。

2. 山地。旧时官府将官山分配给各村以济荒年，其中上园所属官山山场山园约 100 亩，山园 9.5 亩可种植番薯，山场上生长着薪炭林。方斗岩村龙珠山东首山园 2.5 亩，可种植番薯，后建设成为方斗岩小型微利企业产业创业园的一部分标准厂房，出租用于电气产业生产。

三、物产

因气候条件适宜，且有水网平原与山场，上园村物产丰富、动植物[①]种类繁多，《上园村志》列举了在上园村出现过的数百种动植物，其中有村民种植饲养的，也有自然生长的。上园的自然条件也决定了在 20 世纪上园村自主的生产经营活动主要以农业生产为主，尤以种植业突出，以粮食作物为主，辅以蔬菜种植、

---

① 上园的植物和动物品名来源于《柳市镇志》《上园村志》。

家禽家畜饲养，主要物产有水稻、番薯、小麦、大麦、油菜籽、苜蓿、绿萍、毛豆、蚕豆等。水稻、油菜、小麦、大麦、苜蓿等主要种植于水田中；番薯主要种植于山园；蔬菜类作物主要种植于各户自留地、边角园地，自供自给，满足自身生活所需，如白菜、芥菜、卷心菜、盘菜等；家禽与家畜大部分时候由各户自行饲养，大多自供自给，如家鸡、鸭等，牛和猪，尤其是猪肉用于民间交易使用。

1. 水稻。水稻是上园村农民粮食的主要来源。1961 年，上园村集体耕地 380 亩，其中水田 368 亩，如加上农民自留地中的水田，全村用于水稻种植的水田约为 394 亩。由于生产技术和生产方式落后，水稻的产出除了农民勒紧裤腰带满足政府统购、增购的需要外，余粮不足，其分配到户的粮食连农户的温饱问题都未能解决。在 20 世纪五六十年代，大部分时候各农业户都小心翼翼地使用分配到户的粮食，并以番薯干等作为补充，饥饿是平常事。回忆过往，受访的村民说："当年总是觉得饿。"

《上园村粮食产量、征购、留粮资料表》显示：20 世纪 60 年代前，上园村集体耕地的早稻亩产量不超过 400 斤，表上记载的亩产最低纪录为 1959 年的 325 斤，当时早稻种植面积为 379 亩；而早稻产量最高是在 1978 年，产量为 329120 斤，亩产为 935 斤，当时早稻种植面积为 352 亩。晚稻的生产不仅受生产方式、水稻品种的影响，还深受台风等天气的影响，使上园村的晚稻产量波动较大。在 1963 年前，上园集体耕地的晚稻亩产不超过 500 斤；之后，晚稻产量逐渐上升。晚稻产量最高出现在 1979 年，产量为 335258.9 斤，亩产也达到历史最高的 967 斤，当时种植面积为 346.7 亩。

2. 小麦和大麦。小麦和大麦也是上园村冬季经常种植的粮食作物，又被称为春粮。小麦、大麦的种植主要用于自给，用于完成征购任务的年份屈指可数。一般是在晚稻收割后种植小麦或大麦；在次年小麦或大麦成熟后收割，然后翻田连作早稻。《上园村粮食产量、征购、留粮资料表》显示，上园的小麦、大麦的种植面积不大，单产也不高，且从 1981 年开始，基本不再种植。在 20 世纪 80 年代前，上园的小麦、大麦的种植面积最多时是在 1957 年，种植面积为 132 亩，产量为 13596 斤，亩产为 103 斤，其余大部分年份种植面积仅为几十亩。

3. 绿萍。绿萍是一种绿肥。绿萍也叫满江红、红萍，学名细绿萍，属于满江红科蕨类植物，萍体漂浮水面，是优良水生饲料植物和著名绿肥植物，也可作鱼类和家畜的饲料。1965 年，上园村试养绿萍越冬成功，大力推广，在早、晚二季稻田中养殖绿萍。绿萍的种植为村集体贡献了一定的经济收入。从 1965 年到 1970 年，上园村将越冬萍种出售，6 年间获得绿萍收入共 61100 元，村民年人均收入因此项增加约 15 元，其中 1968 年年度萍种销售最多，收入为 17000 元。

第四节　行政建制

旧时居民傍水而居的特性，使上园村所在区域因较好的自然条件成为民众较重要的居住选择，并在历史上形成了以上园浃和上垟浃为重要生活生产集聚点的自然群落。宋代以前靠近上园浃的区域内已有人居住，后在明朝成化年间胡氏始迁祖凤清公到上园定居，逐渐子孙繁衍；在清朝康熙年间黄氏从湖头迁入上垟定居，并在此繁衍生息；虽早期上园区域人口在增长，但因人居较少而一直未在村中建立正式的行政建制。

明朝洪武十四年（1381），乐清编定图册。明成化十二年（1476），划山门乡和玉环乡六都之地分属太平县后，乐清有两隅、五乡、廿八都、一百二十个图。"柳市"属长安乡八都，而上园为柳市的一部分。到民国建立之前，笔者也没有发现足够的证据说明上园已作为一个行政单位而单独设立。

直到民国时期，民国政府编制保甲制度，推行保甲制，有迹象表明上园区域被编为一保，当时首任保长为上园村胡氏居民。1934 年 11 月 7 日起，国民政府推行保甲制。上园也同样被编为甲和保。如果按照 1950 年土地改革时的总户 105 户进行推算，1934 年时，包括上垟的上园户数应不足一保，或出于管理的需要，或将邻近农户也编入其中而成为一保，当时首任保长为胡志介。1948 年初，上园和上金垟曾合并成为一个保，为柳市镇第八保。从 1934 年推行保甲制到 1949 年 5 月解放，先后有 6 名胡氏或周氏村民出任过 8 届保长。

1949 年 5 月，乐清县解放。1949 年 6 月，成立柳市镇民主政府。1949 年 8 月，废除保甲制，改保为村，成立上园村人民政府。柳市镇委任胡万盛为上园村村长。

1954 年，《中华人民共和国宪法》实施，建立人民代表大会，村设人大代表，行使村政事务。

1956 年 1 月，柳市镇建立柳市高级农业生产合作社后，上园村所属编为上园生产大队。此时，村政由大队长代政，并下设生产队。

1958 年 10 月，柳市区以区为单位建立柳市人民公社，上园属柳市人民公社的一个生产队，村政由生产队队长代政。1959年11月，上园生产队建立党支部。当时村支部的正式党员共有3人，分别是胡星余、胡万宁、胡万盛，另有三个特别党员。

1961年11月，贯彻落实《农村人民公社工作条例（修正草案）》（简称"六十条"），上园改为柳市镇人民公社第八生产大队，一般称为"上园生产大队"。村政由大队长代政。

1966年12月，由生产队队长（小队）推荐产生领导小组，由组长代政。上园党支部停止活动。

1968年6月，上园建立以"老、中、青"三结合的生产大队革命委员会，由革命委员会主任代政。

1969年10月，经由中共温州地委书记戚庆连等工作队整党100天后，上园大队党支部恢复活动。

1979年，党的十一届三中全会之后，推行联产承包责任制，生产大队革命委员会改称上园大队管理委员会，由管理委员会主任代政。

1984年5月，恢复村建制，上园建立了村民委员会，并由村民委员会行使村政事务。

2019年，乐清市推进村社规模优化调整。当年5月，上园村与三里社区、翔金垟社区合并，成立上园社区。

第二章　农耕时代的生活

　　改革开放前的上园村是个典型的农耕社会，经济社会发展落后，温饱问题是绝大多数村民面临的主要问题。解决温饱问题、改善生活条件是村民生产生活中最主要的动力。本章将讨论上园村新中国成立前的生活状况和改革开放前的生活状况。

第一节　新中国成立前：持续的赤贫生活

　　20 世纪 50 年代前的上园村，温饱问题没有得到有效解决，村民大多处于绝对贫困的状态。如果对照世界银行在 1990 年确定的"人均日消费 1 美元"绝对贫困标准，那么上园村除了 3 户地主外，其余人口都是贫困人口。

一、赤贫的生活

　　20 世纪 50 年代前的上园村经济发展落后萧条，经济社会极不平衡，贫富差距较大。如何活着、不再饥饿是摆在大部分上园村民面前的头等大事。俗语"杨柳青断鱼腥""麦前是溪，麦后是河"，都是当时人民生活的一种写照。在访谈中，村民胡万宁先生如是概括上园村新中国成立前的生活状况："上园村大部分村民每年没有余粮，而且每年都还差几个月的粮食过日子；只有少数村民，如 3 个地主的日子好过些，每年有余粮；后来土地改革时被划为中农的村民，也是紧凑着过日子，有时也会出现粮荒，每年也是鲜有余粮。"据统计，20 世纪 50 年代前，上园村共有农户 105 户，除了几户比较富裕外，大部分缺衣少食，生活无着落。当时有 31 户自劳自食；有 65 户租种业主田地，农忙务农或挤出"工夫"代人做散工，以获生计；有 8 户农民上无片瓦，下无寸土。1949 年，上园村的农户收入人均不到 30 元。

1. 柴米油盐

旧时上园村民以大米、大小麦、番薯为主食。因大多数农民并无或少有自有耕地，只能租用业主田地进行农业生产，贫雇农交完田租后往往所剩无几。由于主粮不足，有时用麦麸、糠菜代替主粮度日，常有因营养不良出现浮肿的情况。贫雇农一般农忙每天二稀一干，农闲时是三稀。只有在雇工匠师傅修农具、招待客人、逢年过节时，才稍微吃好一点。因此，逢年过节是小孩翘首以盼的日子，可以穿新衣、戴花帽，还有好吃的，更可以吃饱。

而下饭的"饭配"、"间配"主要是青菜（蔬菜）、咸菜、鱼腥（有咸圆鲭、捣蟹酱等）。青菜大多为其园地种植所获。而咸菜则为青菜腌制所得。炊事用具，历来为砖砌台灶；"柴"为稻秆、薪柴、枯树叶、树枝和山上柴根；食用油主要是油菜籽油和猪油，且都是稀缺物品，只有在特殊日子才会使用。

2. 用水

在历史上，村民所喝的饮用水和生活用水均来自上园淡河水或十淡河河水。依传统习惯，饮用水和生活用水在河流取用和使用的地点有所不同。农民用水桶把河水挑到家中倒入水缸，或用明矾澄清后，用于饮食。而生活用水，如洗衣服、洗澡和清洁卫生用水也都来自于河水①。

3. 衣着

上园村村民穿的衣服，在历史上均来自其家庭妇女自纺棉纱的"家织布"。由于家庭生活条件有限，每件衣服都要经历"新三年旧三年缝缝补补又三年""大儿新、二儿旧、三儿补""爷爷总是有办法"等使用价值最大化的过程，直到实在无法找到用途为止。

4. 住房

20世纪50年代前，村民住宅为土木结构，除少数比较坚固外，大都为危房。少数困难户上无片瓦，下无寸土，或在胡氏祠堂、茅草屋、租房居住。到新中国成立前，上园村全村只有20.5座平房和两座二层，其中草棚间数3间、平房106间、二层6间，人均占地面积9.7平方米，人均建筑面积10.9平方米，平均每座房屋居住4.67户家庭、20.49人，平均每间居住4人。有受访者说，当时他的一

---

① 直到1965年柳市项目水厂建立后，在上园村装了3个水龙头，上园村民才用上了自来水。后在1982年，每户家庭都装上了自来水。

个堂兄，11 个人居住在一间房子里。

5. 风俗文化

新中国成立前，柳市民间应各种需要会开展一些文化风俗活动，如民间信仰活动、佛道宗教活动、红白喜事等。除柳市报恩寺、娘娘宫日间有活动且较固定外，大部分的民间文化风俗活动一般都是在夜间开展，如正月龙灯会、三月三做戏、干旱求雨、"保人口太平"的做戏等。民间文化风俗活动的举行大多无固定地点，如做戏、唱词往往都是临时搭台演出的。戏班常见的有大生庆、真福联、二二剧团、一新剧社、老联昌等。唱词为温州鼓词。演出时，戏台下聚集了来自四面八方的观众，男女老少皆有，场面就像集市一样。每当某个地方要开展民俗文化活动了（如做戏），其信息将会迅速广为传播，演出时四方云集。有村民说，那时有这种活动，多远也是要去看的。

二、有限的出路

新中国成立前，由于经济社会发展落后，农民获得收入的机会和渠道着实有限。村民为了生活，千方百计寻找生活出路，获取收入支持家庭生活。然而在当时的经济社会条件下，出路是有限的，人的自由也是有限的。通常上园村民在农忙时务农，在农闲时做工。

1. 农业生产，土地大多为地主和学校所有，以水稻生产为主

农业生产是大部分村民的获得收入和粮食的主要渠道和首要依靠。在以农业生产为主的农耕社会中，农田是农民的第一资产，粮食是农民的第一硬通货。虽然农田是农民最重要的资产，但新中国成立前的上园村大部分农民并不占有农田。20 世纪 50 年代以前，上园的土地属私人和小学所有。上园村共有耕地 431 亩，其中柳市区小学（发展历史为女子学校，柳市区小学，柳市初级小学，柳市镇第二小学）占有 70 亩，占 16.24%，外地地主温州叶德昌占有 44 亩，占 10.21%；本地地主 3 户占有 80 亩，占 18.56%；地主共占有耕地 124 亩，占 28.77%；穷人和佃农有 65 户，占全村总户数的 61.9%，仅占有耕地 37 亩，占全部耕地的 8.58%。（见表 1–1）

表1-1　20 世纪 50 年代前上园耕地占用情况表

类别	上园				柳市			
	户数（个）	比例（%）	占有耕地数量（亩）	比例（%）	户数（个）	比例（%）	占有耕地数量（亩）	比例（%）
贫雇家	65	61.91	37	8.58	591	42.55	549.56	10.22
自耕农	31	29.52	143	33.18	442	31.82		
小商贩	6	5.71	57	13.23				
地主	3	2.86	80	18.56	61	4.39	1928.59	35.88
柳市小学公有			70	16.24				
外地地主			44	10.21				
合计	105		431	100	1389		5375.75	

注：上园的自耕农为当时阶级成分中的小商、小土地出租者、经营者、耕营者；自耕农包括中农和富裕中农；地主包括半地主式富农和地主。

　　贫雇农因缺少耕地和必要的生产工具，只有依靠劳力，向业主租种田地，交完田租后，剩余的归自己，艰难地养活自己和家庭。当时柳市地区地租谷租每亩通常年交 1 构、2 构、4 构。"构"是一种计量容器，一般每构稻谷约 35 斤，有些构容量大些，每构约 40 斤。地租谷租最重的为年谷租是 8 构，计 280 斤稻谷。

　　地租按类型有：（1）垫租田（即"放脚银"）。佃农向业主租田，交一定银圆即"脚银"立据抵押。每年谷租按额交清。期满后，田归还业主，佃农收回脚银；若佃农交不清谷租，业主在脚银中按据约扣除。（2）定租田。佃户在秋收时，按业主事先的约定确定年谷租额交租，遇灾年减产，双方到田，其租额按实收比例分成。（3）田皮租。佃农在困难时期，将祖辈留下的自耕田卖给业主，立据"只卖田不卖割"，留给自己永远耕种，并按契约规定每年交给业主租额。如遇灾年减产，双方协商酌情解决。（4）新据约。约在 1941 年后，柳市出现过农民协会。农民协会曾倡议对业主的地租剥削实行二五减租和双二五减租。当业主的地租利益受到影响时，便与佃农重新立新据约。

　　在访谈中，一位村民说，上园的田租根据田地肥力情况大部分为 2、3、4 构，但也有高达 8 构的，主要是在"车头"边的 6 亩"好田"（水利条件好、土质较好）。然而，受生产技术、水利设施、土质等因素的影响，大部分农田的年亩产量不到 250 公斤。据村民回忆，20 世纪 50 年代前，早、晚两季间作稻年亩产量长期徘徊在 200~240 公斤；大、小麦的亩产不超过 50~70 公斤，油菜籽亩产不超过 30~50 公斤。因此，除了交租外，佃农往往每亩全年只剩下 125 公斤左右的稻谷，这对于户均 4.39 人、男劳动力 1.04 人①上园农民家庭来说，如何过日子是令人深思且沉重的话题，但日子无论是如何的艰难都还是要过下去的。

2."代人"做工，获取雇佣收入

因无耕地可种，或家庭负担过重，上园村部分农民以"代人"的方式获取微薄收入，以养活自己和家庭。"代人"类似于现在的雇佣。据上园村统计，20 世纪 50 年代前有 9 户 15 人"代人"做相帮、种地、牧牛、学生意、当保姆等。（见表 1-2）

表 1-2　20 世纪 50 年代上园"代人"情况

户	姓名	性别	代人项目	雇主地点	备注
1	胡光其	男	相帮	茗东三里村	成人
2	陈阿宣	男	相帮	柳市后街	成人
3	胡光顺	男	相帮	柳市包宅	成人
4	胡茂焕	男	做豆腐	温州	成人
5	陈启兴	男	相帮	柳市上园	成人
	郑吟柳	女	保姆	温州	成人
	陈金定	男	学生意	柳市后街	1946 年，12 岁
6	陈余岩	女	保姆	温州	成人
	胡光照	男	牧牛	甩稻岩	1946 年，11 岁
	胡光增	男	牧牛	白石大园	1947 年，10 岁
7	胡安姆	男	相帮	柳市后街	成人
	胡万权	男	牧牛	白石天堂	1946 年，14 岁
	胡万全	男	牧牛	湖横张瞿	1946 年，12 岁
8	胡定者	男	学生意	柳市陈鸿源	1948 年，12 岁
9	王成法	男	相帮	柳市上园	成人

资料来源：胡省三主编《上园村志》，浙江人民出版社，1999。

3.兼营小商小贩手工，获得额外收入

为增加家庭生计，上园村民不断扩大手工业门类，有的发展了副食品加工行业，如做豆腐、煎糖、做馒头、油卵、水凉糊等；有的向工匠发展，成为成衣匠、纸伞匠、鞋匠、铁匠、木匠、篾匠、油漆匠。家庭妇女也不让须眉，除了在家做"家织布"解决自己家庭的衣着外，还通过绣花增加家庭收入。有些手工业随着时代的发展不断更新，延续到新中国成立后。有些逐渐被淘汰，消失在历史长河中。

---

① 1951 年上园村户数为 105 户，人口数为 461 人，户均 4.39 人；上园村有男劳动力 109 人，其中一户中有 2 个劳动力的 10 户，无劳动力的孤儿寡妇 6 户，户均男劳动力 1.04 人。

（1）布厂做工。有部分村民在民国柳市工业获得发展时，在制衣工厂当管理、技术人员和工人，获得工资性收入。1925年，包宅包福生引进纺织技术，创建柳市振丰染织厂，为乐清纺织工业之始。随后，柳市纺织业较快发展。当时，乐清县有棉织厂9家，棉纺织机200台，其中柳市就有7家，棉纺织机170台。

（2）做豆腐。豆腐是用黄豆浸泡后磨成豆浆，过滤后的豆汁经过高温烧制，产出豆浆。在熟的且热的豆浆内放入石膏等凝固剂，可产生豆腐脑、豆花和豆腐。豆腐制品有豆干、豆腐、千张等。做豆腐过程中产生的副产品豆渣，是仔猪的精饲料。豆腐的主要原材料是黄豆。上园村民的豆腐技术来自温州。1929年，村民周如庚受雇于温州豆腐店，学会后传入上园。据统计，民国时期，上园村豆腐摊贩有23户，豆腐店2户。日用量600多斤黄豆，年需要量100多吨。利润很低，约占销售额的10%~12%。

（3）煎糖、做馒头、炸油卵。煎糖、做馒头、炸油卵是为做戏演出服务的一部分社会经济活动。油卵是糯米制成的，外边圆垒芝麻，里边空馅白糖。放在油里炸后，不会变形。炸油卵看起来很简单，工艺技术要求最高。煎糖、油卵是小孩子的零食，馒头可当点心。新中国成立前，柳市民间会应各种需要开展各类文化风俗活动。演出时，戏台下聚集着来自四面八方的观众，引来了社会各种商品买卖。民国时期，上园村村民周顺余等会做馒头，胡福昌等会制作各色粽形四角方糖、彩色香烟糖等，胡美昌等会制作油卵。

（4）水凉糊。水凉糊，即石莲糊。石莲糊成品是果冻状的，颜色微微有一点黄。石莲糊原料为石莲籽。将石莲取子挤出液汁，用布过滤后，置于容器中，加入凝固剂（通常是石膏），酿成凉糊。每碗凉糊配上白糖，加上薄荷香精，只需几分钱，喝了清凉可口。民国时期，上园村村民胡林昌等人是柳市街上最早的凉糊制作人。

（5）学手艺，成工匠。20世纪50年代前，上园村有部分村民学手艺，成为当时的手工匠，通过加工活动赚取农业生产外的额外收入，而有手艺的工匠，他们的生活状况往往比纯农户要好得多。民国时期，上园村有做衣服的成衣匠3人；做伞修伞的伞匠1人；做鞋修鞋的鞋匠3人；理发师1人；制作农业工具和制作铁钉的铁匠9人；木匠中有独木老师5人，方木老师2人，圆木老师4人，造船助手1人；篾匠4人；髹漆老师3人。

（6）绣花巾。上园村家庭妇女除了家务之外，还负担着纺纱、织家布的劳务，用以解决家人的衣、裤、被单和被套。大约 1935 年，上园平均每 3 家就有一张（台）织布机，当时共 30 余张（台）。没有织布机的农户向他人借机做布或投料合织分布。织布在当时大多为自供自给，满足自己和家庭的需要。而绣花巾是家庭妇女成为重要劳动力增加收入的项目。1946 年，柳市商人与外商建立了外贸关系，获得花巾绣花业务，开设花局。上园村妇女、姑娘们向花局展现绣花技术，并经现场考核合格后，花局发给花巾布和颜色不同的丝线，按照花巾样品，在约定的时间，按时交货，并获得绣花收入。

第二节　改革开放前：从贫困到低水平温饱

新中国成立后到改革开放前夕，上园村民逐渐从贫困状态中脱离，实现了低水平的温饱。改革开放前的一段时间内，如何改善生活条件，解决更高水平的温饱问题成为一代上园人着重考虑的问题。

一、从贫困到低水平的温饱

新中国成立后到改革开放之前，按世界银行的人均日消费 1 美元的标准，上园村的村民生活总体上还是处于贫困状况。但如果按照国家 1978 年人均年收入 100 元的贫困标准（国家贫困标准在 1986 年公布，为年人均收入 206 元，其以 1978 年 100 元为基数计算所得），上园村的村民已脱贫。在 20 世纪五六十年代，农民的生活水平相近，贫富差距不大，但手上现钞不多，也没有存款。到 1979 年，上园村农民人均年收入为 132.1 元，已初步解决了当时技术水平下的温饱问题。而且，在涌动的春潮中，很多上园村的"泥腿子"已经上岸，走向全国，工业生产、行商等给村民带来更多的收入。怀着对更加美好生活的憧憬，上园人民纷纷走出了上园村，走向了更宽广的天地，也走出了一条迈向富裕的道路，开创了温州模式。

1. 土地改革，耕者有其田

新中国成立后，为了彻底推翻压在贫苦劳动人民头上的帝国主义、封建主义、官僚资本主义三座大山，1950 年 6 月，《中华人民共和国土地改革法》颁布。10 月，乐清县人民政府组织土改工作队进驻上园，发动群众，开展土地改革，实现了"耕者有其田"。按照上园 431 亩耕地计算，1951 年上园村人均耕地为 0.93 亩，户均耕地 4.10 亩。而当年柳市贫雇农的人均耕地面积为 0.82 亩，户均耕地面积为 2.55 亩。令人惊讶的是当年柳市地主 61 户 420 人，其占有的土地从改革前的 1928.59 亩，下降到 177.76 亩，地主家庭户均耕地从 31.62 亩下降到 2.91 亩，人均耕地从 4.59 亩下降到 0.42 亩，土地改革后，原地主所拥有的土地远小于贫雇农。（见表 1-3）

表 1-3 柳市镇土改前后土地占有情况统计表

阶级成分	土改前		土改后		户数		人口	
	亩数（亩）	比重（%）	亩数（亩）	比重（%）	数量（户）	比重（%）	数量（人）	比重（%）
地主	1928.59	35.88	177.76	3.19	61	4.39	420	6.44
半地主式富农	23.44	0.44	13.72	0.25	1	0.07	7	0.11
富农	62.10	1.16	46.50	0.84	2	0.14	15	0.23
中农	2011.13	37.40	2534.49	45.53	440	31.68	2277	34.91
贫农	543.72	10.11	1921.20	34.51	536	38.59	2385	36.56
雇农	5.84	0.11	179.18	3.22	55	3.96	165	2.53
小土地出租者	432.13	8.04	274.26	4.93	50	3.60	201	3.08
工商业资本家	197.92	3.68	63.98	1.15	15	1.08	105	1.61
其他	170.88	3.18	269.07	4.83	229	16.49	948	14.53
公地			86.20	1.55				
合计	5375.75		5566.36		1389		6523	

资料来源：汤一钧主编《柳市镇志》，黄山书社，1998 年 10 月。

在公社化后，上园村大部分耕地由集体占用，并交给生产队集体生产经营。而留给农民的自留地，有 26 亩留在各生产队统一耕种，其经济收入坚持按劳分配，按人口 80%、劳动 20% 的比例进行分配。

2. 温饱初时未解决，后期有改善

20 世纪 50 年代初，温饱问题仍未得到有效解决。土地改革后，实现了"耕者有其田"，贫雇农农业生产的积极性得到极大的提高，农业生产的产量有了一定增长，但农业生产所获得的收成还是不能解决温饱问题。1951 年，亩产量提高到 600 斤，人均收入为 38.7 元。到 1957 年，全年亩产量为 804 斤，1957 年户均人口 5.60 人，人均只有 0.86 亩，粮食统购每亩 215.31 斤，每人平均获得口粮 473

斤。虽产量提高了，但对上园村农户来说，总的印象还是饿，很少吃过饱饭，更没有吃过好饭，尤其是在大困难时期。而且当时饭汤营养成分低、油水少，人们饭量普遍大，家庭一般用大碗，一个成年人一顿饭一般都在 4 碗上下。而且很多时候是没有下饭的"间配"，自家自留地生产的蔬菜严重供应不足，每天有几角的钱去买菜已是很好的待遇。更何况，当时连获得"钱"的渠道也没有。当时煮饭一般都是大铁锅。铁锅长期使用容易出现漏洞，有小窟窿做饭时用面糊上，大窟窿只有等补锅人来补。总而言之，"早上汤，中午汤，晚上稀饭照月亮""红薯汤、红薯馍、离了红薯不能活"是当时的农民生活的真实写照。

那时，居民户口因国家对各种物资都有定量供应，如粮票、肉票、布票等，且在单位工作的也有工资性收入，上园村中的居民户口的生活水平要比农户好些。访谈中一个村民说："居民的生活条件比农民要好。从吃的看，居民家庭每天中午、晚上吃的是饭，早上吃的稀饭，比较稳定，而农民往往只有二稀一干，还不稳定。当时居民成年人每月可以得到 24 斤粮票，小孩有 18 斤粮票。"访谈中，村民胡成虎说，他的母亲是居民户口，是棉纺工人，每月工资有 28 元。

因此，为了寻求更好的生活，很多村民在自留地上种植作物，养殖鸡鸭猪，或发展水产业，做小贩获得额外农产品和额外收入。访谈中，村民黄信权告诉我们，上垟附近的村民一直有在农闲时卖蛏的做法，通过贩蛏获得农业生产外的收入。当时物资缺乏，且村民又没收入，物价水平较低，猪肉每斤 0.62 元，豆腐干每斤 0.15 元，蛏每斤 0.12 元。而 2018 年猪肉每斤 15 元、豆腐干每斤 5 元、蛏每斤 15 元。

在 20 世纪 70 年代后，随着生产技术的提高，产量也越来越高，村民的生活水平得到了较大的改善。到 1978 年，虽然集体耕地已下降到 359 亩，其中水田 354 亩，但年亩产量已达到 1785 斤，总产量为 640900 斤，当年统购任务为 36300 斤（每亩平均统购任务为 177.16 斤），村民每人平均口粮为 530 斤。到 1979 年，上园村已初步实现了低水平的温饱，并在改革开放春风的吹拂下，村民走出家园开始追求更加美好的生活。

3. 艰然度过三年困难时期

1958 年 10 月，中共中央贯彻"总路线、人民公社、大跃进"三面红旗，按照一大二公、政社合一的要求，以区为单位成立柳市公社后，上园为一个生产队。

在生活上，推行伙食供给制，实行我为人人、人人为我，以需为主、以劳为辅的共产主义分配原则。1958年10月23日上园开办食堂，食堂设在牛场屋。为筹集食堂开办伙食，向社员以献米名义筹集大米2000斤开办食堂；向社员黄祥清、黄贤明调来上垟后屋3间二披舍半座，开办畜牧场；向社员黄祥清、胡永乾调来谷仓各一个，胡加滔稻桶一个。上园食堂于1961年5月16日解散。大办食堂期间，宣扬"按需分配""吃饭不要钱""你吃多少就让你的肚皮撑多少好了"，开始时两稀一干，有时也会供给"间配"，提供畜牧场的产品。为平衡收支，上园食堂很快就实行严格的核算制度，给每个人发放饭票，根据饭票在食堂的使用情况在年末统一结算。而每一个人每年的饭票数量取决于他的口粮和劳动工分数量。

三年困难时期，在天灾（自然灾害）和人祸（浮夸风）的双重作用下，农业生产力下降，粮食减产，统购任务增加，不少地方的农民几乎到了山穷水尽的地步，饿死了很多人，但上园村农业生产比较稳定，没有出现饿死人的现象，但也陷入了困境。上园村干部想尽了办法，走出了困境。1958—1961年，上园村的亩产量分别为748、742、843和806斤，与1957年的亩产量804斤相近。而从征购数量上看，除了1962年实际征购数量比征购包干指标低外，其他年份均有增加。（见表1-4）

表1-4　上园村征购任务（1957-1964）

年度		1957	1958	1959	1960	1961	1962	1963	1964
耕地面积（亩）		431	480	424	400	380	373	373	373
亩产量（斤）		804	748	742	843	806	875	1168	1258
总产量（百斤）		3469	3591	3149	3366	3063	3264	4357	4695
征购包干指标	绝对数（百斤）	583	633	829	809	618	586	306	327
	占总产比重（%）	16.81	17.63	26.33	24.03	20.18	17.95	7.02	6.96
征购调整任务	绝对数（百斤）	928	1098	923	809	700	466	375	401
	占总产比重（%）	26.75	30.58	29.31	24.03	22.85	14.28	8.61	8.54

资料来源：根据胡万宁提供的《上园村粮食产量、征购、留粮资料表》整理。

访谈中，村民胡万宁先生介绍了当时的情况。

当时上园粮食也是没有多余的，但相比其他村来说，上园村要好一些。那年（1958年11月），上园村被人举报官山上有"20亩黑田"（瞒报耕地），由柳市区管理书记刘方鋆来调查，并给上园村增加统购的任务，以每亩 850 斤的标准按 20 亩计算增加了 17000 斤的粮食征购任务，这给上园村带来了极大的压力。上园村干部据理力争，官山在明清时代给穷人接济救荒，它不算面积，不要纳税，不完粮。我们被刘批评了一顿：你们共产党员要勒紧裤带，挺起胸膛，完成国家给的任务，做到先征购后实测，去完成征购任务。后去官山测量，实为山园 9.5 亩（旱地，大多种番薯），后来争取了返销和统购数量减少的机会。1959 年 6 月，柳市公社把上园村的 3500 斤稻谷调剂到前街村，使上园村存粮不到 1000 来斤，粮食存量一下子降到了危险的水平——既要保障上园村村民的生活，还要保障被抽调去白石钟前水库做坝（"打水库"）工人的生活用度量，当时前后有 40 名村民到白石"打过水库"，去"打水库"的村民每天要保证粮食 2 斤。因此，库存的粮食是远远不够的。这个时间也是"三青两黄"的时节。为保障村民生活所需，当时村干部到洞头县大门镇的大金、小金、沙岙等村从亲戚朋友那里借了 2300 斤番薯干运回救急，经过大队委决定，食堂停伙，分粮到户，社员家庭自己开伙，渡过难关，防止饿死。借来薯干，等到早稻成熟后再还稻谷。也正因为如此操作，上园村安然渡过了普遍性的三年困难时期，没有出现饿死人的现象。

4. 住房条件得到了改善

新中国成立后到 20 世纪 60 年代中期，村民没有建过新房，通过对原住房进行修修补补，将就使用。村民住房都非常困难，拥挤是普遍现象。一个家庭有四五口，甚至六七口人只挤在一间或半间平房里。灶台、饭桌、床铺、猪圈都在一起。到 1966 年，上园村共有户数 144 户，人口数 703 人，共有房屋 22.5 座，房间 115 间，平均每座房屋 6.4 户，平均每间房 6.11 人。

从 1967 年开始，村民陆续建房。20 世纪 70 年代后，多数房屋为钢筋混凝土、砖墙、小青瓦结构，二层楼。当时最有名的房屋是"单万屋"。"单万屋"是村民胡定余在 20 世纪 70 年代初所建，是上园村第一座三间三层楼，因造价约 1 万元，该楼被称为"单万屋"。后"单万屋"被征用，给车木厂当厂房，失火而毁。胡定余系中国德力西集团创始人胡成中的父亲，在当时是较有名的成衣匠（裁缝）。

当时建房成本也不高，建筑材料往往是自制，少有雇工，往往都是村民相互帮忙。访谈中，村民胡立中告诉我们：约在 1972 年，他家建了 3 间房，成本总共约 2000 元。当时的建筑材料或自制或购买。如砖是自己烧制的，自己去挖青紫泥在祠堂里烧制。做砖瓦是件苦力活，又是技术活。将土变成砖瓦，需要经过选土、挖土、和泥、拾砖坯、摞砖坯、装砖坯、烧窑、出窑等十几套工序。用来当瓦椽和横梁用的木头则是从永嘉购买，因木材买卖在当时也是管制的，所以，那时借寺庙建造的机会，拉板车从永嘉购买好的木头运回来；白灰也是自己购买砺灰壳磨制的，而小青瓦则是从湖头前窑购买；人工大约为每天2元。村民黄信权回忆自己当时建房时说，那时，泥水粗工等人工，经常是村民相互帮忙，这次我帮你做几天，下次你也帮我做几天。

从1967年到1979年，上园村共建了284间房。1997年上园村共有人口1271人，户数260户，房间间数399间，平房148间，二层251间，人均建筑面积为17.6平方米，人均占地面积10.7平方米，每间平均3.19人，较1951年有了很大的改善。

二、开拓进取，集体与个人齐上阵

人是生产力的第一要素。在计划经济盛行的年代里，上园村以粮食生产为主，努力发展副业，开拓进取，为村集体争取了更多的发展机会，从而提高村民的生活待遇。在"不禁即许"思想的指导下，上园人想尽办法开拓除粮食生产外的收入获取渠道，发展副业，改善生活。

新中国成立后，原手工业、农副产品加工业，有些随着科学技术的发展，被逐渐淘汰，如水凉糊；有些经社会主义改造、合作化后，成为柳市国营工业的一分子，如做豆腐、制伞、做衣服、做鞋、打铁、木工、竹编等；有些因当时的政策不允许而停办，在政策允许后又得以恢复。虽说如此，上园人民总是开拓思想，寻求一切能增加收入贴补生活的路子。

（一）适当发展副业

1. 种植绿萍，获取丰厚的报酬

绿萍不但是好肥料，而且有很高的经济价值。1965年，在农技站的帮助下，上园村试养绿萍成功，于是大力推行绿萍养殖。绿萍种苗往往卖到县外，从中得到丰厚的报酬。从1965年到1970年，上园村通过养殖绿萍总共获得了61100元的收入，为村民每人年平均增加15元收入。

2. 采取措施鼓励农民养猪

养猪历来是解决农田积肥和家庭经济困难积累资金的一种办法。一个家庭一年出栏 200 斤猪，可以极大地丰富家居生活，也是解决嫁娶嫁妆、家庭债务等重大事项的重要资金来源渠道之一。

新中国成立前，经济条件比较好的家庭才有能力和条件养猪，年每户出栏 2 头左右；条件一般的家庭东拼西凑借钱买仔猪，一年里出栏猪为 1 头左右。土地改革后，上园农户大部分养了猪。1954 年，粮食统购统销导致饲料不足，养猪数量下降。1958 年公社化开始后，上园村办起公共食堂，开办了一个养猪场，经济由生产队统一核算。由于缺乏饲料，饲养量大幅度下降。1961 年 5 月仅剩 2 头母猪，后折价归户饲养。1961 年 11 月，落实农村政策，鼓励社员多养猪多积肥，采用粮肥挂钩，饲养量回升。20 世纪 60 年代后，上园生产队对养猪户采取奖励政策：在年终分配时，每头出栏生猪出售给食品公司的，奖励稻谷 30 斤；母猪每头每年供应稻谷 90 斤；50 斤以下买来的中猪给食品公司收购的，奖励稻谷 30 斤；国家奖给养猪户化肥票，每斤化肥票，生产队无偿给稻谷 2 斤；每 7.50 元栏肥，生产队供应一担稻秆；春花收获时，还供应黄花草 1000 斤；另外还有秋收番薯藤若干斤。1964 年，为养猪出栏头数最多的一年，全村出栏 175 头，每户年平均 1.2 头。

养猪需要饲料和场地投入，养猪也是一种家庭积蓄，但更像是一种投资活动。母猪生小猪，将小猪卖出去后就是一笔大收入，这是一种积蓄。村里有好几个人养猪，但养母猪的只有 2 户。村民胡志海家就养了一头母猪。受访时，村民胡志海描述了他养猪的趣事、苦事。胡志海表示：

养猪时，需要平时将糠、饲料等贮存给母猪吃，母猪有营养了才会多生猪仔。猪一般一年可以生两窝半。母猪生了一窝，如果有 10 多头小猪，那我们就很高兴了，猪仔养大卖了就会有四五百元的收入，是一笔大收获。如果一窝小猪过多，就会很难养，母猪的营养跟不上、小猪饲料要足够。当时的四五百元钱对大多数人来说也不是小数目了。有些家庭，也是需要将猪养大后，卖了获得收入，去置办重要家事，或偿还家庭债务。

当年家里养猪时，猪的护理工作基本是由我来做的。当母猪肚子里怀小猪时，就要开始注意勤加护理，经常要在猪栏边察看情况。当母猪分娩生小猪时，要监管好。猪仔生出来后，小猪外面会有一层胞衣，需要将小猪擦干清理。这些都是我亲自处理的。有了小猪后，更是要注意照看。母猪睡觉时，会翻身，可能会把小猪仔给压伤甚至压死。因此，当时我会将木板架在猪栏上，睡在上面，每当听到猪在哼哼唧唧叫唤或有翻身声响时，都得及时察看是否会出现压着小猪的现象。就这样，直到小猪出栏，卖给别人，就有了四五百元的收入。另外，养母猪栏肥多。当时队里对栏肥贡献有定价和粮补，我家得到的栏肥收入在村里也算是多的。

3. 发展水产业

（1）贩蛏。

上园村村民是农忙时务农，农闲时做工，经贩占了绝大多数，其中有贩蛏。当时，有黄祥清、黄加样等人，他们步行肩担至距柳市40公里以外的清江和清北跳头等地方海边采购干板蛏，日夜兼程把蛏挑回家，放在已制好的蛏盂里，放水去泥，整理清洁，重新养殖，提高蛏的成活率。访谈中，村民黄信权表示，他是通过划"河泥溜"（一种木制船，也可起帆，可以在内河、江、海上行驶）花4~5小时去清江等地购买干板蛏，每天早上陆续上市销售。公社化时期，劳动力大多集中到农业生产中，村内只有两户60岁以上老人贩蛏养殖，上市经营。1961年贯彻中央"十二条"后，村民又重新恢复贩蛏养殖。

（2）划鲜（又称横洋）

村民利用夜间空余时间，划着河泥溜出海，到洞头大门鸟仙头、观音礁、状山等有去海洋上张网捕鱼的船只上，以网袋为单位购买鱼鲜。划回柳市后，在柳市街上销售。在一个网袋里鱼鲜种类很多，如海虾、虾皮、子鲚、珠梅鱼、鳗鱼、江蟹等，边整理边卖。

（3）拔乌贼（又名目鱼）

合作化时期，社员们利用农闲，按同等劳动力交钱记分，发展多种经济，增加社员收入。有部分村民到东海北麂渔场捕目鱼。东海北麂渔场距七里港100余海里，那里水深有100米，岩边也有25~30米。每年立夏至夏至前后，乌贼从南海向北移游到北麂，在岩上等待产卵、放子。从七里港出发，需要经过11个小时多的行程才到北麂，大海风浪很大，船只难靠，特别是雾、雨天，风险相当大，一不小心就危及生命。所以古话讲：落海"脚踏船板三分命，海水白洋洋，吃剩用剩供爹娘"。每年4月，村民组织船只做好协商，备好捕捞工具，如拖（网）、拖绳、铁制网垂（拖钿）等，3~4人一只河泥溜，分工合作，以船为单位，自负盈亏。一只船一季可生产500~600公斤，每人一季收入是农民的半年价值。但渔业生产很危险，20世纪70年代后，村民再也没有去捕目鱼了。

（二）工业开始萌芽

20 世纪 50 年代前，上园村没有工业。20 世纪 50 年代，中国人民解放军警备旅在上园胡姓宗祠，开设碾米厂，加工军粮，并为居民晚上发电照明，当时每户15 瓦电，每户收费 0.7 元。从此，上园村村办集体企业开始发展。村办集体企业为村民企业管理积累了经验，也为村民带来了经济收入，更是为村民提供了以前所没有的生产体验。也因此，办企业、工厂的念想在上园村民的心中萌芽。从 20世纪 70 年代开始，上园村民就开始跑"供销"，向全国进军，寻找商机，这为上园后来低压电器、民营企业和民营经济的发展打下了坚实的基础。

1. 开办胜利车木厂

1969 年 10 月 13 日，上园党支部为增加就业提高村民收入，把全村长期交钱记分，有技术专长的社员组织起来创办胜利车木厂，同时吸收生产队人口多、家庭经济条件差的社员来厂里做工。车木厂主要生产算盘。曾在车木厂出任出纳的村民胡志海在访谈中说："车木厂的成员由生产队配备。那些能力强的去做采购和销售，由体力强的青年劳动力去做算盘。像挑拣算盘子、打磨、装配、油漆等可以吸收那些家庭困难或家庭劳动力不足的妇女参加，当时有三四十人。"当时车木厂制作的算盘质优，规格大、中、小齐全，价格合理，销售全国各地，受到各地百货公司的好评。

车木厂开展独立核算，以副带农，每年企业将赚到的钱拨到生产队，使生产队的工分值上升，增加了社员的收入。经过 10 年的艰苦努力，车木厂销售额达191.7 万元，上缴税金 10.4 万元，拨给生产队让社员分配 24.1 万元，并为上园集体设施的建设做了一定贡献——如增设电力排灌设备，33 档电线柱，投资 2.5 万元；兴建办公室 108 平方米，兴建厂房 7 间，投资 1.6 万元。

2. 创办柳市胜利机具厂

柳市胜利机具厂，创办于 1978 年。最初为农村加工、修理服务。改革开放后，为适应五金电器市场需要和当时行商的需求，更改为柳市胜利电器厂。20 世纪 80 年代，胜利电器厂给村民提供账户、办理订货手续、联系五金电器业务、订立电器供销合同、发货及汇款、结算等服务。同时对外允许挂户经营，如代开发票，扣除上缴税金，并收取管理费 3%。在短短的几年时间里，柳市胜利电器厂销售 243 万元，不仅为国家上缴税金 18.6 万元，还积累了集体资金。

3. 零星发展手工业

虽然经过社会主义改造后，原手工业从业人员大部分已成为国有轻工业企业的一员，但在闲暇时间，这部分人和其后学者也会应各种需要去从事额外的工作，从而获取一定的收入用于家计。

上园村有些专业能力较强的手工业者往往在农业生产上"交钱投分"①，不再从事农业生产而专业做手工，也有些村民利用农闲时间做豆腐、馒头，当泥水匠、木匠，下乡修篾、去外地弹棉絮等。

访谈时，有村民说，因当时上园的算盘质量比较有名气，供不应求，所以有村民白天在胜利车木厂上班，晚上回家与家人一起做算盘子，出售后得到一定收入。有村民胡光木、麻小春、伍益芬等拜象阳乡②四板桥胡中友为师，雕刻山水，产品经厂方验收后出口外销。有村民胡志方仿制电孵房、电孵箱搞电孵实验，成功地用电热增加温度，孵化小鸡。后上园村胡宣光、胡经文对上园村民进行全面培训，开展电孵生产，售卖小鸡。

上园人用以上各种方式开拓创新、千方百计谋出路，为家计生活添砖添瓦。

（三）商业初露萌芽

1. 村集体设立上园村搬运队

上园村搬运队始建于1951年，当时由上园村民兵15人组成，为中国人民解放军警备旅利民米厂搬运军粮，为柳市公路养路段搬运石料，为柳黄路维修公路路面。该搬运队于1955年解散。1956年合作化高潮，柳市（全柳市，上园为其中一个大队）组织成立搬运站，各大队抽调2名劳动力参加搬运站。上园村去搬运站的有胡万松和黄洪昌。1978年，上园村应市场需要，再次组织上园搬运队，以生产队为单位，各队抽调劳动力1人，计12人。搬运收入归搬运人员所有，但须向生产队"交钱投分"。当时上园搬运队为电力公司和广播电视站搬运电线柱。之后，因柳市五金电器市场发展和家庭联产承包制的实行，从1980年1月开始，搬运工作由搬运队承包，但搬运费由村"两委"会统一定价，村收取管理费。随后搬运队伍逐渐增加，每队由抽调1人增加到2人，共计25人。搬运队每年调整一次，按劳动力以"摸文"（即"抓阄"）方式，依文号次序轮流调换。1991年，市

---

① "交钱投分"是手工业者不从事农业生产，又需获得村庄粮食分配，而给村庄缴纳一定数量的金钱得到工分的做法。

② 1992年，象阳乡和象东乡合并，设立象阳镇。2011年，乐清市进行区划调整，七里港镇、黄华镇、象阳镇并入柳市镇。

场需求再次增大，低压电器市场越来越大，搬运工作量也随着增大。于是，搬运队的人员由每队抽调 2 人增加到 3 人，共计 37 人。仍以摸文形式，一年一度按文号次序轮换。

2. 开店铺、摆摊儿

上园人嗅觉敏锐，思维发达，善于发现和把握商机。只要市场有需要的，上园人准会想办法去满足。有些上园人通过学习具备专业技能，然后在柳市街开展经营活动。如村民胡定余是当时较有名的裁缝，曾到大陈岛为军人做过衣服。五六十年代时，胡定余在居民服务社自己开业经营，生产工具先进，有多台拷边机、缝纫机，并在农业生产上"交钱投分"。胡定余还招收学徒，包教包学、做各种式样的衣服。这种专业的有名气的裁缝生涯，使胡定余赚取了比平常上园人足够多的生活费用，生活水平比大部分上园村民要高，也促使他成为第一个在上园建造三间三层楼（"单万屋"，前文已叙）的人。据村民胡成国回忆，在 1975 年，时仅 13 岁的他跟着父亲（胡定余）和两个哥哥（胡成虎、胡成中），每天挑着裁缝担子到雇主家里做衣服，而且梦想着将来有一间自己的成衣店。

也有些上园人迫于生活在柳市街头摆摊。如村民南存辉，上初二时因父亲生病需要家庭劳动力而辍学，之后他在雨伞桥头当了一小鞋匠。回忆起当年的小鞋匠生活，南存辉说："三年修鞋虽没赚到什么钱，但它使我懂得了诚实做人的道理，有质量便有市场。同时它也让我明白了，一个人要想有所作为，必须重视且从一件件的平凡小事做起，而且任何小事要做好都是不易的。"

随着生活水平的改善，应睡眠取暖的需要，村民胡碎芬等人学会弹棉技术，在本地、外地代人加工棉絮。在上海、宁波、嘉兴、湖南、湖北、江西等省、市加工棉絮，收取加工费每斤 0.25 元；在本地收取加工费，每条 2 元。据说每天可弹棉絮 2 条。

3. 做营生，供服务

为了生活，上园人"八仙过海，各显神通"，只要是能获得收入，即使是很辛苦的营生都愿意去做。访谈中，村民胡志海表示，在他 20 岁时（约 1967 年），为获得些许营生，在农闲时曾给一位虹桥的老板拉板车，将老板收购过来的橘子皮运到虹桥钱家垟，每趟运送都要花 4~5 小时，饥寒交迫，很是辛苦。

而村民黄信权和胡立中等人则使用了自行车，在闲时用自行车当"的士"，开展了当时政策上不被允许的载客运营业务。因为当时虽然车站建在上园村，平时也有班车，但车辆不多，有些客人有急事往往等不及班车。因此，村民黄信权、胡立中等人就使用自行车"偷偷"载人运客。访谈时，他们说当时载人运客到北白象0.3元（直线距离约5.5公里），到江头（现瓯北镇）2元（直线距离约23.5公里），到乐清（指城关乐成）1元（直线距离约11公里）。

4.做销售，跑供销

上园村办集体企业胜利车木厂建立后，为推销业务，部分上园人开展了算盘的推销工作，后绿萍萍种在外县的销售也是通过跑供销实现的。20世纪70年代中后期，上园村村民纷纷出外跑供销，其业务范围大多转到电器上了。当时柳市的电器生产已初露矛头。据《乐清民营企业志》（2009）记载："20世纪70年代初，柳市镇一些处在困境中的社队企业开始转向五金电器生产，产品有铰链、插销、开关、行程开关、插座等小五金、小电器，年产值约10万元。1971年，柳市茗东马仁桥的一些家庭工业户在'暗中加工触头'。1972年初，马仁桥村农民陈庆瑶、陈维松等人首先创办茗东五金电器制配厂，获利甚丰。1974年，柳市伞厂转产改名为柳市机床电器厂，生产按钮开关，但未形成批量生产。到1975年，茗东五金电器制配厂有车间19个，职工125人。"

1976年，上园村民胡成虎未读完初中就开始跑供销，从事电器销售。1977年冬天，上园村民胡成中开始去跑供销，在长沙的一个乡间工厂获得了第一桶金——1000元的业务。类似于胡成中兄弟去跑供销的上园人有很多，有些人甚至比他们更早。在他们这些前行者的带领下，最终引发了20世纪80年代大规模的行商。据受访者反映，当时上园村每户都有人出去跑供销，这也最终造就了乐清低压电器的辉煌和温州模式的诞生。

第三节　计划经济时期的农业生产

20世纪50年代前的上园村是个典型的农耕社会，地主和学校占有土地，大部分村民租种业主租田，或农闲经贩代工，从事各种经济活动来维持艰苦的家庭。如何活着是当时上园村民面临的最大的命题。

1950年9月，国家决定在全国范围内实行土地改革。到1953年3月，上园村完成了土地改革，实现了"耕者有其田"。从此，上园村的经济社会发展翻开了崭新的一页。在1951年中共中央公布《关于农业生产互助合作的决议（草案）》后，农业生产发生了从分散到集中的快速变化，从以村民为个体自行组织生产，到互助组、初级合作社、高级合作社，最终进入人民公社时代。随之，以粮食生产为主的农业生产也进入了一个新历史时期：计划经济时期。

一、农业生产组织方式演变

农业生产的变化首先从生产关系变革开始。1953 年 3 月，上园村土地改革完成。农业生产关系的改革，使大部分农民有了自己的土地，这对于促进、提高农民农业生产的积极性具有里程碑式的意义。在靠天吃饭、农业生产效率、技术水平不高的情况下，调动农民个体积极性尤为重要。然而分散经营和碎片化的土地不利于规模经济的获得。因此，将农民和农民的土地组织起来就成为发展的必然选择。于是这种组合就从最初级的互助组开始了。1951 年，中共中央印发《关于农业生产互助合作的决议（草案）》，从此，上园走上了农民、土地的组织化道路。

1. 互助组

为改变农村固有的小农经济体制，按照《关于农业生产互助合作的决议（草案）》精神，根据"自愿、互利、等价交换"原则，上园村率先组建互助组。1951 年，上园村由村干部、农会、民兵临时组织起来组成代耕组。在农忙时，代耕组帮助失去劳动能力的鳏、寡、孤、独和军人家属，开展农业生产。

1952 年 4 月，村民黄岩谦、胡寿田、胡星余、周德勤、胡万新、胡光中等 6 人，在自愿互利的基础上，组建了常年互助组，名为"协勤互助组"。这是柳市镇成立的第一个互助组。互助组互通有无，共同发展。

2. 初级农业生产合作社

1953 年 3 月，上园村民响应毛泽东主席号召，按互助互利原则自愿入社，组建了"上一初级农业生产合作社"。上一初级农业生产合作社是在协勤互助组的基础上扩大建立起来的。上一初级农业生产合作社的社员有胡寿田、黄岩谦、胡志洪、胡万新、胡星余、胡定余、胡万汉、王成法、胡金元、胡万畴、胡福清、胡光像、陈者姆、胡万宣、胡岩姆、胡光照和前街村的黄宋柳，共有 17 户，社长为胡寿田。

1954 年 4 月，上园村又成立了"工星初级农业生产合作社"，社员有周顺芝、周顺余、胡光献、胡万兴、周如明、王西林、胡光银、胡万宁、胡修其、胡光法、周岩清、胡道姆、刘星乾、胡祥芝、金岩皆、郑岩清、黄洪銮等，共计 17 户，社长是周顺芝，副社长是周顺余。

初级农业生产合作社是以土地入股为特点的。上园的初级农业生产合作社，实行按土地股分成和按劳动工分相结合的分配方式。在访谈中，村民胡万宁表示，当时的分配办法是土地和劳动分配各占一半，即"五五开"。

3. 高级农业合作社

1955 年 12 月，全国掀起一个轰轰烈烈的合作化高潮。在合作化运动中，柳市高级农业生产合作社成立。柳市高级农业生产合作范围由整个柳市区的行政区域构成，由方斗岩、垟心、平阳厂、前后西垟、包宅、后街、前街、上园、上金垟、吕庄 10 个生产大队组成。上园为第八生产大队。后又有茗东片的马仁桥、三里、上来桥、黄七甲、东岸、西岸、后西村、前西村、东村、水潭、西仁宕等 11 个村并入，全社共有 21 个大队，社长为刘方銮。之后，由于规模过大，不易管理，1957 年 2 月，柳市高级农业合作社分为 4 个农业生产合作社。上园村被划到第二农业生产合作社。第二农业生产合作社由前街、上园、上金垟、吕庄生产大队组成。当时生产大队为基本核算单位。

4. 人民公社

1958 年 10 月，在贯彻落实"总路线、人民公社、大跃进"三面红旗时，按照一大二公、政社合一的要求，以区为单位成立柳市人民公社。柳市公社管辖了白石乡、湖头乡、柳市镇、湖横乡、茗东乡、慎江乡等 6 个乡镇。柳市人民公社是政社合一的行政机构和生产经营单位统一的一种组织形式。

1961 年 8 月，柳市镇恢复了区建制，建立柳市镇人民公社。全社 25 个大队，分四个片，一片有：方斗岩、平阳厂、垟心、后西垟、前西垟、东风、后街 7 个大队；二片有：前街、上园、上金垟、吕庄 4 个大队；麻园片有：东升、上呑、下呑、上横、潭头、屿头 6 个大队；淡底片有：上池、后岸、淡东、淡西、东皇屿、西皇屿、东仁宕、木山后 8 个生产大队组成。上园为第二片。

1961 年 8 月，上园生产队贯彻中共中央《农村人民公社工作条例（草案）》，按耕地的 5% 给农民分配自留地，种植经济作物和蔬菜，允许农产品上市经营，商品交换互通有无。同时，上园生产队改称生产大队，生产小队改称生产队，实行"三包一奖"制度。

1961 年 11 月，贯彻落实中共中央《农村人民公社工作条例（修正草案）》，生产队为基本核算单位，形成了以队为基础、三级所有、分级核算的体制。此后，农业生产的组织方式基本不变。直到中共中央召开十一届三中全会，对农村经济体制进行改革，实行家庭联产承包责任制。

二、缓慢发展的农业生产

上园村在土地改革后，尤其是农业合作化后，农业生产以粮食生产为主，稳定有序。从 1957 年到 1978 年，粮食生产的亩产量总体上是逐渐提高的。从 20 世纪 80 年代开始，随着城镇建设和土地开发，耕地数量逐渐减少，上园村的农业生产产量逐渐减少，农业生产的地位不断下降。到 1993 年，上园村除官山和方斗岩的 12 亩山园外，所有耕地都被开发用于工商业建设，农业生产对上园村经济社会发展的影响已几乎降至为零。

（一）粮食产量逐步提高

计划经济时期，上园的农业生产以粮食生产为主，经济作物种植业、养殖业受到限制，粮食生产是农民获得收入和保障温饱的主要途径。从 1957 年到 1978 年，上园村的粮食生产相对稳定，亩产量稳步提高。1957 年上园村粮食生产面积为 431 亩，亩产量为 804 斤，总产量为 346900 斤。到 1978 年，虽耕地下降到 359 亩，但粮食生产的亩产量提高到 1785 斤，总产量为 640900 斤。从 1957 年到 1978 年，上园村粮食生产所占耕地下降了约 17%，较 1958 年的 480 亩更是下降了 25%，但亩产量提高了 122%，总产量提高了 85%。

从播种面积看，从 1957 年到 1978 年，上园村的早晚稻播种面积也随耕地面积下降而有所下降。1957 年，早晚稻的播种面积为 842 亩，其中，早稻播种面积为 414 亩，晚稻播种面积为 428 亩。1978 年，早晚稻播种面积为 706 亩，早、晚稻各播种 352 亩和 354 亩，播种面积较 1957 年分别下降了 16.26%、15% 和 17.39%。（见表 1-5）

表 1-5　上园村早晚稻播种面积（1957—1978）

年度	播种面积（亩）	早稻面积（亩）	晚稻面积（亩）	年度	播种面积（亩）	早稻面积（亩）	晚稻面积（亩）	年度	播种面积（亩）	早稻面积（亩）	晚稻面积（亩）
1957	842	414	428	1965	720.23	357	363.23	1973	710	354	356

续表

年度	播种面积（亩）	早稻面积（亩）	晚稻面积（亩）	年度	播种面积（亩）	早稻面积（亩）	晚稻面积（亩）	年度	播种面积（亩）	早稻面积（亩）	晚稻面积（亩）
1958	843	383	460	1966	715	352	363	1974	712	356	356
1959	781	379	402	1967	718.23	355	363.23	1975	708	354	354
1960	746	368	378	1968	721.23	358	363.23	1976	708	354	354
1961	718	350	368	1969	721.23	358	363.23	1977	705	352	353
1962	706	345	361	1970	720	358	362	1978	706	352	354
1963	701	340	361	1971	714	355	359				
1964	702	341	361	1972	710.5	354	356.5				

资料来源：根据胡万宁提供的《上园村粮食产量、征购、留粮资料表》整理。

如表 1-6 所示，从单产看，从 1957 年到 1978 年，上园村的年亩产量从 804 斤提高到 1785 斤，增长了 122%。1957 年到 1978 年上园村的年亩产量最高的年份是 1978 年，年亩产量为 1785 斤。但在上园农业生产的历史上，年亩产量最高的年份是 1991 年，当年亩产量为 1964 斤，亩产量次高年是在 1979 年，当年亩产量为 1896 斤；年亩产量最低的年份是在 1959 年，当年亩产量为 742 斤。从早晚稻的亩产量看，1957 年到 1978 年期间，大部分的年份早稻的亩产量高于晚稻。1960 年前，晚稻的亩产量比早稻高一些，差距最大的是在 1960 年，晚稻的亩产量为 468 斤，而当年早稻的亩产量仅为 368 斤。从 1960 年到 1978 年，除了 1977 年外，其余年份早稻的亩产量均比晚稻高，亩产量差距最大的是 1971 年，晚稻的亩产量比早稻少了 299 斤。这种现象的发生，可能与早晚稻的品种有关，早稻品种的推广从 20 世纪 50 年代就开始了，而晚稻虽也在推广优良品种，但其产量跟不上早稻高产品种的更新速度。直到 20 世纪 80 年代中后期时，晚稻的亩产量才普遍高于早稻。1991 年上园村晚稻的亩产量达到了 1074 斤，突破了 1000 斤，年亩产量达到上园粮食生产的历史最高值 1964 斤。早晚稻产量波动与变化也可能与气候相关，乐清受海洋性季风气候影响，从 7 月份开始或有台风，或有干旱出现。

从粮食生产的年总产量看，从 1957 年到 1978 年，粮食生产年总产量在 40 万斤以下的有 6 年，均在 1963 年前；粮食总产量在 40 万斤以上 60 万斤以下有 13 年；粮食总产量突破 60 万斤的有 3 年，分别是 1967 年（625100 斤）、1970 年（615800 斤）、1978 年（640900 斤）。1957 年到 1978 年间，最高总产量出现在 1978 年，产量为 640900 斤；次产高量出现在 1967 年，当年总产量为 625100 斤。

值得注意的是，这一年的下半年柳市镇遭遇了长达 131 天的干旱，"十涞河干涸似路，像山河潭演古戏"，但上园村人民充分利用上园涞和"门前潭"的水利条件，筑堤拦水，并从白石钟前水库开闸汇流至智广桥的河水运水，努力抗旱，保障生产生活所需，当年晚稻获得了丰收，全年亩产量达到了 1666 斤，上园大队成为当年温州地区年亩产量最高的一个生产大队。

表 1-6　上园村粮食生产情况表（1957-1978）

年度	总体			早稻			晚稻			茹丝		
	耕地面积（亩）	综合亩产（斤）	总产（百斤）	播种面积（亩）	亩产（斤）	总产（百斤）	播种面积（亩）	亩产（斤）	总产（百斤）	播种面积（亩）	亩产（斤）	总产（百斤）
1957	431	804	3469	414	335	1387	428	457	1927	3	600	18
1958	480	748	3591	383	389	1487	460	394	1813	20	626	125
1959	424	742	3149	379	325	1232	402	413	1760	22	395	87
1960	400	842	3366	368	399	1459	378	468	1765	22	272	59
1961	380	806	3063	350	462	1617	368	340	1254	12	536	71
1962	373	875	3264	345	504	1738	361	370	1335	12	500	60
1963	373	1168	4357	340	624	2120	361	564	2034	12	737	89
1964	373	1258	4695	341	714	2438	361	569	2056	12	646	78
1965	375.23	1383	5190	357	760	2711	363.23	640	2357	12	477	56
1966	375	1524	5716	352	863	3045	363	707	2567	12	606	74
1967	375.23	1666	6251	355	872	3099	363.23	804	2919	12	360	43
1968	375.23	1450	5443	358	767	2748	363.23	690	2508	12	646	76
1969	375.23	1270	4773	358	653	2429	363.23	606	2202	12	477	57
1970	373	1650	6158	358	901	3228	362	754	2729	12	458	55
1971	371	1526	5664	355	903	3205	359	604	2174	12	994	119
1972	368.5	1587	5850	354	885	3133	356.5	665	2371	12	870	105
1973	368	1270	4674	354	719	2547	356	541	1927	12	683	86
1974	368	1313	4833	356	770	2737	356	504	1794	12	324	39
1975	366	1389	5084	354	747	264.4	354	646	2289	12	205	25
1976	366	1188	4351	354	691	2447	354	517	1830	12	94	11
1977	366	1619	5922	352	802	2829	353	853	3009	4	1189	48
1978	359	1785	6409	352	935	3290	354	862	3051	5	1189	59

资料来源：根据胡万宁提供的《上园村粮食产量、征购、留粮资料表》整理。

（二）农业生产稳步提高的做法

粮食生产的稳定有序既是社会主义制度保障的结果，也是上园村村干部和上园村民齐心努力的结果，更是粮食生产方式和技术改进的结果。

1. 改进了耕种制度

（1）水稻生产从间作改为连作。在水稻的生产上，1953年前为传统农业生产方式，水田种植为三熟制，其中水稻种植为二熟间作方式。传统上，水稻种植行距较大以方便间作。早稻在小满前插田，间作晚稻套插在间作早稻行里，插田时间约芒种前后；小暑到大暑间先收割早稻，霜降到立冬收割晚稻。1953年后，上园（不仅仅在上园）推行连作稻，改进了生产方式，大大提高了水稻产量。间作早稻改插连作早稻，提早早稻种植时间，育秧在清明前后，早稻插秧时间在立夏前，收割在7月中下旬；间作晚稻改成连作晚稻，晚稻插田在立秋前，收割在11月。

（2）增加插秧丛数、增加密植度。间作稻的行距约1.2尺，株距约8寸。水稻间作改成连作后，可以增加水稻种植的植株密度，从而提高生产产量。当然过多地增加植株，使植株密度过大，也是不利于水稻生产的。

在"大跃进"时期，全国各地陷入疯狂模式，出现过"苦战一昼夜，实现亩产一万斤"的口号。当时乐清四板桥生产队提出的竞赛指标是亩产4200斤，即早晚稻亩产各达2100斤，发出了战表，提出："我们认为，只有措施加码，早稻普遍3×3、5×2密植，每亩有6万丛，每丛以13株计算，每株65粒，共计5070万粒，以2万粒一斤计算，早稻每亩可收2535斤，晚稻4×3、6×2密植，每亩平均5万丛，每丛14株，每株75粒，共计5250万粒，晚稻每亩可收2625斤，这样合计可收5160斤，就是打了一个折扣，要确保4200斤、争取5000斤，也是完全有把握的。"而当时有些地方甚至采用了3×3的密植方式。显然，其结果都是失败的。不按科学规律去种植，只会适得其反。幸好上园村人民和干部没有头脑发热，实施非常不科学的生产方式。

2. 兴修水利，增加肥力

20世纪50年代初，上园人均耕地仅九分，且全村虽有431亩农田，但垟心田就有310亩，占全部耕地的72%。垟心田的水利条件不好，土质差，一到伏旱时节，泥土就开裂。因此，提高水田的土质和水利条件，对提高农业生产效率有着重要意义。兴修水利和肥力投放成为必然选择。

（1）开展农田水利建设。一是开凿新河。1951年规划开凿上园新河，以提高上园村垟心田抗旱排涝能力，增加粮食产量。上园新河从上园村门前河潭起向西转南通向垟心田，规划全长 520 米，宽 10 米，深 3.5 米，工程分二期完成。村干部发动群众，义务劳动。第一期工程在 1952 年 1 月完成，全长 260 米，投工 1500 个劳动日，完成土方 9000 立方米，蓄水量 700 立方米。第二期工程，1953 年 4 月完工，投工、土方、蓄水量同第一期工程相同。二是建设抽水机埠。1956 年 4 月，国营柳市抽水机站，在前街村东庄河建造固定抽水机埠，设有 25 匹马力柴油机，安装 14×14 水泵，筑渠道 1400 米、宽 5 米。担负着前街村、上园村、上金垟村、吕庄村全部水田灌溉任务和上来桥、黄七甲的部分灌溉任务，灌溉面积共 1400 亩。上园段共筑渠道 400 米，投工 300 工。但该机埠是东水西流，逆水而上，水耗大。1957 年 1 月，把机埠改建在上园双车头浃，筑渠连接，大大提高了灌溉效率。三是农业学大寨。1963 年冬，大搞农田基本建设，兴建渠道 9 条，全长 1800 米，有力地提高了灌溉和水稻田搁田能力，进而增加了粮食单位面积产量。

（2）鼓励肥力投资。肥料是农作物的主要"粮食"，农作物没有肥料，就没有好的收成。改革开放前，农业生产经常使用的肥料有绿肥（黄花草）、人粪、栏肥。后来更多地使用了化肥。改革开放前，化肥是凭票供应的，数量有限，因此，上园村更多是使用栏肥、人粪等肥料。上园村也出台政策鼓励农户向生产投入肥力，如栏肥，每 7.50 元栏肥，生产队供应一担稻秆；每斤栏肥供应饲料谷 2 斤；春花收获时还供应黄花草 1000 斤，另外还有秋收番薯藤若干斤。

3. 推广新品种

新中国成立前，上园农民都是各自将长势好的饱满的稻谷留下当稻种使用，也有村民互相间串换良种的。从 20 世纪 50 年代开始，柳市农技站就开始推广优良品种，如矮秆型品种和高产量的品种。20 世纪 60 年代，早稻品种有矮脚南特号和三株京；晚稻有硬头京、茅粟粳、迎丰、卫国、农垦 58 等，糯米稻种有黄糯、白糯（"白米"）等。其中硬头京是在 1953 年由湖头上五宅村农民黄忠德选育而成，比普通品种"西瓜红"增产 20%，后在柳市乃至全县推广，1957 年被审定为县级良种，1958 年被农业部载入《全国农作物优良品种志》[①]。20 世纪 70 年代后推广杂交稻，如早稻有温选青、早杂威优 35，晚稻有汕优 6 号、汕优 10 号、协优 46 号等。高产新品种的推广提高了水稻产量。

---

① 汤一钧主编，《柳市镇志》，黄山书社，1998。

三、农业生产成果的处置

（一）社员收入分配方式的演变

上园村农民集体收入的分配方式既受农业生产资料和生产关系的制约，也受人文因素和社会制度的影响。新中国成立前，租田耕种的贫雇农交完田租后，剩下的交了税费后才是自己的，可以自由处置；土改完成后，农业生产的成果在完成农业税收缴纳后，就归生产者所有；随着农业生产合作化的开始，农业生产成果的分配方式实行了按劳分配兼顾人口的方式，既体现了效率，又兼顾了公平。

1. 初级合作社的分配方式

1953 年 3 月和 1954 年 4 月，上园组建了两个农业生产初级合作社，两个合作社的成员都有 17 户。初级合作社，以土地入股为特点。初级社实行了土地投股分成和劳动工分相结合的分配办法。土地以入初级社土地份额为依据，劳动工分以出勤评工记分为依据；农业生产成果以土地按股分成和劳动按工分分成各占五成的方式进行分配。

2. 高级社成立后的分配方式

1955 年 12 月，柳市镇成立农业生产高级合作社，粮食以生产大队为核算单位，根据自然条件和土质好坏评定产量，口粮以人定量，实行粮食的统购统销；社员的分配，实行肥料按质偿付，人口定额和评工记分相结合的方式。开始时，每个人的口粮分是一样的，后口粮的分配改成以人按年龄评定口粮分（村民把它称为"吃粮底分"）。（见表 1-7）

表 1-7　农民人口粮分标准

年龄	粮分（分）	年龄	粮分（分）	年龄	粮分（分）
1	3	6	5.5	11	8
2	3.5	7	6	12	8.5
3	4	8	6.5	13	9
4	4.5	9	7	14	9.5
5	5	10	7.5	15 岁及以上	10

资料来源：胡省三主编《上园村志》，浙江人民出版社，1999

1961 年后，基本核算单位改为生产队，实行以队为基础、三级所有、分级核算的体制。上园村共设六个生产队。社员的分配方式与前相同。在粮食分配中，社员的口粮分和劳动工分按 80% 和 20% 的比例进行分配。

（二）农业生产成果的分置

在家庭联产责任承包制实行之前，农业生产成果去向除了交足国家的后，还主要分成三个部分：一是统购统销部分，在扣除口粮食后，定产的余粮由国家统一收购统一销售。上园大队将粮食出售给国家并收到粮食款，按照约定的分配方式将统购款分配给村民。二是农民口粮，根据约定的口粮数量，以口粮和劳动工分按"八二"方式进行分配。三是村集体提留和储备。

1. 缴纳农业税

1949 年，国家改除旧制，按土地收入和农业收益区别负担，实行累进税制。从 1958 年起，农业税实行按常年产量计算的比例税制，在统购款中扣缴。从 1956 年到 1978 年，上园村共上缴农业税 66724 元。农业税占当年粮食产值的比重在 13% 以下。随着农业生产产量的提高，农业税的负担越来越小。据曾任大队会计的村民胡万宁介绍，当时农业税的负担也不重，大约是每亩 15 元。（见表 1-8）

表 1-8　上园村集体上缴国家农业税

年份	粮价 （元/百斤）	农业税（元）	产量（百斤）	粮食产值(元)	农业占产值 比重（%）
1956	5.6	2413			
1957	5.6	2413	3469	19426.40	12
1958	5.6	2688	3591	20109.60	13
1959	6.25	2650	3149	19681.25	13
1960	6.25	2500	3366	21037.50	12
1961	6.25	2275	3063	19143.75	12
1962	7.3	2723	3264	23827.20	11
1963	7.3	2723	4357	31806.10	9
1964	7.3	2723	4695	34273.50	8
1965	7.3	2751	5190	37887.00	7
1966	7.3	2751	5716	41726.80	7
1967	7.8	3106	6251	48757.80	6
1968	7.8	3107	5443	42455.40	7
1969	7.8	3107	4773	37229.40	8
1970	7.8	3100	6158	48032.40	6
1971	8.3	3080	5664	47011.20	7
1972	8.3	3010	5850	48555.00	6
1973	8.3	3010	4674	38794.20	8
1974	8.3	3010	4833	40113.90	8

续表

年份	粮价（元/百斤）	农业税（元）	产量（百斤）	粮食产值（元）	农业占产值比重（%）
1975	8.3	2990	5084	42197.20	7
1976	9.8	3587	4351	42639.80	8
1977	9.8	3587	5922	58035.60	6
1978	9.8	3420	6409	62808.20	5
合计		66724			

资料来源：根据胡省三主编《上园村志》整理。

2. 完成粮食的统购统销任务

1953 年，中央决定实行粮食的统购统销政策，其初旨在收购农民手中的余粮，以满足城市人口和工商业生产发展的需要。开始时，政府根据自然条件和土质好坏评定产量，减除口粮后，余粮实行粮食的统购统销。后在执行过程中被异化，虚化夸大现象大量产生，使统购的数量大幅度增长，进而发生了为保证完成统购任务而大幅挤压口粮的现象，导致了因自然灾害和口粮不足引发的全社会性的饥饿。中央于 1961 年 3 月发布《农村人民公社工作条例（草案）》，调整了生产关系，提出了自留地分配方案，明确了"三包一奖"制度。"三包"是指按土地面积包产量、包成本、包工分；"一奖"是指超产、节约成本、低工分，按规定比例给予奖励。之后，农业生产稳步增长。

上园也经历了大多数乡村统购统销任务调整变化的过程，也不折不扣地完成了上级交付的统购统销的任务、派购和增购的任务。上园大队接到统购统销任务后，按生产队所在田地的产量对任务进行分解落实，各生产队因常年产量和人口口粮的不同产生了不同的统购统销任务量。如在 1965 年，第三队分到的统购任务为 2573 斤，队里 58.15 亩每亩分派任务为 44 斤，但定产亩产量为 805 斤，口粮及其他留置为 55347 斤；第二队分到的统购任务为 8637 斤，队里 64.92 亩每亩分派任务 131.74 斤，定产亩产量 780 斤，口粮及其他留置为 54336 斤。（见表 1-9）

表 1-9　上园村各生产队 1965 年《国家统购任务》计算表

队别		一	二	三	四	五	六	合计
面积	水田（亩）	58.24	64.92	58.15	60.72	59.6	61.6	363.23
	旱地（亩）	2	2	2	2	2	2	12
	合计（亩）	60.24	66.92	60.15	62.72	61.6	63.6	375.23
定产	每亩（斤）	780	780	805	770	795	805	789
	产量（斤）	45427	50638	46811	46754	47382	49588	286600

续表

队别		一	二	三	四	五	六	合计
人口增加提高产量	每亩（斤）	190	190	190	190	190	190	190
	产量（斤）	11066	12335	11050	11537	11324	11704	69016
粮食产量预计		56493	62793	57860.8	58291	58706	61292	355614
耗子及饲料（斤）		2912	3246	2908	3036	2980	3080	18162
粮分	农业	588.5	753	779.8	818	631.3	791.5	4362.1
	非农业	287.5	193.5	191	110.5	360	166.5	1309
口粮	农业（斤）	32368	41415	42889	44990	34722	43533	239915.5
	非农业(斤)	14375	9675	9550	5525	18000	8325	65450
	合计	46743	51090	52439	50515	52722	51858	305366
粮食支出合计		49655	54336	55347	53551	55702	54938	323528
国家统购任务（斤）		6839	8637	2573	4740	3005	6355	32088

资料来源：根据胡万宁提供的上园大队有关资料整理。

注：1. 农业口粮每10分550斤；2. 非农业口粮每10分500斤；3. 人口增加平均每亩提高190斤；4. 粮分数量依据早稻分户方案。

从 1957 年到 1978 年，上园村粮食产量 10527200 斤，粮食统购统销定购任务 847900 斤，约占粮食总产量的 8.05%；定购调整总量 963100 斤，约占总产的 9.15%；实际统购量为 991800 斤，约占总产的 9.42%。1962 年之前的统购统销任务量占总产量比重均高于 22%，最高时比重达到了 30.58%（1958 年）。1962 年之后，统购统销的任务量占总产量的比重持续下降，都在 7% 以内，有些年份甚至只占 3%。国家下达统购任务后，有时受各种因素的影响会调整统购统销的任务量，大部分时候是调大了任务量，我们称之为增购。20 世纪 60 年代的大部分年份，国家都会调高任务。任务上调后，统购数量占当年总产量的比重增大，虽都完成了，但给农户的生活造成了较大影响。1958 年，上园村统购调整后的数量占全年产量超过 30%，1959 年超过了 29%。也有少部分年份，政府下调了统购的数量，如 1962 年，中央在反思三年困难时期工作经验后调低了统购的数量。（见表 1-10）

表 1-10　1962 年及之前的上园村统购与增购

年份	粮食总产量（百斤）	统购统销								
		征购							实际	
		包干数量（百斤）	占总产的比重（%）	调后任务（百斤）	占总产的比重（%）	增购数（百斤）	增购占定购任务比重(%)	增购占总产量比重(%)	统购数量（百斤）	占总产的比重(%)
1957	3469	583	16.81	928	26.75	345	59.18	9.95	928	26.75
1958	3591	633	17.63	1098	30.58	465	73.46	12.95	1098	30.58

续表

年份	粮食总产量（百斤）	统购统销								
		征购							实际	
		包干数量（百斤）	占总产的比重（%）	调后任务（百斤）	占总产的比重(%)	增购数（百斤）	增购占定购任务比重(%)	增购占总产量比重(%)	统购数量（百斤）	占总产的比重(%)
1959	3149	829	26.33	923	29.31	94	11.34	2.99	923	29.31
1960	3366	809	24.03	809	24.03	0	0	0	809	24.03
1961	3063	618	20.18	700	22.85	82	13.27	2.68	700	22.85
1962	3264	586	17.95	466	14.28	-120	20.48	3.68	466	14.28

资料来源：根据胡万宁提供的《上园村粮食产量、征购、留粮资料表》整理。

上园村完成了国家的统购任务、增购任务所获得的征购款，除直接被扣缴农业税和集体提留外，按照口粮和劳动"八二"结构与粮食一起核算分配到农民。

3. 充实了农民口粮

总体上来说，上园农民的收入是增长的。除了上园村积极开拓副业增加收入外，上园村的粮食生产也保持了稳定的增长，农民分到的口粮相对稳定且有增长，这是农民收入增加的主渠道。从1957年到1978年，上园村农业人口从498人增加到1072人，增长了115.26%。在人口成倍增加的情况下，人均口粮从473斤增加到530斤。从1957年到1978年，上园村仅有两个年份人均口粮在400斤以下，分别是1959年（387斤）和1976年（368斤）。1976年上园村早晚稻的产量均较往年和后续年份要低一些，可能是受气候影响造成的。《乐清市土地志》（2002）显示当年的粮食亩产量要比前后年份略低一些。上园村农业生产的成果绝大部分最终分配给农民个体。上园村村民口粮分配总量占当年总产的比重都在60%以上。在1962年之前，村民口粮总量比重不超过80%，最低的年份为1959年，仅占当时总产的64%，之后村民口粮占总产的比重均超过了80%。（见表1-11）

表1-11 上园村口粮分配情况表（1957—1978）

年份	户数（户）	人口（人）	耕地			实际			口粮		占总产的比重（%）
			合计（亩）	水田（亩）	旱地（亩）	面积（亩）	亩产（斤）	总产（百斤）	数量（百斤）	人均（斤）	
1957	89	498	431	428	3	431	804	3469	2358	473	68
1958	90	506	480	460	20	480	748	3591	2377	469	66
1959	99	516	424	402	22	424	742	3149	2000	387	64
1960	119	578	400	378	22	400	842	3366	2392	414	71
1961	131	568	380	368	12	380	806	3063	2291	404	75

续表

年份	户数（户）	人口（人）	耕地			实际			口粮		占总产的比重（%）
			合计（亩）	水田（亩）	旱地（亩）	面积（亩）	亩产（斤）	总产（百斤）	数量（百斤）	人均（斤）	
1962	132	603	373	361	12	373	875	3264	2720	451	83
1963	138	678	373	361	12	373	1168	4357	3832	565	88
1964	137	670	373	361	12	373	1258	4695	4087	610	87
1965	139	689	375.23	363.23	12	375.23	1383	5190	4522	656	87
1966	144	703	375	363	12	375	1524	5716	4841	688	85
1967	144	725	375.23	363.23	12	375.23	1666	6251	5355	739	86
1968	152	744	375.23	363.23	12	375.23	1450	5443	4652	625	85
1969	153	763	375.23	363.23	12	375.23	1270	4773	3898	511	82
1970	158	806	373	361	12	373	1650	6158	5281	555	86
1971	166	831	371	359	12	371	1526	5664	4720	568	83
1972	168	860	368.5	356.5	12	368.5	1587	5850	4887	568	84
1973	178	882	368	356	12	368	1270	4674	3942	447	84
1974	183	919	638	356	12	368	1313	4833	4115	448	85
1975	196	961	366	354	12	366	1389	5084	4642	483	91
1976	207	1008	366	354	12	366	1188	4351	3705	368	85
1977	216	1047	366	354	12	366	1619	5922	5316	508	90
1978	228	1072	359	354	5	359	1785	6409	5681	530	89

资料来源：根据胡万宁提供的《上园村粮食产量、征购、留粮资料表》整理。

　　而不同生产队的口粮数量是不尽相同的，每个家庭具体所分到的粮食数量跟该家庭的劳动力状况、栏肥的贡献等有关。有些家庭人口多、劳动力少，所分到的人均口粮就会低于平均水平，家庭生活就会艰难困苦。

　　如第一生产队，1965年农业口粮按每10分700斤分配，因各家庭基本情况不同，各队员的最终分配结果是不同的。农业户分粮多者如周顺之家，人数为2.5人，吃粮底分43分，全年劳动工分3939分，按人劳应分口粮3893斤，饲料贡献分粮156斤，合计年应分配粮食4049斤，人均分得粮食1619.6斤；少者如胡万宜家，人数为10人，吃粮底分79分，全年劳动工分3127分，按人劳应分口粮5482斤，饲料贡献分粮271斤，合计年应分配粮食5753斤，人均分得粮食575.3斤。非农业户口粮按每10分500斤分配粮食。少者如胡碎英家，人数4人，吃粮底分24分，无劳动工分，无饲料贡献，全年应分粮食1200斤，人均分得粮食300斤。再如第四生产队，1965年农业口粮每10分按750斤分配。队员中少者如胡皆法家，人数5人，吃粮底分36分，全年劳动工分1237分，按人劳应分口

粮 2469 斤，饲料贡献分粮 66 斤，合计年应分配粮食 2535 斤，人均分得粮食 507 斤。(见表 1-12)

表 1-12　上园大队各生产队 1965 年粮食分配表

队　别		一	二	三	四	五	六	合计
面积(亩)	水田	58.24	64.92	58.15	60.72	59.6	61.6	363.23
	旱地	2	2	2	2	2	2	12
	小计	60.24	66.92	60.15	62.72	61.6	63.6	375.23
实际产量（斤）	每亩	1295	1391	1525	1476	1345	1497	—
	产量	78016	90397	88689.5	89618.5	80070	92139	518930
国家统购（斤）	实际	6833	8554	2531	4745	3120	6399	32172
	增购	1358	1320	1127	1155	1201	1198	7359
	小计	8191	9874	3658	5900	4321	7597	39541
种子数量（斤）		2320	2600	2320	2440	2400	2500	14580
集体开支（斤）		553	510	2269	162	2937	1369	7800
社员分配粮食（斤）	口粮 · 非农业每十分	664	699	690	681	609	709	—
	口粮 · 非农业合计	17026	11975	11625	12630	23375	8310	84941
	口粮 · 照顾	3870	4728					8598
	口粮 · 农业每十分	700	700	750	750	710	750	—
	口粮 · 农业合计	37240	49669	55416	51001	37098	59811	290235
	口粮 · 合计	58136	66372	67041	63631	60473	68121	383774
	饲料分配 · 肥料	1543	2433	1328	1512	1243	1698	9757
	饲料分配 · 生猪饲料	750	960	720	510	960	750	4650
	饲料分配 · 小计	2293	3393	2048	2022	2203	2448	14407
	合计	60429	69765	69089	65653	62676	70569	398181
储备粮（斤）		6523	7648	11363.5	15463.5	7736	10104	58838

资料来源：根据胡万宁提供的上园大队各生产队 1965 年粮食方案整理。

第三章 村庄著名人物介绍

上园村历史悠久，上园人在各个时代中都留下了自己的足印，尤其是改革开放之后，涌现出一大批经济人物，对乐清市乃至中国都产生了一定的影响。本篇介绍上园历年以来对村庄乃至更大区域产生显著影响的人物。

第一节 近代以前著名人物

自上园初步形成村落到新中国成立，上园涌现出了一些著名人物①，对村庄的发展和周边区域产生了一定的影响。

一、周行己

周行己（1067—1125），字恭叔，学者称浮沚先生，永嘉（今温州鹿城区）人，祖籍瑞安县芳山乡文周湾（今属瑞安市湖岭镇）。父周泳，皇祐五年（1053）进士，官至正议大夫。行己家学渊源，十四五岁时，随父赴京师（开封），17岁补太学诸生。"风仪秀整，语音如钟，读书十行俱下。"初时一心学科举文，治新经之说。又二年，学为古文。元祐二年（1087），王安石新学已成禁学，八月，程颐罢经筵回洛阳，行己赴西京从学。五年（1090），程颐丧父，行己为其主客。六年（1091），中进士，求监洛中水南杂场，续从程颐学习，时有记录《程伊川（颐）语录》一卷，即《程氏遗书》卷十七《伊川先生语三》。八年（1093），回永嘉，曾赴瑞安陶山祭扫祖墓，撰《闲心普安禅寺修造记》。绍圣、元符年间，主河南原武县政。崇宁三年（1104），任太学博士；求便养亲，改授温州教授。在家乡传授程

① 参照和引用了各类志书中的人物介绍。

颐伊洛之学。不久，调齐州教授。大观三年（1109），因新旧党争，程颐属旧党，被侍御史毛某参劾，行己师事程颐，遂罢官回温，在松台山附近建浮沚书院讲学授徒。政和二年（1112），浮沚书院为飓风所毁。六年（1116），权摄乐清知县，次年罢，迁居柳市。宣和元年（1119），徽宗重道，温州道士林灵素得宠，推荐行己，授其为秘书省正字。二年（1120），他写了《上宰相书》。后林败，周氏亦罢官。原拟回乡，因二年冬至三年八月，方腊起义，占领两浙六州五十二县，归途受阻，应太学旧友郓州知府王靓之聘，入幕府为司隶之职。六年（1124）夏，卧病京师，幸得许景衡资助接济病愈。宣和七年（1125）起复被任河南原武县令，旋又辞官，不久病卒于郓。王靓报准朝廷，请其归丧，葬于瑞安芳山乡杉坑山之原，父正议大夫墓侧，在今湖岭镇闲心寺附近，其墓尚在。

周行己一生著作颇丰，有《浮沚文集》十六卷，《后集》三卷，宋元明清各有刊行。今尚存清《四库全书》及永嘉《敬乡楼丛书》中。此外还有《易讲义》及《礼记讲义》等。周行己为"元丰九先生"之首，学术贡献在于首先将洛学和关学传入温州，对永嘉学派的形成起过重大作用。明末清初学者黄宗羲、全祖望在《宋元学案·周许诸儒》中认为，周行己是永嘉学派开山祖。他是关中张载之学、伊洛二程之学在温州最主要的传承者。

二、胡凤清

胡凤清为上园胡氏始迁祖。胡凤清讳居廉，自幼好学不倦，弱冠知名，入庠为廪生。柳市马翁见而器之，许以女，乃寄居岳家，设馆教学。本里有古刹曰报恩寺，亦捐资重建。明成化十五年（1479），公乃析胡家垟之产，于"金钩挂月"之地——上园筑室居之，遂为上园胡姓之始迁祖。明弘治十八年（1505），作家祠于村东南隅水汇上，以祀祖考，乃称上园小宗祠。卒后，与马氏孺人合葬于上园村方宅基。

三、胡刘

胡刘讳道弘，字政周，号永宁。性和易，人皆称为长者。少习经史，攻苦不辍，为文甚敏捷。弱冠入庠，明年即为原生。雍正间与同学考贡，人皆谓公必战胜而乃以不佞。见遗后十余年，始以岁序贡（《乐清县志》记载清乾隆戊戌，1778年）。于乡又十余年，选严州分水县学司训。初公教于乡，乡之知名士咸尊事之，从游者甚众，及训分水谨饬科条勤课士子。在任逾年，士风丕变，年七十，诸生为制锦称觞。而县尹江右陈公联拔，亲为之序。先时陈爱公为人且勤职，议荐之，公以老辞。至明年任犹未满，自以衰病上告致仕而归，又明年卒于家。

四、胡冠吾

胡冠吾又名灵洲，讳万选，字胡真儒生。生于清光绪岁次甲午年（1894）。幼年丧父，家道贫寒，自幼在慈母的教诲下，刻苦攻读，孜孜不倦，未弱冠，出教于柳市文昌阁书塾。民国期间，曾被荐任柳市镇警察局秘书，至1944年间，因年老衰弱，遂离职回家，以阅典籍为自娱。先生生平知书达礼，其立心仁厚，性情和蔼，严于责己，厚以待人。凡村人有事，皆出而解之，乡里人无不赞慕。至1954年卒于家，享寿六十有一。

第二节　现代知名人物

新中国成立后，上园村的经济社会发展取得了巨大的成就，一些村社干部、乡贤、能人志士从中发挥了重要作用，如胡道姆、胡万盛等。改革开放后，更是涌现出乐清市乃至全国的知名人物，现仍活跃在经济战线上。如南存辉（正泰）、胡成中、胡成虎、胡成国（德力西），胡志荣（华荣防爆），胡道平（兰普集团），胡经云（威尔鹰集团），胡志乐（九川集团），胡志兴（欣灵电气）等。

一、胡道姆

胡道姆，男，汉族，1919年出生，中共党员，柳市上园人。1950年10月，选为土改代表。1956—1958年任上园生产队长。1958年11月，任柳市公社柳市管理区上园生产队副队长，负责畜牧业生产。1959年10月，加入中国共产党。1962年1月至1966年12月，任上园大队大队长。1962年11月至1982年9月，任党支部副书记。1968年6月，任革委会副主任，负责工业。1969年12月，创办柳市胜利车木厂，任厂长。1982年12月，病故。

二、胡万盛

胡万盛，男，汉族，1925年6月出生，中共党员，柳市上园人。1949年6月，加入中国共产党。1949年7月，任上园村首任村长，兼任民兵队长。1949年10月5日（农历八月十五日），配合中国人民解放军解放洞头，做好支前工作，获立三等功一次。1951 年 12 月，领导发动村民义务劳动，兴修水利，完成长 260 米、宽 10 米、深 3.5 米的第一期开凿新河任务。1954 年 8 月，任中共柳市镇党支部组织委员。1953 年 10 月，推行人民代表大会制，当选代表主任。1955 年 4 月，调乐清县手工业局系统下属厂担任会计、支部书记。人民公社化时期，党委抽调他到有关大队担任驻村领导。1987 年在乐清县二轻系统拉丝厂退休。

三、胡光勋

胡光勋，男，汉族，1927 年 6 月出生，中共党员，柳市上园人。1946 年 6 月，加入中国共产党；曾任前窑村地下党党支部书记、前窑乡农会主任、前窑乡乡长。1952 年至 1953 年，任中共柳市区委团工委书记；后被抽调到乐清"浙江省委工作团"参加整党工作，调任大区副区长。1956 年，乐清县成立商业局，任首任局长、党组书记。1957 年，任柳市镇书记。1958 年 12 月，任柳市大公社主任。1959 年 10 月，调任大荆大公社主任、大荆镇委书记、大荆区区长。1965 年，调任乐清供销社总社副主任。"文革"后，任方江屿围塘副总指挥、海屿公社党委书记；1980 年至 1985 年，任柳市区区委副书记。1985 年离休。离休后，任中共柳市区委老龄委副主任、区离退休干部协会名誉会长、区（镇）委离退休党总支书记、柳市镇老年协会会长。当选中国共产党温州地委第三届党代会代表、中共乐清县（市）第三、四、六、七、八、九、十届党代会代表。

四、胡星余

胡星余，男，汉族，1934 年 9 月出生，中共党员，柳市上园人。1956 年，担任中国新民主主义青年团柳市镇团总支组织委员，并担任柳市高级农业生产合作社上园大队监事主任。1957 年 9 月，加入中国共产党。1958 年 10 月，担任柳市公社柳市管理区上园生产队队长。1959 年 10 月，当选中共乐清县第三次党的代表大会代表。1959 年 11 月至 1974 年 4 月，任中共上园生产队支部书记。1962 年 9 月，被评为标兵支部书记，上园党支部被乐清县委连续第五年评为标兵党支部。1963 年 11 月，上园党支部被温州地委连续第四次评为标兵党支部，胡星余个人被评为标兵支部书记。1968 年 6 月，以老中青三结合的上园大队革命委员会建立，任革委会主任。1968 年 8 月，柳市镇公社革命委员会成立，任镇公社革委会副主任。1969 年 10 月整党结束后，上园党支部恢复，任书记。1970 年 10 月，在中共柳市镇公社第三次代表大会上被选举为党委委员。1972年4月，当选中共温州地委第四次代表大会代表。1974年4月，调柳市居民委员会任主任。1976年10月，调中共乐清县艺雕厂任副书记。1978年11月，调中共乐清县拉丝厂任书记。1986年，退休。1993年7月，被选为中共上园村支部副书记。

五、陈金定

陈金定，男，汉族，1934年12月出生，柳市上园人。1950年11月，被推选为村土地改革代表。1951年11月，参加村复查土改，加入新民主主义青年团。1953年2月，响应党抗美援朝的号召，报名参军。1953年，守卫福建东山岛，曾被蒋军所围，战斗激烈，十名战士九死一生，被80团政治部评为三等战斗功臣。1953年12月13日，军训当教练，被评为三等功一次；坑道作业中立三等功一次，军事训练作业获营教导政治处嘉奖一次；在部队任士官衔班长。1957年复员，被温州化工厂招工，在第一车间任党支部组织委员。1962年，下放回家，在上园村党支部任支部委员。同年，任武装民兵班长和上园大队第三生产队长。1963年7月，担任区手工业登记办主任。后担任柳市服务社主任。1970年，柳市服务社撤销，创办五金电器、胶塑件、纺织等集体工厂。1986年，温州市委在上园村整党，担任副书记，主持整党期间的日常工作。1993年3月，被选为党支部委员。

六、胡万畴

胡万畴，男，汉族，1936年3月出生，中共党员，柳市上园人。1954年10月，担任上园村团支部书记。1956年3月，加入中国共产党。1957年1月，任上园大队长。1958年9月，在刮"五风"中，因实事求是，报实产量，被"拔白旗"，并被镇的个别领导在大会上口头宣布"开除党籍"。1960年3月5日，代上园书记参加浙江省委召开的六级书记会议，任上园生产队长（即大队长）。1960年10月，获平反，恢复党籍。1961年12月，担任柳市镇公社信用社主任。1962年3月，提任为柳市镇公社人武部长。1962年9月，调任柳市信用社主任。1983年9月，调任湖横信用社主任。1985年，调任象阳信用社主任。1987年10月，调任柳市农业银行信用社管理组副组长。1993年7月退休。退休后，因金融工作需要，经上级人民银行批准，开办乐清县天银金融服务社。

经济发展篇

先人一步　勇立潮头

中国
村庄
发展

JINGJIFAZHAN PIAN
XIANRENYIBU YONGLICHAOTOU

上园村的经济发展史是一部波澜壮阔的民营经济发展史，是低压电器产业的产生与转型升级史，是上园村从农业经济快速迈入工业经济的工业化史。改革开放以来，上园村的经济发展经历了诸多波折，但却不断奔腾向前，成功描绘出一幅村民创业致富的壮丽画卷。

改革开放初期，上园村经济以农业经济为主体，居民依靠农业为生。村庄里仅有几家小微集体工业企业、为数不多的小商店与个体商户。改革开放浪潮起，对"赚钱"敏感的上园人先人一步，纷纷跑"供销"，做起生意，接着自主创业，办起众多的手工作坊与小工厂，几乎每家每户都有经营实体。经历过多次市场整顿与曲折，上园的电器产业在市场缝隙中不断扩张，发展成全国知名的中低压电器产业集群。随着环境的变化，上园企业不断变革创新，开放发展，走出上园、发展上园，小小的上园村就涌现出正泰、德力西等全国知名企业。上园村的商贸、物流、金融等服务业也得到迅速发展，集体经济不断壮大，人民生活水平大幅提升，上园村也成为名副其实的富裕村。

第一章 工业化启动（1978—1989）

在改革开放初期，上园村经济以农业经济为主体，工业基础非常薄弱，仅有三家规模很小的集体企业。可以说，上园村仍处于前工业化的农业阶段。

第一节 农业的式微

1976 年底粉碎"四人帮"后，生产生活归于正常。早在 20 世纪 60 年代初，上园村生产队就采取了类似家庭承包制的体制，生产队由村民自愿组合，生产队劳动还是采取集体劳动评工分方式，但工分根据一个人的体能有所区别，而不是简单的平均主义。"四人帮"倒台后，政治环境趋于宽松，农民闲暇时间大为增加，农民"干私活"、卖农副产品增多。1978 年底改革开放后，以经济建设为中心的基本路线确立，上园村的经济开始走上迅速发展的轨道。

一、粮食与种植业

在改革开放初期，上园村的经济主要还是由农业为主体，兼有一些副产品加工业。而农业主体是种植业，种植业又以水稻为主，兼有少量红薯种植。

改革开放之初（1979 年底），上园村当时共有农业用地 270 余亩，其中 258 亩为水田，15 亩为山地[①]。由于上园村早在 20 世纪 70 年代中期就按家庭承包集体用地，同时，在水利等基本建设方面保持着集体参与评工分的模式，农民的生产积极性得到了较好的发挥，加之当地良好的气候条件，上园村水田的亩产包括二季粮食产量在改革开放初期已经达到 1000 多斤，基本上解决了村民的温饱问题。

---

① 胡省三主编《上园村志》，浙江人民出版社，1999，第 84 页。

1979 年，温州地区率先成为浙江省及全国进行家庭联产承包责任制的试点。1979 年 12 月秋收完成后，上园大队即以生产队为单位将土地承包给各户社员耕种，社员保证国家农业税和粮食征购任务完成，余粮均归社员所有。大队成立农工商联合社，完善经营管理体制，建立排灌站、机耕队、病虫观测组，健全了联产承包责任制度，大力支持承包户。村民的生产积极性进一步提高，粮食亩产不断提高，农业生产取得了较快增长，但由于住房、道路等建设用地增加，农业耕地不断减少，粮食总产量呈下降趋势（见表 2-1）。

表 2-1　上园村主要农产品产量

单位：吨

年份	合计	早稻	晚稻	春花	番薯
1978	320.45	164.5	152.55	0.45	2.95
1980	319.85	158.25	160.65	0.95	
1983	282	120	162		
1985	222.8	105.3	117.5		
1988	215.7	99	116.7		
1990	224.14	105	119.14		
1993	193.3	86.1	107.2		

资料来源：根据上园村村委提供的统计报表编制。

注：稻米为早稻与晚稻。

家庭联产承包责任制的实行使农业生产效率大幅度提高，农民有了生产经营自主性，闲暇时间明显增加，大量农村劳动力从土地中解放出来，开始了创业的进程。1983 年 11 月，经上园村"两委"会研究，以生产队为基础进行土地调整，上园村调拨 60 亩土地作为村容建设和 104 国道线拓宽用地，以每人 0.29 亩土地重新落实承包土地。随着电器产业的兴起，到 1987 年，村民自愿将耕地成片转让给东风村种粮大户南士木承包经营，种粮大户在秋收后，按协议规定，供应村民标准口粮。上园村村民从农业生产中解放出来，大量从事电器为主的生产与经营。

改革开放后，上园村稻米产量的减少主要缘于耕地面积的减少。1960 年实有耕地面积为 380 亩，其中水田 368 亩，旱地 12 亩[①]；其后随着居住用地与道路用地的占用，水田耕地面积略有减少，1962—1969 年为 375 亩；1972—1973 年为 368 亩，1974—1978 年为 366 亩。改革开放后，随着经济发展与建设用地的快速增加，耕地（水田）面积减少速度加快，1979 年为 358 亩，1980 年为 357

① 胡省三主编《上园村志》，浙江人民出版社，1999，第 84 页。

亩，1982 年为 355 亩，1983 年为 348 亩，1984 年为 323 亩，1985 年减至 288 亩，1989 年为 279 亩，1993 年减至 249 亩，到 1994 年除了村外的 12 亩旱地，上园村的水田耕地全部转化为工商业与居住用地。至此，上园村的农业基本消失。而原有的山地（旱地）在改革开放前主要种番薯，番薯收成后主要用于晒番薯丝干，作为粮食。但由于番薯丝干口感差，加之旱地离上园村远，改革开放后村民不愿意种植。1976 年，上园村番薯种植还有 12 亩，番薯丝干的产量有 0.55 吨；到 1977 年，减为 4 亩，产量提高为 2.4 吨；到 1978 年，种植旱地有 5 亩，产量为 2.95 吨。1979 年后，上园村再无人种植番薯，旱地也被村民们种植了蔬菜。

从劳动力数量变化看，改革开放到 20 世纪 90 年代中期，上园村劳动力总量有了明显增加，从 1978 年的 448 人、1980 年的 475 人，增至 1985 年的 532 人，1990 年增至 607 人，到 1995 年已增加到 653 人。人多地少的矛盾加剧也促使上园村大量劳动力转向副业、工业与商业服务业。

二、养殖业

上园村的养殖业主要是传统的家禽养殖，规模有限。

1. 养猪

上园村的养殖主要是养猪与养鸡。猪与鸡、鸭等为家庭散养，1958—1961 年人民公社刚兴起时，村里办了一个集体养猪场统一饲养，结果只剩下两只母猪，只好折价归农户饲养。但上园村家庭养猪的规模还是很小，以 1964 年生猪出栏最多的年份为例，当年全村出栏 175 头，户均仅 1.2 头。改革开放后，实行联产承包责任制，很多劳动力转向工业与商业，生猪养殖迅速减少，其后，随着耕地面积的不断征用，养猪家庭越来越少。到 1994 年，随着耕地（水田）的全部消失，生猪养殖业也最终消亡。

2. 养牛

上园村养牛主要是用作耕牛，代替农民的重体力劳动。1975 年村里有了手扶拖拉机后，耕牛也逐步被拖拉机替代。改革开放后上园村已没有农户养殖牛。

3. 家禽养殖

上园村家禽主要有鸡、鸭、鹅等。传统上，上园村家家都养鸡，不少村民还养殖鸭、鹅等家禽。人民公社期间，受"一大二公"的思想干扰与政策限制，村民家里的家禽养殖规模均很小，一般农户家里只养几只鸡，仍有"资本主义尾巴"之嫌。改革开放后，户均养鸡有所增加，但规模仍然有限，均为家庭传统的散养状态，仍没有出现规模化的家禽养殖业。1995 年后，随着村民住房由原来的独立庭院逐步转变为农村联排新居与公寓，家禽养殖也最终消失。

三、水产业

上园村本地不靠海但离海近，传统上一直有上园村民到 40 公里外的清江与清北跳头地方海边采购干板蛏回村再重新养殖，然后陆续上市销售。公社化时期受到限制，只有一两户老人贩蛏养殖。改革开放后，20 世纪 80 年代到 90 年代中期，胡林像、施阿兰等人坚持贩蛏养殖上市销售。随着居民生活水平提高与消费需求增强，运输工具也从肩挑变为车运，运输量与上市量也有很大提高。进入 21 世纪后，这类贩运养殖业逐步被规模化的专业贸易运输所替代。

此外，上园村也有少数识海村民会组织沿河出海，到海边捕捞海虾、鳗鱼、目鱼、江蟹等。在人民公社时期，这类捕捞主要以集体方式进行，规模很小。改革开放初期到 90 年代初，主要由一些村民自行组织捕捞，自己运输销售，自负盈亏。90 年代初以后，随着乡村工业的兴起，这类捕捞也逐渐消失。

第二节　民营经济的起步

改革开放前，上园村的主要副业有少量家庭做豆腐、打铁、做麦芽糖、爆米花、补鞋、裁缝等，均属于规模很小的家庭个体经营，而且由于片面强调"集体经营"与"公有制经济"，对这些个体经济进行严格的限制，时常根据上级要求开展打击"反革命经济主义妖风"运动。曾一度要求个体裁缝归并到一起进行集体经营，还没收个体裁缝的缝纫机，对从事个体经营的人进行批斗，将村民用个体经营所得建造的住房没收充公，没收"戴帽企业"（挂靠社队集体企业并缴税费）的收入等。在此体制环境下，民营经济与乡村工业一直得不到发展。

改革开放后，对个体私营经济限制逐步放开。更重要的是，实行农村家庭联产承包责任制后，农民自由支配的时间大增，原有的村办集体工业逐步改制转为民营企业，家庭企业更如雨后春笋般出现，上园村的工业化开始迈开大步，民营经济生根发芽。但由于传统计划经济的观念、体制制约，这一阶段的民营经济发展整体向前，却也历经了不少波折。

一、村集体企业的改制与发展

改革开放前，上园村建有碾米厂、纸伞生产合作社、柳市胜利车木厂、胜利机具厂等。但在计划经济体制下，这些企业一直未有大的发展。改革开放后，随着政策环境的放松，社队企业有了较快增加。"文化大革命"后期，中国处于严重的短缺经济时期，市场上产品普遍供不应求，给乡村企业发展提供了较好的机遇。这一阶段，除了社队企业生产经营的迅速发展，还出现了个体、联户企业大发展的现象，众多供销员、个体经营户不具备法人资格，不能单独对外开展经营活动，这些个体便灵活变通，"挂靠"社队企业，缴纳税费，与社队企业签订合同与开具发票，通过"挂户"解决了这一政策难题，提高了个体经营的积极性，极大地促进了个私经济的发展，也使得个私经营户与社队企业相得益彰。

1978年，上园村创办了柳市胜利农机厂（次年改为柳市胜利电器厂），一方面为农具修理、加工服务，另一方面安排农村剩余劳动力。当时，企业的供销员只能拿死工资，而更多的跑市场营销的个体经营者在当时政策下，更是被当作"资产阶级妖风"备受打击。

1980年，为提高员工生产积极性，提高经营效率，提高集体收入，方便社员跑经营，胜利电器厂实行灵活举措，让村民可以挂户经营，给社员及村外供销人员提供账户，办理到外地的手续证明，胜利电器厂为国家代收税金，供销人员向工厂缴纳管理费，员工与供销员的收入与业绩挂钩，经营管理人员、供销人员与生产人员的积极性大增。大量的供销员想尽千方百计、踏遍千山万水、说尽千言万语、吃遍千辛万苦，跑遍全国各地，订立大量的五金电器业务合同，使上园村的五金电器业得到迅速发展。在短短的4年时间内，胜利电器厂销售额达243万元，上缴国家税金18.6万元，也积累了集体资产，为1987年上园村建设停车场、有色金属市场打下了基础。这种对外挂户经营的模式成为知名的"柳市模式"，被温州各地以及其他不少地方所模仿。但随着其后对个私企业政策的放宽，民营经济迅速发展，原有的集体企业也完成了历史任务，逐步通过承包、拍卖、关停、转业（作为村集体资产管理者）等方式退出了生产经营领域。

二、民营企业的兴起

与全国各地一样，1956年"社会主义改造"完成以后，除个别的家庭副业外，私营企业也在上园村消亡。改革开放后，家庭工业与私营经济重新在上园村萌芽。

20世纪70年代末改革开放以后，由于温州乐清较为宽松的政策环境，一些来自黄岩等地的个体户将拆旧的废旧铜、锡、铝等材料拉到柳市贩卖，主要集中在柳市客运站周边、104国道上园大桥路段等地，甚至有的还租用上园村的农居房进行经营。上园村与柳市其他地方的村民也开始参与其中进行贩运与交易。不久，一些村民利用这些废旧铜铝等物资，开始了家庭加工生产开关等电器产品。家庭电器产品作坊大量涌现，随着生产的扩大，工厂与企业应运而生。

1980年3月，上园村的胡金宝创办了乐清县电器控制设备厂，这是乐清柳市第一家真正的私营企业；1981年2月，乐清县调压器械厂在上园村建立；同年3月，乐清县东方胶型器械厂经批准在柳市镇上园村设立；1981年8月，个体经纪人胡岩芒在上园村代管经营金属铜、铝等材料；1982年初，上园村村民胡万良开办了稳压电源厂，1985年1月更名为振华稳压器厂（1996年更名为鸿宝公司），主要生产用于电脑的稳压电源。这些企业虽然挂着"社队集体"的名，但实质上只有交纳管理费的关系，都已是真正的私营企业。

1982年年中，对个私经济的第一场打击不期而至。这一年5月，根据中共中央、国务院颁布的《关于打击经济领域中严重犯罪活动的决定》，中共浙江省委派工作组进驻柳市。一场打击走私贩私、贪污受贿、投机诈骗、盗窃国家与集体财产的斗争开展起来。这场斗争中，柳市镇的"八大王"（五金大王胡金林、螺丝大王刘大源、目录大王叶建华、线圈大王郑祥清、矿灯大王程步清、胶木大王陈银松、翻砂大王吴师廉、旧货大王王迈仟）受到批判，并被关押。这一事件重创了乐清本地乃至温州整个地区的民营经济，个私经营者人人自危，一些个私经营者甚至开始"跑路"。结果导致现有的民营企业不敢扩大再生产，大量资金投入买房盖楼、圈山盖坟，大肆操办红白喜事，在建造楼房坟墓上相互攀比斗富。乐清工业急剧下降，财政收入减少、居民收入下降，本地经济产值接连下行。地方政府看在眼里，急在心里。

1982年10月，温州市委、市政府召开农村专业户、重点户代表大会，提出"专业户、重点户是农村生产力的先进代表，要鼓励与支持"，并出台"五个允许""五个支持"的政策。1982年12月28日，乐清县县长强调进一步解放思想，放宽政策，积极鼓励和支持专业户、重点户的发展。1984年，中央一号文件下发，提出鼓励农村"专业户"发展，鼓励农民向企业投资入股、联合兴办各种企业，放宽对社队集体企业的认定条件等。以此为契机，1984年4月，温州市领导以极大的政治勇气平反了柳市"八大王"，乐清与整个温州人心振奋。"给点阳光就灿烂，给点雨露就发芽"正是温州草根民营经济强大生命力的描述，在较好的政策环境下，柳市民营经济如雨后春笋般迅速成长，出现了新的一波发展热潮。

1984年7月，上园村村民南存辉、胡成中租用村集体土地，创办了求精开关厂，主要生产家用开关。这是柳市第一家类似于有限责任公司的私人股份制企业，完全按市场经济模式运作。到1990年，求精开关厂的产值突破1000万元。

从20世纪80年代初到1984年底，上园村村民相继创办了23家私营企业与股份合作制企业。这些企业主要集中在低压电器行业，上园村的电器产业开始蓬勃发展。

在上园村电器产业迅速发展的同时，上园村也呈现出鲜明的"前店后厂"的"温州模式"。上园街道两旁民居几乎都是电器营销店面，整个村庄就是个大的电器市场；但家居式的店面难以对产品质量进行有效管理，产生了偷税漏税等问题，也难以充分发挥产业的集聚效应。

1985年7月，上园的邻村长虹村创办了柳市五金电器市场，占地2664平方米，设有摊位300个；1986年9月，柳市五金电器中心市场在柳市长虹村正式开业；1987年3月，上园村的柳市有色金属材料市场经批准开工建设，当年招商营运。同年，上园村兴建停车场，逐步解决了众多外来车辆的停车难问题，初步突破物流瓶颈制约。这些专业市场的出现，与柳市的电器产业互补互促，形成了竞争力极强的电器产业集群，加快了产业集聚的外溢，带动了整个柳市社会经济的发展。20世纪80年代中期，随着企业的迅速增长与经济的快速发展，柳市镇开始在全国声名远扬。

20世纪80年代中期，温州模式开始走红全国。1985年5月12日，《解放日报》头版头条刊登《乡镇工业看苏南，家庭工业看浙南——温州33万人从事家庭工业》，该文称赞"温州模式"为"令人瞩目的经济奇迹"，"广大农村走致富之路的又一模式"。著名社会学家费孝通考察柳市、虹桥等地后，发表文章肯定温州农村经济发展模式，并将其概括为"小商品、大市场"，各地参观学习人士纷至沓来。但一些持传统观念人士也提出了"雇工是不是剥削""温州模式是姓资还是姓社"的质疑。1989年下半年到1991年，以柳市等地产品质量问题为引线，国务院三次派工作组调查温州，包括乐清柳市等地的经济发展情况，由于当时适逢经济治理整顿，"八大王"风波的阴影仍在，柳市等地又出现了人心浮动。这次持续一年多的调查结论基本肯定了温州民营经济发展的成绩，也提出了对民营经济要"限制、利用、补充、发展"的基本格调。

1992 年初，邓小平同志南方谈话发表，"社会主义市场经济"正式成为中国经济体制的改革方向，"姓社姓资"的争论终于销声匿迹，上园村人民开始甩开传统观念与计划经济体制的束缚，大胆发展社会主义市场经济。上园民营经济进入了大发展阶段。

第三节　市场整顿

包括上园村在内的柳市电器产业在 20 世纪 80 年代的发展初期，由于对民营企业与市场的监管体系与法律体系未及时建立，以小企业为主体的电器产业技术能力弱，设备落后，原材料短缺，出现了产品假冒伪劣现象，消费者与顾客的投诉时有发生。1984 年 7 月 23 日，《人民日报》发表署名文章《手段低劣，柳市镇区质次电器销往各地；后果严重，成千上万上当受骗提出批评》的报道。次日，国家煤炭部下发文件，通令所属企业不准购买柳市电器产品，并要求柳市停止生产销售不合格矿灯。其后，《中国机械报》《经济日报》等媒体也发表类似批评报道。机械工业部、经济委员会、国家工商行政管理局专门发函温州市政府，要求整顿、加强柳市低压电器产品的生产管理。一时间，柳市电器产品声名狼藉，一些企业与门市部忙于关门收摊、转移，整个行业出现了"三多一少"的局面：业务外挂多，从柳市发货的产品，都借用邻近县市的名义，不敢标明乐清柳市；能人外流多，当时柳市镇就有 500 多人出走；退货退款拒付款多，产品被拒收成为普遍现象；业务大量减少，不少企业"拒买柳市货""柳市货拒谈"。仅当年 8 月，柳市全区工业产值就减少 600 万元[①]，上园村无疑也成为重灾区。生产企业与整个电器产业陷入困境。

一、第一次清理整顿

针对柳市电器产品存在的严重质量问题，乐清县人民政府在巨大的市场压力与行政压力下，于 1984 年夏末，开展了对低压电器生产的整顿和管理。一是加强标牌管理。对柳市镇 15 个标牌生产户进行了全面整顿，清理了过去的"中华人

---

① 中共乐清市委宣传部、乐清市档案局等：《柳市民营经济》，经济日报出版社，2008，第 15 页。

民共和国制造"等铭牌，加强对各种商标、标贴的管理；二是整顿清理门店，对1000多家门市部、店铺、摊柜进行登记、审查和编组，取缔非法经营户；三是举办专题技术培训班，对生产管理人员进行技术培训。同时为企业提供奖励与帮助，鼓励从外地引进技术和人才。这些措施对消除市场秩序混乱现象、清理假冒伪劣产品、提高产品质量起到了积极的作用。有关媒体也报道了清理整顿的成效，使柳市较快走出了"第一次信誉危机"。但也要看到，由于这次清理整顿，主要针对销售市场环境，能在短期内见效。从某种程度上说是治标不治本，对企业无序竞争的制约与监管体系并没得到建立，这也为其后的质量问题再次爆发埋下了隐患。

这次清理整顿中，上园村由于企业的规模相对较大，股份制企业在其中起到较好的引领作用，上园村的电器产业受影响程度要低于柳市其他村。相反，清理整顿后，为上园村一些企业的加快发展创造了更好的市场环境。

二、市场大整顿

1984年的柳市电器市场清理整顿，虽然在一定程度上缓解了柳市电器的产品质量危机，但没能从根本上建立起遏制假冒伪劣生产与销售的监管体系，清理的风头一过，质量问题就重新抬头。在此后多年里，质量问题又屡屡爆发，成为柳市工业发展之痛。

1990年5月30日，国务院办公厅转发了国家技术监督局《关于温州市乐清县生产和销售无证、伪劣产品的调查情况及处理建议》的通知，指出"近几年来，浙江省温州市乐清县有大量的无证、伪劣产品流入市场，扰乱了社会经济秩序，损害了国家、集体和个人的合法利益，危害很大"，要求当地有关部门必须采取措施坚决制止这一违法乱纪活动，并且要求各地要把这项工作作为当前治理整顿经济秩序中的一项重要内容来抓，发动各部门的力量，将这项工作抓紧抓好。为此，浙江省政府和温州市政府都下发了贯彻落实文件。8月，国家七部局及新华社、人民日报社、中央人民广播电台等单位的15人组成国务院联合调查组进驻乐清，督查乐清县委县政府进一步贯彻落实国务院有关"打假"的文件精神，把查处、打击生产销售无证、假冒伪劣产品活动进行到底。

乐清县政府在上级政府的指导与督促下，贯彻"打击、堵截、疏导、扶持"的方针，掀起了在全县范围内打击查处无证生产、销售假冒伪劣低压电器产品的高潮。这次大整顿主要采取了几项重大举措：一是清理、整顿生产企业和作坊，限令无证企业和作坊一律停止生产（1544 个家庭生产工业户全部歇业，并对 186 家"四无企业"吊销营业执照）。二是成立质量监督检验所和电器产品检测站，加强产品的检测与质量监督管理。由柳市电器总厂与温州标准计量局、乐清标准计量所三方合作建立温州市产品质量监督检测所乐清分所柳市电器总厂检测站，并在柳市建立质量管理站，在各乡及生产村，包括上园村，建立质量管理点。这也是建立电器质量的持续性监管体系的一次重要尝试。三是清理电器旧货市场，对 359 家经销旧货门市部注销营业执照，关闭电器旧货市场。四是清理电器产品门市部，限令经营电器类产品的门市部和摊柜自动关门歇业。柳市全镇有 95 家被关停。五是对有证照经销合格产品的门市部迁入专业市场实行集中经营、统一管理，建立市场综合管理办公室，对经营活动进行管理、监督与服务。六是加强对外出经营户的管理。七是实施电器产品准运证制度，对出运产品进行抽样检查。八是强化税收的监控管理。九是加强对电器产品的运输管理，选定 6 家企业作为承运单位，开展陆上水上截拦非法运输。十是打击无证、制售假冒、伪劣产品的违法乱纪活动。此外还严肃查处党政干部参与的案件，举办相关展览会和销毁假冒伪劣产品大会，签订查禁无证、假冒伪劣产品工作责任书和制定村规民约。

可以说这次整顿力度空前，取得了较好成效，一部分举措经过完善后成为长久的监督管理机制组成部分，柳市乃至整个乐清县的电器产业的市场得到治理，为柳市电器产业的健康发展提供了良好的市场环境。经过这次大整顿，上园村的电器产业迎来了新的发展阶段，正泰、德力西正是在这之后迅速崛起。

三、扶持骨干企业

乐清在对电器产业的几次治理整顿中也深刻认识到，企业是清理假冒伪劣产品、提高产品质量的一个关键因素，只有把大量作坊式的小微企业，提升为上规模、上档次、有研发能力的企业，产品质量问题才能得到根本解决。因而，乐清政府将扶持骨干企业作为一项重要的举措。对有一定生产能力，产品质量较好的企业进行扶持，帮助它们做大做强，并带动协作企业的成长。

1. 选定重点企业进行扶持。1986 年选择柳市区 9 家企业作为重点电器企业，并选派 10 名专业技术干部进行具体指导；1990 年，对全县 50 家具备生产条件的企业予以重点扶持，帮助解决生产经营中遇到的资金、技术、人才和信息等困难。

2.组建新型企业。1985年10月，组建由全民、集体、个体合作经营管理的乐清县矿灯厂，作为全县矿灯生产的龙头企业，其以总装整灯、出厂检验为主，统一质量把关，统一对外销售，大量生产委托给家庭工业户。1986年7月，创办柳市电器总厂，总厂除直接组织生产经营外，扩大分厂布点，带动家庭联户工业发展，为各分厂和其他企业提供技术信息咨询服务与产品出厂检测，企业大楼——电器大厦还提供给骨干企业与持证企业租用厂房。这些企业虽然是集体或政府控股的企业，但也从事生产经营活动，同时在委托生产、产品检测、技术指导等方面又与民营经济有着很深的联系，在当时环境下，对稳定柳市电器产业、提高产品质量起到了积极的作用，但从企业的产权制度上来说并不很清晰，在功能上又兼具生产企业与政府部分管理职能，因而，在柳市大量个私企业改制为现代企业制度后，它们也完成了历史使命。

3.建立电器化专业市场。1986年9月，在柳市镇长虹村创办五金电器中心市场，吸纳大量电器经营户入驻；1987年3月，由柳市镇自筹资金，经批准动工开建柳市有色金属材料市场，同年底开业，市场由工商局与上园村村委共同管理；1990年6月，由县工商局牵头筹集资金，租用柳市虹桥村的供销大楼，建设专业电器城，将电器经营户迁移到大楼集中经营，由工商局统一管理。专业市场的建立，对完善当地电器产业链、提高产业竞争力起到了积极作用。

4.引进技术与人才。聘请上海电器科学研究所等处科技人员担任技术顾问，为家庭企业提供技术咨询服务，帮助电器生产企业与外地同行企业、大专院校与科研院所建立经济技术协作关系。

5.对重点企业在资金、土地审批和基建项目审批方面给予大力支持与引导。

6.组织技术培训，专门与温州大学建立长期培训咨询服务合作关系，对从事低压电器生产的人员分期分批组织轮训，使他们尽快掌握电器产品的基础理论知识。

7.促进企业产品结构调整，推进专业化生产，鼓励和提倡一乡一品、一村一件的专业化生产形式，提高生产效率和产品质量。

8.积极推广股份合作制经济。鼓励发展机制灵活的股份合作企业，把个体、私人企业引导为股份合作制企业，并规范化改造股份合作制企业。在当时整个社会对个私企业仍持消极否定的政策环境下，这也是一种保护民营经济的新尝试，不少个私企业纷纷以这种方式进行股份组合，从而规避了"姓资姓社"的质疑，使民营经济保持稳定发展。但这种企业制度有着天生的缺陷：股份平均形不成关键股东、员工与股东难以区分、股份难以转让等，最终在20世纪90年代的现代企业制度改革浪潮中，逐步退出历史舞台。

市场大整顿与扶持重点企业发展，抑止了企业无序竞争与假冒伪劣的乱象，一些守法经营、重视商誉的企业脱颖而出。上园村的正泰、德力西与鸿宝等企业正是在这一背景下开始做大做强，登上中国电器产业的中心舞台。

第二章 转型与升级

1992 年春，邓小平同志南方谈话发表，全国经济发展进入一个崭新阶段。上园村电器产业高速发展。1992 年，上园村只剩下 240 多亩田地，到 1994 年，上园村全部农地被征用完毕，正式成为一个无农田、无农业的村庄。自此，上园村告别农业社会，快速走向工业社会。上园村也成为柳市镇的重要组成部分。

第一节 产业集群的蜕变

经历 20 世纪 80 年代的波折发展后，柳市镇的低压电器产业逐步成长，1992 年借助全国的市场经济建设热潮，柳市的低电器产业也进入了高速发展期，并迅速形成全国最大的低压电器产业集群。上园村的电器产业也是柳市镇电器产业的有机组成部分，并在其中起着重要的作用。

一、企业的分工协作

20 世纪 80 年代，柳市低压电器产业兴起，数百家小企业集聚在柳市镇，如果算上从事电器交易的商业贸易经营户、从事电器运输配送的经营户，整个柳市的电器生产经营户数量更是有几千家。从市场竞争中形成的柳市低压电器产业集群，是典型的众多中小企业在电器产业链上集聚、以价格为主导的自由竞争的"马歇尔式集群"，这种集群的主体基本上是中小企业，市场进入门槛低，企业间相互竞争激烈，且以价格竞争为主。这种集群通过专业市场能放大集聚效应，吸引全国各地低压电器相关产品与服务的生产方与采购方，集聚于专业市场。因而，这种集群个体企业规模小，但专业化分工程度密切，配套服务强，产业链完整，整个行业的产业竞争力强，企业反应灵活，具有很强的活力，弥补了单个企业规模的不足，产生出强大的产业集聚效应。

到 20 世纪 90 年代中后期，柳市的低压电器产业迅猛发展，产业集聚的效益也发挥到极致，铜、铝等原材料及相关元部件、中间品等，源源不断地从全国以至海外涌向柳市，而柳市的低压电器产品日夜兼程输向全国各地以及全世界。这也是柳市低压电器的顶峰时期。

另一方面，由于是为数众多的小企业集聚与竞争，使得企业善于模仿，但创新的意愿与能力弱。即使有些规模较大的企业具有一定的创新能力，也不愿意当创新"出头鸟"，因为新产品、新工艺一问世，可能不到三天其他企业就能模仿成功，大量的价格更低的仿制品就会充斥市面。这种环境下，大量的企业不愿意自主创新，也是靠模仿跟随战略，靠价格竞争取胜。随着土地、劳动力等要素价格的上升，环境治理压力的加大，以及顾客需求结构的升级，产业集群的升级压力也越来越大。到 20 世纪 90 年代末，柳市电器产业的集群效应开始减弱，过度低价竞争、产品质量事件屡有发生、企业研发创新不足、侵犯知识产权事件频发等负面效果显现。柳市电器产业集群面临着一次脱胎换骨。

20 世纪 90 年代中期以来，柳市电器产业中的一些大中型企业开始率先创新，推动了柳市产业集群的转型升级。上园村的正泰、德力西等实力较强的企业，开始推进企业组织创新。1993 年，正泰公司根据自己的市场布局构建营销网络，先后在上海、西安、郑州、济南等地组建销售公司，建立起自己的销售网络，之后很多企业纷纷仿效跟进，通过经销商、批发商销售或采取连锁专卖的方式，建立自己的营销网络。正泰、德力西等工业电器企业都采取了代理销售公司的形式，这些企业在全国的销售公司或特约经销点多达上千家。1994 年，温州正泰集团有限公司正式成立，这也是乐清市首家企业集团。正泰集团有限公司以资产为纽带，以产品为龙头，以销售为中心，组合、兼并了一批企业，不断发展壮大。其后，上园村的德力西企业也成立了企业集团，带动了乐清低压电器行业的"集团热潮"。企业集团的出现，促进了柳市电器产业集群的转型升级。大企业立足研发、设计与品牌、营销服务，广大中小企业充当制造加工的主力军。原有的中小企业间竞争集聚的模式逐步被以大企业为中心、中小企业为外围的"中心—卫星"体系或"轴辐式集聚"所取代，大中小企业间的专业化分工协作关系更为稳定，避免了原有产业集群的企业过度竞争、善于模仿、创新不足的现象。以大企业为中心的整个产业的创新能力与品牌影响力不断提升，产业整体的综合竞争力不断增强。这也使得乐清电器产业成为名副其实的"中国电器之都"，低压电器的产量与市场营销额一直在全国独占鳌头。

二、专业市场

专业市场是产业集群的重要组成部分，是产业集聚的市场化表现。柳市低压电器专业市场是当地电器产业集群化发展的结果。同时，专业市场又进一步强化了低压电器产业的集聚。从20世纪80年代中期始，随着上园村低压电器产业的先发一步，上园村的专业市场也先行一步，并成为柳市低压电器专业市场的集中地。

20世纪80年代初中期，上园村以家庭工业为主体的低压电器产业的蓬勃发展就离不开专业市场。只不过当时的专业市场主要是沿104国道等交通要道的马路地摊与上园村主要街道两旁的个体商店，而且市场交易的主要是"旧货"，拆旧的废铜、旧铝与烂铁。它们为最初的家庭电器生产作坊提供了廉价的原材料，同时又为生产出来的电器产品提供了马路市场。

随着低压电器产业的不断扩展，规范的专业市场呼之欲出。1987年与1990年的市场整顿也为专业市场的形成提供了有利的环境。

1. 柳市有色金属材料市场

1987年，乐清市柳市有色金属材料市场在上园村创办。它位于柳市镇黄金地段，东靠省道柳黄公路，南临天然良港七里港区，西靠蓝户家私城，北靠104国道，交通便利。一开业，市场的经营柜台就被抢购一空。随着经营户数及成交量的快速增长，1994年，上园村出资扩建有色金属材料市场，1995年2月竣工。市场占地面积20亩，建筑面积1.6万平方米，底层为市场，拥有固定摊位300多间，第二层为企业生产厂家，当年年产值达6000万元左右。市场位于柳黄公路边，外围建有一个大酒楼，迎接四方宾客商贾。市场产权归上园村集体所有，主要通过摊位与柜台出租获取收益。为了"放水养鱼、让利于商"，上园村对摊位租金采取较为优惠的政策。在开始阶段，市场底层由工商部门创办并经营，同时工商局派驻工商管理人员实行统一管理。随着体制演变，工商局退出市场经营，只从事工商行政管理，而第二层的生产企业也退出市场，集中到工业园区。

进入21世纪10年代后，随着电子商务的兴起，专业市场的交易受到一定影响，柳市有色金属材料市场与时俱进，推进线上线下结合，与中国开关网合作，开展网上商城业务。

柳市有色金属材料市场以经营有色金属（成品、半成品、废旧类）、电线、电缆为主，经营者主要来自浙江本省、上海、江苏等地的著名企业与个体经营户，场内产品销售渠道，既满足了"电器之都"生产企业的原材料之需，又将原材料与产成品销往全国各地。1995年，市场成交额达8亿元；1996年，市场成交额超过20亿元；2017年，市场成交额为37亿元。1998年，市场获评"浙江省二星级市场"，2004年被评为"浙江省三星级市场"，2008年被评为"温州十大诚信市场"。

2. 柳市电子市场

柳市电子市场创办于1992年12月，1993年元月开业，由上园村投资258万元兴建，工商部门实行统一管理。该市场属于多层室内市场，共有三层，占地面积810平方米，建筑面积4050平方米，一、二层均为市场，拥有经营柜台240多个，第三层为温州源泰电气公司租用作为生产场地，此后不久企业退出转到工业园区。市场主要经营集成电路板、二极管、三极管、稳压管、电解电容、电阻、开关及光热、磁、气等电子元器件，电子接插件、无线电配件类有几千个品种。市场经营户主要来自本地及温州、宁波等地，产品购销布及华东乃至全国。市场除为"电器之都"提供各种专业元器件与半成品，还为周边的白象、翁垟、虹桥等地的无线电配件生产基地提供市场窗口。市场里的产品远销全国各省市区及港澳台地区。当年该市场成交额即突破3000万元。2018年，市场成交额为1.08亿元。该市场是乐清唯一一家上规模的电子元器件专业市场，对乐清电器产业集群的发展起着重要作用。

3. 柳市气动市场

2015年初，上园村投资创办柳市气动市场。乐清有气动企业200多家，已经成为中国气动元件制造出口基地，占据全国46%的市场份额。2014年，气动行业的产值达到68亿元。气动市场可以说是顺应市场的需求，它为乐清的气动企业提供了平台，与气动产业集群形成互补互促的作用。该市场由乐清气动行业协会统一管理，所有入驻企业按照同类产品以统一的厂价直销。该市场分布在一、二层，规模不大，只有70个摊位，但由生产企业入驻，成交规模大。2018年市场成交额已达到8000多万元。

4. 商店柜台

上园村的居民楼与办公楼的一层与部分二层，几乎均为商业店面，在 20 世纪 80 年代初低压电器兴起时，大量的街边商店经营低压电器类专业产品。80 年代末 90 年代初的市场整顿中，一度严格限制商店与路边摊位售卖低压电器类原材料与产品，将专业产品交易集中到专业市场实行统一管理。90 年代中期以后，随着市场秩序的稳定，政策转为开放，大量本地居民利用自家店面开始经营电器类产品。目前仍有 200 多间商店主要经营低压电器类原材料、元配件等产品，这些商店也成为柳市专业市场的一个重要组成部分，每天大量的专业产品在这些店面交易，相关产品源源不断地从全国各地输入或运出。

进入新世纪后，随着生产企业不断外移，产业集群的演变，以及电子商务业态的兴起，大企业对专业市场的依赖程度明显降低，更多地根据自身发展需要，通过纵向一体化与横向一体化进行全国布局。柳市专业市场的成交额增长速度明显放缓甚至出现下滑。专业市场的衰落不可避免。未来，上园村乃至整个柳市、乐清的专业市场亟须顺应产业集群的变化与商业业态的变革，推进专业市场模式创新与管理创新，才能脱胎换骨，凤凰涅槃。

三、政府引导

在柳市电器产业集群的形成与演变中，政府起到了积极的引导作用。20 世纪 80 年代后期到 90 年代初，乐清市相关部门数次对市场进行清理整顿，维护正常的市场秩序，促进产业集群的形成。其后通过推进"质量立市、名牌兴业""信用乐清""品牌强市"战略，引导产业的转型升级，兴建工业园区，开办电器文化节，促进产业集聚发展。

1. 重视质量与品牌提升

20 世纪 90 年代初的市场大整顿后，乐清提出"质量立市、名牌兴业、科技创新"口号。1993 年，实施"质量立市"战略。通过联合打击假冒伪劣产品，建立机制，出台办法，规范企业经营行为，保证产品质量。落实地方党政领导、部门领导与企业法人代表的质量问题责任制。与此同时，致力于加强企业标准化、计量和质量管理等基础工作，加大技改力度，促进企业生产力水平的提高和科技进步。鼓励企业创造名牌，"打响乐清牌，叫响乐清货"。为此，乐清建立与完善"品牌培育、评价认定和保护"三大机制。组建行业协会与企业"打假协作网"，强化政策激励机制，加大品牌宣传。进入新世纪后，提出"信用乐清"口号，全面推进企业信用建设。完善企业信用监管制度，将市场主体全面纳入信用监管范围，建立企业信用评价体系。实施企业信用奖惩制度，深入开展信用教育活动，积极开展信用资产评估，推出企业信用预警网和信用雁荡山两大信用专业网站。这些综合措施，促进了柳市电器产业的质量与信用提升，对柳市的电器产业集群升级起到了积极的引导作用，正泰、德力西等全国知名品牌开始建立。

2. 加快工业园区建设

随着产业的迅速发展，人多地少的柳市面临着土地资源瓶颈。原有的家庭式企业还存在着诸多安全隐患。要促使民营企业上规模、上档次、上水平，就必须解决企业用地问题，同时，通过适当的专业化集中来保持并提高产业的集聚效应，促进产业集群的升级。为此，20世纪90年代初期开始，乐清加大了工业园区的建设，投资数十亿元，开发建设了一大批园区，充分发挥工业园区的集聚、示范和辐射效应。90年代初以来，柳市德力西高科技工业园（位于上园村）、柳市工业园区、柳市电气工业园、柳市外向型工业区、柳市智广工业园、柳市新光工业园、柳市湖头工业区等相继创办。

2014年，人多地少、寸土寸金的上园村在方斗岩设立小微企业创业园，吸纳本地一些中小企业入驻。2016年，上园村在方斗岩小微企业创业园，利用村属闲置的原山坡旱地开始建设标准厂房。2017年，厂房建成投入使用。厂房占地1.45亩，使用面积4800平方米，由上园人胡金良创办的防爆器材厂租用，减少了企业的用地成本。

这些园区有的是以龙头企业为主入驻经营的园区，如德力西高科技工业园、智广工业园（温州飞龙电器有限公司）等，更多的是专业性生产企业抱团发展的工业园区。这些园区对促进产业的集聚发展与产业集群的转型升级，起到了关键作用。

3. 开办电器文化节

2001年，乐清根据柳市工商所所长胡万昌的建议，开始在每年的正月初五开办电器文化节。2001年1月28日，首届中国电器文化节暨乐清新世纪投资贸易洽谈会在乐成与柳市同时拉开帷幕。文化节为期三天，除了展销电器产品外，还举办了中国电器之都发展论坛、新世纪贸易洽谈会、焰火晚会、民俗民间巡游活动、演出等。2002 年为第二届中国电器文化节暨国际电工产品博览会，展区面积占地 10 万平方米，展馆总长度达 2.5 公里。数十万遍布全国各地的电器销售商、各地商家及国外客户、同行齐聚柳市，规模宏大，盛况空前。其后每届名称都为中国电器文化节暨电工产品博览会，到 2019 年已成功举办了 19 届。电器文化节的举办，把文化、科技、企业品牌融入工业中，对产业的融合发展、产地与企业品牌提升都产生了积极的影响，柳市电器产业的声誉与影响得到扩大。与此同时，通过电器文化节，也带动了当地专业市场的发展，促进了产业集群的转型升级。未来，柳市的电器文化节将更加注重科技信息的交流、新产品的展示，为经济发展注入科技创新的新动力，从而推动当地产业的创新发展，产业组织的优化与产业结构的升级。

第二节　开放发展

民营经济的天性是市场与开放，上园村的经济也不例外。自上园村的低压电器兴起后，企业的原材料、元器件采购、产品销售就一直面向全国与全球市场。企业也是根据要素资源与环境的比较优势，灵活居迁。

一、产品的区间贸易与国际贸易

上园村电器产业的萌芽，始自一些村民通过采购黄岩等地在柳市的废铜旧铝地摊市场的原材料，进行加工生产，再将产品推销向全国各地。可以说，上园的低压电器以及其他产品一开始就面向全国市场，不会受到各种行政区域贸易保护壁垒的制约。20 世纪 90 年代初专业市场大发展，大量的外地客户入驻市场，同时，全国各地的顾客涌向专业市场采购产品，又有众多的全国商户将各种原材料、元器件与半成品输入柳市。

20 世纪 90 年代中后期，上园企业开始把本地产品打入美国、日本以及东南亚、欧洲等海外市场。目前，上园村的低压电器产品 99% 都是输往乐清以外的全国以及海外市场，而这些产品的原料几乎全部从全国各地输入或从海外进口。市场的开放，注定了上园村民营经济必须具有全球市场视野，这也倒逼着上园村低压电器产业做大做强。到 2018 年，正泰集团生产的产品畅销世界 70 多个国家和地区，德力西的产品大量输往全国 31 个省区市，以及海外 30 个国家与地区。

二、引进来与走出去

20世纪80年代中后期，在低压电器产业的市场整顿中，上园一些电器企业意识到技术创新与产品质量的重要性，开始引进各种技术人才，一些企业开始聘请上海、杭州、温州等地的技术人员指导生产、把关质量。随着企业实力的增强，越来越多的企业开始到全国各地重金引进人才。到20世纪90年代末，外来人才已经在企业管理、技术开发中占据主导。1991年，南存辉通过资本运作，成立了中美合资正泰电器有限公司，这也是柳市第一家合资企业。

在人才与资本引进来的同时，上园村企业也开始走出去，进行全国布局。20世纪90年代中期以后，随着经济的发展，越来越多的上园村企业根据市场需要开始走出柳市、走出乐清，到全国各地投资、兴办企业。正泰、德力西、鸿宝、振兴等都在乐清以外投资举办了不少企业。正泰集团在全国各地以及海外创办了几十家公司，800多家专业协作厂，并在全国各地设有2000多家销售公司和特约经销处，在国外设立了5家分公司和30多家销售总代理。例如正泰集团在2007年于上海成立了上海诺雅克电气有限公司，这是一家专注于高端智能电气系统研发、制造、销售的公司，全球雇员约1200人，技术人员占比18%，公司里欧洲及北美籍的员工超过60人；诺雅克欧洲总部位于捷克布拉格，北美总部位于美国洛杉矶，亚太总部位于中国上海。德力西集团也在全国投资设立了几十家企业，还在杭州创办了杭州德力西集团公司，进行规模化与多元化经营。"走出去"使上园企业能充分利用外部的各种资源与大市场，得到巨大的发展空间与机会。这也使正泰、德力西企业迅速成长，成为全国企业500强。

第三节　创新发展

上园企业在发展过程中，重视创新发展，以科技创新为基础，通过组织创新、产品创新、模式创新，使企业得到持续增长。

一、科技创新

20世纪90年代中期以来，正泰、德力西等企业就开始认识到技术创新的重要性，大力引进人才加强企业研发，开发新产品、发展新产业。正泰集团以技术创新为原动力，优化产品结构，跳出了单一的低压电器生产行业，形成了低压电器、输配电设备、仪器仪表、通信电器、光伏能源、计算机软件、网络技术等一批新的支柱产业。正泰通过在美国硅谷等地设立研发基地、引进高端人才、成立集团技术开发中心，推动集团技术创新，仅 1999 年就开发出 37 大系列 100 多个基型的新产品。正泰的主要产品 90% 拥有自主知识产权，达到国际先进水平，大大增加了企业的核心竞争力。目前，正泰正形成以温州为重要生产基地、上海为开发中心、北京和美国硅谷为开发前沿、全国相关科研院所为支撑的技术开发路径，产品开发由"跟随型"向"领先型"转变。

德力西集团面对科技日新月异的新形势，也大力加强技术创新。集团每年按销售额的 5% 比例提取作为科技开发投入，创办了电器科学研究所，在国内同行中率先建立了博士后科研工作站。集团紧紧围绕技术创新的工作重点，努力发挥科技优势，加强具有自主知识产权的新技术、新产品研发，先后取得国家专利 200多项，荣获国家科技进步奖多项。德力西集团技术中心被国家发改委、科技部、财政部、海关总署、税务总局等部门认定为国家级企业技术中心。凭着过硬的产品技术，德力西电气成功助推"神舟"载人航天飞行和"嫦娥一号"绕月飞行。

鸿宝、振华、兰博等企业，也通过引进人才、借脑开发、产学研合作、购买专利、委托开发、合作开发等途径，大力开发新产品，引进国外先进设备与技术，改造提升传统产业，取得了积极成效，在激烈的市场竞争中站稳了脚跟。

二、生产方式创新

20 世纪 90 年代中期始，上园村一些骨干企业就重视生产方式的创新。主要通过引进国外先进设备与技术，改善工艺流程来提高生产效率，像正泰、德力西等企业先后从美国、德国、日本等引进先进的生产设备，提高了产品质量与生产效能，促进了生产的发展。一些企业还通过引进自动化设备和生产流水线，对传统的生产设备与生产工艺进行改造，提高生产的自动化水平，减少对劳动力的依赖。

进入 21 世纪后，尤其是 2009 年以来，随着数字经济与智慧经济的兴起，正泰、德力西等企业紧紧抓住机遇，一方面，通过投资与合作，进入新信息经济领域，取得最新的科技成果；另一方面，推动企业上云与企业物联网改造，推进智能制造与智能物流。近年来，德力西加大投入，利用物联网技术将柳市的企业生产车间进行智能改造，使传统车间成为无人车间，既减少了劳动成本上升的压力，还提高了产品质量，提高了生产效率。多年来，正泰集团利用共享模式，大力发展分布式能源生产，在全国多个地方建立光伏发电基地，推广居民屋顶太阳能发电，取得了很好的成效。

三、商业模式创新

根据企业的发展与市场的变化，上园村企业积极推进经营模式创新。

1. 产品营销方式创新

从20世纪80年代初到90年代初，上园村企业的营销模式主要依靠众多的采购员、推销员发扬"四千精神"，走遍全国各地，采购所需原材料、元器件，推销柳市生产的产品；90年代中期后，随着各类专业市场的建立，产业集聚效应渐显，大量原材料与元器件从全国各地汇集到专业市场，全国各地的顾客也集中到柳市专业市场向厂商采购产品，营销方式转变为以专业市场为中心进行；90年代末以后，随着正泰、德力西等骨干企业的崛起，这些企业开始利用自己的资本，通过横向一体化与纵向一体化，进行全国市场统一布局，建立自己的营销网络。1993年，正泰将温州销售队伍中的一部分发展为自己的"特约经销点"，进而对资金较强的经销点给予资金支持和价格上的优惠，先后在上海、西安、郑州、济南等地组建正泰的销售公司，以很小的代价初步建立起自己的营销网络。之后，德力西等企业纷纷跟进，通过经销商、批发商或代理商销售，或者采取连锁专卖方式，建立自己的营销网络。对于上规模的企业而言，专业市场的作用与地位下降。

2. 商业业态创新

21世纪初以来，电子商务兴起，对企业与市场带来了巨大的冲击。一些上园企业开始认识到商业业态变革的重要性。正泰、德力西等大企业开始发展电子商务，在产品营销中大量借助电子商务来进行，通过线上线下结合，加强产品的宣传营销。近年来，还跟随潮流，大力发展移动电子商务。

上园的专业市场也顺应商业业态的变化，加强推进电子商务建设，加强线上与线下市场的结合，通过与有关网络大平台合作，建立起网络市场，创新商业业态，满足顾客不断变化的需求。

上园乐联超市针对商业业态的大变革，建立了自己的营销网络平台，推广移动电子商务，将线上网络营销与线下实体店销售结合起来，发展冷链运输与智能化物流，实现产品从网上到线下点对点的快捷配送，大大提高了超市的竞争力。

第三章　商业服务业

20世纪80年代中期，上园村从改革开放初期的农业经济，进入以工业为主体的发展阶段。20世纪90年代中期以后，随着大量本地工业企业向外转移，上园经济步入了以第三产业为主体的经济形态。

上园村的第三产业主要由商业贸易、交通运输、金融、电信等服务业组成。它主要包括两大类：一类是生活性服务业，主要由餐饮、日用商店、商场、超市、理发店、旅馆、影院、网吧、娱乐等构成。改革开放后，随着上园村居民收入的不断提高，生活性服务业的构成也不断升级，品牌专卖店、大商场、大超市、教育培训机构、高档次酒店宾馆等得到较快发展。另一类是生产性服务业，主要是为上园村乃至整个柳市的电器产业提供配套服务，如专业市场、物流业、大企业销售中心、银行信贷业等。上园村的生产性服务业依赖低压电器产业的兴起与集聚，而生产性服务业的发展又促进了上园村电器产业的发展与升级。两业形成良性互动，使上园村产业集群得以快速成长。

第一节　商业贸易

一、专业市场与企业销售中心

上园村的专业市场和企业销售中心与电器产业集群密切相关，为电器产业提供配套服务功能。

1. 专业市场

上园的专业市场是为柳市电器产业集群提供配套性的专业产品采购、销售服务，它由电器产业相关的专业市场构成，主要由柳市有色金属材料市场、柳市电子市场、柳市气动市场这三个村集体投资兴办的专业市场组成。上一章"专业市场"已有较为详细的介绍，本节不另详述。

2018年，上园村三个专业市场的营业额分别为37亿元、1.08亿元、0.8亿元，合计接近40亿元，按15%的毛利率计算，其创造的增加值近6000万元，缴纳税金超过1000万元，从业人员超过3000人，其中上园村本地居民占比稍多于10%。可见，专业市场在促进柳市电器产业、气动产业发展的同时，也为社会做出了巨大贡献。

2. 企业销售中心

上园村作为中国低压电器的生产基地，许多相关大企业也将上园村作为企业的展示窗口。20世纪90年代后期以来，本地上规模的电器公司与全国电器产业知名企业都在上园村设立了产品销售中心，它们是企业的产品销售中心，更是企业的窗口。

本地电器公司的销售中心有：中国正泰集团销售中心，中国德力西集团销售中心，浙江振华销售中心、浙江鸿宝销售中心、浙江森泰销售中心、浙江德泰销售中心、温州永泰销售中心、温州源泰销售中心、乐清福华电器销售中心、乐清三星互感器销售中心、温州威斯康销售中心等。

外来知名企业的销售中心有：中国万家集团销售中心、浙江正华集团销售中心、华通集团销售中心、中国常安集团销售中心、朝阳集团销售中心、华航股份电器有限公司销售中心等，主要为与中低压电器产品密切相关的全国知名公司。

二、商场、超市、销售中心、市场

随着上园村经济的发展，商场、超市等也开始出现。

1. 上园百货贸易商场

1995年，上园村"两委"会扩大经营项目，创办百货贸易商场。商场选址在乐清经济开发区规划范围内上园1号地块的繁华地段，东接柳黄公路，南连怡月路，西邻柳市中心停车场，北靠104国道线。报上级批准，当年内建成348间平房店面，取名上园百货贸易商场。商场经营项目有各种布料、童装、西装、皮鞋等小百货商品，年商品零售额约 1500 万元。商场内还开设装潢城，经营村民住房材料与家用电器产品，年销售额 5000 多万元。商场为村集体投资所建，每年为村里增收 100 多万元。进入 21 世纪后，随着商业领域竞争的加剧，商场的效益有所下降。2005 年，上园百货贸易商场停止经营，场地用于出租，出租收入归村集体所有。

2. 华联上园商场

1994 年，华联大厦法人代表陈正荣和上园村在乐清经济开发区上园段 8 号地块创建华联上园商场。双方按比例投资，共同开发，共同受益。上园村以土地转让价投入 306 万元。1996 年 7 月，商场竣工开业。商场占地 36 亩，底层建筑面积 1400 平方米，二层建筑面积 1400 平方米，合计 2800 平方米。1996 年底，正式交付使用。上园村将商场租给德力西集团和万家集团，开设销售中心销售电器产品，年销售额为 1 亿元左右。

3. 乐联超市

乐联超市前身为乐清联华超市，由上园村本地人胡耀敏投资创办。1999 年 6 月正式注册，同年 8 月 13 日在柳市商城正式开业，名称叫乐清联华超市，作为上海联华连锁牌子。由于经营有方，借助政府支持农村安心超市政策的东风，联华超市连续三年增开了 7 家连锁店。超市推进农业产业化、规模化、品牌化进程，构建现代物流体系。2017 年，乐清联华超市正式更名为乐联超市。公司重点抓好冷链运输配送，先在 200 公里区域内加强配送。2017 年，公司花巨资进行装修，建设了近 2 万平方米的乐联物流配送中心；同时，进一步优化商品组合和管理团队，通过收购等方式扩大经营规模。另一方面，大力发展"互联网＋"的新模式，推进线上线下整合，开通网上商城，利用大数据、云端，推进智能化营运，降低经营成本，提高产品品质。至 2019 年底，公司在温州与丽水地区拥有 7 家大型超市、18 家直营店、20 家连锁加盟店，总营业面积近 6 万平方米，经营网点遍布温州鹿城区、龙湾区、瑞安市、乐清各镇街道及丽水市，年销售额超过 5 个亿。

公司先后被评为国家商务部"万村千乡市场工程"的承办企业、浙江省"城乡连锁超市重点龙头企业"、乐清市"服务业十大重点企业"，而且连续十几年被乐清市人民政府授予"十佳雁荡杯企业"的荣誉称号，被中国银行授予"AAA"级信誉企业及"黄金客户"。

4. 金钩路夜市

1994年，柳市镇政府治理上园河淘脏、乱、差，将河淘改造成金钩路，为整顿市容，将经营熟食点心夜市的个体商贩搬迁到金钩路经营。夜市有100多个摊位，点心品种齐全，每天晚上顾客络绎不绝。

三、商店

改革开放后，上园村临街前店后厂楼上住家的格局开始形成。随着电器产业的发展，店面经营电器的商店越来越多，还吸收了邻村村民在上园租用店面，销售电器产品。根据《上园村志》记载，1996年，上园村11条街道上开设各类商店605间，其中五金电器类商店350间，占总间数的57.85%；生活类商店有50间，占总单数的8.26%；特种行业商店30间，占4.96%；家用电器商店10间，占1.65%；装潢装饰类商店6间，占0.99%；建筑建材商店15间，占2.48%；汽摩配商店18间，占2.98%；运输服务业商店49间，占8.1%；门诊药店6间，占0.99%；其他商店23间，占3.8%。1996年底，上园村全村从事经商的130人，占全村总人数1638人的8%，其中专门经营电器及关联产业的人员88人，占经商人数的68%。

随着上园村融入柳市镇区，市政建设不断推进，加之多年来电器产业与生活服务业的发展，上园村的商店数量有了较大增加，经营结构有了较大变化。到2019年9月，上园的临街商店数量增长到1772家（不包含电信、邮局、税务、老年宫等非企业与3个专业市场及市场内的铺位、银行等金融机构与物业管理公司），数量是1996年的近3倍。其中经营五金电器类的商店（铜店与元器件店铺）为1055家，占总数的约60%；小型餐饮店239家，占总数的13.5%；服装店126家，占总数的7.1%；其他主要为副食品店（68家）、理发店（18家）、美容店（15家）、旅馆（16家）、电脑店（12家）、黄金珠宝店（12家）等。与1996年相比，美容、黄金珠宝店、电脑店、培训机构迅速增加。在这些店面中，由上园本地居民直接经营的约占10%，大多为外地居民或外来常住居民租赁经营。（见表3-1）

表 3-1　上园第三产业名单数量汇总表（2019 年 9 月）

编号	名称	数量	分布地段
1	金属市场	1	惠丰路
2	气动市场	1	翔垟路
3	电子市场	1	上园中路
4	药店	4	兴达路 大兴西街 惠丰路 怡月路
5	诊所	3	怡月路 上园南路 新市西街
6	银行	9	大兴西路 柳黄路 柳青路 兴达路 车站路
7	服装店	126	大兴西路 兴达路
8	健身房	1	大兴西路
9	网吧	3	大兴西路 怡月路 柳青路
10	幼儿园	3	兴达路 翔垟路 大兴西路
11	大型酒店	2	惠丰路
12	保险公司	1	大兴西路
13	按摩保健	2	怡月路 兴达路
14	舞厅	1	怡月路
15	肯德基	2	大兴西路 柳青路
16	小型餐饮店	239	大兴西路 柳黄路 柳青路 兴达路 车站路
17	大型超市	2	兴达路
18	家纺	5	大兴西路 惠丰路
19	电脑店	12	怡月路
20	托运部	5	新市西街
21	快递公司	6	惠丰路 新市西街
22	旅馆	16	新市西街 怡月路 南路
23	车站	1	车站路
24	小型码头	1	上园北路
25	培训机构	9	怡月路 惠丰路 大兴西路等
26	KTV	2	柳青路 惠丰路
27	铜店	287	兴达路 惠丰路 怡月路
28	副食品店	68	柳青路 柳黄路 新市西街 兴达路等
29	十足超市（小型）	3	新市西街 柳黄路
30	水果专卖店	3	兴达路 大兴西路
31	理发店	18	柳黄路 兴达路 大兴西路
32	美容店	15	兴达路 大兴西街 惠丰路 怡月路
33	娱乐场所（台球室）	2	惠丰路 大兴西路
34	电信	1	惠丰路
35	证券公司	1	兴达路
36	运输公司	1	柳黄路
37	邮政	1	柳青路

续表

编号	名称	数量	分布地段
38	工业公司	1	车站路
39	元器件店铺	768	柳黄路 车站路 南路等
40	黄金珠宝店	12	兴达路 大兴西街 惠丰路 怡月路
41	酒吧	1	柳黄路
42	物业	3	柳青锦园 华联大厦 柳川大厦
43	上园综合楼	1	柳青路
44	税务局	1	柳青路
45	老年宫	2	柳黄路
46	佛教场所	2	团结路 柳黄路
47	基督教堂	1	正泰后
48	篮球场	1	翔垟路
49	上园办公楼	1	大兴西路
50	其他	148	上园片区

注：资料来源于上园社区居民委员会，时间截止到 2019 年 9 月底。

第二节 物流、金融等服务业

上园村电器产业集群的兴起，也带动了物流与金融等服务业的发展，而物流与金融等服务业又为产业集群提供了配套服务，促进了产业集群的发展，从而与产业集群形成互生共荣的关系。

一、交通运输服务业

依托于上园村的五金电器产业，上园村的交通运输业在 20 世纪 90 年代也得到了快速发展，汽车站、停车场相继建立，村运输队与民间物流运输得到快速增长，成为上园村经济的一个重要组成部分。

1. 搬运队

上园搬运队创建于 1978 年，它以生产队为单位，每队抽调劳动力一人参与搬运队，收入交生产队"交钱抵工分"。1979 年底改革开放，农村实行土地承包责任制后，柳市五金电器市场大发展，物资产品集散量大增，搬运工人的需要也随之增加，开始一年一度按生产劳动力的"摸文（即抓阄）"交替，以承包形式包给村民经营，运费价格由村"两委"会统一定价。到 1996 年，开设在上园的货运站有

36个单位，日装车量110吨，运往全国各地销售，年搬运费收入110万元，年人均收入超过3万元。20世纪90年代中期以后，本村劳动力基本退出搬运工队伍，搬运劳动力主要依靠外来务工者。十多年来，随着运输设备的改进，企业物流配送能力的增强，搬运队的业务也逐渐减少。

2. 柳市汽车站

柳市汽车站原建于1934年。改革开放后，柳市经济迅速发展，市场繁荣，柳市公路运输远远不能适应市场的需要。1983年，乐清县设立104国道油路重点工程指挥部，决定拓宽104国道线。温州市汽车运输段为了扩大运输业务，解决汽车站周围的交通阻塞和秩序混乱现象，满足柳市人民群众交通运输需要，同上园大队订立征地协议，上园大队以优惠的地价拨地10亩给柳市汽车站作为建站和建停车场用地。转运站扩建后，根据柳市市场运输需要，建立货运中心，将柳市电器产品源源不断地运往全国各地。柳市转运站长途客运车辆，主要有乐清长途汽车运输公司和外省长途汽车运输公司的车辆。建成后不久，发往全国各地（北京、上海、南京、无锡、义乌、杭州、汕头、长沙、武汉、重庆、太原、南昌、济南、青岛等全国重要城市）的线路就有40多条，每天始发班车和经过班车有50多班次，实际投入营运车辆148辆。进入21世纪后，客运与货运的线路与车辆进一步增加，成为乐清一个重要的客运与货运枢纽。2008年以来，随着电器产业空间布局的分散、电子商务业态的冲击、私家车的普及以及高铁等便捷交通运输的兴起，上园的柳市汽车站的客运与货运量均有所下滑，但仍然是柳市电器等产业货物运输配送的重要枢纽和柳市客运中心。

3. 柳市中心停车场

改革开放后，上园村土地承包到户，靠近104国道线上的上园大队第三生产队的晒谷场、仓库，于1980年3月被第三生产队社员使用，仓库加高楼层，开设旅社，并将晒谷场进行停车经营，解决交通阻塞，受到运输单位的欢迎。1987年3月，柳市低压电器产业崛起，市场繁荣，公路交通运输不能满足市场需要，104国道线和柳黄路衔接处，经常发生交通堵塞，为此，上园村决定在该三角地段建造停车场。同年3月动工，10月竣工，在新河建桥与104国道线接通，将黄华、翁垟、七里港的车辆，在停车场上下乘客，减轻交通流量。

1993年6月，104国道再次拓宽到45米。1994年6月，上园村把中心停车场再次扩建，占地约 6 亩，黄华、翁垟、七里港、海屿等客运班车，由该场分道发车，每日 49 辆，日班次为 600 次。停车场的扩建解决了短途客运流量，而且建立起由乐清市交通局所属的运输企业组成的社会长途客运车辆，发往全国各地线路 22 条，每天始发班车和经过的班车有 39 个班次，投入营运客车 118 辆。客运班车发往北京、上海、苏州、南京、武汉、西安、郑州、张家口等全国大城市以及省内的重要城市。

为了适应发展的需求，1998 年，上园村对停车场进行改制，专门成立了停车服务有限公司进行经营管理。

4. 托运与快递服务业

随着上园村的电器产业集群形成，各种托运、快递的需求迅速增长。上园村的托运机构与快递机构应运而生。20 世纪 90 年代中期，上园村货运业务大增，货运机构也大量涌现。除了码头、客运站、停车场从事的货运业务外，民办专业货运机构大量设立，正泰集团等大企业也设立了托运部并对外经营。1996 年，在上园村设立的货运机构达到 36 家，日装车量达 110 余吨。托运服务业依托于上园村电器产业集群的兴起得以迅速发展，同时，托运服务壮大了上园村的物流业，为上园的电器产业发展做出了积极贡献。

2008 年以后，随着竞争的加剧以及电子商务的突飞猛进，作为物流业基础业务的托运业务逐步萎缩并让位于快递公司。到 2019 年年中，上园村的托运业务机构减少到 5 家，而快递公司增加到 6 家，顺丰、圆通、申通、中通等快递公司都在上园村设立了机构。快递业务的发展使上园的物流更加快速便捷，顺应了上园电器产业转型发展的需要。

二、金融等其他服务业

上园村的其他服务业主要有银行、保险、证券等金融服务业，邮政、电信服务业与旅馆饭店服务业。

1. 金融

上园村在改革开放初期到 20 世纪 90 年代中后期，由于民营企业资金需求巨大，而正规金融业的正常资金供给不足，大量中小企业通过民间借贷来筹集资本，上园村也同乐清各地一样，呈会、抬会等民间灰色金融互助组织盛行。不少有创业资金需求的村民通过组织呈会、抬会来筹集资本，减缓资金压力，同时也为村

民的投资提供了多种渠道。但由于这些民间金融组织的资本借贷利率高（基本上
在月息三分左右），因而一旦碰到借贷资本不能收回，就造成整个呈会、抬会的
倒闭，从而形成社会事件。20世纪90年代中后期，随着正规金融的发展，加之
在国家政策的严格限制下，民间灰色金融逐渐消亡，但少量的合法民间借贷受到
保护。

随着柳市电器产业集群的形成和快速发展，中国工商银行、中国建设银行、
中国银行、中国农业银行四大国有商业银行，以及交通银行、招商银行、浦东发
展银行、中信银行、农村合作银行等纷纷入驻上园村。到2019年9月底，上园共
有9家银行入驻设立分支机构，为上园村上千家经营主体与众多的专业市场经营
户提供存款、贷款、结算、汇兑、代理等服务，为上园的电器产业集群发展壮大
与方便人民生活做出了积极贡献。这些银行机构也从经营中获取了良好的收益。

此外，中国平安保险公司、新华保险公司在上园村开设了分支机构，上海证
券有限公司也在上园设立了经营点。

2. 邮政、电信

20世纪80年代后期，随着上园村电器产业的发展，中国邮电在上园村开设
了营业场所。其后随着邮政与电信的分家经营，中国邮政与中国电信在上园村各
成立了经营机构，经营业务有了很大发展。但进入21世纪以后，随着大量民营托
运机构与快递机构的兴起，邮政业务受到巨大冲击，但在剧烈的市场竞争中，邮
政凭借品牌效应，充分发挥邮储、信邮等综合优势，努力拓展快递业务，在物流
市场中也分得了一杯羹。

3. 旅馆、饭店

上园村的电器产业迅速发展也带动了客流量的增长，大量小餐饮店与旅馆涌
现。到2019年年中，上园的小型餐饮店达到了239家，中小型旅馆16家，大型
酒店（旅馆）2家，这两家大型酒店即新、老聚丰园大酒店。

乐清市聚丰园大酒店的前身是聚丰园餐馆，创建于1974年，由于长期坚
持"薄利多销、竭诚为顾客服务"的方针，得到了广大消费者的信赖。1986年至
1990年，连续被评为乐清县级和温州市级"文明卫生先进单位"和"信得过单位"。
1994年初，以股份制形式筹建成"聚丰园大酒店"，主要股东为前街村（上园村东
邻）的郑氏兄弟。营业大厦坐落于柳市镇惠丰路，西有柳江路，北有104国道，

交通便利。酒店按五星级宾馆设计，主楼高 38.5 米，有 216 间客房，餐厅包厢 65 个，宴会厅有 3 个大的多功能厅，设有多个不同规模的会议室，商务中心、酒吧、茶座等配套设施齐全。该酒店 1996 年开始营业，已成为五星级酒店，经营规范、设施齐全，餐饮既有地方特色，又融入现代理念，是柳市镇的高档次酒店。上园村的老聚丰园大楼有 11 层，有 72 间客房、32 个包厢，饮食主要保持传统地方特色。

第四章　上园企业

　　企业是市场的主体，企业的活力与竞争力是一个地方经济与产业成败的关键。上园村民营经济的蓬勃发展，就源自充满着竞争活力的大批民营企业。改革开放以来，上园村民营企业从原来的家庭个体户、市场与地摊经营户，逐步发展成工厂、股份合作制企业。从 20 世纪 90 年代初始，上园村的工厂、经营户与股份合作制企业纷纷改制为有限责任公司。20 世纪 90 年代中期后，一些实力雄厚的骨干企业开始组建企业集团，走上规模化、多元化发展之路，股份有限公司也成为众多企业的新目标。

第一节　企业的改制

　　在 20 世纪 80 年代的风风雨雨中，上园村不少个私企业在当时的政策背景下，纷纷改制为股份合作制企业。但股份合作制企业有着很大的缺陷，全体员工持股，大家的股份差异小，造成经营决策权难集中。同时，企业股份也难以转让交易，妨碍了员工的进出。而一些有集体股份参与的合作制企业，更容易出现产权不清、决策效率低的问题。20 世纪 90 年代初开始，根据发展需要，一些企业借鉴国外的企业制度，进行了现代企业制度的改制尝试。

一、有限责任公司

　　1991 年，上园村的求精开关厂一分为二，南存辉建立中美合资正泰电器有限公司。同年，胡成中、胡成国兄弟也组建了德力西有限责任公司。一些具有规模实力的企业纷纷仿效。1994 年，乐清市根据股份合作制企业存在的问题，开始大规模推进股份合作制企业向现代企业制度改制。根据有关法律，乐清市从验核资产、清理财务、建立制度、完善股东协议等方面入手，将 2100 多家股份合作制企业改组成有限责任公司，并以核准登记的方式新注册产生了 600 多家有限责任公司。上园村的股份合作制企业也全面进行改制，除了村集体所有的经济合作社等几家企业外，其他股份制企业以及具有一定规模的家庭工厂，纷纷转制为有限责任公司。

有限责任公司是世界上最为普遍的股份制企业，公司向股东签发出资证明书，股份转让有严格规定，企业产权明晰，股东人数少、资产份额灵活、转让方便。有限责任公司的大量出现，反映了柳市企业组织向现代企业制度的成功转变，它对当地经济发展与产业集群升级起到重要的作用。到 20 世纪 90 年代末，上园村已有 80 家有限责任公司，成为上园人企业的主体，柳市低压电器产业的生力军。

二、集团企业

随着企业实力的增强，一些大企业需要在产业面上拓展，开展多元化经营，从而提高企业的持续增长能力。同时，随着市场竞争的加剧，一些规模小、技术低、管理差的中小企业陷入困境，资本市场需要重组，产业组织需要优化。上园村一些骨干企业开始大规模兼并小企业，推进纵向一体化与横向一体化，组建集团、实施规模化经营与多元化经营水到渠成。1994 年初，上园村的正泰集团正式成立，它也是乐清市第一家企业集团。1996 年初，上园村的德力西集团也宣告成立。1995—1996 年，乐清低压电器行业形成"集团热"。

通过资产规模的扩大与经营范围的扩展，企业集团的规模效益提高，并产生了范围经济，技术、人才、品牌、市场、土地、资金等问题更容易得到统筹安排，企业经营效率提升，抗风险能力增强。1996 年，柳市镇成立了 20 家集团公司，其中 8 家企业实现产值超亿元。正泰与德力西均迈入国家大型二档企业行列。同年，柳市工业总产值达 41 亿元，其中，正泰、德力西、新华、天正等 6 家企业就占了半壁江山。企业集团的涌现推动了产业集群的转型升级，柳市镇产业集群的低、小、散面貌彻底改变，产业竞争力大大提升。

三、股份有限公司

随着市场规模的增大，竞争压力加剧，股份有限公司成为不少企业的追求。股份有限公司通过社会法人与企业、公众个人认购股份，组成股份公司，由股东大会选举董事会，它实行董事会领导下的总经理负责制，真正实现了资产权与经营权的分离。股份有限公司股东众多，能筹集大量的资本，实现规模化经营，减少企业风险。1996 年 7 月，乐清市由 15 家股份合作制企业发起组建的浙江长江电气股份公司正式成立，股本总额达 2130 万元，每股面值 1 元，全部为记名式法人股。1997 年 8 月，浙江正泰电器股份有限公司宣布成立，并于 2010 年成功在上海证交所 A 股成功上市（简称正泰电器）；2004 年，正泰集团发起成立正泰电气股份有限公司。其后，德力西集团也带头创办了浙江德力西电器股份有限公司。股份公司的出现，使企业能更多地集中社会资本，推进了企业的发展壮大。

第二节　上园企业

本文所谓上园企业指的是原来上园村村民（户籍与居住地在上园村）开办的企业。20 世纪 90 年代中期后，由于市场的发展需要，大量上园村企业开始向外转移，并不断发展壮大。到 2018 年底，仅有德力西集团的一家工厂与方斗岩一家企业属于上园村仅存的两家工业企业。虽然由于受制于土地制约与经营环境，这些企业离开了上园村地盘，但它们毕竟是上园人创办的企业，这些企业家心系故里。这些企业更是上园村的品牌，它们对上园村的经济社会发展仍有着重要的影响。

一、上园知名企业

经过市场的风风雨雨，上园村成长出全国知名的正泰、德力西等知名企业，有仍在乐清市域内拼搏的鸿宝、振华、兰普等 70 多家现代股份制企业，还有温州最大的超市——乐联超市，更有着数百家个体经营商。这些企业大多分布在中低压电器产品行业，它们多从 20 世纪 80 年代以开关为代表的电器产业生产中成长壮大。随着生产扩展与产品创新，这些企业虽然仍活跃在电器产业领域，但产品已有了较大的转型升级，并向产业链两端不断延伸。如鸿宝、振兴、森泰、德泰、源泰、永泰等企业在生产开关及其配件的同时，还向其他电器领域推进，企业的专业化程度也不断提升，如有的厂家专业生产互感器；以正泰与德力西两家知名大企业为代表的部分上园人企业，则通过组建集团，不断开展多元化经营。正泰在提高中低压电器生产的品牌与质量的同时，不断开拓新的生产领域，如开发与生产光伏新能源产品，生产电缆，进军电力系统工程等；德力西也通过集团化，向 LED 光电、能源矿业、PE 投资、综合物流等领域迈进。

以兰普为代表的企业则通过转型升级，进入了新的行业。兰普通过与中国高铁集团对接合作，生产高速铁路的配套电气设备与配件产品，从而开辟了新的领域，在竞争中不断成长。

以乐联为代表的企业，则在第三产业另辟蹊径，在超市与商贸流通领域开创拓展，成为温州地区最大的本土商业流通企业之一。

二、正泰集团

正泰集团的前身要追溯到始创于 1984 年的柳市求精开关厂。1991 年，求精开关厂三股东之一南存辉创办了中美合资正泰电器有限公司，开始引进国外先进技术和设备；1994 年，组建正泰集团——乐清首家企业集团，以资金、产品、技术为纽带，开辟集团化与社会化大合作的经营之路；1997 年，浙江正泰电器股份有限公司成立，并于 2010 年在上海证交所 A 股市场挂牌上市；2004 年，正泰电气股份有限公司成立，企业业务由低压元器件向高压输配电设备产业拓展；2006 年，浙江正泰太阳能科技有限公司成立，正泰开始将新兴的光伏产业作为战略性主导产业；2007 年，上海诺雅克电气有限公司成立；2009 年，正泰成立五大海外洲区销售部；2013 年，浙江正泰网络技术有限公司成立，正泰步入新信息技术产业；2015 年，正泰投资设立了温州民商银行和"浙民投"；2016 年，正泰促进传统制造业转型升级，培植新兴技术与服务产业，形成五大产业群新格局；2017 年，正泰加快国际化步伐，在埃及的低压开关柜合资工厂开业，同年收购新加坡日光电气公司。

到 21 世纪 10 年代末，正泰集团旗下公司多达几十家，计有浙江正泰电器股份有限公司（正泰集团核心控股公司）、正泰电气股份有限公司、浙江正泰仪器仪表有限公司、浙江正泰建筑电器有限公司、浙江正泰中自控制工程有限公司、上海正泰电源系统有限公司、上海新华控制技术（集团）有限公司、浙江正泰电缆有限公司、浙江正泰新能源开发有限公司、上海诺雅克电气有限公司、上海新池能源科技有限公司、浙江泰易达物流科技有限公司、浙江正泰安能电力系统工程有限公司、浙江正泰聚能科技有限公司、南京泰杰赛智能科技有限公司等。

多年来，正泰顺应现代能源、智能制造和数字化技术融合发展大趋势，推进企业从低压电器产业向新兴产业转型。围绕能源"供给—存储—输变—配售—消费"体系，正泰以新能源、能源配售、大数据、能源增值服务为核心业务，以光伏设备、储能、输配电、低压电器、智能终端、软件开发、控制自动化为支柱业务，打造平台型企业，构筑区域智慧能源综合运营管理生态圈，为政府、工商业及终端用户提供一揽子能源解决方案。

正泰以"一云两网"为发展战略，将"正泰云"作为智慧科技和数据应用的载体，实现企业对内与对外的数字化应用与服务，依托工业物联网（IIoT）构建正泰智能制造体系，践行电气行业智能化应用，依托能源物联网（EIoT）构建正泰智慧能源体系，开拓区域能源物联网模式。正泰创新研发已形成了以集团技术开发中心、专业技术处为主体的多层次开放式技术开发网络和集科研、教育、培训、开发为一体的"科技链"，使产品开发从"跟随型"向"领先型"发展。

正泰坚持实业发展、创新发展。截至 2018 年，正泰共获得各种专利授权3000 余项，专利申请 4000 余项，领衔参与制定行业及国际标准 185 多项，获得国家、省级科技奖励 32 项。正泰集团技术中心被评为"国家认定企业技术中心"，先后荣获"国家技术创新示范企业"、浙江省重点企业研究院、国家高新技术企业。

正泰集团在国内有 2000 余家供应商、2000 多个营销网点。这些供应商、经销商，大多是处于成长期的小微企业。正泰集团党委、董事会始终坚持价值分享理念，积极与上下游配套的小微企业进行合作，共享发展成果。

除了在经营管理上进行帮扶外，正泰集团十分注重在思想上引领产业链上的企业整体健康发展。随着正泰的不断发展壮大，上下游产业链上的企业越来越多，仅正泰在温州地区的供方数量就有 400 多家，涉及从业人员 5 万多人。

到 2018 年底，正泰业务遍及 140 多个国家和地区，员工超过 3 万名，年销售额达 600 亿元，位列中国民营企业 100 强。

正泰企业掌门人南存辉，1963 年 7 月出生于乐清市柳市镇上园村，任正泰集团股份有限公司董事长，被誉为"中国新兴民企代言人"。多年来，南存辉带领正泰积极参与扶贫济困、捐资助学、抗震救灾、生态环保、慈善捐助、光彩事业等社会公益活动，已先后向社会累计捐资捐物超过 3 亿元。南存辉曾担任政协第十三届全国委员会经济委员会委员，长期担任全国工商联副主席、中国工业经济联合会主席团主席、中国合格评定国家认可委员会副主任、中国青年企业家协会副会长、中国机械工业联合会副会长、中国电器工业协会第一副会长等社会职务，获得优秀中国特色社会主义事业建设者、第十一届中国十大杰出青年、2002CCTV中国经济年度人物、中国企业改革纪念章、中国青年企业家管理创新金奖、全国关爱员工优秀民营企业家、首届中国优秀民营企业家、中华慈善事业突出贡献奖等荣誉。

三、德力西集团

中国德力西控股集团有限公司是一个集资本营运、品牌营运、产业营运为一体的大型集团，注册资本10亿元。集团公司现有员工20000余人，综合实力荣登中国企业500强，位居中国民营企业500强前列。主要产业有电气制造、LED光电、能源矿业、PE投资、综合物流等。主要下属企业有：温州、上海、杭州三地的德力西电气制造基地，鑫德国际矿业集团有限公司，上海龙德芯光电股份有限公司，德力西新疆投资集团有限公司，德信丰益资本管理中心（有限合伙），德力西集团再生资源物流有限公司，南充、南阳德美奥翔置业有限公司等。

德力西企业的发展经历了五个阶段：

1. 创办合伙制企业（1984—1990年）。德力西的前身是乐清县求精开关厂，由胡成中偕其弟胡成国与南存辉于1984年7月创建。当时仅有股东3人，资本5万元，员工8人，产品为单一的热继电器，注册商标是"乐求牌"。胡成中凭借"以质取胜"的经营方式和灵活的机制，抓市场、抓技术、抓质量，在温州市电器行业中脱颖而出。

2. 从求精开关厂到德力西实业总厂管理模式（1990—1994年）。乐清求精开关厂飞快发展，于1990年分为一厂、二厂，过渡一年后各自独立经营。胡成中在经营二厂的同时，又创办了乐清德力西电子元件厂。1992年春，他引进外资创建了中外合资温州德力西电器有限公司。邓小平同志南方谈话发表后，胡成中通过对同行小企业进行兼并联合，于1993年成立了浙江德力西电器实业公司，按总厂式模式进行管理。

3. 从总厂管理模式到集团化管理模式（1994—1998年）。1994年5月，经省有关部门批准，组建了浙江德力西集团公司，成为浙江省第一个省级股份合作制电器企业集团。1996年，经国家工商行政管理局核准注册，企业晋升为全国大型乡镇企业、全国无区域企业集团。

4. 从单一生产经营模式到生产经营与资本经营互动、经济结构混合型、产业结构发展多元化的运作模式（1998—2008年）。1998年，在上海注册成立了上海德力西集团有限公司，与西安高压电器研究所联合，生产高压电器和成套设备。1999年主动参与国企改革，整体并购了杭州西子（集团）公司。2000年开始挺进新疆，参与西部大开发，整体兼并收购了多家国有企业，兴建德汇国际广场。2003年，德力西与北京物美、河北新奥、安徽南翔集团结盟，成立北京德美奥翔投资有限公司，打造"中国物流航母"。德力西在全国范围内进行资本大重组、产品大联合、市场大拓展、技术大提高，打破所有制界限，形成了股份合作制、公司制以及非公与国有混合所有制经济模式。

5. 走向大集团经营模式（2009年以来）。2009年1月，获准成立了中国德力西控股集团有限公司，将德力西集团名下的私募基金，部分全资、控股、参股的股权类资产和其他形式资产转入控股集团有限公司。从而，在民营企业中率先成为一个集资本营运、品牌营运、产业营运为一体的大型集团。

德力西十分重视科技创新，不断为客户提供优质产品和服务，产品成功助飞神舟五号、神舟六号、神舟七号和嫦娥一号，走出了一条科技兴业的创新发展之路。德力西不仅成立了博士后科研工作站，引进多名博士攻关前沿课题，还拥有全国同行业生产企业首家国家企业技术中心。德力西还把技术创新作为转型升级的突破口，不断增强科研实力，到2019年，德力西集团有4家企业被认定为"高新技术企业"，专利总数累计达285项，获得3项国家科技进步奖。德力西还与世界500强施耐德电气公司战略合作，成立了德力西电气有限公司。德力西电气不仅成功融合了中西方先进的管理理念，销售、利润大幅增长，还实现高端突破，建成了德力西电气宁波工业园。德力西通过与施耐德成功合资，向外界展示了一个中国民营企业现代式升级的历程。

德力西努力实践"德报人类，力创未来"的主题理念，累计向社会捐款捐物达1亿多元，用于扶贫济困，支持教育、慈善、环保等事业。德力西获得了中华慈善突出贡献奖。

在发展中，德力西根据环境的变化，不断创新、砥砺前行，始终居于中国民营经济500强行列。

德力西积极创建学习型组织，不断丰富企业文化，建立了独具特色的企业文化体系，获得"全国文明单位""全国模范职工之家"等称号。

德力西董事局主席胡成中带头学习，不断"充电"，获得博士学位和高级经济师职称，先后出版了《财富与责任》等三部理论专著。德力西把企业文化作为企业灵魂，塑造"团结、求实、创新、发展"的企业精神，获得温州优秀民企文化特别贡献奖。公司的思想政治工作特色鲜明，被中宣部确定为全国基层先进典型。德力西还获得了全国质量管理先进企业、全国用户满意企业、全国守合同重信用企业、全国档案工作优秀集体等50多项省级以上荣誉。集团董事局主席胡成中先后获得优秀中国特色社会主义事业建设者、全国优秀企业改革家、浙江省劳动模范，并当选全国政协委员，全国工商联常委，中国企业联合会、企业家协会副会长，中国工业经济企业联合会副会长等。2019年3月，胡成中卸任原本兼任的集团总裁一职，由其子胡煜镔接任。

第三节　村集体经济

改革开放以来，上园村的集体经济不断发展壮大。尤其是20世纪90年代初以来，通过集体经济的结构调整优化，村集体经济得到较快发展。到2018年，上园村集体净资产达10.8亿元，村集体经济收入2800万元，成为集体经济实力雄厚的村庄。村集体成为民营经济的公共服务支撑，也为上园村协调发展做出了重大贡献。

一、上园村集体经济

上园村在改革开放前，村集体经济单位主要为农业的生产队，但由于计划经济与分配的大锅饭，农民温饱问题难以解决，村集体经济也极为薄弱，除少量农机具外几乎没多少集体资产。

改革开放前的工业企业屈指可数。1954年，柳市纸伞生产合作社在上园村设立了车伞斗、锯斗车间与油斗车间，主要为手工生产，车间并不属于上园村集体资产。1969年，上园大队革委会将上园熟悉车木的社员组织起来，创办了胜利车木厂，成为村里唯一的集体工业企业，但在计划经济背景下，车木厂的生产规模一直难以扩大。

改革开放后，1978年上园村创办了柳市胜利机具厂，主要为农村机具进行修理加工服务。1981年更名为胜利电器厂，主要为村民及村外供销人员提供账户与合同，办理出外手续推销电器产品，企业为地方财政代收私人经营户税金，供销人员向工厂缴纳管理费。这种模式在当时私营企业受到严格限制的环境下，备受个体工商户欢迎，成为著名的"柳市模式"，在温州各地得以迅速模仿。

从商业看，改革开放前仅有一家柳市供销社设立的一间副食品商店，资产属于柳市供销社而非村集体。改革开放后，村集体投资兴建了中心停车场、电子市场、有色金属材料市场、上园综合楼、上园百货贸易市场等，集体资产不断扩大。

20世纪90年代初以来，随着民营经济的大发展与电气产业集群的迅速壮大，上园村集体经济也进行了方向性大调整。集体工业企业通过改行或拍卖转让，全部退出生产领域；村集体资产主要转向专业市场、超市、商贸市场、停车场、写字楼等领域。同时避免村集体直接经营商业服务业，而是为广大个体工商户与民营企业提供交易经营场所、物业管理服务，主要依靠市场与办公楼等的租金收入与物业管理费收入。这使集体资产的优势得以充分发挥，村集体收益得到了稳定增长；又避免了集体资产与民争利，而是通过服务民营经济，使双方得以互补互促，共同发展。

二、上园村的主要集体企业

目前，上园村的集体经济主要分布在第三产业的专业服务与公共服务领域，其经营主体为上园集团。上园集团下辖六个企业：上园村股份合作社、汽动市场、电子市场、有色金属材料市场、贸易公司、停车服务公司。其中上园村股份合作社等三家公司由书记兼董事长，另三家由村主任任董事长。

1. 上园经济开发公司

为了更好地促进经济发展与村集体经济壮大，1992年1月，上园村"两委"会投资设立了上园经济开发公司，法人代表为上园村委会主任。上园经济开发公司成立后，原有的集体资产纳入公司所有与管理，主要包括1987年建成的龙舌浃店面（20间共150平方米）、中心停车场、柳市有色金属材料市场等。公司成立后，先后投资建设上园电子大厦、上园中心停车场、上园搬运站店面、上园有色金属材料市场、上园百货贸易市场、上园综合楼等。其后，随着环境的变化，村集体资产有所调整优化，如上园搬运站、龙舌浃店面拍卖转让为民有民营，而村集体资产整体上不断发展壮大。

1992年，上园经济开发公司开始建造上园电子大厦，建筑面积2260平方米，店面 11 间；1993 年，投资扩建中心停车场，占地 6 亩，解决了货运站电器产品运输难问题，并设立客运服务部，每日有 12 辆客车直通全国各地；1994 年，在原有的柳市有色金属材料市场基础上，投资 1600 万元，大规模扩建有色金属材料市场。市场占地 20 亩，建筑面积 16000 平方米，店面间数 314 家。该市场依托柳市电器产业，发展成浙南最大的金属材料市场。村委会每年从租金、物业管理收益 150 万元；1995 年，上园经济开发公司建设上园综合楼，次年 7 月竣工。大楼除了解决上园村"两委"的办公外，多余楼层还向外出租，年租金收入超过 150 万元。大楼内设上园幼儿园，解决了本地幼儿的入托问题；1995 年 10 月，经济开发公司投资兴建上园百货贸易市场，建筑面积达 8000 平方米，店面 348 间，1996年 3 月投入使用，年收入租金超过 100 万元；此外，经济开发公司还与本地民营企业共同投资开发上园华联、上园大厦。

1995 年 9 月，温州上园集团成立，上园经济开发公司成为上园集团的核心企业。

2. 上园村股份经济合作社

1995 年初，根据经济社会发展的需要，上园村组建了股份经济合作社，合作社的法人代表由村委会主任兼任。股份合作社成立后，首先是理清村集体资产，将原有的村集体资产，包括村集体土地归属于股份合作社进行统一经营管理。而村集体建设，如旧村改造、道路等基础设施建设等资金，均由合作社支出；其次是根据市场经济的发展趋势，大胆调整村集体资产的发展方向，集体企业从制造业与一般商业服务业退出，运用土地的集体所有优势，通过建设专业市场、停车场、写字楼与超市等，而自身不直接经营商业，只是对物业进行出租，并提供物业管理，从而使资产得以稳定地增值。而资产的收益则用于给村民分红、补助老年人与弱势群体、奖励大学生等。2017 年，上园村股份经济合作社福利支出的金额就达到了 259.3 万元，用于分红等收益分配达 1787.65 万元，村居民每人分红达一万元，从而为上园村的社会和谐与稳定提供了重要助力。1995 年 11 月，上园村股份经济合作社的资本为 6387.6 万元。到 2017 年底，上园村股份经济合作社的资产总额达 18280.5 万元，净资产 18235.73 万元。

3. 上园集团

为了更好地推动生产要素的合理配置，优化企业结构，实现优势互补，增加企业的竞争能力，上园开始组建集团企业。1995 年 11 月，经温州市人民政府批复同意，上园集团正式成立。

上园集团以温州上园（集团）有限公司为核心层企业，它是由上园股份经济合作社（资本 6387.6 万元）出资 6365.73 万元、上园经济开发公司全额资本 822.27 万元，共同组建，上园集团合计资本为 7188 万元。

上园集团是由 14 个企业共同组建跨行业的经济联合体，公司具有独立的法人资格，法人代表由上园村党支部书记兼任。成立时的上园集团的企业组成为：紧密层企业 3 个——乐清市柳市有色市场物业有限公司、乐清市柳市电子市场物业有限公司、上园经济开发有限公司；半紧密层企业有 3 个——乐清市上园贸易有限公司、乐清柳市中心停车场、乐清市华联工贸大厦项目有限公司；松散层企业 6 个——乐清市宇航开关厂、乐清市柳川电器厂、乐清市柳市滑冰场、乐清市康达电器有限公司、乐清市聚丰园大酒店、乐清市柳市大酒店。

随着环境的变化，上园村根据社会经济发展的需要，对村集体企业进行适当归并。到 2019 年，上园集团下设 6 个公司企业，即柳市有色市场物业有限公司、乐清市柳市电子市场物业有限公司、上园经济开发有限公司、上园贸易有限公司、乐清柳市中心停车场、乐清市华联工贸大厦项目有限公司。6 个企业的法人代表分别由村党支部书记和村委主任兼任。

社会建设篇

以人为本 和谐共治

中国村庄发展

SHEHUIJIANSHE PIAN
YIRENWEIBEN HEXIEGONGZHI

村域　城市

上园村是柳市镇最早的4个集镇村之一，1985年柳市镇编撰总体规划时，被划入建成区范围。从某种程度上，上园村较早就进入了城市化的进程。本篇展示的是上园村民的生活在公共情境中的变化，亦即社会建设过程中生活方式的转变——包含人口、家庭婚姻以及村庄的建设和治理。总体而言，这种变化的结果是上园村民生活水平不断提高，人口稳步增长，平均受教育水平等素质指标不断提高，家庭构成和婚姻观念等则保持了相对的稳定。同时，村庄建设规模扩张、基础设施完善、公共服务升级、治理效能提升等等变化也意味着上园村民的生活愈发接近现代城市居民的生活状态。本课题调研的末期，2019年5月，上园村整村调整为上园社区。行政话语体系中的"上园村"结束了它的历史进程，作为城市社区的上园社区正在焕发全新的活力。可以说，上园村通过自己的发展建设，完成了一种原地的城市化。

第一章　人口与居民

新中国成立后，除个别年份外，上园村人口经历了稳步的增长过程，进入21世纪10年代后，整体的年龄结构开始趋于老龄化。同时，上园村人口的文化程度、职业结构、流入流出等也随着经济社会的发展不断变化。

第一节　人口数量

1950年，上园村有人口461人，到1976年，全村人口已超过1000人。此后，上园村人口继续保持增长，到2018年底，上园村已有村民1962人。（见表3-1、图3-1）需要说明的是，这里的村民人口数量专指户籍登记时户别一栏为"农业"的人口数量。这部分上园村日常语境下的村民，从行政管理和服务的角度而言，也是上园村"两委"主要管理服务的对象。户别为"非农业"的，一直以来另由上园居委会或上园社区管理服务。即使到2016年12月1日，温州全市范围结束城乡二元户籍制度，不再区分"农业"和"非农业"后，上园村仍然以"上园村股份经济合作社成员"作为对原先"农业"户别人口的身份继承，进行管理和服务。

表3-1　上园村部分年份人口表

年份	户数（户）	人数（人）	户均人口（人）	男（人）	女（人）	性别比（男=100）
1957	89	498	5.6	244	254	104.10
1962	132	603	4.57	301	302	100.33
1969	153	763	4.99	393	370	94.15
1976	207	1008	4.87	506	502	99.21
1983	239	1111	4.65	546	565	103.48

续表

年份	户数（户）	人数（人）	户均人口（人）	男（人）	女（人）	性别比（男=100）
1990	285	1249	4.38	627	622	99.20
1996	317	1356	4.28	673	683	101.49
2004	353	1532	4.34	755	777	102.91
2011	396	1706	4.31	836	870	104.07
2013	445	1782	4.00	867	915	105.54
2015	447	1792	4.01	870	922	105.98
2018	455	1962	4.31	939	1023	108.95

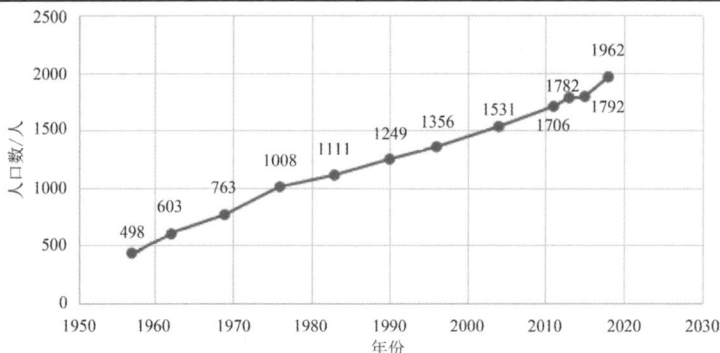

图3-1 上园村人口增长散点图

资料来源：根据胡省三主编《上园村志》（1999.5）和上园村户籍资料整理。

以上图表表明1957年末到2018年末，上园村人口总计增加1464人，人口增长到原来的3.94倍，年均人口增长率约为2.27%。全国同区间年均人口增长率约为1.27%，上园村高出1个百分点，说明上园村人口的增长是非常稳健的。

第二节 年龄结构

据《上园村志》所记数据，1996年底，上园村1356人中，处于0~17岁年龄段的有403人，占总人口数的29.72%；18~34岁的有445人，占32.82%；35~59岁的有394人，占29.06%；60岁以上的有114人，占8.40%。[①]

到2018年底，上园村1962人中，处于0~17岁年龄段的有463人，占总人口数的23.60%；18~34岁的有473人，占24.11%；35~59岁的有658人，占

① 胡省三主编《上园村志》，浙江人民出版社，1999，第13-14页。

33.54%；60 岁以上的有 310 人，占 15.80%。

从 1996、2018 两年的人口年龄分布和占比可以大致看出，上园村总体人口规模保持稳健增长的同时，人口年龄结构开始发生变化。（见图 3-2、图 3-3）

人口年龄分布

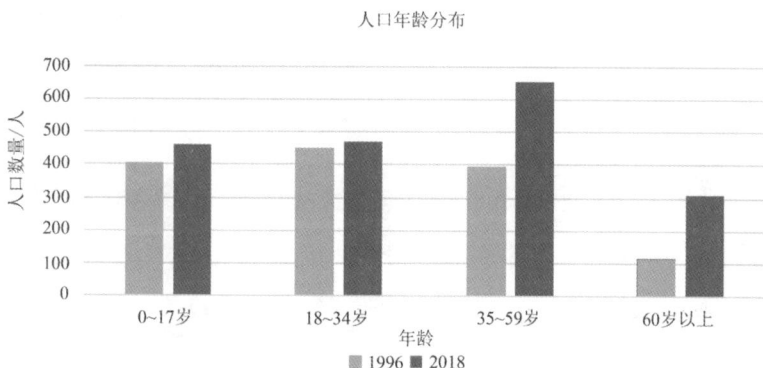

图 3-2 1996、2018 年度上园村人口年龄分布

人口年龄占比

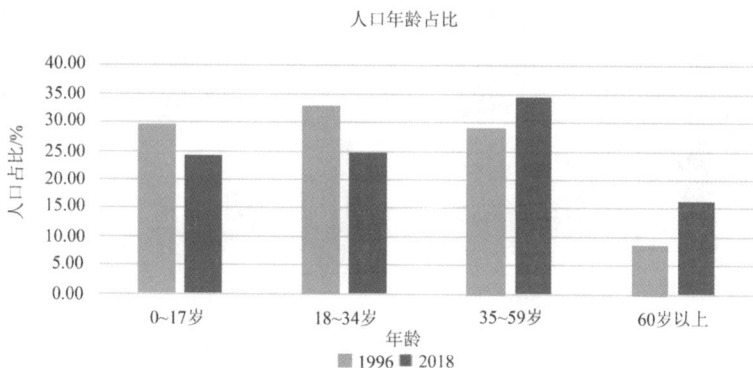

图 3-3 1996、2018 年度上园村人口年龄占比
资料来源：根据胡省三主编《上园村志》（1999.5）和上园村户籍资料整理。

相比 1996 年，2018 年底上园村各年龄段人口都有增加，但增长幅度大不相同。0~17 岁段和 18~34 岁段仅仅分别增加了 14.89% 和 6.29%，而 35~59 岁年龄段则增加了 67.01%，60 岁以上年龄段更是增加了 171.93%。从各年龄段的占比来看，1996 年上园村以 18~34 岁段的青年人口最多，2018 年则以 35~59 岁人口占比最多。当然，年龄段分布高峰的位移是群体年龄增长再自然不过的结果，但值得关注的还有两点：一是 0~17 岁段人口的年龄占比，2018 年下降了 6.12%；二是 60 岁以上人口占比从 8.40% 上升到了 15.80%，已经大幅超过国际惯用的地区老龄化标准[①]。

这至少说明：上园村的新生人口速度不及人口老化的速度；上园村人口总体已呈老龄化；随着人口分布高峰的移动，上园村老龄人口的占比还会进一步提高，老龄化趋势将进一步加快。这对上园村的公共治理和服务，提出了新的挑战。

第三节　其他人口特征

观察文化程度、职业结构和人口流动方面的特征，可以为全面了解上园经济社会发展提供帮助。

一、文化程度

上园村对居民文化程度的信息统计，较完整的有两次，分别是 1996 年村志编撰时的统计和 2010 年的第六次人口普查的统计。不同于上一节中的口径，1996 年的统计对象是所有户籍在上园村的人口，包括农业和非农户口；2010 年的统计则针对的是常住人口。

据 1996 年底调查，全村户籍人口中获得大学本科及以上学历的仅有 10 人，占 0.61%。而在"六普"对上园村常住人口的统计中，获得大学本科及以上学历的人口占比为 5.75%。尽管两者统计对象不同，但上园村外来常住人口主要以中学文化程度的务工者为主（在上表 2010 年的数据中也可以发现，初中和高中文化程度分别占 35.63% 和 20.27%，是最多的两个层次），所以获得本科及以上学历的人口占比提高，可以在一定程度上反映出上园村人口中高学历人才大幅增多，人口受教育水平提高。（见表 3-2）

表 3-2 上园村已达入学年龄人口文化程度统计表

文化程度		没上过学	小学	初中	高中	大学专科	大学本科	研究生
1996	户籍人口	89	456	804	40	113	9	1
	占比	5.43%	27.84%	49.08%	2.44%	6.90%	0.55%	0.06%
2010	常住人口	159	1127	2145	1220	621	328	18
	占比	2.64%	18.72%	35.63%	20.27%	10.32%	5.45%	0.30%

资料来源：根据胡省三主编《上园村志》（1999.5）和第六次人口普查资料整理。

注：入学年龄指 7 周岁以上。

---

① 1982 年维也纳老龄问题世界大会确定 60 岁及以上老年人口占总人口比例超过 10%，即该地区视为进入老龄化社会。

而根据我们对上园户籍人口原农业户口的人群所进行的抽样问卷调查显示，目前上园村人口中获得本科及以上学历的人口占比已达到23.75%，占比进一步大幅度提升；受教育程度最多的为大学专科，占比27.59%。这为上园村人口受教育水平不断提高提供了更多例证。（见表3-3）

表3-3　上园村文化程度抽样问卷调查结果

文化程度	没上过学	小学	初中	高中	大学专科	大学本科	研究生
回答人数	6	19	44	58	72	55	7
占比	2.30%	7.28%	16.86%	22.22%	27.59%	21.07%	2.68%

资料来源：根据问卷调查结果整理。

二、职业结构

改革开放前，上园村民以务农为主。除家庭妇女织布、纺纱、绣花巾、做花边外，男性做工、经商的有200余人。改革开放后，上园村人逐渐离开农业。据1996年《上园村志》统计，上园村当时从事各行业人口470人，其中从事工业生产的最多，共计164人，占34.89%；其次是商贸业，合计112人，占23.83%；第三是交通运输业，共计67人，占14.25%。而这三种行业中，大部分又都与电器产业相关，分别占到了各自行业的87.20%、72.32%、47.76%[1]。（见表3-4）

表3-4　三大行业中的电器产业相关人数

工业生产中相关人数	创办股份制企业生产低压电器	个体生产五金电器	电器家庭作坊	低压电器包装	受聘电器企业	合计占行业人口比重
	73	41	21	2	6	87.20%
商贸业中相关人数	省外电器	电器城柜台销售	电子产品销售	铜业材料销售	电缆销售	合计占行业人口比重
	51	3	8	18	1	72.32%
交通运输业中相关人数	电器货运					合计占行业人口比重
	32					47.76%

资料来源：根据胡省三主编《上园村志》（1999.5）数据整理。

现在，上园村人仍以工业生产和商贸为主。根据我们的抽样问卷调查显示，

---

[1]　胡省三主编《上园村志》，浙江人民出版社，1999，第20-21页。

以工业企业主、企业管理人员、工人为职业的占回答者的 37.55%，从事个体工商业的占 26.82%。

三、人口流动

发达的经济、区位的优势、交通的便利让上园村流出和流入的人口都很多。在乐清市第六次人口普查中，户籍在上园村（包括当时的非农户籍人口）的有 2667 人，其中外出半年以上的达 557 人，其中男 333 人、女 224 人，分别占总户籍人口、总户籍男性、总户籍女性的 20.88%、23.82%、17.65%。而流入上园村的人口远远多过流出，"六普"时有 3910 名常住上园村半年以上的外来人口，流入是流出的 7 倍多，常住人口中有 64.95% 是外来人口。

但据 2018 年底统计，上园村外来常住人口为 2380 人，出现了大幅的下降。这可能与两个因素有关：一是宏观经济增速放缓，柳市镇工业电器产业不景气可能导致外来务工者减少；二是柳市镇建成区面积不断扩大，上园村的区域中心位越发凸显，房租价格不断攀升，可能导致部分外来人口迁居他处。

第二章　婚姻家庭

人们通过婚姻构成家庭，而家庭又是社会的最基础单元，因此通过婚姻家庭的情况观察上园村是一个很好的视角。上园村改革开放以来的经济社会发展也在一定程度上影响着其村民的婚姻家庭情况，并使这些情况呈现出与其他区域不同的样态。

第一节　家庭情况

家庭是社会的细胞，是以血缘、婚姻关系为基础的社会基本单元。家庭的规模、结构、功能、稳定性等基本情况都与社会发展有着不可分割的联系。社会的变化会深刻地影响家庭样貌，反之亦然。观察上园村家庭的各个侧面或细节，可以为我们提供更多对上园村的了解。

一、家庭规模

在传统的农耕社会，个人或者成员较少的家庭通常难以满足自身的生产与再生产需要，因此中国传统家庭规模往往较大，几代同堂甚至整个宗族聚居的情况并不少见。但随着经济社会发展，生产问题不再成为建立和维系家庭的首要问题。因此家庭的小型化成为改革开放后我国家庭规模变化的主要趋势。这样的趋势在城市地区尤为明显，特别是大量吸纳外来人口的地区。这些外来人口以青壮年为主，被流入地区吸纳后，其组建的家庭往往是小型化的核心家庭，因此导致这些地区三人及以下家庭的占比较高。

但是上园村作为最早乘上改革东风的地方之一，村域发展起步早速度快，很早就拥有了较高的福利水平，产生了对本村户籍人口较强的黏性。因此，上园村人口虽多有外出经商的，但户口迁出的却是少数。同时，农村土地、房屋交易中长期以来存在的政策限制，也使流入上园的大量外来人口基本上无法获得落户上园的途径。所以上园村的家庭规模依然保持在较高水平，显现出与全国、浙江[①]等广域层面不同的样态。上园村 455 户家庭中，占比最高的是四人户，达到了所有人数类型家庭的 27.91%。其次是三人户 70 户，占 15.38%；五人户 66 户，占 14.51%。而全国与浙江省层面，均以二人户为占比最高的类型，分别为 28.30% 和 34.09%。而自四人户开始，更大规模人数类型的家庭占比，上园村全部显著高于全国和浙江水平。（见表 3-5、图 3-4）

表 3-5　各户人数类型对比表

地区	总户数	一人户		二人户		三人户	
		数量（户）	占比（%）	数量（户）	占比（%）	数量（户）	占比（%）
全国	371225	61961	16.69	105040	28.30	86851	23.40
浙江省	17728	4377	24.69	6044	34.09	3711	20.93
上园村	455	28	6.15	49	10.77	70	15.38

地区	四人户		五人户		六人户		七人户	
	数量（户）	占比（%）	数量（户）	占比（%）	数量（户）	占比（%）	数量（户）	占比（%）
全国	61107	16.46	31873	8.59	16334	4.40	4967	1.34
浙江省	1930	10.89	1056	5.96	471	2.66	86	0.49
上园村	127	27.91	66	14.51	59	12.97	31	6.81

地区	八人户		九人户		十人及以上户	
	数量（户）	占比（%）	数量（户）	占比（%）	数量（户）	占比（%）
全国	1667	0.45	696	0.19	728	0.20
浙江省	40	0.23	8	0.05	5	0.03
上园村	15	3.30	6	1.32	4	0.88

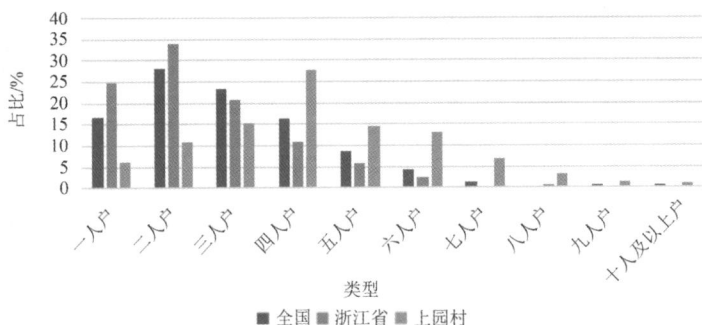

图 3-4　各人数户类型占比图

资料来源：根据《中国统计年鉴 2019》和上园村户籍资料整理。

---

① 国家统计局：《中国统计年鉴 2019》，www.stats.gov.cn/tjsj/ndsj/2019/indexch.htm。

二、家庭结构类型分布

尽管从全国、浙江省这样的广域范围看，家庭规模总体呈现小型化的趋势，但在城市化、工业化深度推进后，年轻夫妇所面临的购房和育儿压力的增大、计生政策的放宽，又在 21 世纪后重新使大家庭比例有所增长，并导致三代及以上家庭的数量的增加[①]。上园村在家庭规模显著高于全国、全省[②] 的同时，家庭代数也显著高于平均水平。

浙江以一代户占比最高，达到了 46.21%[③]。全国和上园村则以二代户占比最高，分别达 46.02 和 44.18%。三代户在上园村的占比达到了 41.10%，比全国和浙江范围的占比分别高出 21.69% 和 26.27%。四代户的占比，上园村也分别比全国和浙江高出两个百分点以上。这说明在上园村，传统的家庭模式得到了较好的维系，三代直系家庭和二代核心家庭是其家庭结构的主要组成部分。（见表 3-6、图 3-5）

表 3-6　各代数户类型对比表

地区	总户数	一代户		二代户	
		数量（户）	占比（%）	数量（户）	占比（%）
全国	6355790	2147319	33.79	2924871	46.02
浙江省	289309	133694	46.21	110649	38.25
上园村	455	54	11.87	201	44.18
地区	三代户		四代户		五代及以上户	
	数量（户）	占比（%）	数量（户）	占比（%）	数量（户）	占比（%）
全国	1233514	19.41	50034	0.79	52	0.001
浙江省	42897	14.83	2067	0.71	2	0.001
上园村	187	41.10	13	2.86	0	0

---

① 汪建华：《小型化还是核心化？——新中国 70 年家庭结构变迁》，《中国社会科学评价》2019 年第 2 期。

② 户代数类型短期一般不会有大的变化，且由于 2018 年没有进行全国或浙江省范围的人口普查，这里使用的是 2015 年数据作为参考，来自国家统计局人口和就业统计司：《2015 年全国 1% 人口抽样调查资料》，中国统计出版社，2016，第 309 页。

③ 同期数据中，北京、上海、浙江都是一代户多于二代户，江苏、广东也是非常接近，因此推测这可能与经济发达地区外来人口尤其是年轻外来人口的流入落户有关。数据来自：国家统计局人口和就业统计司《2015 年全国 1% 人口抽样调查资料》，中国统计出版社，2016，第 309 页。

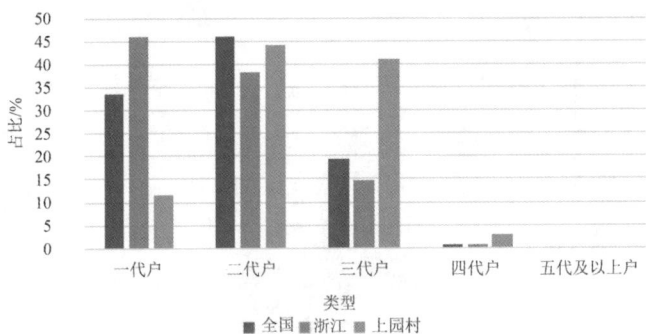

图 3-5   各代数户类型占比图

资料来源：根据《2015 年全国 1% 人口抽样调查资料》和上园村户籍资料整理。

在上园村，核心家庭和直系家庭构成了最主要的家庭结构类型，合计占到了 91.65%。根据 2010 年第六次人口普查的数据，在全国"镇"一类统计单位中，核心家庭和直系家庭同样是最主要的家庭结构类型。所不同的是，上园村的直系家庭占比相较 2010 年的全国平均水平翻了一倍有余。（见表 3-7）

表 3-7   上园村及全国各家庭类型占比表

项目	核心家庭	直系家庭	复合家庭	残缺家庭	单人家庭
上园村该类型家庭数量（户）	214	203	7	3	28
上园村该类型家庭占比（%）	47.03	44.62	1.54	0.66	6.15
全国 2010 年该类型占比（%）[1]	63.53	21.52	0.66	0.66	12.97

资料来源：根据上园村户籍资料整理。

三、家庭居住范围

在以上两个段落中，我们对于上园村家庭有关情况的分析主要基于户籍信息。然而由于户籍信息的局限性，部分家庭的真实生活状况无法得到反映。例如，户籍上所显示的大规模直系家庭，很有可能在日常生活中并不真的聚居于一处住所。因此，我们通过问卷调查的形式来了解上园村家庭的居住范围。

在对上园村户籍村民的问卷调查中，261 份有效答卷对"您的家庭常住地址"回答如下。（见表 3-8）

---

[1]   王跃生：《中国城乡家庭结构变动分析——基于 2010 年人口普查数据》，《中国社会科学》2013 年第 12 期。

表3-8　家庭常住地址分布表

家庭住址	上园村	村外，柳市镇内	柳市镇外，乐清市内	乐清市外，温州市内	温州市外，浙江省内	浙江省外
数量（户）	205	29	15	3	5	4
占比（%）	78.54	11.11	5.75	1.15	1.92	1.53

可见，78.54%的村民选择居住在村内。另有11.11%的村民也就近居住在柳市镇范围内，其次是柳市镇外乐清市内，占5.75%。最少的是乐清市外温州市内的类别，仅占1.15%。

考虑到上园村村民较高的收入水平，大部分村民在有条件迁往城市居住的情况下，依然把居住地选择在上园村，可以反映出上园村具备了较强的留住居民的区域竞争力。这种竞争力与上园村便利的交通条件、完善的基础设施和不断改善的人居环境是分不开的。而对于21.46%常住在上园村外的村民而言，把户籍留在上园村，一方面可能考虑的是每年不菲的村集体经济分红，另外可能还有着浓浓的乡土情怀。例如正泰、德力西的两位老总——南存辉和胡成中，至今仍都把户籍留在上园村。村书记胡成云说："他们这样做，肯定不是为钱了。如果把户籍都迁走了，不就不是'上园人'了嘛。"

四、家庭关系

大规模家庭、直系家庭的较高占比都从一定侧面反映出上园村家庭关系的和睦，而我们的调查问卷中，对"如果您遇到生活中的困难，首先想从下列哪位对象获得帮助"一题的回答，则更直接地体现出了上园村大部分家庭的关系情况。在遇到生活中的困难时，59%的受访者首先想到的是求助于家庭成员，其次是亲戚，占14.56%。这说明，家庭、家族在上园村日常生活中的高度重要性。（见表3-9）

表3-9　遇到困难时首选求助对象情况占比表

选项	家庭成员	亲戚	村党支部	村委会	乡邻	民间组织	所在单位	乡镇及以上政府	其他
回复数量	154	38	17	25	1	1	3	8	14
占比	59.00%	14.56%	6.51%	9.58%	0.38%	0.38%	1.15%	3.07%	5.36%

上园村拥有良好的传统传承，村民们信奉"家有一心，有钱买金；家有二心，无钱买针"。而胡氏一姓作为村中的主要姓氏，设祠堂、编族谱，且经常举行文化活动，更是在村民中不断强化着传统的礼俗和道德观念。这样的传承，既让上园村大

部分家庭维持着和睦团结的良好氛围，也为村内良好的公共秩序提供了坚实基础。

第二节　婚姻

婚姻和家庭是特殊的人际关系组合，它是家庭产生的基础。婚姻通常依法被确认，以婚礼的方式来宣告成立。在农村，婚礼比取得结婚证更具有象征意义。婚姻又体现了一定的社会关系。婚姻观念受伦理观念、社会意识形态、社会地位、物质生活条件等因素影响。婚姻有很复杂的动机。德国社会学家 L. 穆勒曾归为三种动机，即经济、子女和感情。传统的中国农村，由于父辈对子女的婚姻有较强的控制力，并受经济、道德等多方面因素影响，农村婚姻相当稳定。随着经济社会的快速发展，传统的婚姻观念和选择方式受到了巨大冲击，多样化、个性化的婚姻观[①] 开始出现，婚姻稳定受到了很大的冲击。

一、户籍家庭中初婚年龄与夫妻相随情况

传统的农村家庭结构往往是"核心家庭—主干家庭—扩大家庭—核心家庭"的演变过程，呈现出"大家庭分户产生小家庭，再由小家庭繁衍形成大家庭"周而复始现象。随着经济社会的发展，农村家庭结构向小型化转变。核心家庭大量出现，主干家庭已较少见到，联合家庭更是鲜见。在一个家庭，婚姻是基础。在不同的时代，结婚年龄的早晚是不同的，夫妻关系在家庭功能中发挥的作用也是不同的。在经济不发展的年代，迫于生活的需要，夫妻间的感情并不是重心，传统婚姻的主要功能是生育[②]；在现代，尤其是在核心家庭，夫妻间的感情比生育更重要。

从初婚年龄看，随着经济社会的发展，人们的初婚年龄有了一定的提高。据乐清市第六次人口普查，从 1980 年到 2010 年，男性平均初婚年龄最低为 23 岁（1989 年），最高为 25.68 岁（2008 年），到 2010 年提高到 25.44 岁，提高了 2.44 岁；女性平均初婚年龄最低为 20.94 岁（1983 年），最高为 23.48 周岁（2008 年），到 2010 年提高到 23.33 岁，提高了 2.39 岁。（见图 3-6）

---

① 如闪婚、隐婚、裸婚等。
② 费孝通在专门性论著《生育制度》中指出，婚姻的时间事实优先于生育，但逻辑上是生育优先于婚姻。

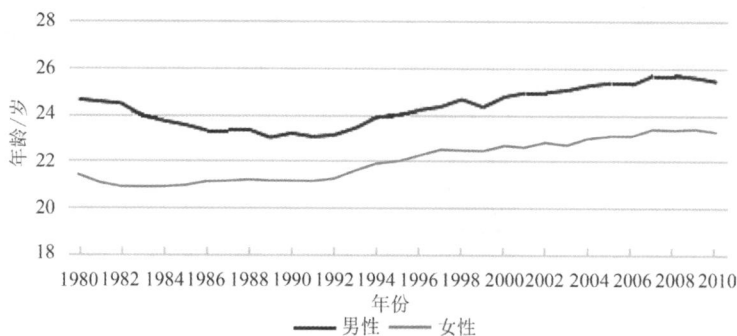

图 3-6　乐清市初婚年龄变化图（1980—2010）

　　早期时，年龄较小就结婚的也大有人在。在 1980 年结婚的，乐清市年龄较小的有 11 周岁女性 1 例、14 周岁女性 1 例、15 周岁男性 4 例、15 周岁女性 8 例，20 周岁前结婚的有 263 人；（见表 3-10）在 1981 年结婚的，年龄较小的有 14 周岁女性 1 例、15 周岁女性 5 例，20 周岁前结婚的有 240 人。（见表 3-11）

　　上园人也是如此，早些年家庭条件较好的人群年龄较小时就开始订婚、结婚。有受访者表示，他是在 16 岁时结婚的，而订婚时间更早。那个年代女性 17、18 岁结婚的较普遍。而"90 后"的上园人结婚年龄则有了很大推迟。"90 后"嫁到上园并在上园入户的女性平均年龄为 24.12 岁。根据乐清市公安局柳市分局提供的上园村婚迁人口资料，自 2004 年以来，上园村男性初婚年龄平均为 28.58 岁[①]，嫁入上园的女性的初婚年龄平均为 25.5 岁，夫妻平均初婚年龄为 27.04 岁。

表 3-10 乐清市 1980 年 20 岁以下人口初婚情况

初婚年龄（岁）	男性（人）	女性（人）	合计
11	0	1	1
12	0	0	0
13	0	0	0
14	0	1	1
15	4	8	12
16	0	33	33
17	7	41	48

①　因缺乏上园村户籍婚姻的更为细致的资料，只能从侧面对上园村民的初婚年龄进行推断。上园村集体经济很强，每年都按股份（股份经济合作社社员）进行分红，而且数额不菲（多年来，按社员每人 10000 元进行分红），且女子出嫁后就不享受分红。因此，如果一个上园村男子结婚，在大概率上，其配偶就会按程序马上迁入上园，以获得分红的权利。当然也有因个人收入高或其他原因不需要分红（上园人办企业的很多）而不愿迁入的，当然这种现象不多。因此，可以从以"结婚"和"婚迁"为迁入原因的人群对上园村初婚年龄进行简单推断。因乐清市公安局柳市分局对入户原因电子化登记目前只从 2004 年开始，所以这里推算的上园人初婚年龄只代表了 2004 年之后的初婚情况。

续表

初婚年龄（岁）	男性（人）	女性（人）	合计
18	8	78	86
19	17	65	82
20	–	–	–

资料来源：根据第六次人口普查资料整理。

表 3-11 乐清市 1981 年 20 岁以下人口初婚情况

初婚年龄（岁）	男性（人）	女性（人）	合计
12	0	0	0
13	0	0	0
14	0	1	1
15	0	5	5
16	3	12	15
17	3	24	27
18	5	58	63
19	14	115	129
20	17	75	92

资料来源：根据第六次人口普查资料整理。

从夫妻相随看，大多夫妻存续于同一户籍家庭。根据乐清市公安局柳市分局提供的上园村户籍资料，到 2018 年末，上园村的户数为 455 户，共计人数 1962 人（不含非亲属投靠人员）[1]。在这些家庭中，有 372 对夫妻存在于 348 个家庭中，约占全部户籍家庭总数的 76%。户主夫妻均在同一个家庭户中的有 342 个家庭，其余夫妻关系或为户主的弟和弟媳、子和儿媳、女和女婿、孙子和孙媳。（见表 3-12）60 岁及以上人口中，夫妻健在并均落户于上园村的有 91 对，80 岁以上人口中夫妻健在并均落户于上园村的有 4 对。在夫妻不相随的家庭，或是因为配偶不在同一户籍中[2]，或丧偶，或离异，或未婚。

表 3-12　户籍家庭中夫妻关系情况表

项目	夫妻相随						其他
	户主夫妻	弟和弟媳	子和儿媳	女和女婿	孙子和孙媳	合计	
夫妻对数	342	1	19	6	4	372	—
家庭数	342	1	12	6	4	348	113

资料来源：根据乐清市公安局柳市分局提供的户籍资料整理。

---

[1]　这里的人口数字和上园村经济合作社的股民数量不一致，是因为有部分落户人员为购房入户，非户主的原居民身份人员，也有部分原上园村农业户口因与居民身份构成家庭而未被乐清市公安局柳市检索统计入内。

[2]　如有正常夫妻关系，因多种原因在另一个地方建立户籍，而导致实为夫妻关系，但在两地分户、夫妻在户上分离。

受传统的"宁拆十座庙，不毁一桩婚"的思想影响，早些年上园人几乎没有离婚的，但随着经济社会发展，受各种思潮的影响，也有部分上园人因感情不和或作风问题出现了离婚现象。据受访者表示，到 2018 年，上园人中有 10 对离过婚。

二、户籍家庭婚姻年龄差

婚姻年龄差距是婚姻匹配的重要因素之一，是当事人及其父母对其配偶选择参考的基础条件之一，也是特定时期的文化、风俗和经济发展状况的反映。随着经济的发展，自由恋爱观念的兴起，传统的婚姻受到了极大的冲击，人们在婚姻选择中的自主权也越来越大，年龄似乎不再是问题[1]。陈嫣然、秦雪征（2019）基于 CHARLS 2013 年全国数据的分析表明：占有主导地位的是夫妻年龄差距在 3 岁以内，并认为 3 岁以内的婚配是最稳定的[2]。而其他关于婚姻年龄差的研究表明，不同研究样本有不同的结果[3]。但存在即合理，婚姻质量是多因素共同作用的结果。不考虑丧偶的情况，夫妻存续是婚配在时点上的表现，关系"存续"表明了在这个时点上该夫妻关系是合适的。

对乐清市公安局柳市分局提供的上园村户籍资料进行分析，我们有以下发现：（1）大多数上园人的婚姻中丈夫比妻子年龄大。丈夫比妻子年龄大的有 287 对，约占夫妻对数的 77.15%；丈夫比妻子年龄小的为 31 对，约占夫妻对数的 8.33%；夫妻同龄的有 54 对，约占 14.52%。（2）年龄差在 3 岁及以内的夫妻占大多数。年龄差在 3 岁及以内的夫妻有 262 对，占全部夫妻对数的 70.43%。（3）夫妻年龄差频数最大的是丈夫比妻子大 2 岁，频数为 72 对，其次分别是相差 1 岁（57 对）、0岁（54 对）、3 岁（49 对）和 4 岁（45 对），丈夫比妻子年龄大 0~4 岁的共有 277对夫妻，约占全部夫妻的 74.46%。丈夫比妻子大 10 岁及以上的共有 9 对。（4）从丈夫的年龄段看，60 岁及以上夫妻（20 世纪 60 年代前出生）健在并在同一户籍中的人数最多，为 115 对。而 29 岁及以下的年龄段（1989 年后出生）夫妻对数最少，或许是人数少，或是婚迁，或是晚婚，或是未婚。（见表 3-13，图 3-7）

---

① 当前，"姐弟恋""老少配"式的婚姻大有存在。

② 陈嫣然、秦雪征：《配偶年龄差距对婚姻质量和婚姻稳定性的影响》，《劳动经济研究》2019 年第 7 卷第 4 期，第 58 页。"占有主导地位的是夫妻年龄差距在 3 岁以内的婚姻匹配方式，占比达到了 60% 以上。其中，丈夫年长 0~3 的样本占比最高；妻子年长 0~3 岁的样本也达到了 30% 左右"。

③ 关于年龄差对婚姻质量的影响，各研究结果迥异：有认为是男方比女方年长 5 岁以上，离婚率最低；有认为若丈夫比妻子大 4~6 岁，生育的子女最多；而丈夫比妻子大 15 岁，虽然生育子女数量不多，但婚姻生活最美满；有认为男女婚配的最佳年龄差为 3~9 岁之间，而且越接近 9 岁就越能配合和谐。

表3-13　各年龄段婚姻年龄差

夫妻双方年龄差（男性－女性）	频数（对）	频率（%）	29岁以下	30~39岁	40~49岁	50~59岁	60岁以上
-4	1	0.27			1		
-2	9	2.42		1	2	4	2
-1	21	5.65	1	6	5	5	4
0	54	14.52	1	14	12	18	9
1	57	15.32	3	9	16	20	8
2	72	19.35	2	11	20	14	23
3	49	13.17	4	8	9	15	15
4	45	12.10	1	6	7	10	20
5	27	7.26	1	2	8	4	12
6	11	2.96		1	2	1	7
7	7	1.88		4			3
8	5	1.34			1		4
9	5	1.34		1			4
10	2	0.54			1		1
11	3	0.81			1		2
12	2	0.54				2	
13	1	0.27					1
15	1	0.27			1		
合计	371	100.00	13	63	85	93	115
比重（%）	-	-	3.49	16.94	23.12	25.00	30.91

资料来源：根据乐清市公安局柳市分局提供的户籍资料整理。

注：以夫妻中的男性年龄为分组依据。

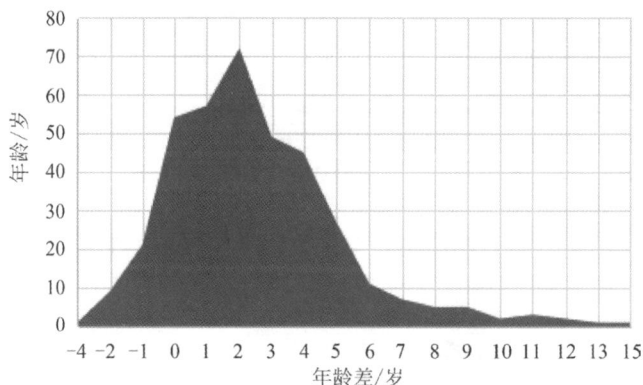

注：以夫妻中的男性年龄为分组依据。

图3-7　夫妻双方年龄差分布

资料来源：根据乐清市公安局柳市分局提供的户籍资料整理。

三、择偶标准和范围

择偶标准是婚姻中的一个非常重要的问题，它对一个人的后半生产生了显著影响。正所谓"不怕入错行，就怕嫁错郎"，因此，人们对"另一半"的选择是十分谨慎的。不同时代有不同的择偶标准。在经济不发达的年代，父母对子女婚姻有较强的控制能力，而子女对婚姻（包括结婚、离婚）的自主性较低。此时，子女的择偶标准集中反映了父母对社会生活和家庭的看法，如门当户对；对女方的要求如能生养、贤惠、品德佳、脾气好、身体健康等；对男方的要求如家庭条件好、政治属性佳等。且由于交通条件、社会交流等因素，择偶范围往往偏向于本区域，村内或邻近村。如上园村年长者就有好几对夫妻男性女性都是同一个村的，既有相同姓氏的，也有不同姓氏的。

随着经济社会的发展、社会交流半径的扩大、文化水平的提高，择偶标准发生了很大的变化，更加注重个体的条件。子女择偶的自主性也有了很大的提高，在很多情况下往往是具有决定性作用。虽说如此，但父母往往也对子女择偶有其要求，如经济因素（家庭条件）、个人的人品、性格脾气、身体状况，但经济独立的子女往往会更加注重人品、相貌和才干，讲究"对眼"和"投缘"，讲究情感。父母往往会对子女交往的对象进行审查，不符其意的会对子女进行"劝告"，甚至给弄"黄"了；有些子女听从父母劝告，有些子女则自行其是，与父母的关系弄得很僵。对于不听"劝告"的子女，父母也无可奈何。

择偶范围也发生了根本性变化，配偶也不再只从本村、邻村、本镇的范围内进行寻找。但乐清人对配偶的选择往往有"乐清人"的偏好。上园人也是如此。问卷结果显示，意向中的配偶是"乐清人"的比重达到55.94%。不同年龄段对配偶是哪里人有着不同的偏好。年龄越小对配偶来源区域越是"无所谓"，从低年龄组到高年龄组，持"无所谓"态度的依次递减，分别为35.24%、26.77%、18.18%；而年龄越大对配偶区域的要求更集中，对"乐清人"这种区域偏好就越大，从低年龄组到高年龄组分别是51.43%、59.05%、72.73%。（见表3-14）

表3-14 年龄与理想的择偶范围

分组	选项	本村	本村外本乡镇内	本乡镇外乐清市内	乐清市外温州市内	无所谓	合计
18-34岁	频数	12	13	29	14	37	105
	频率	11.43	12.38	27.62	13.33	35.24	—

续表

分组	选项	本村	本村外本乡镇内	本乡镇外乐清市内	乐清市外温州市内	无所谓	合计
35-59 岁	频数	8	18	49	18	34	127
	频率	6.30	14.17	38.58	14.17	26.77	–
60 岁以上	频数	2	7	7	2	4	22
	频率	9.09	31.82	31.82	9.09	18.18	–
合计	频数	22	39	85	37	78	261
	频率	8.43	14.94	32.57	14.18	29.89	–

资料来源：根据问卷结果整理。

四、择偶方式

社会学研究的一些成果表明，人类择偶方式主要有三种：包办婚姻（是指子女配偶的选择由父母决定，子女没有任何自主性）、自由恋爱（择偶由当事人决定，无须父母同意）、半自由择偶（介于前两者之间，既有征得父母同意，又体现当事人意愿）。

传统上父母往往对子女的婚姻有很大发言权，甚至在一定时期内，父母甚至拥有子女婚姻的决定权。父母包办子女婚姻，不仅在新中国成立前大量存在，新中国成立后仍在一段时间内存在。访谈时，有一位年长的上园村民曾表示，他的婚姻是父母包办的结果，是一个典型的封建婚姻，他读小学的时候已定亲，结婚时年仅 16 岁。而一位女性受访者曾表示，她的配偶是其父母和朋友闲谈中所定。

随着经济社会发展，子女择偶的自主性也有了很大的提高。自由恋爱成就婚姻的择偶方式，无论是理想还是现实都有了较大的提高。但婚姻匹配是一个很复杂的现象，找到较理想的"另一半"总是不那么容易，理想与现实总是有所差异。问卷调查显示，对于婚姻，上园村无论哪个群体，"自由恋爱"方式都是其理想的择偶方式，年龄越小对"自由恋爱"越向往。60 岁以上、35~59 岁、18~34 岁三个群体的"自由恋爱"的选择比例分别占该群的 50.00%、61.42%、80.95%。（见表3-15）

表3-15　年龄与理想的择偶方式

分组	父母包办	媒人介绍	亲朋好友介绍	自由恋爱	其他	合计
18~34 岁	0	5	5	85	10	105
35~59 岁	1	18	26	78	4	127
60 岁以上	2	3	6	11	0	22

分组	父母包办	媒人介绍	亲朋好友介绍	自由恋爱	其他	合计
合计	3	26	37	174	14	254
比重(%)	1.18	10.24	14.57	68.50	5.51	100

资料来源：根据问卷结果整理。

但理想是丰满的，现实是骨感的。自由恋爱虽是各人所好，但在现实中找到自己合适的另一半总是困难重重。问卷调查显示，虽说年龄较小的群体在现实中以"自由恋爱"方式寻找配偶并最终有所成就的比例高于年龄较大群体，但"自由恋爱"的择偶方式在实践中得以实现的比例仅为理想选择的51.12%，余者的婚姻大多依靠"媒人介绍"和"亲朋好友介绍"。最终以"自由恋爱"方式成就婚姻的比重虽较其他方式高，但也仅占全部的38.58%，以"媒"为中介并兼顾自主性和"父母之命"的"媒人介绍"和"亲朋好友介绍"方式成就婚姻的比重达到44.88%。其中，有15例问卷受访者认为他的婚姻是父母包办的结果，约占18岁以上受访群体的5.91%（见表3-16、表3-17）

表3-16　年龄与现实的择偶方式

分组	父母包办	媒人介绍	亲朋好友介绍	自由恋爱	其他	还未结婚	合计
18~34岁	4	25	7	48	2	19	105
35~59岁	9	38	27	48	3	2	127
60岁以上	2	13	4	2		1	22
合计	15	76	38	98	5	22	254
比重（%）	5.91	29.92	14.96	38.58	1.97	8.66	100

资料来源：根据问卷结果整理。

表3-17　婚姻择偶方式的理想与现实

择偶的现实方式	择偶的理想方式					
	父母包办	媒人介绍	亲朋好友介绍	自由恋爱	其他	合计
父母包办	3	1	1	10	0	15
还未结婚	0	1	3	17	3	24
媒人介绍	0	21	14	36	5	76
亲朋好友介绍	2	2	14	21	1	40
自由恋爱	0	1	5	91	4	101
其他	0	0	0	3	2	5
合计	5	26	37	178	15	261

资料来源：根据问卷结果整理。

可见，较合适的婚姻匹配仍要依靠更广泛的信息来源。传统的信息来源于"媒"：亲朋好友、邻里街坊和专业从事婚姻介绍的"媒婆媒公"。互联网的发展给信息的扩大插上飞翔的翅膀，但"信任"阻碍了其作用发挥。无论以何种择偶方式成就姻缘，在婚姻的礼节上仍需要"媒妁之言"。"男子无媒不娶，女子无媒不嫁"、"明媒正娶"、合乎"礼仪"仍为大多数人所必须遵守的固定性规范。即便是自由恋爱，"媒"仍是婚礼中的一个环节。

从文化程度看，"自由恋爱"方式随着文化程度的提高得到重视，但理想与现实也有较大的差距。问卷结果显示：各文化程度人群的婚姻成就方式最多的是"自由恋爱"方式，但各文化程度以"自由恋爱"方式成就婚姻的比重均低于理想方式，差距最大的是"小学"文化程度，现实比理想低了 47.36 个百分点；其次是"大专"文化程度，现实比理想低了 40.28 个百分点；现实与理想的差距最小的"研究生及以上"的文化水平，差距为 16.67 个百分点。（见表 3-18、表 3-19）

表 3-18　文化程度与理想的择偶方式

文化程度		择偶的理想方式					
		父母包办	媒人介绍	亲朋好友介绍	自由恋爱	其他	合计
不识字	频数	0	1	1	1	0	3
	频率	0	33.33	33.33	33.33	0	−
小学	频数	0	4	3	11	1	19
	频率	0	21.05	15.79	57.89	5.26	−
初中及相当文化程度	频数	3	7	11	22	1	44
	频率	6.82	15.91	25	50	2.27	−
高中及相当文化程度	频数	0	7	11	36	1	55
	频率	0	12.73	20	65.45	1.82	−
大专	频数	0	3	6	59	4	72
	频率	0	4.17	8.33	81.94	5.56	−
本科	频数	0	4	4	41	6	55
	频率	0	7.27	7.27	74.55	10.91	−
研究生	频数	0	0	1	4	1	6
	频率	0	0	16.67	66.67	16.67	−
合计	频数	3	26	37	174	14	254
	频率	1.18	10.24	14.57	68.5	5.51	−

资料来源：根据问卷结果整理。

表3-19 文化程度与现实的择偶方式

文化程度		择偶的现实方式						
		父母包办	还未结婚	媒人介绍	亲朋好友介绍	自由恋爱	其他	合计
不识字	频数	0	0	3	0	0	0	3
	频率	0	0	100	0	0	0	–
小学	频数	0	0	14	3	2	0	19
	频率	0	0	73.68	15.79	10.53	0	–
初中及相当文化程度	频数	6	1	12	10	14	1	44
	频率	13.64	2.27	27.27	22.73	31.82	2.27	–
高中及相当文化程度	频数	5	1	11	12	25	1	55
	频率	9.09	1.82	20	21.82	45.45	1.82	–
大专	频数	4	6	24	7	30	1	72
	频率	5.56	8.33	33.33	9.72	41.67	1.39	–
本科	频数	0	12	11	6	24	2	55
	频率	0	21.82	20	10.91	43.64	3.64	–
研究生及以上	频数	0	2	0	1	3	0	6
	频率	0	33.33	0	16.67	50	0	–
合计	频数	15	22	75	39	98	5	254
	频率	5.91	8.66	29.53	15.35	38.58	1.97	–

资料来源：根据问卷结果整理。

在婚姻匹配中，"相亲"是一个大概率的重要环节，也是非"自由恋爱"择偶方式必经的一个环节。"相亲"是中国民间婚姻民俗，源远流长。当前"相亲"已成为一种独特的社会现象。如电视节目"非诚勿扰"、婚姻介绍；如集中发生于春节的相亲现象，那时茶座、咖啡厅、西餐厅等宾客满座。相亲对象往往是婚姻中介、媒人、亲朋好友等根据父母所提条件推荐产生。一些人通过多次的相亲找到了"对眼"的对象；一些人在多次的相亲中"凑合"成就婚姻；一些人在多次的相亲中降低条件找到合适的对象；还有一些人迫于无奈走在相亲的路上；一些人一直在相亲的路上。

第三章　村庄建设

上园村的建成区域规模经历了三个阶段的扩张，积累了数量较多的集体固定资产，基础设施建设也处于较高水平。

第一节　村庄规划与扩张

从历史纵向上看，上园村的村庄建设有一个建成区域从东北角向西南方向不断扩建的过程。在这一过程中，有三个时段上园村比较集中地进行了建设或者规划调整。

一、第一阶段（1970—1979 年）

当时村里批准村民在上垟、后边栏、门前岸高田旱地、冷水田等（这几处，现址基本都在车站路—团结西路以北）建房 135 户，计 390 间。其中平房 142 间，楼房 248 间，占地 13600 平方米，连道路占地 26.3 亩。这一阶段的建设虽也要经过村委会的批准，但当时并没有整体性的规划思路或方案。

二、第二阶段（1983—1987 年）

20 世纪 80 年代，柳市的工业电器产业开始初具雏形，而上园村作为全镇"交通要冲"的优势也开始显现。当时，村内有 104 国道线穿村而过，还是柳黄（黄华）、柳翁（翁垟）、柳七（七里港）、柳白（白石）等公路的起点。众多的道路，就意味着众多潜在可利用的临街商铺。产业发展的需求和上园村的独特条件，也让"前店后厂"式的家庭作坊成为柳市工业电器产业标志性的摇篮。尝到甜头的村"两委"决定进一步强化"路多店多"的模式，于 1983 年 7 月成立了村规划小组，并由时任书记胡志法亲任组长来制定村庄建设规划。

小组制定的规划主要包含三方面内容。一是街道新拓建——拓宽新市中街；新建新市西街、上园北路、河滨路、上园南路；发展柳黄公路东侧店面；改造上园中路，团结西路和方桥路。二是"改旧房、建新店"——新建店面245间，新建住房305间，旧房改店220间。三是加强集体经济——在柳市车站西侧开办停车场和服务行业。

这种村级自发组织的规划工作是罕见的。其时，乐清城建委方于1983年9月成立，柳市镇的村镇规划1984年才开始编制。上园村的规划不但在时间上走在前头，规划的内容更是紧贴发展趋势和村民需求，因此实施过程可谓非常顺利。例如新市中街拓宽工程长135米、宽9米，涉及拆迁户38户，共计75间。现在我们常称拆迁工作"天下第一难"，但《上园村志》描述："街道规划确定后，首先对新市中街拆迁。1983年8月16日（农历），发动群众，规划交拆迁户代表刘星乾等人执行，被拆迁户自己动手，几日完成。"[①] 速度之快，实施之顺利令人赞叹。又如对于增加店面商铺、住房的工作："店面，不分农民、非农民的世居村民和在国家企事业、行政单位的工作人员，每户安排店一间。有店无住，安排住房；有住无店，安排店面；做到户户有店，每户至少有一间……实施后，出租给电器经营者，当年收入150万元，人均收入约1500元，是农民干三年农业的收入。"成效显著，扎扎实实地为村民谋得了福利。

此外，上园村还积极承接了如柳市车站、联运公司、航管所、柳市工业公司（当时的柳市电器工业管理机构）、信用社、工商银行等公共项目的建设落地，进一步聚拢了人气，提高了上园村在行政、商贸、交通等方面的区域首位度。

三、第三阶段（1993—1996年）

在第二阶段的建设完成后，上园村剩下的开阔空间主要在车站路以南、柳黄路以西，俗称"上园门前垟"的区域——后又被称为"上园新区"。对这一区域的开发利用，规划主体是柳市镇政府，最初的计划是由镇政府以每亩2.7万元的价格征收上园新区土地并直接进行开发，但村"两委"则希望在对上园新区的开发中拥有更大主动权。1993年8月，村"两委"将原来已经包产到户的240亩土地经营权重新集中到村里统一调配，村集体由此具备了很强的土地统筹开发能力。9月初，上园村"两委"和柳市镇政府达成协议：规划依然由镇政府控制，但土地权

---

① 胡省三主编《上园村志》，浙江人民出版社，1999，第157页。

属不统一征收；建设使用单位、开发单位在规划部门许可下，逐一与村"两委"协商征地。同年 12 月，乐清市政府成立乐清经济开发区管理委员会，对包括上园新区在内的区域以乐清经济开发区的名义进行开发管理，但开发方式仍然按照原协议进行。1994 年 1 月，上园村"两委"成立了上园村经济开发公司来作为项目开发立项的主体，使得新区开发更为灵活高效。

这一阶段的建设，最主要的是两个方面。一是道路：先后新建大兴路、惠丰路、怡月路、兴达路，拓宽柳青路、104 国道（车站路）、柳黄路。这些道路的建设，又为上园新开辟了 106 间店面。二是市场：柳市有色金属材料市场（扩建）、上园贸易百货市场、柳市电子市场、华联商场等此后为上园村集体经济带来巨大收益的几大市场，基本都是在这一阶段建成的。另外，上园村新农村公寓的一、二期项目也是在这一时期启动的。

如果说，第二阶段是上园村向"店面"要发展，第三阶段就是向"市场"要发展了。"市场"是"店面"的升级和聚合，但是思想脉络却是一致的：以商促工，聚拢人气，快速发展。更为关键的是，上园村没有轻易放弃村庄建设开发的主动权，这一阶段所建的这些重要的市场，其所有权属一直掌握在村集体手上，可以源源不断地为村集体创造财富。也是因此，上园村没有出现农民因征地而暴富，又往往因不擅理财而迅速失去财富的现象。

经过这三个阶段的建设，上园村已基本开发完毕，村内再无耕地。当然此后村里也有较大的单独项目，例如村综合楼（2007 年）、气动市场（2013 年）、大兴路街景改造（2012 年）等，但这些项目基本都不再涉及大规模、片区性的规划调整，而是以拆建或改建为主。

第二节　公用基础设施

完善的公用基础设施，特别是发达的道路和公共交通系统，为上园村村民的生产、生活提供了很多便利条件。

一、道路

新中国成立初期，上园村只有两纵一横 3 条乱石铺就的道路，即东巷弄、门前路和里后路。改革开放以后，随着社会经济发展，村内道路也随之不断增多。

20 世纪 80 年代至 20 世纪 90 年代的大约 10 年间，上园村新建或扩建了 12 条道路：上园北路、上园中路、上园南路、河滨路、方桥路、新市中路、新市西街、车站路（北段）、翔扬路、团结西路、柳黄路、龙珠路。20 世纪 90 年代后，又继续建成了怡月路、惠丰路、兴达路、大兴西路、柳青路、金钩路等 6 条道路。其中：

自东北向西贯穿上园村的车站路亦即 104 国道，过境路段长约 650 米。该路始建于 1934 年，原为"杭温公路"的一段，最初宽仅 5 米左右。抗日战争时期（约 1937 年），国民党政府为防止敌车通过，曾毁路炸桥。抗战胜利后开始修复，但直到 1951 年才恢复通车，并改称 104 国道线。后经 1983 年、1994 年两次扩建，现有道路宽 50 米左右。国道线贯穿带来的交通便利，为上园经济的发展带来了很大优势。特别是改革开放初期，大量电器厂家、门市部及柳市车站、中心停车场等设施沿路而建，使上园成为当时柳市工业电器向全国辐射的最早、最繁荣的集散中心。

新市街也是上园村改革开放初期最为活跃的商业街之一，"新市"即有"新兴集市"之意，是指在此前的前市街、后市街两条商业街道基础上新形成的街市。正泰、德力西两家企业的共同前身——求精开关厂（于 1984 年 7 月成立）就曾以前店后厂的形式开办于此街上。1983 年 9 月，新市中街段由村里自行组织拆迁，1984 年贯通。目前新市西街、新市中街村内过境路段全长约 610 米。

柳黄路是省道，由柳市镇至原黄华镇（2011 年，乐清市进行乡镇区划调整，黄华镇并入柳市镇）建于 1954 年，全长 9.5 公里，经过上园村段约 300 米，原宽 12 米，1996 年拓宽为 35 米，两侧有行人道，建有绿化带。该道路是支撑上园村经济起步后再上台阶的重要道路。1995 年左右，柳市有色金属材料市场、上园百货贸易市场先后沿路建成，既为上园村带来了大量集体经济收入，也带来了大量客流，聚集了市场人气。

柳青路，过境段长约 650 米。这一路段经历多次拓宽，2003 年建成德力西大桥后全线贯通，使柳青路逐步成为柳市镇南北向的主干道。求精开关厂一分为二后，正泰、德力西的总部都曾建在柳青路上。现柳青路沿线有建设银行、农业银行、中信银行等多家金融机构，柳市镇镇政府办公大楼也坐落在柳青路往南延伸的路段。

大兴西路，村内过境段约长 450 米。2012 年，柳市镇镇政府委托中国美院风景建筑设计研究院设计，以"商业风情第一街"为改造目标进行了街景改造，对店招、建筑外立面、绿化、车位等进行了统一调整，使该路段成为柳市镇档次和品位最高的商业街区之一。村"两委"2007年新建的办公楼也坐落在大兴西路和兴达路交叉口。

上园村交通的发达和便利，为其市场经济的发展提供了很大的优势。上述这几条特别指出的街道，其发展历程体现了上园村商贸区域重心转移的过程。

二、其他公共交通设施

除了发达的道路网络之外，上园村的柳市汽车站、为数不少的公交站、公共自行车等公共交通设施，既给村民带来了通行的方便，也为上园村的经济发展增添了动力。

1. 柳市汽车站

早在1934年杭温公路建成时，就已在上园村设立了柳市汽车站。当时车站占地400平方米，砖木结构，小青瓦屋面平房。内建有旅客候车室、售票房、行李保管托运室、厕所以及工作人员寝室、厨房等，设施在当时来说相当齐全。其后，柳市车站经历了战时停业、台风损毁、迁址他村等等变故，于1957年8月重新在大塘河北首建设柳市汽车站（即现上园汽车客运站处，占地0.75亩）。1983年5月，上园村再以优惠地价拨地10亩，扩建停车场和货运中心，为柳市工业电器产业发展初期的货运提供了较大便利。2012年11月，新的柳市客运中心在朝阳村建成，发往温州以外的长途班线全部迁出，上园汽车客运站继续作为中短途班线站点和中转停车场使用。

2. 公交站点

因柳市汽车站就在村内，长期以来，来往周边乡镇街道的短途中巴就多以上园村为主要中转站。这些中巴车普遍承包到个人经营，管理也不尽规范，沿线路边都可以即招即停，因此没有明确的公交站点概念。2018年，乐清市开展城乡公交一体化改造，城乡短途巴士的经营收归公有并规范化运营。此后，公交站点的数量和设置位置对公共交通有了实质性影响。

目前上园村内共有站点10处，途经班线18条。（见表3–20）

表 3-20　上园村公交站点及班线表

序号	站点名	经停班线
1	柳市老车站	251 路
2	短途客运站	211 路
3	柳市车站	K102 路 /K102 路快班、106 路、215 路、217 路、218 路、220A 路（马道头）、220B 路（马道底）、222 路、223 路、225 路、226 路
4	农业银行	211 路、220B 路（马道底）、222 路、223 路、225A 路、225 路、226 路、251 路
5	铜场	212 路
6	柳市商城	K102 路 /K102 路快班、213 路、218 路、225 路
7	华联酒店	K102 路 /K102 路快班、213 路、218 路
8	财税局	213 路
9	广发银行	柳市—梅头
10	德力西	20 路

3. 公共自行车

在现代城市交通体系中，自行车是解决"最后一公里"问题的一种既传统又时髦的方案。2015 年 12 月，乐清市公共自行车覆盖范围首次拓展到柳市镇，全镇设置了 50 个站点共计 1500 个桩位，其中上园村有 5 个站点 122 个桩位。（见表 3-21）

表 3-21　上园村公共自行车站点汇总表

序号	站点名	桩位个数
1	上海证券站	28
2	华联小区站	22
3	柳市税务局站	26
4	德力西集团站	20
5	德力西大桥站	26

2017 年 7 月，哈啰单车、摩拜单车也开始在柳市镇范围内投放，上园村民短途出行有了更便捷的选择。

三、电力给水

上园村通电的时间较早，据《上园村志》记录："20 世纪 50 年代，解放军警备旅在上园祠堂用发电机发电，并给镇上居民照明，上园村少部分村民开始用上电灯……大约 70 年代，全村架线普及用电照明，并给各条道路装上路灯。80 年代以来，每户村民的用电量大约为 3kW·h。"此后，随着村内电器生产作坊、家庭用电器不断增多，上园村的用电量也不断增多。20世纪80年代，全村年用电量在1000kW·h左右。到20世纪90年代，上园村普通村民的家庭电器化程度已经较高。按1996年村志编撰时的统计，全村351户共有彩电424台、洗衣机370台、排油烟机417台、电饭锅370台、固定电话396台，上述电器在当时上园村的户均拥有量已经超过了1台。较高的电器化程度意味着较高的用电需求，也对电力基础设施的铺设提出了更高的要求。2018年，上园村全村年度居民用电39115.45kW·h，而村内架设公用变压器9台，总供电能力2013万kW·h，用电保障非常有力。

给水方面，上园村北部有十溪河通过，历史上是村民主要的用水来源。当时河边建有"元宝埠头"，整体呈梯形，两侧斜边为延伸入水的台阶，如此无论河面涨落都不会影响村民使用河水。埠头一面的台阶供村民洗衣、洗漱等生活用水；另一面台阶供村民在早晨时挑水做饮用水。还有的地方筑有两个埠：里埠和外埠——村民们生活用水在里埠，饮食用水在外埠。这两种埠形设计都是为了区隔生活用水和饮用水的取水点，尽量保证饮用水卫生。1972年，柳市自来水厂建成，村内最初仅安装了3个自来水龙头。到1982年，全村每家每户都用上了自来水。

四、邮政通信

改革开放后，上园村出现了大量电器作坊，货物运输、样品收寄等业务需求大增。1981年，柳市邮电局在村内设立电器产品邮寄快件网点，并专门配备邮车，办理电器产品出运，为上园经济起飞起到了重要作用。反过来，工业电器产业的蓬勃发展也为物流行业提供了更广阔的空间。除邮政外，民营物流企业也在上园村内大量设立站点。目前村内除了圆通、中通、天天、百世等主营小件速递的企业站点，还有近20家专门针对大件货运的托运物流站点。

通信方面，早在1959年1月，当时设在上园村内的柳市区管理所安装了一部手摇式电话，这是上园村最早的电话。此后一直到1986年，上园村"两委"和上园村老年协会才相继安装了固定电话，其他普通村民也陆续进行安装。到1996年底，除企业自设总机外，上园村民户均电话台数也超过了1台，共计396台，此外还有手机220部、传真机40台、可拨号上网的电脑25台。进入21世纪后，村民的通信需求随着科技发展迅速变化，到现在仅中国移动一家在村内的4G基站就有2座，日均通话7500次；入户的电信光纤宽带达到了2385条，通过这些设备，村内不论普通村民还是各类经营企业均能时刻与全世界保持紧密联系。

五、文教休闲设施

上园村对于文化教育是比较重视的，村内的文教休闲设施不论质量还是数量都高于柳市其他大多数村。

怡月楼，即上园老年宫，位于怡月路和柳黄路交叉口。该楼由村老年协会筹集资金 45 万元于 1990 年 11 月建成，占地面积 250 平方米，建筑面积 750 平方米。怡月楼为三层仿古式建筑，四面游廊、重檐翘角、雕梁画栋，样式颇为精美。村里老年人可在楼内进行品茗、对弈、听戏等社交休闲活动。

民俗文化活动中心，即村文化礼堂，位于新市西街和翔扬路交叉口，柳市气动市场 3~5 层，由村集体出资 980 万元于 2013 年建成，建筑面积 6000 余平方米。建筑采用仿古形式，设有陈列室、活动室、大戏台等。村里的一些重要文化活动都在此处开展。

上园幼儿园，位于怡月路南侧，有色金属市场西侧，由村集体投资 300 多万元于 1996 年底建成，建筑面积 1800 平方米。园内有户外式小型游泳池、航天乐园、绿色人造草坪和自然花草；室内有家禽、家畜、山林飞禽、昆虫类、水族类标本和其他活动器具。全园有小小班、小班、中班、大班、学前班等 5 个级段，入园幼儿近 300 名（上园村幼儿优先入学）。

六、医疗卫生设施

1949 年前，上园村无民间郎中在村行医。1977 年，毕业于乐清卫生学校的村民胡立平和大队开办合作医疗站，胡立平当"赤脚医生"，为社员免费诊治，大队年终给他补贴劳动工分。1985 年，上园村建立了村医疗门诊所，为村民门诊治病；村民胡经霞开设了中西药店，为村民治病用药提供方便。1993 年，村民胡成丰开设了卫生室。到现在，上园村内有村卫生室 2 所，其他私营诊所 8 家，另有便利药店 14 家，可以很好地满足村民对初步诊断和基础医疗的需求。（见表 3-22）

表 3-22　上园村卫生室及诊所汇总表

序号	名称	地址	执业医生人数	类别
1	上园村第一卫生室	上园大厦 3 号楼 D37 号	2	全科
2	上园村第二卫生室	新市西街 96~98 号	1	全科
3	普益旭丹内科诊所	怡月路 123 号附近	1	内科

续表

序号	名称	地址	执业医生人数	类别
4	林进内科诊所	上园南路31~33号	2	内科
5	胡乐丹中医诊所	惠丰路与柳黄路交叉口东北50米	1	中医
6	柳市康肤诊所	兴隆西路1号	1	皮肤科
7	永平内科诊所	大兴西路120-2号附近	1	内科
8	陈雪芬妇科诊所	前街村安平路91号	1	妇科
9	金芳内科诊所	安平路与延文路交叉口西50米	1	内科
10	安居诊所	延文路54号	1	全科

2018年，温州全市开展了对村级卫生室的改造升级工作，上园村对卫生室统一了外观形象和内部功能间设计，配齐了医疗设施设备和家庭医生服务包；在服务模式方面，强化了居民健康管理，让村医融入乡镇卫生院家庭医生签约团队；通过开展各类健康教育活动，加强与居民自我健康管理的指导互动等，进一步加强了为村民提供基本公共卫生服务的能力。

七、公共厕所

尽管绝大部分上园村家庭都有带冲水马桶的卫生间，但是上园村庞大的外来人口和每日络绎不绝的来往客商，依然有很大的如厕需求要由公共厕所来解决。而且，从另一角度来看，公厕的数量和布局也反映了一个地方规划建设对细节的重视和人性化程度。

按照我国《城市环境卫生设施设置标准》规定："公共厕所应按每1000~1500户设一处；旧区成片改造地段和新建小区，每平方公里不少于3座。"按此标准，上园村的公厕数量已略高于标准。但这些公厕主要集中在村东北片，西南片没有公厕。按照上述标准中"流动人口高度密集的街道和商业闹市区道路，间距为300~500m；一般街道间距不大于800m"的要求，则布局仍不够合理。（见表3-23）

表3-23　上园村公共厕所汇总表

单位：平方米

序号	名称	建筑面积	用地面积
1	第二期新农村公寓北侧公共厕所	65.91	65.91
2	白石轮船埠公共厕所	57.15	85.47
3	方桥路29号公共厕所	39.4	39.4
4	车站公共厕所	80.08	138.43
5	上园南路72弄1号公共厕所	47.09	55.69

续表

序号	名称	建筑面积	用地面积
6	上园南路 2 号公共厕所	42.54	53.71
7	上园南路 3 号公共厕所	24.25	39.94
8	新农村公寓 3 号地块公共厕所	36.95	47.03

第三节　集体固定资产

多年的发展为上园村集体积累了数量庞大的固定资产，这些固定资产目前都登记在上园村股份经济合作社名下。（见表 3-24）

表 3-24　上园村主要集体固定资产汇总表

单位：平方米

编号	名称	建筑占地面积	建筑面积	简易房面积	棚面积	用地总面积
1	上园村办公大楼文卫体中心、一楼 16 间店面、二至十楼办公用房	1812.78	19956.71			3500.43
2	综合楼、一楼店面 33 间、二至三楼上园村幼儿园、四至五楼办公用房	1548.89	8312.48	86.44	12.09	3541.95
3	上园村有色金属材料市场	6079.28	15432.13	137.59		14489.96
4	电子市场	678.43	2815.71			678.43
5	上园村小商品市场	3614.79	3734.48	1664.77	651.16	11595.82
5-1	中心停车场西面店面、管理房			293.78		293.78
5-2	中心停车场北面店面、管理房			703.15		732.06
5-3	车站路、柳黄路店面、管理房	824.5	1138.13	447.33		1568.98
6	上园村民俗活动中心上垟殿、一至二楼气动市场	1200	7137.63			1200
6-1	气动市场临时停车场、上园村花园			4.94		2122.97
6-2	新市西街翔扬路花园管理房	50.16	50.16			50.16
7	上园大厦东边一楼店面、二楼办公用房	626.9	1396.51			1045.89
8	华联大厦一楼店面、二楼办公用房	1035.61	2205.95			1867.96
8-1	一楼 3 间店面、二楼办公用房	357.45	357.45			503.91
9	建设银行西边一楼 2 间店面、二至八楼办公用房	99	1123.45		6.48	227.51
10	上金花园一楼店面 3 间、二至七楼用房	206.4	1240.8			307.94
11	上园村标准厂房（位于方斗岩村）	801.19	4876.93	266.28	58.21	1709.4
12	11 间店面、信号灯市场			91.46		91.46
13	一楼 5 间朝北、朝东 2 间店面，二至三楼老年活动中心	213.81	952.1			241.6

续表

编号	名称	建筑占地面积	建筑面积	简易房面积	棚面积	用地总面积
14	老年宫、上园村老年活动中心	449.18	932.84			449.18
15	上园村搬运站—车站路26号	50.7	101.4			50.7
16	上园村官山山地					150000
17	双车头烧纸房	40.07	40.07	205.34		245.41
18	新市西街朝东店面19间	446.53	446.53	80.04		526.57
18-1	新市西街朝北店面房	435.2	435.2		182.06	619.73
19	怡月路北首1间店面、中间2间住宅	136.2	136.2			279.76
20	上园南路71号住宅1间	48.57	310.28			48.57

　　以上摘录的是上园村集体固定资产中较重要的部分，另有小型绿化设施等不一一枚举。可以看到，以上章节提到的大部分建设项目，其权属一直归村集体。其中的市场、店面、标准厂房等物业每年所产生的租金收益等是村集体收入最主要的来源。2018年，上园村集体收入约2800万元，集体净资产10.7亿元。这反映了上园村一个重要的发展思路，即"村集体保留土地、物业的所有权—构筑市场化发展平台—村民享受稳定的发展红利"。这不仅为村庄集体带来了经济收入，还为村庄治理与社会发展提供了重要的经济保障。

第四章 村庄治理

本章将介绍上园村村庄治理中主要的村级组织机构，上园村村庄治理的主要特征、村民福利保障安排及其治理有效的内在逻辑。此外，通过对一个典型治理案例的考察，有助于进一步建立对上园村村庄治理的深度了解。

第一节 治理组织

对上园村进行治理的村级组织机构，由中国共产党组织、村民自治组织以及其他一些群团组织构成。

一、中国共产党组织

我们可以从村党支部委员会和村党员队伍两方面进行考察。

1. 党的支部委员会

改革开放前，上园村的中国共产党组织是上园大队党支部。1984 年 4 月，上园从大队恢复到村建制，党组织也随之改称上园村党支部并延续至 2018 年底。从 1959 年至今，先后有 7 名党组书记任职。（见表3-25）目前上园村党支部有委员 7 人，其中设书记 1 名，副书记 2 名，组织、纪检、宣传、工青妇委员各 1 名。

表3-25 历任村党组书记名单

序号	书记	时间	期间支部党员数量变化
1	胡星余	1959.11—1974.4	6~14
2	胡宣林	1974.5—1979.12	11~9
3	周顺芝	1980.1—1982.12	9

续表

序号	书记	时间	期间支部党员数量变化
4	胡志法	1983.3—1989.3	9~22
5	黄信权	1989.4—1993.3	22
6	胡志法	1993.7—2000.7	22~29
7	胡成云	2000.8 至今	29~84

2. 党员队伍

上园村党支部党员数量在改革开放后稳步增长。特别是在胡志法、胡成云两任书记的任期内，村党支部的党员数量都有较大的增幅。现在，上园村党支部已经拥有了一支年龄结构合理、文化程度较高、先锋示范作用较强的党员队伍。（见表 3-26）

表 3-26　上园村党员性别年龄结构表

项目	年龄（截至 2018 年 12 月 31 日）			合计 / 比重
	18~34 岁	35~59 岁	60 岁及以上	
男	22 人	16 人	12 人	50 人 /59.52%
女	20 人	12 人	2 人	34 人 /40.48%
列合计 / 比重	42 人 /50.00%	28 人 /33.33%	14 人 /16.67%	84 人 /100%

从以上上园村党员性别年龄结构表可以看出：

（1）84 名党员中，男性 50 人占 59.52%，女性 34 人占 40.48%。虽然男性党员较多，但比例相对还是比较平均的，没有严重失衡。

（2）党章规定的最低入党年龄是 18 周岁，因此不存在此年龄前的党员。上园村 18~34 岁的青年党员最多，有 42 人，占到全体党员的 50%；35~59 岁的中年党员有 28 人，占 33.33%；60 岁及以上的党员 14 人，占 16.67%。这种以中青年为大多数并且青年党员占一半的年龄结构，让上园村党员队伍充满了活力。特别是在上园村 60 岁及以上村民人口占比达 16.28%、人口加速老龄化的背景下，这尤其难能可贵。

（3）在各年龄段中，60 岁及以上党员中男性占绝大多数，女性党员 2 人仅占 14.29%；35~59 岁党员中，女性党员 12 人占 42.86%；18~34 岁党员中，女性党员占 20 人占 47.62%。可见随着年龄段的下降，女性党员占比不断提高，一定程度上反映出上园村女性村民政治地位的不断提高。

另外，从上园村党员文化程度结构表（见表3-27、表3-28）可以看出：

（1）文化程度结构上，上园村党员都具有小学及以上的文化程度；初中及以下文化程度的党员有19人，占22.62%；初中及以下文化程度的主要是中老年党员，其中60岁及以上的有14人，占73.58%。包括其中的小学文化程度党员，全部是60岁以上的老年党员。

（2）大学专科及以上文化程度的党员有47人，占55.95%，超过了全体党员的一半。在第六次全国人口普查对上园村常住人口的统计中，获得大学专科及以上学历的人口占比为16.06%。上园村党员队伍在此项比例上远超常住人口，说明党员队伍整体文化程度较高，相较整体常住人口具有很大程度的先进性。

（3）18~34岁的年青党员文化程度相对最高，其中获得大学专科及以上学历的有35人，占83.33%；35~59岁的中年党员中，获得大学专科及以上学历的有12人，占42.86%；在60岁及以上的老年党员中，没有人获得大学专科及以上学历。

（4）上园村党员队伍总体上呈现出随年龄段下降而文化程度上升的趋势。需要指出的是，过去高学历党员通常会进入党政机关工作，因此其组织关系一般不在村里。这和上园村中老年党员大学专科及以上学历获得者相对较少有关系。但除此之外，这种趋势也符合我国教育事业发展的规律。不难推断，随着时间推进，上园村党员队伍的整体文化程度将会越来越高。这将为上园党员队伍发挥示范作用，为党组织发挥堡垒作用提供有力保障。

表3-27　上园村党员文化程度结构表（一）

项目		学历					
		小学	初中	高中	大学专科	大学本科	研究生
18~34岁	人数	0	0	7	20	14	1
	比重	0.00%	0.00%	16.67%	47.62%	33.33%	2.38%
35~59岁	人数	0	5	11	6	6	0
	比重	0.00%	17.86%	39.29%	21.43%	21.43%	0.00%
60岁及以上	人数	8	6	0	0	0	0
	比重	57.14%	42.86%	0.00%	0.00%	0.00%	0.00%

表 3-28　上园村党员文化程度结构表（二）

项目	学历					
	小学	初中	高中	大学专科	大学本科	研究生
人数	8	11	18	26	20	1
比重	9.52%	13.10%	21.43%	30.95%	23.81%	1.19%

据我们的问卷调查显示，在"您认为上园村党员能发挥先锋模范作用的有（单选题）"一题中，回答"大多数人"的占 47.10%，回答"半数人"占 15.83%，超过了回答"少数人（13.51%）、个别人（6.56%）、没有人（4.25%）、说不清（12.74%）"的总和。

二、村民自治组织

村民自治组织主要包括村民委员会和村民代表会议。

1. 村民委员会

村民委员会作为上园村主要的村民自治组织，追溯其前身，在"文革"时期是生产大队（上园属柳市镇第八生产大队）革命委员会。1979 年 4 月，生产大队革命委员会改为生产大队管理委员会。1984 年 5 月，上园恢复村建制，生产大队管理委员会又改为村民委员会。从"革命"到"管理"，从"第八生产大队"再到"上园村"，简单几个字的改变，却反映出我国村级组织性质的根本改变——从计划经济体系中最末端的一个生产核算组织单位，变成村民自我管理、自我教育、自我服务的基层群众自治组织。

从设立村委会后，上园村稳定地举行三年一次的换届选举。前三任村委会主任的任期都是一届，此后胡万伍任职两届，现任主任胡志川已连任近七届。这说明上园村村民自治的领导者受到了村民连续的信任，也在一定程度上表明上园村的村民自治环境相当稳定。（见表 3-29）

表 3-29　历任村民委员会主任名单

序号	主任	时间
1	胡宣林	1984.5—1987.4
2	黄信权	1987.5—1990.4
3	胡万昌	1990.5—1993.3
4	胡万伍	1993.7—2000.7
5	胡志川	2000.8 至今

目前上园村村民委员会成员 7 人，其中设主任 1 名，副主任 1 名，调解、治保、基建办、妇女主任各 1 名。村委会为了更好开展工作，还雇有出纳、内勤各 1 名。

2. 村民代表大会

村民代表大会是对上园村重大事项进行决策的机构，《上园村村务公开和民主管理制度汇编》中将其称为"是推进村务决策民主化，确保村民当家作主权利的重要形式"。按照规定，村民代表大会一般每年召开 1 次，如有 1/3 村民代表提议或者要决定重要问题，也可临时召开，特别是涉及全村经济社会发展规划、村规民约、公共建设项目、财务收支情况等村民切身利益的大事。村民代表可对村委会的工作行使建议权、参与权和监督权。

上园村民代表由村民按每五户至十五户推选产生，一般由村"两委"成员和村级配套组织的负责人、村民小组长、各级人大代表、政协委员等组成。目前上园村有村民代表 57 人。

在我们的问卷调查中，认为上园村的村民代表大会作用发挥了"大"和"非常大"的肯定性评价分别占 31.27% 和 25.87%，"小"和"很小"两项负面评价仅占 11.19%，村民代表大会的作用是受到大部分村民肯定的。（见图 3-9）

您认为上园村的村民代表大会作用发挥
（答题人数259）

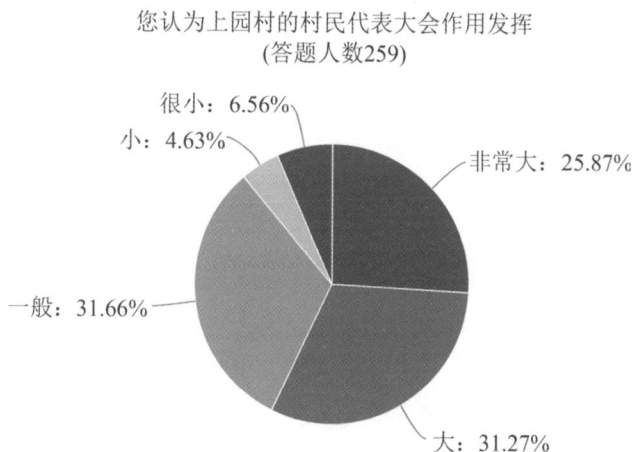

很小：6.56%
小：4.63%
非常大：25.87%
一般：31.66%
大：31.27%

图 3-9　村民代表大会作用发挥程度调查结果

三、其他主要社会组织

村妇女组织、共青团和老年协会也在上园村的村庄治理中发挥着不同程度的作用。

1. 妇女组织

2017 年前，上园村的妇女组织是村妇代会，即农村妇女代表会。上园村妇代会一般由 5~7 名委员构成，其中主任 1 名，副主任 1~2 名，并根据实际设宣传委员、生产委员、维权委员、儿童工作委员等。村妇代会每届任期三年，任期满与村委会换届同步进行，对妇代会人选的要求是一般应具有初中以上文化，年龄在 50 岁以下，身体健康。选举先选出妇女代表，再由村妇女代表大会通过差额选举产生村妇代会委员。2017 年乐清村级组织换届期间，全市推行"会改联"工作，要求村级妇女组织从妇代会改设妇联，上园村也设立了妇联。现在的妇联基本沿袭了原来妇代会工作职责、组织结构和选举流程。目前上园村妇联有主席 1 人，副主席 2 人，执行委员 10 人。

上园村人口中，女性占比很多时候要超过男性，妇女工作的重要性有其天然基础。加之 20 世纪 80 年代开始，计划生育工作成为乡镇政府的重点工作内容之一，而此项工作在农村的联络开展通常都需要村妇女主任的协助，因此上园村妇联（原妇代会）在村民自治中一直都有着比较重要的地位。全国计划生育政策调整后，村级计生工作任务减少，但妇联依旧在保护妇女儿童合法权益、推进文明新风、倡导公益等方面继续发挥着积极作用。

2. 共青团组织

同妇女组织一样，村级共青团组织也是农村常设的村级群团组织。但由于和学校团组织存在管理服务年龄段上的重叠，大部分农村青少年的团组织关系并不在农村，农村团组织普遍存在成员较少（2017 年换届时，上园村只有 10 名在册团员）、管理松散、工作实绩不多的情况。但得益于村党支部对群团工作的重视，上园村团支部运行较为规范，三年一次的换届选举、定期的青年公益活动等皆正常开展。更为关键的是，团支部还是党支部、村委会的干部摇篮，历届村"两委"干部都有多人有过在团支部的工作经验积累。

3. 老年协会

在农村治理中，宗族长老的影响不可忽视。1986 年 10 月，上园村成立柳市镇老年协会上园分会，一年后改为上园村老年协会。老年协会三年一届，采取全体老年协会成员选举理事，理事再推选会长的方式产生领导机构。上园村老年协会在成立 30 多年的时间里，积极服务村老龄人群，同时还承担了一些如卫生管理、秩序维护等村管理工作。2017 年 3 月，温州开展农村老年协会的统一整治工作，注销所有村老年协会账户并将其资产移交村集体。上园村老年协会响应号召，不再设立。

第二节　村民福利与保障

上园村集体经济富裕，因而能为村民提供年度分红、助学、扶老、医疗等方面的福利保障。但其福利的资格沿袭自经济合作社社员的资格，这也带来了一定的争议，有较大的改进空间。

一、资金来源

1993 年，村"两委"将土地集中到村股份经济合作社后，每年发放分红、补贴的规定就开始延续下来。通过上园集团的经营，上园村的集体财富滚雪球式增长。2018 年，归属上园村集体（上园村股份经济合作社）的收入 27838107.34 元，其中经营收入 27582806.01 元。而经营收入中的绝大部分，是来自上园村集体所有的固定资产的租金收入，总计为 27498586 元。（见表 3-29）

表 3-29　上园村 2018 年主要固定资产租金收入表

序号	名称	租金收入（元）
1	电子市场	1369280
2	有色金属材料市场	10360565
3	上园村办公大楼	6551419
4	综合楼	1540700
5	华联大厦	1414996
合计		21236960

如此丰厚的集体收入，为上园村的福利和保障提供了坚实基础。村"两委"

在 2005 年进一步明确，村集体收益按 1、2、3、4 比例使用：（1）10% 保险；（2）20% 市场物业管理与村台账管理费；（3）30% 集体发展资金；（4）40% 按在册人数发放生活补贴。

二、福利保障项目

目前，上园村股份经济合作社在册社员可以享受的保障与福利包括如下内容：

（1）每年年度分红，2018 年度为每人 10000 元。

（2）在册社民子女被大专院校录取的，一次性奖励 1000 元；录取为硕士研究生的，奖励 3000 元；录取为博士研究生的，奖励 10000 元。

（3）60 岁以上的老年人，每年可领取健康长寿金 1200 元。

（4）参保新农村合作医疗。

在我们的问卷中，对"您对现行的村福利和保障（包括村集体提供的分红、合作医疗、老龄补贴、奖学金等）制度满意程度"一题，选择"不满意"和"很不满意"两项负面评价的仅占 3.83%；选择"非常满意"和"较满意"两项的达到了 75.10%，其中"非常满意"的占比 38.70%，是所有答案中占比最高的一项。这充分说明大部分上园村人对这些福利还是满意的。（见图 3-10）

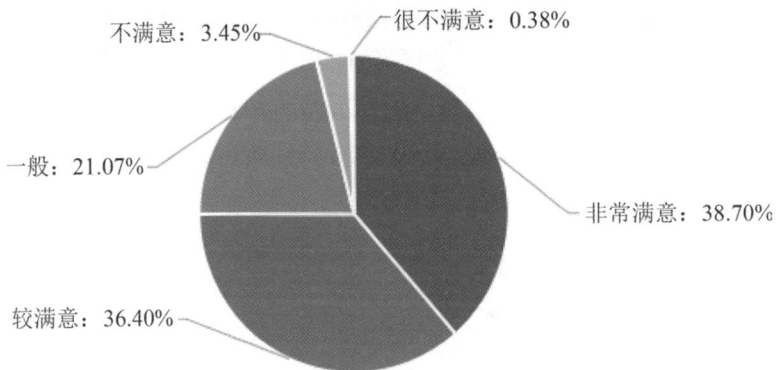

图 3-10　上园村福利政策满意度调查结果

三、资格认定及其争议

上园村股份经济合作社在册社员的身份资格，主要来自 1993 年土地统一集中时的上园村农业户籍人口。同时规定：

（1）社员新生子女可以获得社员资格。

（2）社员去世则待遇终止，不可由他人享受社员待遇。

（3）非社员女性嫁给男性社员的，可以获得社员资格。

（4）女社员成年后嫁给非社员的，则失去社员资格。

在国家计划生育政策调整前，还有特别针对生育情况的规定，例如：

（1）独生子女已领取独生子女证，只能单项享受村社民生活补贴金两份名额，发放本人至 18 岁，其他和村社民同等待遇，如果生二胎，处领取村补贴金总金额的两倍罚金。

（2）两女儿户家庭，一女可享受上村社民户口册和男性社民同等待遇。

（3）领养子女一律不上村社民户口册，结婚 5 年后经证明不会生育的，可领养一个子女，户口上村社民户口册，享受男性社民同等待遇。

上述这些规定一定程度上受到农村"男尊女卑"传统思想的影响，但也有维护社员数量稳定的考量，对计划生育的独特规定更是通过调节福利待遇加强治理效果的制度安排。类似的规定其实在乐清、温州等地农村并不罕见，可以说是附近区域内农村发展到一定历史阶段的产物。不过，如"女社员成年后嫁给非社员的，则失去社员资格"这样的规定，不仅涉及经济福利，还有可能进一步引发政治待遇方面的问题，存在着一定的法律风险。一些出嫁给非农业户口居民（俗称"农嫁非"）的女性在遭受相关权益的排除后，会选择进行法律诉讼。2002 年，在上园村委会换届选举期间就曾因此引发过一起广受关注的诉讼。当时，胡秋艳等 9 名"农嫁非"妇女因被取消社员资格并进而被取消在村委会换届选举中的选民资格，而先后向乐清市人民法院和温州市中级人民法院提起上诉。尽管乐清市人民法院裁定不予受理，温州市中级人民法院也维持该裁定，但这在当时就引发了较大的争议。例如中国政法大学教授、法学家焦洪昌就认为："我国村民委员会组织法的确没有就此类案件争议问题做出具体规定，乐清法院的判决应该说有它一定的法律依据。但宪法明确规定了公民的选举权，人民代表的选举立法和民事诉讼法方面都规定，公民在选民资格争议问题上应该享有上诉权，当地的基层法院应该受理。"①

虽然该案件在此后没有进一步发酵，但也暴露了上园村在村民福利保障相关制度设计方面所面临的问题，特别是随着国家人口政策的转向、外来人口融入问题的显现、村改社区工作的落实等等内外部环境的改变，要想让村民福利获得更

---

① 张信国、陈俊贤：《"农嫁非"嫁飞了选举权》，《法制日报》2002 年 8 月 29 日第 5 版。

为充分和普遍的保障，上述这些规定很可能将面临必要的调整。

第三节　村庄治理的特征

党支部战斗堡垒作用突出、村民自治民主规范、村务管理企业化是上园村村庄治理中体现出来的三个主要特征。

一、党支部战斗堡垒作用突出

习近平总书记强调，办好农村的事，关键在党。基层党组织担负着推动发展、服务群众、凝聚人心、促进和谐的重要责任，是团结带领党员干部群众贯彻党的理论和路线方针政策、落实党的任务的战斗堡垒。上园村党支部在这四个方面作用都非常突出。

首先，上园村党支部一直把推动发展作为第一要务。1983 年的村庄规划调整、1993 年的上园新区开发，都是以党支部为核心牵头开展的。特别是 1993 年开始通过新区开发获得大量征地款后，上园村党支部以极具前瞻性的谋划和极具魄力的担当精神，顶住多重压力，没有直接把款项一分了事，而是集中起来作为投资启动资金，兴建市场、开辟店面，大力发展村集体经济，实现了"滚雪球"式的积累。截至 2018 年底，上园村集体净资产已达 10.7 亿元，村集体经济年收入近2800 万元。

其次是一心一意服务群众，凝聚人心。上园村党支部从群众最关心、最现实的利益问题入手，通过建立丰富丰厚的福利制度，让村民共享发展成果。自 1993年起，上园村村民每人每年可享受村集体发放的生活补贴。二十多年来，这一补贴金额不断递增。2018 年，上园村村民每人拿到的补贴是 10000 元。此外，村里为老年人设健康长寿金、为学子设奖学金、为全体村民投保农村医疗保险，还办起了功能齐全的村幼儿园，建造了古色古香的老年宫，村民公寓式住宅也早已实现每户一套。

三是善于工作，促进和谐。每月 15 日是上园村雷打不动的党支部组织生活学习日，妇联执委等群团代表也会列席学习日活动；平时的日常坐班，上园村党支部多年来更是一直带头坚持，方便村民随时联系办公。这些紧密联系群众的做法让上园村党支部能够及时发现村里可能发生的各种矛盾，并能采取措施妥善地化解矛盾。上园村没有越级上访事件已有二十多年，这在经济高度活跃发达的农村中是非常罕见的。上园村人民调解委员会是温州市级先进，但平时很多调解工作村党支部都是直接参与的。胡成云书记多次获得社会治安综合治理、平安工作、调解等先进个人荣誉，上园村获得的平安、综治类荣誉更是不胜枚举。

二、村民自治民主规范

上园村是被司法部、民政部授予的"全国民主法治示范村"（2004 年），素来重视档案台账的规范整理，涉及村民自治的大大小小的工作全部形成书面规则并编印成册。通过对这些规则的梳理和对实际落实情况的调查，我们发现上园村民自治的民主规范最主要体现在两方面。

首先是对村"两委"民主选举的坚决贯彻。早在 2002 年，上园村"两委"的选举除了在做好"规定动作"外，还对选举程序进行精益求精的创新，让村民真正选出放心人。当时，村党支部的换届选举采取了"两推一选"的方式进行。先在党内推选 6 名候选人，再在党外即村民代表、老协、共青团、妇女代表中推选 6 名候选人，最后综合党内外推选得票的情况，确定正式候选人 6 人，提交支部大会进行差额选举，选出 5 人组成新一届党支部，并进行分工。村民委员会的选举，上园村以普法教育为切入点，根据不同对象采取不同形式，广泛开展了《村民委员会组织法》的宣传教育，使村民明白如何正确行使自己的民主权利，选好"当家人"。候选人的提名，上园村不定框，不画圈，采取"海选"的方式推选。正式选举一律采取直接、差额、无记名投票的方式进行。通过直接民主选举，村民充分表达了自己的意愿，将自己拥护的、放心的人选进了村"两委"的班子。更为重要的是，这种创新随后被固化成规则，形成《上园村支部换届选举制度》和《上园村村委会选举制度》并向全村公开印发。

二是建立重大事项的决策机制，使村务决策民主化。《上园村村务工作规则》规定，上园村重大事项的决策程序分为议题的提出、讨论、确定、表决、执行、监督等 6 个环节。重大事项的决策方案经党支部书记和村委会主任充分协商后由村"两委"联席会议研究提出，由党支部全体党员讨论通过，再提交村民代表会议通过。坚持走群众路线，决策前要广泛征求村民、党员的意见，集思广益，充分体现村民的意愿。表决时规定：到会人数超过应到会人数的半数，会议有效；得到

的赞成票超过应到会人数的半数，才能形成决议。决议及时在村务公开栏中公开，接受监督。（见图 3-11 ）

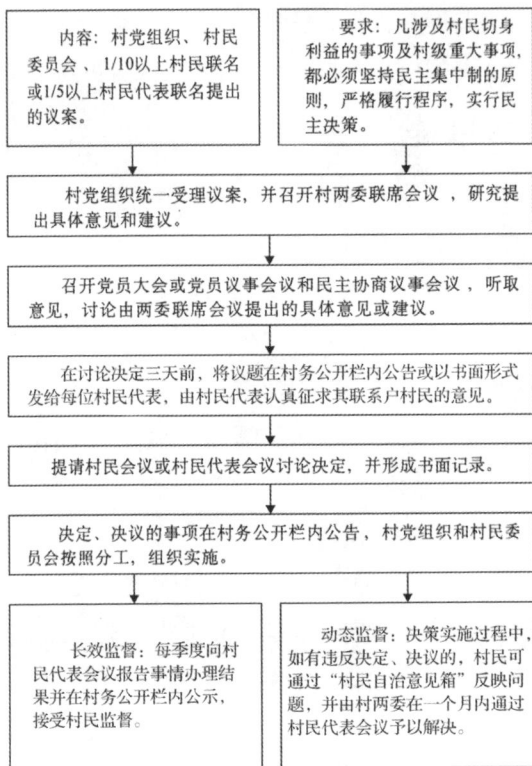

```
┌─────────────────────────┐   ┌─────────────────────────┐
│ 内容：村党组织、村民       │   │ 要求：凡涉及村民切身       │
│ 委员会、1/10以上村民联名  │   │ 利益的事项及村级重大事      │
│ 或1/5以上村民代表联名提出 │   │ 项，都必须坚持民主集中制的原 │
│ 的议案。                 │   │ 则，严格履行程序，实行民     │
│                         │   │ 主决策。                  │
└─────────────────────────┘   └─────────────────────────┘
```

村党组织统一受理议案，并召开村两委联席会议，研究提出具体意见和建议。

召开党员大会或党员议事会议和民主协商议事会议，听取意见，讨论由两委联席会议提出的具体意见或建议。

在讨论决定三天前，将议题在村务公开栏内公告或以书面形式发给每位村民代表，由村民代表认真征求其联系户村民的意见。

提请村民会议或村民代表会议讨论决定，并形成书面记录。

决定、决议的事项在村务公开栏内公告，村党组织和村民委员会按照分工，组织实施。

长效监督：每季度向村民代表会议报告事情办理结果并在村务公开栏内公示，接受村民监督。

动态监督：决策实施过程中，如有违反决定、决议的，村民可通过"村民自治意见箱"反映问题，并由村两委在一个月内通过村民代表会议予以解决。

图 3-11　上园村民主决策流程图
资料来源：《上园村村务公开和民主管理制度汇编》，第 42 页。

三、村务管理企业化

上园村素来有较浓厚的商业氛围，而改革开放后的上园历届村"两委"也都具有很强的"经营"农村的意识。这种氛围和意识也渗透到上园的村务管理之中，让人在观察上园村时，有一种"亦村亦企"的感受。

1994 年 1 月，上园村"两委"成立了上园村经济开发公司，来作为上园新区有关项目开发立项的主体；1995 年 9 月，又将上园经济合作社和上园经济开发公司的全部资产合并，建立了温州上园集团，对当时的村属资产进行管理。经过二十多年的发展，上园村和上园集团的融合已经非常紧密：上园集团的董事会、监事会等全部相应地来自村"两委"等村组织机构；上园村民既是村民也是上园集团的股民，各项分红、补贴既是村民福利也是企业经营的股东收益；每年上园村"两委"的述职既要讲村庄治理也要讲群众更关心的集团经营情况。特别是在对村务的监管上，上园村的管理呈现出一种规范、精确、清晰的企业管理特征。

一是对人事聘用的规范，上园村村财务人员、集团工作人员等的聘用，规定由村党支部提出，经村"两委"联席会议研究，提交村民代表会议通过。二是对村集体资产的经营规范流程，明确村集体所有的资产进行承包或出租，须经村"两委"联席会议讨论，经村民代表会议通过后，采取公开竞标的方式确定承包者。三是明确财务管理各项标准。财务管理委托村账镇代理中心管理，财务主管由村委会主任担任，实行一支笔审批：2000元以下由村主任审批；2000元以上至10000元，由村主任审批，书记审核；10000元至100000元支出，由村"两委"集体研究决定，主任、书记批准；100000元以上由村民代表大会通过。并且从1993年起，每年年底均委托审计部门对账目进行审计，做到了日清、月结、季公布、年审计。

此外，上园村还健全监督机制，成立村务监督小组。村务监督小组有权检查、审核村务公开内容，对发现的问题提出处理意见和建议。不仅如此，上园村或者说上园集团的财务情况，对全村都是公开透明的。如村民会议或村民代表会议和村"两委"会议讨论决定的事项及实施情况、村级财务的收支、集团财产及债权债务情况、集团企业和财产的承包、经营和租赁情况，以及涉及村民利益和村民普遍关心的事项等。公开前，要经村务监督小组逐项审核，并在兴达路固定的公开栏进行公开。公开栏同时设有举报箱以及举报电话，对群众反映涉及村务公开内容的问题，村"两委"及村务监督小组，会及时予以答复。

第四节　治理有效的内在逻辑

在党的十九大报告中，习近平总书记明确提出，要健全"自治、法治、德治"相结合的乡村治理体系，这是对乡村治理所提出的新要求。上园村近几十年特别是改革开放以来的发展历程及其所取得的辉煌成就，充分证明它可以作为一个乡村治理有效的先进案例进行分析。在前文中，我们梳理了参与上园村治理的组织机构（亦即主要的治理主体）和治理过程中所展现出来的主要特征，而考察其治理有效的内在逻辑，可以发现正是在"自治、德治、法治"三个方面各有其独到之处，才促成了上园的成功。

一、集体经济产权为"自治"提供了基础

近年来，伴随着针对农村自治的研究从民主选举转移到有效治理[①]，越来越多的学者注意到集体经济产权对实现"自治"的要素保障作用。特别是集体土地，可以说"自生发之初，村民自治就与农村集体土地制度联系在一起，中国的村民自治是建立在土地集体所有基础之上的农村社区自治"[②]。集体土地对于农村自治之所以重要，其原因在于：一是集体土地是属于村庄集体的公共利益，而只有针对公共利益对象才能产生公共的治理，也就是农村自治的必要基础[③]；二是基于集体土地的开发利用而积累的集体固定资产，为农村自治提供了经济基础。

这在上园村体现得非常明显。在柳市镇的改革发展大潮中，获得时代机遇的并不仅有上园村，但取得成绩最令人瞩目的却是上园村。观察上园村与其他柳市农村的不同，一个非常显著的特点就是上园村不论是在土地承包还是在村庄建设扩张中，村集体始终握有大量集体土地的真正支配权，并始终主导着对这些土地的开发和利用。而反观其他一些把集体土地"分光分尽"的农村，其集体经济普遍难有发展。羸弱的集体经济带来的是村庄内公共利益的贫瘠，这将进一步导致一村之内公共议题的缺失。那么村民也就很难产生参与公共事务的热情——因为根本没有什么公共利益需要去管理、分配和协调，自治因此也几乎无从谈起。而拥有巨大体量集体经济产权基础的上园村，在整个发展历程中，一直不缺乏"自治"的重大议题：从改革开放前的集体农业，到村庄规模扩张中的道路建设和"店面"经营；从支持车站等重点工程建设，到电子市场、有色金属市场等几大市场的开发利用；从大量民生公用基础设施建设，到即将实施的旧村改造计划。这些对上园村发展产生重大影响的"大事"，如果没有村集体土地和村集体经济的基础性支撑，都是很难办成的。

另一方面，这些重大公共议题往往涉及复杂的经济筹划、与镇县政府的关系协调、村民利益的合理分配等等细节问题，往往具有较大的难度。而正是在对这

---

① 付建军：《从民主选举到有效治理：海外中国村民自治研究的重心转向》，《国外理论动态》2015年第5期。

② 崔智友：《中国村民自治与农村土地问题》，《中国农村观察》2002年第3期。

③ 桂华：《农村土地制度与村民自治的关联分析——兼论村级治理的经济基础》，《政治学研究》2017年第1期。

种并不轻松的自治任务的具体实践操作中，上园村才会有自治规范化、民主化、企业化等等需求，才会倒逼村庄治理的各参与主体不断积累经验，不断协调和改进自身的行动模式，从而更有效地参与到上园村的整个自治过程中去。

二、村干部的非法理性权威推进了"德治"的实现

马克斯·韦伯认为管理者的权威有法理性权威、传统型权威和魅力型权威。这是管理学界早期最有影响力的关于权威的论述。[①] 此后，不断有学者对权威进行新的诠释。而在中国的农村，费孝通所观察到的证据让他认为，传统的乡村秩序维系要依靠德高望重的老人权威、教化以及乡民所熟悉的村规民约；乡村精英的角色定位和权威施行有着"双轨政治"的特征。[②] 徐勇据此提出了一个乡村精英的"双重角色"模型——作为国家代理人和村庄当家人。[③] 这个模型获得了许多支持，但裴志军认为应进一步把村干部置于国家、村庄和家庭三维互动的关系中才能理解其权威是如何树立的，才能厘清其角色和行为模式的复杂性。[④] 不难发现，村干部的角色是复杂的，其权威来源是丰富的。而不论是通过角色模型还是直接归纳其权威来源，都可以看到法律或者制度赋予的法理性权威仅仅是其中很小一部分。另一方面，村干部是否具备足够的权威，无疑是影响村庄治理和发展的重要因素。而如果把"德治"作为治理目标进行追求的话，也必然要求村干部不能仅仅依靠法理性权威，而应具备更高的非法理性权威。杨婵、贺小刚通过对大量农村的数据研究发现，社会声望权威（宗族地位）、专家权威（任职年限、学历）、政治权威（人大、政协等职务）等构成了村权威的主要部分，且都或多或少地影响着村落的治理和经济社会发展。[⑤]

上园村的村干部素来具有较高的非法理性权威水平。首先，上园村以胡为第一大姓，占到了全村人口的一半以上，胡氏宗祠是村内最重要的宗族、民俗和文化活动开展场所。上园村历任党支部书记和村委会主任，除个别外基本都来自胡氏，这让他们具备了天然的宗族地位基础。不仅如此，村干部的身份也反过来使他们能够更好地参与到村内的各项活动中。例如现任村支书胡成云是村内很多民

---

① 竺乾威：《公共行政理论》，复旦大学出版社，2015。
② 费孝通：《乡土中国》，上海书店，1948。
③ 徐勇：《村干部的双重角色：代理人与当家人》，《二十一世纪》2002年第7期。
④ 裴志军：《村干部的薪酬与其角色定位和行为选择——基于CGSS农村调查数据的实证研究》，《农村技术经济》2011年第4期。
⑤ 杨婵、贺小刚：《村长权威与村落发展——基于中国千村调查的数据分析》，《管理世界》2019年第4期。

俗活动的主持者或组织核心，普通村民的"白事"（丧葬）他也往往热心帮忙组织筹划，这让他具备了相当高的传统权威或者说社会声望权威。其二，在上园村发展最关键的几个阶段，例如建成区规模大幅扩张的 20 世纪八九十年代和村治理秩序迅速规范化的 21 世纪初，上园村都有着拥有较长任职年限的村干部，例如胡志法、胡成云、胡志川等，都有十年以上的任职年限。长期的任职，使他们都非常熟稔于村庄治理的各项事务，因此具备了较高的专家权威。其三，因为村干部之外的社会政治身份和荣誉，他们还具有很高的政治权威。例如被称为"上园双杰"的胡成云和胡志川这对搭档，分别是省党代表和市人大代表，分别获得过温州市"为民好书记""中国农村改革 30 周年功勋人物"等这样的重磅荣誉，在村民中拥有的政治权威很高。

通过这种高水平线上的非法理性权威，上园村具备了实现德治的途径。很多农村治理中纷繁复杂的具体实务，通过刚性的制度约束是无法提供最优的解决方案的。只有通过这种非法理性权威的影响，一种柔性的、充满人情味的德治才可能得以实现。

三、秩序输入提升了"法治"水平

农村税费改革后，国家与农村之间的资源流动关系，从原来的"农村资源输出到国家"转变为"国家资源输入到农村"。然而很多学者发现，税费改革初期带来的经济红利和政治红利很快消散，农村基层组织的治理能力并未获得普遍持续的提升。其中的问题主要是由于税费取消带来的乡村财政困难和农村公共产品供给不足。[①] 为此，国家不得不转而采取新的措施，加强对农村的资源输入。[②] 但这种资源输入也面临着困境。陈锋通过深入的田野调查发现，资源输入农村后，农村组织主要表现出两种样态：一是消极作为，村干部遵循"不出事"逻辑行事；二是富人和灰黑势力主政后的摆平式"积极"治理。两种治理形态皆会导致公共资源的耗损，"权力寻租者、地方富人与灰黑社会势力、谋利型的机会主义农民等几个行动主体相赖相生，形成分利秩序，普通民众被排除在外，乡村治理出现内卷化"[③]。因此，单纯的"资源输入"很多时候无益于乡村治理，"秩序输入"才是

---

① 周飞舟：《从汲取型政权到"悬浮型"政权——税费改革对国家与农民关系之影响》，《社会学研究》2006 年第 3 期。

② 李芝兰、吴理财：《"倒逼"还是"反倒逼"——农村税费改革前后中央与地方之间的互动》，《社会学研究》2005 年第 4 期。

③ 陈锋：《分利秩序与基层治理内卷化：资源输入背景下的乡村治理逻辑》，《社会》2015 年第 3 期。

关键。

通过我们对上园村发展历程的观察，我们注意到，镇、县等上级政府往往以"试点建设""典型示范打造"等载体实施对乡村治理主体的辅导，从而协调各主体以与其行政意图更靠近的行为方式来参与乡村的治理，并在这一过程中达到对乡村治理输入秩序的目的。

上园的发展路径，其背景是改革开放东风下的柳市电器产业发展大潮汹涌，其基础是上园村在柳市镇的独特区位优势，其关键是村"两委"班子对集体资产的坚守、累积，其亮点是对"市场（店面）—人气—发展"这一逻辑链条的实践，而其能够持续取得进步的后劲正是此后上级政府的秩序输入。

我国有很多可称乡村发展成功范本的地方，如华西村、官桥八组等，在依靠自己的力量发展到一定阶段后，如何将聚焦的目光、汇集的荣誉转化为自身继续发展的新起点，都是极其重要的课题。上园也是如此。2003 年，上园村和华西村一起入选首届"中国十佳小康村"，而各种省、市荣誉更是不计其数。在此基础上，一种治理资源的马太效应开始显现。由于先前已经展现出来的成功，政府更愿意将此后的各类试点建设、典型示范打造等工作放到上园村开展，上园村和镇、县、市等上级政府由此形成频繁的互动并逐步建立了良好的"指导—合作"关系，而这又进一步使上园村能够获得更多的资源倾斜，产生良性的循环。

在这一过程中，上级政府对上园村的治理秩序输入主要通过两个层面的"秩序化"来实现。

首先是硬件层面，包括场所、档案、人力资源保障等。很多试点建设要求有可供参观的场地或者实物，也对工作档案、文件记录等"台账"有着具体形式规范等明确的要求。因此，每次试点工作都可以视作对上园村的一次"训练"。大量训练的结果是，上园村各项日常村务工作都特别整齐、规范、漂亮，几乎可以达到供县市级以上现场会参观的水平。例如，在乐清市公安局柳市镇公安分局指导下打造的上园村警务室（下设村综治指挥站），设备先进、管理高效，可以实现对全村 300 余路高清摄像头的实时监控。不仅如此，为了确保上园村的治安环境质量，柳市镇公安分局还下派一位民警和两位辅警常驻村内，与村专职巡防队、网格员形成智慧联动，大大提升了上园村治安水平。

其次是软件层面，主要涉及制度安排的内容。上园村的很多规章制度的具体内容设置，都离不开镇、县政府相关部门的指导和帮助。尤其是在一些重要荣誉的考核评比过程中，柳市镇政府或者乐清市政府的相关工作人员直接到村手把手帮扶，甚或亲力亲为直接开展工作，这样的例子屡见不鲜。例如 2005 年上园村参评全国民主法治示范村，大量的制度文本在柳市镇政府的帮助下制定完善，为此后上园村治理规范化打下了坚实基础。2014 年，柳市镇在包括上园村在内的几个村先行试点，而后在全镇推广了《柳市镇村务工作权力清单二十四条》，进一步将顺了上园村各项工作的流程和规范性要求。

总之，上园村"法治"水平的提升不是以一村之力单打独斗的结果。当荣誉和新的工作要求一起涌向上园村的时候，上园村集体没有躺在功劳簿上打盹，而是善于乘势借力，积极承接上级政府的秩序输入，这是其保持先进地位的重要原因。

文化生活篇

物质富裕　精神传承

中国村庄发展

WENHUASHENGHUO PIAN
WUZHIFUYU JINGSHENCHUANCHENG

村 域 城 市

物质在于满足人的生理需求，文化在于慰藉人的精神需求。物质和精神的发展是一个从低级到高级的过程，对应了人在时代变迁中不同的需求层次。物质的富庶让人生活得更加舒适，而精神的发展和传承让人和社会的发展更加全面。新中国成立以来，上园村在物质文明和精神文明两方面，都发生了巨大的变化。尤其是改革开放以来，在迅速的工业化与城市化背景下，上园村民的文化与生活方式更是急剧转型。本篇在这种变化轨迹的追踪中去探索上园村物质和精神文明发展的特征与模式，一方面，展示新中国成立后到新时代上园村村民收入和消费的升级演变；另一方面，通过对上园村风俗习惯、宗族与宗教观念、文化建设等方面的调查研究，可以清晰了解上园村精神文化在不同时期的传承和发展。

第一章　生活水平

生活水平是反映农村社会状态和发展趋势的最直接体现，是农村社会起起伏伏中最生动的反映。农村社会的生活包括收入和支出两个方面，具体体现在衣、食、住、行等多个方面。本章结合访谈和历史文献资料，对上园村的生活文化进行描述和分析。

第一节　收入水平

自古以来，上园村的农民黏着贫瘠的丘陵之土，靠着老天的赏赐，从一亩一分的土地中刨食。改革开放给上园村的农民带来了解放于土地枷锁的钥匙，上园村民凭着敢闯敢干、大胆进取的勇气，放下锄头，将祖祖辈辈最珍视的土地要素转变成为激发经济活力的生产要素，中国最具活力的民营企业从这片贫瘠之地迅速崛起，以家庭经营为基础，从发展家庭工业、小商品市场入手，形成了"小商品、大市场"的经济格局，脱离了耕地的上园农民从工商业中攫取了巨额财富，实现了物质生活的巨大飞跃。

一、20 世纪 50 年代初以前

20 世纪 50 年代初以前，上园村村民以农为主，兼营手工业，生产水平低下，农业收入仅够糊口，手工业劳动者和小商贩没有固定收入，多数家庭生活水平低下，朝不保夕，特别是青黄不接这段时间，很多村民需要去亲戚或者村中富农家赊借粮食，以度过艰难时期。

乐清是典型的丘陵地形，七山二水一分田。土地少是乐清的硬伤，上园村村民也一样，自耕地少，大部分村民租种土地过活。上园村的耕地分布在村南面的

门前垟，土质贫，加上缺少肥料，因此年产量很低，全年亩均产量不到 250 公斤。村民交租之后，收入不过 120~140 公斤。因此在非农忙时节，村民兼做小商小贩，或者是为大户人家做工以维持生计。据村民回忆，1949 年时，上园村人均收入不到 30 元，温饱问题还没有解决。时人戏谑称："天光开门风扫地，黄昏关门月当灯。"

二、20 世纪 50 年代初到 70 年代末

新中国成立后，政府采取多种措施，扶植生产，加大救助，人民生活逐渐改善。土地改革让农民拥有了自己的土地，生产积极性得到提高，政府支持村民兴修水利，改造垟心田，土地亩产量有了显著提高。1951 年，土地亩产量达到 300 公斤，年人均收入 39.7 元。农业合作化之后，机械灌溉取代了体力水车灌溉模式，农作物抗寒能力得到提升。1957 年，土地亩产量提高到 402 公斤，年人均口粮 240 公斤，每日工分值 1.1 元，年人均收入增加到 52.6 元。

1958 年，上园创办了人民公社，上园生产大队秉着"人人为我，我为人人"的口号，开启了不要钱的公共食堂时期。无奈天灾遇上人祸，到 1961 年 5 月份的两年半内，农民们饿得前胸贴后背，挖野菜吃，啃树皮，很多生产大队都有村民饿死。所幸，上园大队没有人饿死，但是对上园生产积极性的挫伤不容小觑。饥饿让农民们再次清醒过来，积极发展生产。

1962 到 1967 年间，上园村土地亩产量实现了 833 公斤，年人均口粮 370 公斤。农民还分到自留地，可以自由种植各类杂粮果蔬，余量上市经营，获得额外收入，年人均收入 75.3 元，相较 20 世纪 50 年代初增长了近一倍。根据柳市镇人民公社上园大队各生产队 1965 年度经济总方案公布表显示，当年农业收入 57515.59 元，副业收入 4164.91 元，其他收入 12.35 元，四项结算收入 455.65 元，收入减去合计支出 22798.29 元，税款 2751 元，集体提留 4238.18 元，当年人均收入（除非农业人口，其中农业农垦 480 人，非农人口 209 人）为 67.2 元。

1970 年到 1975 年，阶级斗争使得农村的生产力再一次受到伤害。在这段艰难的日子里，上园农民另辟蹊径，开办村集体工厂，安排剩余劳动力就业，弥补了因土地减少的收入，上园村年人均收入达到 78 元。

三、改革开放初期到20世纪90年代末

1978年改革开放后，上园村对农村经济体制进行了改革，建立健全了联产承包责任制度，努力提高农民生活水平。1979年，亩产达到950公斤，年人均口粮260公斤，年人均收入132.1元。

改革开放的春雷唤醒了世世代代面朝黄土背朝天的上园人，以家庭联产承包为基础的民营企业如雨后春笋般冒出。上园生产的低压电器，远销全国各地。家家户户前店后坊，上园电气产业逐渐形成规模，商贾云集，人流如织。

上园村地处平原，是柳市镇中心，有交通主干道104国道穿村而过，是柳黄（黄华）、柳翁（翁垟）、柳七（七里港）、柳白（白石）公路的始终点。便捷的交通、密集的人流，使这里成为孕育市场的最佳土壤。地利还需天时，土地承包完善了这个条件。从土地上解放出来的农村剩余劳动力纷纷加入市场大潮。颇具眼光的农民摇身一变成为农民企业家，办起了家庭作坊式的工厂。经过若干年，家庭作坊式的生产，发展成为现代工厂。胜利车木厂由此诞生，大、中、小各种型号的优质算盘开始纷纷销往全国各地。之后，上园村又创立了"柳市胜利机具厂"，为农村提供修理加工服务。1981年，柳市胜利机具厂变更为"柳市胜利电器厂"，经营五金、电器供销业务。1983年，经过村镇规划，建街立店，经营电器。1984年，村民南存辉、胡成中创办了求精开关厂，这是柳市镇第一家股份合作制企业。1984年，上园村荣冠"电器发祥地"和"电器之都"双称号。农村年总收入230万元，人均收入1860元。在此之后，村民们相继创办了数十家股份合作制企业，其中有20多家企业走在乐清市前列。1996年，村土地全部被开发，集体经济不断壮大，村民股份制企业快速发展。

市场经济让村民收入实现了质的飞跃。1996年底，村民年收入2958万元，年人均收入2.18万元，比1979年增加了7倍多，从表4-1可以看出，经营所得已经成为村民最重要的家庭收入来源。

表4-1 1996年上园村民（农业）经济收入来源表

项　　目	金　额（万元）	年人均收入（元）
1. 村发给村民口粮和补贴	190	1400
2. 村民店租金收入445间	392	2900
3. 村民股份制企业赢得利润及工资	1707	12600
4. 个体家庭作坊加工及建材	117	900

续表

项　目	金　额（万元）	年人均收入（元）
5. 搬运劳务收入	100	700
6. 从事运输行业收入	45	300
7. 个体户经营电器收入	174	1300
8. 从事服务行业收入	91	700
9. 从事基础设施服务收入	142	1000
合计	2958	21800

资料来源：胡省三主编《上园村志》，浙江人民出版社，1999。

注：1996 年上园村农业人口 1356 人计。

四、21 世纪以来

2000 年，胡成云当选上园村党支部书记，为上园村实现乡村振兴组建了坚实的村集体班子，继续稳健推进产业振兴事业。经过多年发展，上园村积累了可以年年生息的市场、店面、厂房等几十项固定资产，2018 年实现集体净资产 10.7 亿元，集体收入 2800 万元。村中会计提供的统计数据显示，2018 年，上园村村民人均收入 43780 元。上园村 2018 年用于分红的资金高达 1895 万，成为让邻村羡慕不已的"土豪村"。其中 60 周岁以下的村民分到了 1 万元，60 周岁以上的老年人分到了 1.38 万元，老年人多出的 0.38 万元是重阳节补贴、旅游补贴、高龄补贴等额外补助。如今，上园村村民已经完全脱离土地生产，靠农业生产作为收入来源已经成为历史，这也是这个村庄的奇迹之所在。

从发放给上园村民的问卷调查显示，2018 年上园村村民家庭收入集中在 5~50 万之间，合计占比 70% 以上。如果对组距资料进行加权平均，可以得出上园村村民家庭收入平均水平为 37.21 万元（村集体分红与奖励未列入），如果按户均 4.8 人计算（问卷中所统计的户数测算），上园村年人均收入为 7.75 万元。这比上园村提供的 4.3 万元要高出不少。（见表 4-2）

表 4-2　您的家庭年收入（2018 年）

分　组	频　数	频　率	组中值	组内总数
3 万以下	16	6.13%	1.5	24
3~5 万	31	11.88%	4.5	139.5
5~10 万	49	18.77%	7.5	367.5
10~20 万	73	27.97%	15	1095
20~50 万	61	23.37%	35	2135

分　组	频　数	频　率	组中值	组内总数
50~100 万	22	8.43%	75	1650
100~500 万	5	1.92%	300	1500
500 万以上	4	1.53%	700	2800
合计	261		37.21	9711

资料来源：根据问卷调查结果整理。

由于本次发放问卷的对象主要是常住上园村的村民，占所发问卷对象的78%，这一部分人员的收入大部分来自工资性收入和个体收入，大多在本地行政事业单位或者企业上班，或者是个体户经营者，企业主未包含在内。如今的上园村百万元户比比皆是，千万元、亿元以上大户也大有人在，实际的人均收入会比统计更高。

问卷调查显示，2018 年村民的收入主要来自财产性收入（房屋等固定资产收入统计在其他收入中）、工资性收入、个体户经营所得、创办企业经营所得等。收入来源中比例最高的是工资性收入，占比 40%；其次是个体经营所得，占比为24%；创办企业经营所得占比 11%，两者合计占比 35%；利息、红利等投资收入占比 3%，店铺和多余住房等固定资产租赁收入约占比 20%。两者合计（财产性收入）占比为 23%。（见图 4-1）

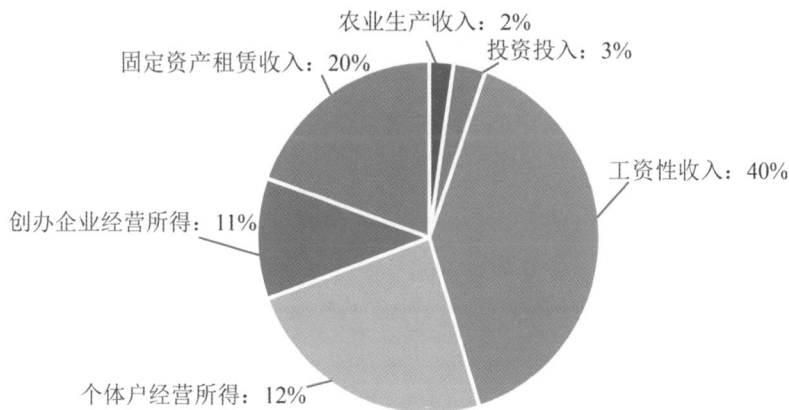

农业生产收入：2%
投资投入：3%
固定资产租赁收入：20%
工资性收入：40%
创办企业经营所得：11%
个体户经营所得：12%

图 4-1　2018 年上园村家庭收入来源占比

上园村是改革开放以来中国村庄变化的一个鲜活缩影。访谈中，年老村民们话语中对过去生活的唏嘘与感叹，对现在生活的感激与满足，正是上园 40 年发展亲历者的最真实表现。我们无法去体会当年的艰辛，但是现在的繁荣、富足实实在在地摆在面前，他们的雄心和对未来的展望也一次次流露出来。村书记胡成云，他做过裁缝学徒、做过五金生意个体户、成立过电器公司，而他最长久的一份职业大概就是上园村书记吧。从 2000 年一直到现在，他是上园繁荣的见证和亲历者。从统一征地、统一建设、统一开发到现在旧村改造规划，这个村集体经济在这群人的手中，从小到大，从无到有，从弱到强。村中三个市场，数不清的店铺，气派的上园大楼，这些都在告诉我们，上园真的走出了一条富民强村的道路。上园村即将成为社区，农村的印记在现代化的城镇建设中逐渐褪色，但上园人敢拼、敢闯、敢干的底色将一直烙印在那里。这里既是改革开放 40 年成就的展示点，也是下一个更加辉煌历史的起始点。

第二节　消费水平

一个时代的变化，一个地方的变化，可以经由统计局的大数据反映，也可以经由报纸上的大事件反映，但最生动的却是经由当时当地的民众生活来反映，经由一些微不足道的生活琐碎，去见证这一段巨变的历史。

新中国成立前的上园是贫穷和荒凉的，永乐《乐清县志》中讲道："乐清傍山沿海，土瘠民贫，虽竭力稼穑，仅支一岁之余，或遇水旱，艰食者多。"贫穷的小县城里面是贫穷的小村庄。而在这偏隅南方山岭之地的人民，中原人民谓之"蛮荒之地"，抛却了落寞和孤寂，在改革春风的推动下，凭借着吃苦耐劳、顽强不屈、勇于创新的勇气大踏步先行，践行出了一条广为天下知的温州模式。上园村是"温州模式"的发祥地，整个村庄犹如一个巨大的"温州模式展示厅"。它被冠以"温州第一富村"，被评为"中国十佳小康村"。

在这滔天巨浪的历史变迁中，上园村民既是参与者，也是见证者，他们的生活在日复一日中细微变化，一回头却发现，这是惊天般的改变，历史的洪流创造了先辈们不敢想象、也无法想象的新生活。这些巨变一一体现在乡民们衣食住行各个方面。

一、村民消费水平不断提高

（一）衣

衣服，它的首要功能是保护人的身体，保暖御寒。衣服的另一项重要功能是遮羞，从人智开启以来，衣服就成为人类体面的重要物品。它不仅仅体现了个人的贫富差距，同时也反映了社会生产力的变化。从原始的兽皮到农业社会的粗棉麻织物，再到工业社会的人造材料，这些变化都是生产力不断提高的表现。因此，观察上园村民的衣着变化，是了解村民生活水平变化的一个窗口。

1. 衣不蔽体、温暖为主

新中国成立前，上园村村民所穿的衣物大部分出自自己家棉纱织布。20 世纪 30 年代初，村民到街上购置棉纱，自己织布，满足一家老小四季衣裳。春冬时节，男人穿上蓝对襟衣服，下着青裤；夏秋时节下地劳动时，穿白色对襟短袖衫，下套青色、白色短裤。女人们则穿大襟青布衫，着黑色裤。天冷时，内加破旧衣裳，寒冬时节则穿夹层袄，富裕之家则备有棉衣御寒。村民们的衣裳都可以穿十多年，村民的衣物上布满各色补丁。当衣服无法再补时，就给孩子做尿布或者用来缝制鞋底。一般家里孩子的衣服都是老大穿了老二穿，一个接一个轮着穿下去。村民们只会在逢年过节、出门、逢喜事时穿上最好的衣服。一般男人穿的是士林蓝、四君子、大襟长衫；女人们则穿的是士林蓝短衫。一般村民的鞋子为布鞋、布袜，雨天时则赤脚或者在蒲鞋下面加扎木砖以作雨鞋。

2. 朴素单调

新中国成立后，村民收入提高，衣着情况也相应改变。20 世纪 50 年代，流行的是蓝色列宁装、棉毛衫、棉毛裤、苏联花布衫；胶鞋成为大众鞋。20 世纪 60 年代，村民穿的是涤棉制的中山装，天冷时内加毛绒线衫。20 世纪 70 年代，流行的是卡其中山装、长短袖、衬衫和汗衫。

3. 丰富多彩、时尚个性

20 世纪 80 年代，柳市服装市场开始繁荣，村民有了更多的选择。青年和中年人开始流行穿西装、打领带，各种化纤衣服、牛仔服装等各色服饰为村民提供了多样的选择。老年人也开始穿呢大衣。20 世纪 90 年代，各式各样的衣服开始流行开来，春秋有夹克衫、运动衫，冬天是羽绒服。女士们穿上了时兴的连衣裙、超短裙、旗袍等，尽情展现自己的个性。衣着的丰富是前所未有的，不仅代表村民生活水平的提高，更是改革开放以来村民思想观念随着时代的变化而变化，从以往的从众心理到追求个性的一个体现。

21 世纪以来，衣服已经远超保暖功能，更多体现了穿衣者的品位、个人特色。上园村的女人一条街所出售的服饰，不仅仅有国内各大服装品牌，还有广受女性欢迎的欧美服装、日韩设计，定制服装也成为村民的另一种潮流。逛街购物已成为大家的一个日常休闲活动。服装的选择不仅体现了村民消费水平的提高，也体现了村民们对美好生活的向往。

（二）食

民以食为天。食物不仅是人民生活的最低要求，也是人民对生活的追求和享受。孔夫子有言"食不厌精，脍不厌细"，说的是人对食物色香味的追求。上园人的饮食随着社会的发展也在发生巨变。从果腹到求精，从获取当地四时所产之物到遍尝世界各地之食，上园村民餐桌上的食物随着流动的岁月在不知不觉中发生了改变。

1. 食不果腹、粗茶淡饭

新中国成立前，上园村民生活贫困，过着食不果腹的日子。在上园村流传着这样的民谣："麦前是浃，麦后是河。"这首民谣表现了麦收前饥荒时间短，麦收后饥荒时间长，饥饿如影随形。从插田到早稻收割，有 70 多天时间，村民处于缺粮的困境之中。遇见灾年时，村民吃麦麸、糠菜。卖儿卖女、外出讨饭的情况也时有发生。农忙时节每天二稀一干，农闲时节则顿顿喝稀。上园村民以大米、大小麦、番薯为主食，"配饭"（下饭菜）则为青菜、咸菜、鱼腥（有咸圆鲭、蟹酱等），肉类等食品则在逢年过节、家有来客的时候提供少许。

2. 食物匮乏、票证盛行

土地改革的实行，使村民生活水平有所改善。20 世纪 50 年代后，村民每日二稀一干。三年困难时期，村民再次经历了"瓜菜代""糠饼粮"，在困苦中挣扎。20 世纪 70 年代后，村民的生活提高许多，基本可以保证一日里两干一稀或者三餐干饭，也会有素面、粉干当点心，调剂饮食。"配饭"的品种也开始丰富，河海鱼鲜常见于餐桌上。

3. 营养均衡、吃好喝好

20 世纪 80 年代以后，村民们生活水平明显改善，开始讲究饮食，注意营养搭配。鸡鸭鱼肉、生鲜果蔬成为餐桌上的常客。菜场、超市、大卖场为村民提供了琳琅满目的食品。村民对吃的要求越来越高，不仅要吃好，还要吃得健康，科学卫生观念开始深入人心。村民注意粗细搭配、口味也更加清淡，减少了食用油和食盐的使用量，少吃高脂肪、高胆固醇食品，野菜、粗粮成为餐桌上的香饽饽。

4. 烹饪用具的变化

从新中国成立前到现在，不仅饮食发生了变化，烹饪用具也有了极大变化。新中国成立前，村民使用砖砌的灶台，使用晒干的稻秆、山上的柴火（俗称柴头根）为燃料，还有在灶膛边上安装木制的风箱。20 世纪 60 年代后，部分村民改用煤球灶。20 世纪 80 年代，煤气灶、电饭锅开始进入家庭，灶台和柴火逐渐淡出村民的家里。20 世纪 90 年代后，微波炉、电冰箱、油烟机等更为现代化和便捷的厨房用品开始在每家每户普及，对于家庭主妇来讲，烹饪用具的改变，不仅能制作出更多的美食，也为她们节约了更多时间。

随着经济发展，很多家庭会选择在餐馆、酒店吃饭，特别是除夕的分岁酒，早在年前一个多月，各家餐饮机构就竞相推出广告，吸引村民来吃饭。餐饮业的发达为村民丰富餐饮提供了更多选择。

（三）住

栖身之所历来是中国人所期盼的，"安得广厦千万间，大庇天下寒士俱欢颜"也是中国人对于住所向往的一个表现。中国人毕生追求自己的房子，房子带给中国人的是一种安全感、占有感。中国人，不管是有权的或没权的、有钱的或没钱的，都把房子作为财富的主要象征，作为奋斗、追求的目标。上园村民，也充满了对住房的执着，祖祖辈辈，为房子所奋斗。

1. 茅屋为秋风所破

在明清时期，村民住房多为土木结构，多数为胡、周、黄姓始迁祖所建造。为了抵御沿海台风的侵袭，上园村所建房多为平房，光线差、不通透、多危房。一些困难户，上无片瓦，下无寸土，住茅草屋，或是借住在胡氏祠堂。20 世纪 30 年代前，村民居住的房屋多为平房，呈"凹"字形。有的建有两侧轩间（厢房），也有的建有后面两侧的居头。20 世纪 40 年代，村中出现少数楼房。总的来说，这一时期村民的居住空间拥挤且简陋。

2. 居住条件仍较差

新中国成立后至 20 世纪 60 年代中期，上园村没有新建房。新中国成立初期，全村只有 20.5 座平房并两座楼房。人口的增加使得住房非常紧张，大多是四五口、六七口人住一间或是半间平房，灶台、餐桌、床铺、猪圈都在一块。

20 世纪 60 年代后期到 70 年代末，村民开始利用非耕地建房。1976 年 1 月开始第一批建房，地址选在祠堂后的烂水田里，4 户村民共建了 11 间房。紧接着，第二批、第三批建房开始，一般在上垟高田、卦达路和朝东屋边杂地建房，大部分是砖墙、钢筋混凝土、青瓦结构，楼板是混凝土小梁小板、水泥楼梯踏步。从 1967 年到 1979 年，上园村批出建房 284 间，占地 9100 平方米，建筑面积 17400 平方米[①]。这一时期的新屋建设大大改善了村民的住房条件。

3. 住上小洋房

20 世纪 80 年代之后，特别是 20 世纪 90 年代以来，村民居住条件大为改善，楼房大多 3 层以上，人均住房面积有了很大提高。1983 年，上园村按照村镇规划拆建了新市中街等 10 条街道，统一按照浙江省住宅建房每人占地 20 平方米的标准，对村民店铺和住房进行安排设计。这时期的住房为框架混凝土的现代结构，最高 5 层，最低 3 层，有平台、走廊、铝合金门窗、茶色玻璃等，房间内配有水电、卫生间、防盗报警装置，大厅、卧室装修高档，彩电、沙发等各色家电陈设齐全。这次规划建设，为全村 272 户村民统一安排了 600 间店面和住房，占地 16500 平方米，建筑面积 51000 平方米，上园村民住房条件实现了质的飞跃。

1996 年，上园开始兴建新农村公寓式住房，每户一套 140 平方米，人均建筑为 30 平方米，每套有 50 平方米的大厅，房屋建筑样式新颖，院内有独立花园，村民住上了让城里人都羡慕的房子。

4. 焕发新面貌

经过多年发展，上园村也出现了各种问题：建筑密度过大，建筑间距近，无法满足日照采光通风的要求，居住环境较差，存在消防安全隐患等。原有的规划已无法满足新时代经济建设发展需要和村民对更高质量生活水平的需要。

为了改善上园村村民居住环境，提升上园村整体面貌，2016 年上园村支部委员会、上园村村民委员会制定了三个旧村改造方案，委托浙江新宇建筑设计有限公司设计了旧村改造概念方案，并征求每家每户意见，以取得村民同意。

2017 年 1 月，上园村向乐清市三改一拆办公室、乐清市柳市镇人民政府提交了上园村城中村改造补偿安置申请报告。该改造涉及村中 587 户，房屋 1071 间，拆迁建筑占地 34944.86 平方米。新方案以高层住宅为主，楼下作为沿街店面，增加绿地面积，增加公共设施面积，改变脏乱差的现状。村民标准户型为三房二厅二卫，建筑面积 138 平方米。该旧村改造方案尚在审批中，一经实施，将为村民

---

① 胡省三主编《上园村志》，浙江人民出版社，1999，第 40 页。

创建更高水平的人居环境。

5. 家具

住房硬件的改善也伴随着居住软件的改善。旧时，上园村民睡觉的床铺有"两头端"（简易床，只有床板）、木板床、竹床，甚至是把门板拆下来当床。富裕家庭用的则是椅亭床（也叫十一扇屏风床）、三下屏、木制假铁床。床垫一般是早稻秆，上面铺着草席，枕头是由一捆稻秆捆成。夏天没有被单，春秋盖被单，冬天盖棉被。家里困难的，夫妻和孩子都挤在一张床上，以襄衣作为铺盖。一般人家都没有蚊帐，只有个别富户家才有苎麻布所制作的蚊帐。

改革开放以来，村民的家具发生了巨大变化，睡席梦思，头枕插花枕，身盖进口羽绒被，热天冷天开空调，居住条件实现了飞跃。

（四）行

古人云"读万卷书不如行万里路"。出行是了解大千世界、创造更多财富的重要手段。伴随着经济的发展，人们出行的交通方式发生了巨大的变化。特别是改革开放，促进了中国交通大发展。上园村民交通工具的变化反映了其生活水平的不断提高。

1. 交通不便、出行靠走

上园村地处乐清西隅。旧时，步行是最普遍的出行方式，走的都是民间古道。上园耕地少，农民为了生活，经常在农闲时节外出讨生活。村民们外出经商经贩、做工，一般是穿草鞋步行而去。小商贩们肩挑上百斤物资，早行晚宿，每日走100市里（1市里等于500米），有时候需要连着走数日。

上园村三面临水，船是村民出行的另一种普遍工具。新中国成立前，村内有9个埠头，木制客船在内河送客，俗称屎船，可把村民送到临近村镇，如翁垟、黄华、白象、白石、乐成等地。运货的船也是木质结构，俗称"河泥溜"。到温州、洞头等地需要过瓯江，则坐"河泥溜"或者是航船。家庭条件较好的村民出门则坐"屎船"（一种小木船）。

2. 自行车普及

新中国成立后，政府大力改善交通基础设施，1951年修复杭温公路，改名为104国道。1954年修建柳黄公路，与104国道上园段相衔接。上园村设有交通部门，设有柳市车站，成为柳市镇交通枢纽，南北通畅。

20 世纪 50 年代，村民出行可以选择坐汽车。20 世纪 60—70 年代，自行车逐渐普及，成为村民短途出行的主要方式。同时，大巴、火车成为远距离出行的交通工具。

3. 朝发夕至

改革开放后，国家加大对基础设施建设的投入力度，上园村交通明显改善。1989 年，柳白公路建成通车。1990 年，柳翁公路建成，与柳黄路三里段相衔接。

20 世纪 80 年代，摩托车风行，取代了自行车，出行速度更快。水泥船代替了木制船，此后水泥船被机动船所代替。20 世纪 90 年代，一部分富裕起来的村民购置了小汽车，不仅方便了出行，也成为经济实力的一个象征。到 1996 年，全村共有 17 辆轿车。远距离出行，村民选择火车、飞机等快速的交通工具。过去需要走上十天半个月的地方，现在是早上出发，晚上就能到达。

4. 任我行

2003 年，甬台温高速公路通行。2009 年，乐清白石站、绅坊站和雁荡站开通动车组客运。高速公路和高速铁路的建设，是一个国家交通现代化的主要标志，也是实现高速出行的一个重要保证。目前，村民小轿车的拥有率已达全村总户数的 100%。村民出行有了更多的选择，既可以自驾出行，也可以选择高铁出行，全国各地、世界各地都可便捷、快速地到达，交通工具的现代化发展已经满足了出行的各种要求。

（五）文化娱乐

文化娱乐是反映社会文化体系特征的最活跃的元素，它反映了群众社会心态的趋向变化，是社会政治经济文化形态发展的一个标志。随着社会发展，人民群众会追求更高的教育和选择更多自己喜爱的娱乐方式。高等教育的普及以及文化娱乐方式的多样化、多元化，赋予群众更多自由选择空间。新中国成立 70 年来，上园村文化娱乐的发展变化正说明了这一点。

1. 教育

上园村历来重视教育，从村民住宅的梁柱上所贴的治家对联可窥知一二："世上几百年旧家无非积德，天下第一件好事还是读书"。

20 世纪初，柳市文昌阁设立书塾，招收上园村等附近几个村里的孩童，经济困难的可免费读书。民国时期，乐清县立第二女子学校开始招收女学生。

新中国成立后，人民政府重视文化教育，建立了从幼儿学前教育到初等教育的各类学校。彼时，学费支出低，贫困学生还可减免学费。据耄耋老人回忆，新中国成立后，他上小学的费用大概就是几毛钱，还可以拿鸡蛋、米面等代替学杂费用。

改革开放后，高等教育比例提高，大学生、研究生教育成常态。村民对子女教育更加重视，家庭中最重要的一项支出就是子女的教育经费。每年学费数万元的私立学校成为很多父母的选择。出国求学风潮盛行，一般留学英美等国，年支出费用高达数十万元。除了基础教育和高等教育的学费支出，课外培训辅导班的支出金额也逐年增加，一般一年数万元。各种音乐、舞蹈、书法培训班如雨后春笋般出现。据一位村民介绍："平日孩子跟着老师辅导作业，周末参加培训班学英语、画画两门课程，暑假里再报三门课，一年下来就要五六万。"教育支出已经成为一个家庭中逐年增加的支出项目。问卷调查显示，教育支出占比已经成为家庭消费中排名前三的项目。

2. 娱乐

娱乐是村民在辛勤劳作之后的放松需求。农村的娱乐常常见于集体性质的活动，因此它的功能超出了休闲，也具备了增强邻里关系的功能。

新中国成立前，村民的娱乐活动有元宵灯会，正月十五、七月十五、十月十五听唱词等，这些活动支出少，又热闹，成为农村娱乐的主要活动。新中国成立后，上园村聘请音乐教师教青年男女扭秧歌、跳腰鼓舞，秧歌舞和腰鼓舞成为村民喜闻乐见的时兴活动。柳市镇电影队也不定期到村里巡回放映黑白电影。

改革开放后，上园村的娱乐活动逐渐丰富。下棋、打牌、打麻将成为老年人的主要娱乐活动。青年人则买来收音机听港台流行音乐，台球、溜冰也成为青年人时兴的娱乐项目。彩电开始走进家家户户。1978 年，上园村民胡万潘购买了村中第一台 12 英寸黑白电视机，村民争相观看，后来家家户户购买各种大屏彩电，到现在就是液晶电视。录像机、卡拉 OK 设备、电脑、游戏机等娱乐性家电开始走进每个家庭。

近年来，为丰富精神文化生活，村民在文化娱乐上的支出逐年增加，国内国外旅游成为大家休闲娱乐的主要选择。据估计，国内出行费用人均为数千元，国外则上万元。上园村民用于文化娱乐的人均费用可达 2000 元左右。

（六）礼仪人情

中国人民在社会生活和交往中始终离不开两样东西：一是礼仪，二是人情。中国是礼仪之邦，只要与人打交道，不论在什么场合，都得知礼、明礼、懂礼。人情亦起着影响人生的重大作用，每个人必须认真对待人情，正确认识人情，妥善处理人情。无论施予人情、接受人情都要讲究方法，把握分寸。

1. 礼仪开支

出生、升学、结婚、死亡是人生中的几件大事。这种开支是村民家中必不可少的支出。

结婚时男女双方的彩礼和嫁妆是两个家庭必须要置办的。旧时村民结婚支出大概是几十到几百元之间，女方准备生活用品之类的嫁妆。现在嫁娶的费用则无法做出明确的估算。在访谈中，一村民表示他给女儿的陪嫁有一辆进口车、一套房，还有现金若干，合计300~500万。上园村普通家庭的女儿嫁妆也不会太少，几十万非常普遍。男方迎娶新娘，一般要准备新房、几十桌酒席，这样的花费也颇为可观。

旧时的丧事费用也在几百元，这种花费既显示了子女对父辈的孝顺，也展现了主家的面子。前些年，大办丧事成风。一场丧事往往置办酒席百来桌，亲朋好友送的花圈、花篮等绵延数百米，平均费用在40多万元。2017年，乐清推行移风易俗活动，严格简化丧事办理，现在的费用已经降到了3~5万元左右。

2. 人情支出

凡红白喜事，亲戚好友照例要送人情，大家一直秉持"你有来我有去"的习俗。访谈得知，上园几乎每家每户都有人情消费。在村民收入不断提高的同时，人情往来的项目和数额也随之增加。20世纪80年代，村里碰到重要的红白喜事，一般都是送点日常用品或者鸡蛋、白砂糖、肉等实物，邻里一起出出力帮帮忙。那时候很少有人出礼金，而且出多出少也没有固定标准。现在，人们的收入高了，都愿意出现金而不是送实物，大家普遍认为送现金更有面子。如今，礼金标准也在不断增加，从几百元一直涨到千元以上，甚至更多。

旧时的农村，节俭是美德。困苦的生活使得村民们不会也不敢浪费任何可以使用的物品，这些特性在年纪稍长的村民身上还经常可见。节俭体现在对粮食的爱惜上，小孩从小就被教育米饭是不能浪费的，全家人要尽量把米饭吃完，孩子们掉在桌上地上的食物，也需要捡起来吹吹干净继续吃。衣服缝缝补补又可以继续穿，即使是穿坏的衣服也是有用的，巧妇可以将其用作纳鞋底的好材料。这种节俭渗透在村民生活的每个方面。但是有几个方面又是例外的，子女结婚、家中父母辈的丧事、亲友邻人的人情红包，每个村民都会尽自己最大的努力去做到最好，其中不乏好面子的成分，但也体现了对父母的孝和对子女的爱。

二、村民消费结构的变化

改革开放给上园村民带来了前所未有的改变，村民收入持续增长，生活水平不断迈上新台阶。随着经济实力的提升，村民的支出也更加宽裕，消费结构发生显著变化，消费质量明显改善。

1. 消费结构多元化

在可支配收入增加的情况下，村民生活消费支出的项目也更加多元化。从原先单一的衣食住行结构发展成为包含衣食住行、医疗保健、交通通信、文化娱乐等多元化的支出结构。自1993年上园农村集体土地均被开发使用后，上园村民几无农业种植收入，其家庭收入和支出情况与大部分的城镇居民家庭相近，甚至因其村内涌现较多声名显赫的经济人物而超越大部分城镇居民家庭。上园村提供的村民人均可支配收入数据只能反映部分收入项目，加入上园人的经营收入，对照问卷收入调查结果，可以认为上园人的收入要远超乐清农民平均可支配收入，也较大幅度超越乐清城镇居民平均可支配收入。按照前文问卷估计，上园村人均收入7.6万元，那么该项数据已远超2018年乐清市农村居民人均可支配收入的32158元，也已远超城镇居民人均可支配收入的59063元。收入领跑意味着上园人消费水平的提高，消费结构的升级要比乐清市大部分居民更早、更快、更时尚，也意味着乐清市城镇居民家庭收支的变化要滞后于上园家庭的变化。上园家庭收支和消费结构的变化趋势可能会代表着乐清市城镇居民家庭的变化趋势，而乐清市城镇居民家庭收支的变化趋势则能反映上园家庭消费结构升级的历程。

2018年，乐清市城镇居民人均可支配收入为59063元，人均生活消费支出39717元，其中支出前三位分别是食品、居住、交通通信支出，其中食品为11422元，占支出的28.76%；居住支出10788元，占支出的27.16%；交通通信支出为5045元，占支出的12.70%。虽然2018年乐清市恩格尔系数已降到28.76%，但食品支出仍位列消费支出的第一位。近年来城镇居民居住支出已迅速上升并接近于食品支出，或在将来居住支出将成为居民消费最大的支出项目。（见表4-3）

表 4-3　乐清市城镇居民家庭平均每人每年收支情况（2008—2018 年）

单位：元

年　份	可支配收入	生活消费支出	食品	衣着	居住	家庭设备用品及服务	医疗保健	交通通信	教育文化娱乐	其他商品和服务
2008	25257	18972	5490	2013	2503	1779	1292	3052	2281	561
2009	27143	20095	5906	2204	2866	1755	1442	2653	2620	749
2010	30426	22423	6742	2176	2266	1683	1821	3565	3553	618
2011	34449	25199	7625	2571	2143	1810	1810	4977	3605	607
2012	37920	26341	8676	2488	3181	2017	1478	3625	4113	764
2013	41067	28489	9621	2611	3323	2154	1553	3847	4578	802
2014	42610	27473	8385	1997	7371	1470	1031	3952	2668	600
2015	46352	30193	9307	2224	8034	1584	1119	4309	2946	669
2016	50263	33152	10313	2431	8631	1705	1201	4920	3276	677
2017	54504	36338	11186	2655	9380	1854	1328	5493	3687	755
2018	59063	39717	11422	2932	10788	2292	1503	5045	4787	948

资料来源：根据乐清市统计局历年《乐清统计年鉴》编制。

而上园家庭消费支出最多的前三项分别是食品、衣着和教育文化娱乐，占比分别为 76.26%、64.75% 和 24.52%。可见，虽然上园人的收入更高，但民以食为天，食品仍是当前收入阶段中最重要的支出部分。但与乐清市城镇居民不同的是，上园人消费中位列第二位的是教育文化娱乐（教育，120；娱乐，20；旅游，29；共 169），这和乐清市城镇居民居住支出为第二大消费项目的现状有较大的不同，最可能的原因是上园人并不缺住房：上园村在经济发展的过程中曾分过几次房，上园村民户均几套房是常态。（见表 4-4、图 4-2）

表 4-4　乐清市城镇居民和上园人消费项目重要程度对比

乐清市城镇居民			上园人			
支出项目	比重(%)	消费位次	支出项目	选项	频数	消费位次
食品	28.76	1	食品	饮食	186	1
衣着	7.38	6	衣着	服装	64	3
居住	27.16	2	居住	住房	49	4
医疗保健	3.78	7	医疗保健	医疗	43	7

乐清市城镇居民			上园人			
支出项目	比重(%)	消费位次	支出项目	选项	频数	消费位次
交通通信	12.70	3	交通通信	交通	45	6
教育文化娱乐	12.05	4	教育文化娱乐	教育、旅游、娱乐	169	2
生活用品及服务、其他商品及服务	8.16	5	生活用品及服务、其他商品和服务	其他	46	5

资料来源：根据问卷调查结果整理。

注：问卷设问的是"2018 年您的家庭消费中花费最多的是（选主要的 3 项）"，其选项为饮食、服装、住房、医疗、交通、教育、旅游、娱乐、其他。

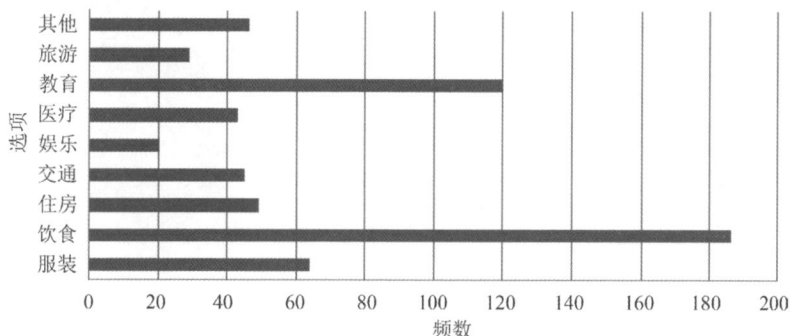

图 4-2　2018 年您的家庭消费中花费最多的项目

2. 消费质量明显改善

随着消费水平的提高，上园人的消费质量得到显著改善。从个人的交通方式看，有着"行走—自行车—摩托车—汽车—摩托车—自行车—行走"的变化，这反映了生活水平提高后人的消费方式、行为模式的变化。同样的自行车方式，前阶段是完全无法与后阶段比拟的。当前上园村村民每一户家庭拥有家用汽车、家用电脑、手机等耐用品及消费品的品质在全市均位于前列。

正如习近平总书记在十九大报告中指出的一样，要满足人民日益增长的美好生活需要。或许，上园村已经在某个层次上达到了这个需求。从新中国成立前一直到新时代，上园村民衣食住行的变化勾勒出上园村经济不断发展、村民生活水平不断提高的历史画卷：村民们从穿暖到穿着朴素再到穿出品味穿出时尚和个性；从食不果腹到食物匮乏到吃得营养均衡；从居住条件极差到不断改善住房条件到住上小洋房；从交通不便到以自行车为主到各类交通方式明显发展再到飞速的高铁。这一幅历史长卷展现了上园村村民发展经济、治穷致富之路，也是新中国成立至今中国人民富起来的缩影。

第二章 风俗习惯

民间风俗，源远流长。深受儒家传统礼教影响，上园村民质朴敦厚，谦慎省争，崇尚礼仪，孝顺父母、友爱兄弟、长幼有序，注重维系家庭和家族秩序，由此派生的繁文缛节历代相传。二十四节气也创造了许多传统节日，如清明、冬至等。旧俗中的迷信陋习在新中国成立后逐渐被废除，村民崇尚俭朴纯良，社会风气焕然一新。改革开放后，随着人民收入迅猛增加，奢靡享乐、显阔攀比之风有所滋长。党的十八大以来，政府加强整治，组织社会力量致力于移风易俗，弘扬高尚道德，树立文明新风。一些缅怀先烈、体现四时风土的传统习俗也在新时代中焕发新生机。

第一节 岁时习俗

上园村的村民正如广大中华大地上的各地乡民一样，参照农历，为各个传统节日准备相应的仪式、食品。每逢岁时，亲友间注重拜访送礼，互相馈赠。其中以女婿和岳家、外甥和娘舅之间往来最为殷勤。

一、春节

农历正月初一，称"春节"，当地人称"过新年"。新春第一天，男主人开门就放3个爆竹或者一串子炮，俗称"开门炮"，即爆竹声音要响且脆，意味着头年好兆头。旧时，初一当天全家食素，有的家庭一日三餐全是素食，也有的家庭仅早餐食素。不过如今却没有这种习惯，荤素皆食，只有一些虔诚信佛家庭（一般以中老年妇女为主），会在初一当天保持素食的习惯。早饭过后，家中长辈会上神殿点香祈求神灵，保佑全家吉祥如意。家中小辈给长辈拜年，祝福长辈健康。老年长辈会分给少年们糖果、点心等，表示对小辈的疼爱。而现在，长辈在春节一般给小辈们包压岁钱，视家庭经济状况金额各不相等。旧时春节当天不干活、不扫地，不说污言秽语，不出远门，而现在一般没有遵循旧俗，很多家庭选择春节在外旅游。正月初二，嫁出去的女儿带着丰厚的礼物回娘家拜年，岳家则设宴款待女婿、女儿。从初二开始，各家都带着新年礼物，陆陆续续到亲戚家拜年，这样的亲戚走访一直会持续到正月十五。

二、元宵

正月十五闹元宵。元宵节是民间重大的节日，是一年中第一个月圆之夜，自古以来以热烈喜庆的观灯习俗为主。元宵节有张灯、看灯的习俗，还有吃汤圆、猜灯谜、放烟花等一系列传统民俗活动。在乐清地区，元宵有划龙灯或鱼灯、抬阁、抬佛等习俗。上园村历史上只有划龙灯这项习俗。

龙灯俗称龙船，一般分为两种，一种是"太平龙"，一种是"十五龙"。正月初十开始的就是"太平龙"，俗称起樘，到正月十六交灯（交灯是烧掉龙灯的意思，寓意着将不好的东西都送走）。整套设备配有头牌、高灯、旗灯、担灯、手提灯，还有花样繁多的小灯笼，最后则跟着"樘"。"樘"是木制的，形状犹如一条龙，分为10节，每个关节可以灵活转动，由10人背着。每节前后架有两盏灯笼，前面的雕刻着龙头形，俗称"樘头"；后面则雕刻着龙尾，俗称"樘尾"；中间八节则雕刻龙鳞，俗称"龙肚"。10节用木栓相连，油漆绘制雅致，活像一条龙。农历初十、十二、十四、十六"挨家到"，即村中每户都要划到。十一、十三谓之贺神殿和贺红包，贺红包即恭贺有喜事的人家，如盖新房、新婚、头生儿等。主家摆起香案迎接，要奉送红包，在龙船头缠红，俗称长生红。另外主家还需准备红枣汤请划龙船的全部人员食用。龙船划出后，全部点上红烛灯，锵、锣、鼓、钹跟随后面敲打，灯火辉煌，异常热闹。另还有一夜，要向垟界上划一圈，俗称"游垟"，习俗称之为保"田垟丰熟""人口太平"。"十五龙"只划正月十五一个晚上，经过几个庙宇，就要"交龙"，俗称"还愿龙"。

划龙灯在20世纪50年代后由于"破四旧"之故曾一度中止，改革开放之后又开始复兴，至今仍是一个广受村民喜欢的民俗活动。

三、立春

老话说得好，立春大于年。立春是二十四节气之首，一般是在公历每年 2 月 3 日至 5 日之间，表示新的一年春天的开始。在自然界、在人们的心目中，春意味着风和日暖，鸟语花香。故《立春》诗云："东风带雨逐西风，大地阳和暖气生。万物苏萌山水醒，农家岁首又谋耕。"立春这天"阳和启蛰，品物皆春"，过了立春，万物复苏生机勃勃，一年四季从此开始了。旧时，上园村家家户户都要燂（tán）春。"燂春"就是村民在立春正时，点燃盛放在铁镬里的立春柴（所谓立春柴，其实就是由樟树的枝、皮、叶等为主组成）。农家燂春一般由外至内，先秧田再到屋内天井、檐下，直至立春柴燃完为止，以祈祛邪禳灾，纳福迎祥。樟树的树皮与木质蒸馏制得的樟脑有除湿杀虫功效，樟树焚烧所产生的烟与樟脑的作用也基本相同，于是久而久之形成一种生活习俗。据清·道光《乐清县志》载："至立春时刻，人家皆烧樟叶、放爆竹，以助阳气，名曰'燂春'。"现在由于家家户户都住楼房，燂春这个习俗一般比较少见，只有少数人家会在院子里燂春。

四、二月二

二月二即农历的二月初二，民间称为"龙抬头"的日子，又称春耕节、农事节。"二月二，龙抬头"，象征着生机、万物复苏。在上园村，一般要在二月二当日做芥菜饭吃。据说，吃了芥菜饭，不会生疥疮，并且能明目。这个饮食传统一直流传至今，在二月二当日，很多社区或公益组织会炒制大量的芥菜饭，在各个社区门口派分给群众品尝。

五、清明

清明是中华民族古老的节日，是重大的春祭节日。扫墓祭祀、缅怀先祖，不仅有利于弘扬亲情孝道，还有利于凝聚家族乃至民族认同感。对于上园村民来讲，清明是上坟祭祖的重大日子。在 20 世纪 50 年代之前，清明祭祖活动非常隆重，既有族里祭祖的盛大活动，也有每家每户的个人祭祖仪式。同族祭祖，以宗族为单位，向本姓氏的太祖上坟、修缮坟墓，在祠堂举行祭祀。祭祀完毕，合族男性裔孙在祠堂聚餐，成为村中同族相聚的大日子。个人祭祖，主要是向小家庭的先祖或者世祖上坟祭祀，晚上合家团聚聚餐。20 世纪 50 年代后，破除封建迷信活动盛行，清明祭祖活动一度被取消。改革开放后，清明节活动复兴，成为上园人缅怀先祖、合族商议大事的重要节日。远在全国各地甚至世界各地的子孙纷纷在这一节日回到家乡。乐清地区清明节的特色食品就是清明团子，也叫清明饼。清明团子由糯米粉加上磨细的棉菜等绿色野菜和制成皮，面皮蒸熟后呈深绿色，入口清香。青色的面团里面大有乾坤，巧手妇人用红糖、花生、芝麻、猪油做成甜口馅料，或用豆干、猪肉等做成咸口馅料。清明团子已成为游子思乡的一种记忆。

六、立夏

立夏时节，上园村民有吃槐豆饭的习俗。据说，立夏吃豆饭，脚骨会强健，也可以固齿。立夏日，还有称体重的习俗。古诗云："立夏秤人轻重数，秤悬梁上笑喧闺。"有些村民家挂起大秤，为儿童称体重。大童双手拉住秤钩，双脚离地，小童则放在箩筐中称。寓意立夏过秤可免酷夏。也就是说，这一天称了体重之后，就不怕夏季炎热，不会消瘦，否则会有病灾缠身。

七、端午节

五月初五端午节，又称为龙舟节。关于端午节的由来，说法很多，比如纪念屈原，纪念伍子胥，纪念曹娥等等。不管何种传说，都说明端午节是中国民间的传统节日。

端午节的活动很多，饮食也别具特色。在上园村，每家每户都要包粽子。巧手的主妇会根据家人的喜好，包各色口味的粽子，有无馅的米粽、豆粽、蛋黄肉粽等等，取洗干净烫过的粽叶，加入米和馅料，用绳子捆扎结实。一把粽子5~10只，放在大铁锅中煮好后，挂在房梁上，想吃的时候就取下来。端午节早上，把粽子、鸡蛋混合菖蒲、艾蒿等药草，放在锅中煮沸，当早餐食用。中午吃麦面，午后用雄黄酒洒地，房前屋后撒上石灰，是以驱除五毒。家中烧一大锅五月草头汤，专门给小孩沐浴用。洗浴完毕，换上新衣凉鞋，挂上香袋，由家中大人相陪去看划龙舟。

旧时，端午节前几日，女婿要往岳父家送上粽子、米面、鱼肉等各色礼品。新婚夫妇送礼则更贵重一些，岳父母家给的回礼也很丰厚。现在大家送礼就没有那么讲究了，一般是送些粽子或是给红包。

端午节还有一项重要的活动就是划龙舟了。龙舟是一艘细长的酷似水龙的长船，船的头部雕刻有龙头，后面雕有龙尾，中间画有龙鳞，各村参赛的龙舟都色彩艳丽，充满生气。一支水龙队共42人，龙舟之上，龙头龙尾分站一人，称为

"端"水龙头、水龙尾。中间船舱上站 4 个人，一人击鼓，一人敲锣，一人舞旗，一人彩梶（舵手）。船舱内坐 36 人划桨。柳市共有 6 个水龙湖，即划龙舟比赛的地方：五月初一吕岙湖，初二平山头湖，初三仁宕湖，初四白象湖，初五湖头湖，初六象山湖。民国后期，初六增加了东庄湖。比赛一直持续到初六下午，看划水龙的人们早早等候在最佳位置，两岸人山人海，呐喊声此起彼伏，热闹非凡。划水龙在"文革"时期也暂停过一段时间。改革开放后，这项娱乐活动再次兴起，到现在已成为端午节必备的娱乐项目。

八、六月六

农历六月初六，是每年入伏之季。俗话说，六月六，洗家畜。给家中猫狗洗浴。遇到天晴日，将家中的被褥、衣服、书籍摊在太阳底下暴晒。传说这一天晒衣衣不蛀，曝书书不蠹。这是江南地区的一个特色，经过长达月余的黄梅天气，家中衣柜中的衣物、书籍容易发霉，取出来晒一晒，可以除湿。旧时，妇女还采摘槿叶捣汁，用于洗发去垢，据说能够强健发根。不过现今这些习俗并不常见。

九、尝新

旧时，村民会在早稻登场前几日，捋一些成熟的稻穗，捣成新米以祭祀天地，祝福丰收，表达谢意；同时准备菜肴，煮新米饭，俗称"吃新"。该习俗一直持续到新中国成立初期，现在基本没有了。据村中的一位老人说，所谓的"吃新"，除了表示丰收谢意之外，还有一个缘由，就是村民们经过青黄不接时节，饥饿难耐，迫切需要摄入谷物，而农民们认为新谷是很有营养的，很珍惜捋过来的粮食，因此煮饭给家中的老人和孩子们食用。

十、七夕

"迢迢牵牛星，皎皎河汉女。"关于七夕节的诗歌、传说不胜枚举，而织女牛郎鹊桥相会的美好传说一直流传至今。七夕是中国代表爱情的节日，也是女儿家的节日，民间传说七月初七是天上织布女神的诞辰，少女在这一天拜仙乞巧，能够心灵手巧，获得美好姻缘。上园村民在这一日，做七巧饼。家家吃饼，饼细如指，称为"巧食"。夜晚时分，家庭相聚于院中观看牛郎、织女星及银河，给家中幼童讲述关于牛郎织女的传说，将这个寓意美好的故事代代相传下去。现如今，七夕被浓重的商业所包装，成为年轻男女告白的好日子，也被奉为与西方情人节相对应的"中国情人节"。

十一、中秋节

"举头望明月，低头思故乡。"每年的农历八月十五是中秋节，它与春节、清明节、端午节同为中国四大传统节日，也是民间百姓极为重视的家庭团聚节日。在上园村，村民对于中秋节非常重视。旧时村民在中午会吃炒粉干、芋头，大户人家则更加讲究，会宴请亲朋好友。傍晚，家家户户在中庭摆上小桌，将各色月饼、水果、糖果放在米筛之中，等待月亮升起，即"赏月"，合家谈笑风生，共度佳节。现在，中秋仍是最重要的家人团聚之日。

十二、重阳节

九月初九是重阳节。古时将九称作阳数，因此重阳节也称为重九节。在古时有吃"登糕"的习俗（糕谐音高）。浙江省在1988年将九月初九定为老人节，至此，重阳成为尊老的重要节日。村中的老年协会会在这日举行庆祝活动，上园村还会为老年人分发红包，祝福健康长寿。近年来，村中对重阳节敬老活动更加重视，开展了各种形式的活动，如幼儿敬老表演活动、为老年人剪指甲活动等等，重阳敬老成为老年人们的专属节日，敬老节在新时代焕发了新魅力。

十三、冬至

冬至俗称冬节。上园村村民中午吃菜汤圆、汤糍、麻糍。冬节的另一项重要活动就是祭祖。祭品以汤圆、麻糍为主，还有鸡鸭鱼肉等。祭祀完毕，全家聚餐。有宗祠的，大都进行设祭。

十四、除夕

农历最后一天是除夕，这是中国人最重要的节日，民间叫"过年"。从腊月开始，各家开始准备年货，晒腊肉、晒鳗鲞、做年糕等。一般在廿五六，村民开始上上下下、里里外外打扫房屋，洗涤家具，俗称"掸新"。接着，各家各户杀鸡宰鸭、捣年糕祭祖，称为"解冬"，意寓冬去春来。上园村村民会在农历十二月二十九或是三十日举办分岁（即今年和明年之分，也称为辞旧岁）。这一天，各家各户置办祭品，到上神殿供奉神灵、敬天地。每家都准备最好的酒菜，合家团聚，欢聚一堂，称为"吃分岁酒"。饭后，长辈给家中未成年晚辈分发压岁钱，也有晚辈给长辈孝敬压岁钱，表示孝道。旧时，家家户户点上红烛，先设内间，再外间，灶洞、门外，俗称"照岁"，随后，在门外天井里放 3 个爆竹（俗称"关门炮"）。现在在除夕前几日，各家轮流做东"分岁酒"，忙忙碌碌的分岁酒席意味着旧一年即将过去，人们将迎来新的一年。

传统节日的形成，是一个民族或国家的历史文化长期积淀凝聚的过程。中华民族古老的传统节日，涵盖了原始信仰、祭祀文化、天文历法、易理术数等人文与自然文化内容，蕴含着深邃丰厚的文化内涵。从远古先民时期发展而来的中华传统节日，不仅清晰地记录着先民们丰富多彩的社会生活，也积淀着博大精深的历史文化内涵。

岁时习俗是农历节日，是中国先民的历史传承，是乡村文化和人情的体现。这些习俗深谙中国文化，蕴含了丰富的文化内涵。上园的岁时习俗可以概括出以下几方面：

一是反映了传统的对天地神明的尊崇。岁时节次需要准备丰盛的食物，在家庭团聚就餐之前要先祭祀神明和先祖。家庭最重要的成员向上天祈祷、向先祖祈福，增强家族的气运。清明祭拜、小年祭祀、除夕供奉，都是将村民的信仰寄托于天地神灵，用仪式表达自己对天地、祖先、神灵的敬仰和供奉。

二是加强人际交往的重要方式。节日是亲朋好友互访、加强联系的一个重要纽带。清明节的合族祭祀聚餐、中秋节的赏月会友、除夕的合家分岁酒，各个节次都成为加强家族内部联系的工具，增强了彼此认同，强化了血缘和地缘关系，"礼尚往来""人情"都是节次所赋予的社会联系力量。

三是满足自身物质和精神文化需求。美食、娱乐、祭祀是岁时习俗的重要内容。芥菜饭、清明团子、端午粽子、中秋月饼等美食，都是人们为了庆祝节日所发明的，这些美食是食物匮乏年代村民对美好生活的向往，是朴实村民犒劳辛苦的自己和家人的美味。除了美食，还有各种丰富的娱乐活动，元宵赏灯、端午划水船、重阳登高等等活动，丰富了乡民生活，成为缓解劳动压力的重要方式。祭祀是岁时习俗的最重要内容，祭拜神明先祖、叩拜进香、供奉物品，村民们用仪式化的方式表达自己的信仰，将克服不可抗力的灾难困难寄托于神明的庇佑，也成为村民们不断为生活而奋斗的内在动力。

第二节　婚姻、生子习俗

一、婚姻习俗

婚姻是家族大事，人们极其重视。费孝通先生曾说过："在我们自己，一方有月下老人的暗中牵线，一方有祖宗的监视，一方还有天地鬼神来作证，这样把确立个人关系的婚姻弄成了一件热热闹闹的社会举动，更把这和生物基础十分接近的俗事，转变成了好像和天国相同的神迹。"[①] 因此，在天地人的见证之下，两人的结合就是一项顺乎天意、可以确保家族延续的两个家庭的社会活动。烦琐的礼仪就成为寓意所外在的表现形式。旧时，上园村村民的结婚习俗是遵父母之命、媒妁之言。媒人、八字、合婚、启帖、定亲、送日、上轿样、搬嫁妆、迎娶等等礼俗，村民们无一不遵守，不敢冒犯，生怕为这缔结两家姻亲触犯了神灵。

古代的传统婚俗讲究"六礼"。所谓的六礼，指纳彩、问名、纳吉、纳征、请期、亲迎。上园的旧时习俗也类似六礼。一般先有媒人送来女方八字，由男方家请星相合婚，若无冲克，商谈聘金和妆奁；议聘后，男方择日送聘礼小定，谓"启帖"；小定后则送聘金、聘礼、定婚娶时间，称"大定"；女方出嫁，邀请亲朋好友吃"辞家酒"，男方家花轿迎亲，到男方家举行婚礼。上园旧俗中的结婚仪式之繁琐，甚至可长达数年时间，具体如下。

婚姻事关家族大事，所以结婚前的各项礼俗必不可少，颇为慎重。旧时婚姻讲究"父母之命，媒妁之言"。媒是指男方的媒人，妁是指女方的媒人。媒妁就是婚姻介绍者，称之为媒人。旧指男女联姻须由父母做主，并经媒人介绍，否则就被视为违背礼俗。出八字以合婚，所谓"八字"就是以天干地支配合记载出生年月时点，共有八个字，故称"八字"。旧时，媒人受托去女方出八字，八字用庚帖书写，庚帖书有各种吉祥用语，如"百年好合""鸾凤和鸣"等，内两页贴上红纸签条，右边的写上女方八字，左边的留男方以备合婚之用。男方收到女方八字后，在左边写上男方八字，压在灶神龛前等候征兆，若七天之内，家里没有发生打破碗盏之类的不祥事情，则将庚帖送给算命先生合婚。若没有八字"冲克"之事，则双方合顺。合婚是以神意暗示男女双方是否适宜结成夫妇。合婚顺遂意味着一段良缘的开始。

[①]　费孝通：《乡土中国 生育制度》，商务印书馆，2011，第79页。

　　婚配前的各项礼仪顺利进行表明了这是一段良缘，是结两家之喜，至此开启确定的姻亲关系。旧时，男女双方在十来岁便开始物色合适的人家，开始漫长的结婚之旅。首先是启帖，即小定，初步确定婚姻关系。男方送礼给女方，一般有四到六样，有松糕、生果子、黄鱼、猪肉等。女方需准备回礼，俗称"回盂"（即回馈给对方的礼物，都是用盂盘装放）。接着就是定亲，即大定。根据男女方年龄，一般在结婚前两年举行定亲仪式。定亲之日，男方在亲友、媒人陪同下将礼物和龙凤婚书送至女方家。旧时男方准备的礼物一般有食品类，如糖糕、麻糍、猪肉、鸡、鱼等，还有各色布料、首饰等。女方放鞭炮迎接，设宴款待，女方对男方所馈赠的礼物也有相应的"回盂"。亲朋好友也会给男女双方送各色嫁妆，如被单、被面，等等。大定之后便是送日，俗称"拣日子"，即选择结婚的好日子。在结婚前几日，男方送女方用于办出嫁酒的一担六样礼，俗称"上轿样"。结婚当日，男方到女方家"搬嫁妆"，利市婆铺好东方床。是日设宴迎，以轿船娶女方。"新孺人"（新娘的俗称）盖上红盖头，临上轿前，母女俩纵声大哭，据说可退凶星。之后到男方家拜堂、认亲、祭拜祖先。礼仪的遵守都是为了给这段婚姻创造一个美好的开始，各种犯忌的、冲克的事情统统需要禁止。男方家为亲朋好友、乡里近邻准备了盛宴，这又是一个亲属汇集的场合，血缘和地缘之间的联系再次得到了加强。而现在这种场合也成为生意场上伙伴增强联系的一个重要机会。来参加婚礼的亲朋以现金作为贺礼，金钱的多寡视双方的关系亲疏而定，从旧时的几元钱随礼到现在的数千元随礼。礼金的增加也是经济发展的一个细节体现。

　　旧时的婚姻是家族繁衍后代的一种需要，是保证家族壮大和稳固的希望。而现在的婚姻则是两个个体情投意合的选择。新中国成立后，旧式婚礼仪式逐渐消失，符合法定结婚年龄的男女经过自由恋爱，前往乡镇人民政府进行登记，领取结婚证，即为合法夫妇。订婚、结婚仪式也大大简化。据访谈的胡老师回忆，他跟爱人的结婚仪式就属于新式婚礼，没有各种烦琐的礼仪，女方坐船到男方家，亲朋好友吃个认亲饭，双方利用三天假期完成婚姻大事，然后各自回单位工作。前些年，经济富裕滋生了讲究婚礼排场的陋习，比拼嫁妆、聘礼、酒席的奢侈之风开始盛行。近年来，此风开始下行，青年男女减少了婚礼费用，还会选择旅游结婚，精简流程和费用成为当下的新时尚，也是文明新风的一个体现。

二、生子习俗

基因的延续是人存在的重要目的之一，生育就是基因的传承。农村中，婚姻最重要的目的就是保证传宗接代，即延续"香火"。从宗教礼俗来讲，就是有子孙祭祀供奉祖先，让这一脉传承下去。因此，生育男孩成为家族中最重大的事情。旧时妇女只有生子之后，其地位才能得到确认。还有另外一个原因就是养儿防老，村民一直有这样一种观念，儿子才能为父母送终，而女儿就是泼出去的水，是别人家的人，是无关紧要的。

自古以来，人们非常重视生育方面的礼仪习俗，受传统道德观念的影响，衍生出许多生育上的习俗，逐渐形成诸多与生育有关的文化现象。在妊娠期间，怀孕的妇女就要遵守各种约定的习俗，以防止对胎儿产生不利影响。比如禁止吃某些食物，禁止使用剪刀等等，种种对母亲的约束，都是期望孕育一个健康的孩子。

在分娩第一胎的前几日，女方娘家人会送来一碗猪腰肉，俗称"快便肉"，寓意产妇可以顺利生产。旧时医药设备落后，妇女生产就像过一道"鬼门关"，因此顺产是对一个产妇最大的祝愿。在顺利分娩后，家中会煮好素面汤分给邻居，以报添丁之喜。母亲则给女儿送"月里羹"。月里羹一般的礼品是猪肚和素面，另有本地鸡蛋、鱼、姜糖等。古时，在送的食品匣和果品盘上，要盖上一张用大红纸剪的"面花"，表示吉庆。其他亲朋好友也纷纷给初生的婴儿馈赠礼物。满月后，家中请算命先生定时辰，通过取名之法弥补孩子五行之缺，希望其可以过得顺遂。等孩子长到一周岁，俗称"满周""对对"，家中置办酒席庆祝，邀请亲朋好友参加。外婆家送来衣服、金银首饰和各色玩具。

旧时的生子习俗到现在变化并不大。上园村民对孩子的重视体现在发现孕育生命的开端。医院的检查告知了家中即将有新生命到来，从这一刻起，产妇获得了解放，各种家务都被家庭其他成员代劳，新生儿所需的各种物品早几个月前就开始准备，医院的检查必定准时进行，各种传统的禁忌也还在遵守（即使现在的年轻父母受过高等教育）。家人们为新生命的到来做好一切准备。当那啼哭声到来之时，各种祝福也纷至沓来，"月里羹""对周"等等礼俗必不可少，外婆家送给婴孩的礼物也越来越贵重。

新生的婴儿代表着人们对生命的向往，是维持人类延续、社会发展的希望。对于一个乡村来说，也是种族延续的需要。每一代都在为家族壮大努力奋斗，而生育子女则是最直接的一个体现。正是这种价值观念，赋予生子不同寻常的意义，成为个体的一种责任和使命。这种观念需要用各种仪式去加强新生命到来的存在感，增强为种族、家族传承的使命感。

第三节 丧葬、祭祀习俗

一、丧葬习俗

死亡是人生最重大的也是无法避免的事情，正如生的隆重一样，从有到无的终结，也需要一个圆满的句号。丧礼就成为死亡的告别会，是逝者从此生渡到彼岸的送行仪式。它融入了村民对死亡的恐惧，对逝去亲人的怀念，融入了转世轮回的佛道思想。丧礼是中国传统文化的体现，特别是农村的礼俗，是家族中一项重要的活动。乡民们重视逝去的生命，用虔诚的礼仪表达对死者的敬意，使死亡不仅仅成为一种自然现象，更是人们对生死的思考，凝聚成为民俗文化的重要一部分。

当一个人即将死亡之时，不管其在医院还是外乡，家人总是尽快将其送回家中。家里的成员要聚集在其身边，子女们最接近亡者。一旦父母死亡，家中张贴讣闻，并遣人向远亲告知入殓时间。远嫁的女儿要迅速赶来，外出经商的亲友也尽快赶回来。邻居们纷纷到来，帮助料理丧事。儿子、女儿、儿媳、孙辈等都要穿上孝服，戴上孝帽，每个辈分论亲疏关系，各有丧制服饰。

旧时置办丧礼中最重要的一样是"寿方"，即棺材。这是老年人尚在世时就开始准备的。在村民心中，死后要去到另外一个世界，而在那个世界中的住所就是棺材。因此老人们都尽己所能，准备最好的棺木，给自己预留一个理想的空间。

死者去世后另一项礼俗就是遗体入殓。将死者放入棺木，孝子头戴"三梁冠"，身披麻衣，手执丧杖，跪伏默哀。盖棺后，将灵柩移至门外，子女亲戚围丧后出殡。出殡时，鸣锣放炮，容亭、幡幛、彩旗引导，子女扶丧，送客亲友头戴孝帽，身穿孝服，送丧队伍绵延余里。送至灵山，安葬完毕，接容亭回中堂，祭饷后进入灵堂。有钱人家则会请僧道超度亡灵，无钱人家则到坟头烧纸钱。

乐清市作为浙江省经济发达地区之一，曾是丧事大操大办的重点区域。针对长期以来丧事大操大办、相互攀比、浪费社会资源的陋习，乐清市政府将丧葬礼俗整治作为重要的工作任务。2017 年 1 月以来，乐清市严格规范办丧政策标准，大力推进殡葬综合改革，取得了显著成效。改革后，丧期从原来平均 6 天减至 3 天以内；办丧费用从平均 40 万元减至 3 万元左右。移风易俗推行以来，上园村严格执行市里政策，村民们也欢迎简化丧葬办理，办丧思想逐步转变，厚养薄葬的新理念日渐深入人心。

二、祭祀习俗

祭祀既包括祭拜神仙，也包括祭祀祖先。这里特指祭祖。清明节祭祖，体现了中国人民重视亲情、慎终追远、敬重祖先的心情，是中华民族的传统美德。宗祠的主要作用就是祭祀祖宗。宗祠祭祀是对家族寻根意识和家族团结精神的强化，在举行仪式的过程中进行家族认同的教育。乡民们认为，祖先能保一家平安，祖先福荫庇护子孙后代，祭拜祖先必须心诚，心不诚或者做了恶事会遭祖先惩戒。因此祭祀也是维护乡民团结和社会安定的重要方式。故家家户户都会祭祀祖先。尤其是清明节，族人会聚在一起，购买鲜花、爆竹等物品，去祖坟焚香点蜡，烧纸钱、元宝给祖先"用度"，然后鞠躬叩拜，默念心愿祝福，最后放鞭炮，告诉先祖来享祭品。

以上园胡氏为例，胡氏一族人丁众多，历来重视清明节祭祖，有定期祭祀祖先的习俗。胡氏有专门机构负责祭祀事宜，规定每年清明节前一日，由头家组织上坟祭祖及祠堂祭祀。清明节中午，合族裔孙在上园胡氏宗祠内聚餐，俗称"吃清明酒"。具体的祭祀流程可参见下一章的"宗族"一节。

祭祀场地的选择上，宗祠场地成为首要之选。胡氏宗祠经过几次大修大建，落成三进制仿古建筑，成为联系胡氏族人根基的纽带。它既能在清明祭祖时为族人提供场地，在正月元宵节时成为龙灯会的迎送场所，也是端午龙舟竞渡时选手们的休息场所。同时作为村里的公共设施，宗祠还是历届村民选举的场所，以及村民日常开展各类文化娱乐活动的重要场地。

第四节　其他习俗

除了婚丧嫁娶、岁时习俗之外，对于上园村民来说，还有一些谨遵恪守的礼俗大事，如功德、迷信之类，这些习俗随着时代一直流传下来，成为村民日常生活中的点点滴滴。

一、功德习俗

信仰使得村民对于做"功德"有一种虔诚之心。大部分村民都很热衷于做功德，主要表现在为修路、建桥或设茶亭等提供资金、劳动力。当村中需要修路时，各家各户都尽各自薄力，大户人家则出力更多。当有新建桥梁落成之时，桥中心有一块空缺未铺设的木板，要待通过"行桥"才铺齐。行桥有两种仪式，一种是请村中高龄有福的老人先行过桥，另一种是请神佛先行行桥。村民做功德的另一项行为就是出钱出力设茶亭。俗话说："香山敬香路有远，门头上下好修行。"茶亭一般为行路之人提供茶水解渴。在夏日，村民经常在路口设茶摊、茶亭，烧长茶、伏茶，给行路人提供方便。这种设茶亭的习惯一直延续至今。

"功德"出自《礼记·王制》："有功德于民者，加地进律。"功德一般有这种含义：一是表示功业与德行；二是宗教用语；三是指念佛、诵经、布施、放生等事；四是做好事、做有益的事。对于乡民来说，他们不在乎功德到底有几种意思，在他们心中，功德就是善行，是尊天敬地的好事，是对冥冥之中存在的"天"的敬畏之情，这种情结在现实世界中就以布施、修桥、造路、抄经、放生等行为表达出来。因此，不管是富裕者还是贫穷者，都会尽心尽力做好自己的善行，为自己、为家族、为子孙后代留下福泽。

二、迷信习俗

农村中历来存在迷信思想，上园村也不例外。明清以来，上园村建有两座庙宇，分别是三官庙和赤岩圣帝庙。现在上园村还是两座庙，分别是上垟殿（后改为翔垟庙）和赤岩殿。上垟殿供奉抗倭英雄郭氏元帅郭严一、郭严二和土地公、土地婆。赤岩殿主供黄氏法师和赤岩圣帝与刘包陈赵五位兄弟。每逢初一、十五、过年过节，菩萨寿诞之日，村里村外的信众都会前来敬香祈求，香火很盛。旧时，上园村家家户户都有灶君神位和财神龛。农历十二月二十三日晚，村民就备供品祭拜灶君菩萨，俗称"送镬灶佛"上天，向玉帝多说好话。有些人家每日清晨点香再行烧饭。农历正月初二则是祭拜财神的重要时间，村民们准备礼品拜财神，祈求五谷丰登、财源广进。旧时，牲畜是一户人家的重要财产收入来源，因此村民还会祭拜猪栏、牛栏神，祈求"六畜兴旺"。

旧时，在久旱无雨时节，村民们会做法求雨。老人穿白衣，不戴箬笠，不撑伞，排列成队，祈求甘雨降临，保佑庄稼丰收。除求雨活动外，还有保太平的旧俗，村民请来僧道在庙中诵经，保佑人口太平。

迷信习俗的另一个表现为"破对冲"。居家住宅，遇到路冲、桥冲、屋脊冲，村民则会在窗顶、屋顶上立"八卦""虎头牌"，或是在墙根立石碑，刻有"泰山在此"字样，以此破之。这一迷信活动在现今仍有存在。

村民的迷信思想也贯穿于盖房这件大事之中。盖房是村民的一件大事情，在盖房工期中时时可见村民的迷信行为。当村民想要盖新房时，主家写好全家生辰八字，请算命先生选择吉日，涉及破土、定磉、动工、上梁、伏土等几个重大日子。动工日，泥水老师傅会根据所定吉日在正屋正栋柱前砌上几块砖，并安有宝碗，里面装有银角、竹钉、大麦、珍珠、银砂等，表示丁财两旺，大吉大利。上梁也是非常重要的日子，在正梁栋上缠红、青色布，谓之青龙、红龙，正中央扎万年青、柏各一枝，两边挂红灯笼、两个瓶子，做风水瓶之用，再有代表"状元槌""涨旺"之物。吉时到，主持人上梁抛馒头，念诵抛梁诗。之后还有伏土、过新屋等，也遵循着各种禁忌。

新中国成立前，上园村以儒家伦理文化为指导维持乡村社会秩序，伦理对村民生活产生关键性影响，"长幼有序""仁义忠恕""三纲五常"为代表的正统儒家价值观充斥在村民的日常生活之中，日积月累地渗入乡村，使其成为维持乡村社会秩序的文化源头，也构成了乡村社会的基础秩序。正如费孝通先生所言："以'己'为中心，像石子一般投入水中，和别人所联的社会关系，一圈圈推出去，愈推愈远，也愈推愈薄。在这里我们遇到了中国社会结构的基本特征。"[①] 村庄社会中不成文的乡规民约反映了村中的文化习俗，村民们流传千百年的民俗、风俗和一整套婚丧嫁娶、祭奠祭祀礼乐仪式也反映了这种文化。可以说，正是这种不成文的规则、习俗，约束、调节着农村社会的各种关系，也影响了巨变时代的发展。

新中国成立后，政治因素参与到改造传统文化习俗之中，鲜明的政治色彩体现在民俗活动之中。"破四旧""四清""斗私批修"等政治运动，使得传统习俗遭遇了横风似的扫荡，民间信仰、民间习俗成为被批判的封建迷信活动，成为科学的反义词，破旧立新的政治运动对乡村社会实行了大规模的改造。

但革命性的清扫并未彻底消灭传统习俗和文化，它们一直潜伏在各个角落，

---

① 费孝通：《乡土中国 生育制度》，北京大学出版社，1998，第27页。

而最隐蔽的地方就是村民内心深处。一旦形势发生变化，这种被压抑的力量就会释放出来，以各种新形式表现出来。各种传统节日的复苏、各种仪式的回归，恰是这种传续了上千年深植于内心力量的再次冲破。而中国农民历来的柔顺和韧性也在这些变化过程中展露无遗，就如野地里的草，不管时代的风雨如何变化，它们总能找到适宜的方式将种子传承下去。

改革开放以来，中国社会结构发生了巨大变化，工业化和城市化冲击了整个中国，而地处东南沿海，改革开放前驱的温州上园村村民，不是被时代的浪潮裹挟着前进，而是以中国改革先行者的姿态，打破思想束缚，成为改革开放的弄潮儿。工业化、商业化发展使得上园村村民脱离了土地的束缚，"非农化"成为村民的新身份，生活方式、消费习惯、交往圈子的扩大，使得乡村的文化呈现多元化的特点。

一是传统儒家文化的动摇，"男尊女卑""安于现状"等传统观念已经不适宜市场经济的环境。人人平等、生男生女都一样的观点开始深入村民之心，家中对子女的待遇也开始平衡，不管是教育、传承等，都开始注重所有子女的平等性。敢闯、敢拼的创业精神鼓励着上园村民走出去，走向全国，走向世界。上园村中孵化出来的乐清求精关厂走出了正泰集团和德力西集团，成为跨行业、跨地区、跨国界的集团经济联合体。像正泰和德力西一样的来自上园的企业，靠着奋发、搏击的精神，乘着改革开放的东风，成为乐清民营企业的象征，以神奇的速度和磅礴的力量不断崛起、发展、壮大，书写了"温州模式"。

二是城市、外来文化的影响。经济水平的提高，推动了村民对现代文化生活的追求。交流、沟通方式的便捷使得城市元素、外国元素不断融入村民生活之中，衣食住行选择、房屋装修倾向以及村民对美容保健的追求都反映了这种变化。城市社会开放、快节奏、多元化的文化不断嵌入乡民的生活之中，这在年轻人身上更充分地反映出来。于父辈们而言，尽管一开始并不习惯新思潮，但在日积月累的浸润中也逐渐接受了新生活方式。

三是文化习俗传承发生了蜕变。信息时代的快速变化，使得青年一代成为家庭和社会的中坚力量，他们成为新知识、新技术和新信息的最先接收者和实践者，改变着乡村社会的传承方式，青年的话语权在实践生产中不断提高，传统家庭中父母的权威在弱化，先进青年成为社会中被学习和被模仿的对象，同一辈的交流作用逐渐提升。

　　四是快速发展的经济为村民的生活和文化浸润出其特有的标志。1979 年，经乐清县政法机关批准，村里 7 名"地、富、反、坏"分子全部被摘帽，村里开始落实联产承包责任制。改革的春风犹如打开枷锁的钥匙一般，上园村经济建设的活力和动力全被发动起来，村民们相继创办了乐清县电器控制设备厂、乐清县调压器厂、乐清东方胶塑器械厂，等等。民办企业如雨后春笋般冒出。而得力的村"两委"在 1983 年开启了整村建设的长远规划，从街道规划到房店规划到集体建设规划，以改革致富为名的村集体经济建设在激荡的 20 世纪 80 年代拉开了帷幕。以至于后来全国各地的人们提到温州，印象最深的就是民营经济的繁盛。市场经济的发展，将自由、效率、时间、金钱等元素烙印在上园村村民的文化生活之中。调研中一个深刻的印象便是上园村的各个场所，如上园集团大楼、上园老年活动中心、翔垟庙等，都活跃着各色的商铺，经济特色在上园随处可见。利用所有可以利用的土地创造更大的财富，这样的经济观已经浸润于村民的生活之中，这应该也是上园村最具有时代特色的一个文化表现吧。

第三章　宗族与宗教观念

　　上园是一个宗族观念厚重的乡村。以胡氏一族为代表的宗族文化在数代人努力下薪火相传，生生不息。从祭祀祖先英灵到庇佑部落的图腾，再到掌管一方天地的神明，人们对超脱科学的神秘力量的崇拜在不同的时空中被注入独有的内涵。本章以上园胡氏宗族文化和民间信仰为着力点，讲述宗族文化的发展脉络及宗教信仰大体情况，分析其对村庄治理和发展带来的影响。

第一节　宗族

　　农村中的基本社会群体就是家，一个扩大的家庭。村中更大的社会群体，则是由若干家根据多种不同目的和亲属、地域等关系组成的：包括父系亲属，也包括母系亲属。[①] 中国农村的一个传统观点是：同一个祖宗的所有父系后代（包括妻子），其所在的亲属关系集团可成为"族"，即是"同宗同族"。钱穆先生曾说过："欲通中国之社会史，必先穷中国之宗法史。"[②] 古代封建皇族时期，皇权意志作用于乡里主要依靠村里的宗族乡绅，宗族组织通过"以人治人"的方式在传统乡村社会中发挥着重要作用。宗族在乡村中独特的话语权和控制力，使得国家力量难以完全渗入到乡村治理中。也正因为如此，宗族被认定为"封建糟粕残余"，曾遭到沉重打击，宗谱、宗祠和宗亲活动也一度停滞。直到 20 世纪 70 年代改革开放，伴随着对传统文化的认知寻回，过去走向消亡的宗族文化才再度复苏，进入人们的视野，宗族构建之风开始盛行。纵观《上园胡氏概述》一书所记载：20 世纪 60

---

① 费孝通：《江村经济》，江苏人民出版社，1980，第 21 页。
② 钱穆：《现代中国学术论衡》，岳麓书社，1986，第 203 页。

年代，胡氏老祠堂、文物建筑等都被不同程度地损坏，胡氏代代相传的宗谱（部分被族人藏起来），记载胡氏一族的重要文字资源和原始凭证均付之一炬，大规模公开性祠堂活动亦销声匿迹了很长时间。而胡氏祠堂的大规模修复重建和宗谱的新修、续编，大致也在20世纪80、90年代开展——这与整个社会的大环境趋于宽松密切相关。如今，上园胡氏一族秉承祖训，从宗谱修编、祠堂复建、祭祀祖先、文献整理等方面入手，将宗族文化一代代传承下来。

一、宗谱修编

稍大的宗族，有可追溯的族谱代代相传。古语有云："国家有史，州县有志，家族有谱。"宗族具有鲜明的血缘纽带特征，宗谱则是记录这份血脉传衍的重要载体之一。同宗族往往是同姓氏。在上园村共有14个户主姓氏，按户数多到少依次是胡氏、黄氏、周氏、陈氏、郑氏、叶氏、刘氏、金氏、南氏、吴氏、薛氏、王氏、李氏和施氏，其中八成以上是胡氏。胡氏是上园乃至柳市知名的宗族之一。上园胡氏系永嘉楠溪豫章胡氏分支。究其源流，可追溯到3100年前的帝舜后裔——胡公满。永嘉豫章胡氏先祖卧云公生于1087年（宋哲宗元祐二年），于1143年（绍兴十三年）迁往永嘉豫章，遂为永嘉豫章胡氏始迁祖。传六世至礼二公，迁居乐邑漕川，即曹田胡氏之祖。曹田三世新四公1328年迁黄华胡家垟，为胡家垟胡氏之祖。又越五世，曹田雁行八世孙凤清公（讳居廉），在1479年（明宪宗成化十五年），由胡家垟迁居上园，遂为上园胡氏始迁祖[1]。上园胡氏发展至今已有540余年，子嗣延绵，其辈分为居、家、宗、圣、饶、希、孟、可、崇、国、道、正、明、修、光、万、子（至）、经、立、绍、其等，至2018年12月31日，上园胡氏健在的有10代人，共3000余人。[2]

胡氏一族历来人才辈出，明清便受时人尊敬。到了当代，族人更是享誉各界。上园胡氏在企业界声名斐然，涌现出许多企业家，如德力西集团董事长胡成中、乐联商贸有限公司董事长胡耀敏等。此外，原丽水学院教授胡省三、著名山水画家胡铁铮、胡万良等人亦在文化界有所建树。

胡氏有宗谱，按照所属的宗支，用表谱方式记载历代全体族人姓名和生辰，每隔几十年会修一次谱，记录这一时期人数变动，主要为了继承后嗣：儿子、孙

---

① 胡省三主编《上园村志》，浙江人民出版社，1999，第23页。
② 资料来源：上园村现任村支书胡成云访谈。

子、曾孙等男嗣一脉承继，在宗谱上均有记录；女儿、外孙子或孙女，则只记录到女儿为止。造谱后还要举行隆重的圆谱仪式。上园胡氏宗谱从永宁公于1740年撰修后，历经7次续修，于1995年较为全面地续修谱牒。此外，胡氏前窑支派、潘珠垟支派和胡家垟等支派亦修有房谱。（见表4-5）

表4-5　历代《上园胡氏宗谱》修编统计

次序	时间	作谱
第1次	清乾隆五年（1740）	永宁公
第2次	咸丰庚申年（1860）	卓然公
第3次	清光绪廿三年（1897）	光琪公
第4次	民国廿二年（1933）	修杰公
第5次	1956年	仲英公
第6次	1981年	胡志介
第7次	1995年	胡志辉主持，黄醒余辑录

资料来源：胡省三主编《上园胡氏概述》，中华书局，2015。

二、祠堂重建

各氏宗族均有祠堂，族大的设置分支祠堂。上园胡氏祠堂，内供历代祖先牌位，每年清明、冬至两个大的节次，召集族人集中在祠堂祭祖。上园胡氏宗祠始建于明孝宗弘治十八年（1505年），原建筑为砖木结构，年久失修，腐朽风化，破败不堪，历代均有修修补补。至1982年新市街拓宽，在胡氏族人支持下，胡志介与堂弟胡志辉率众复修，在东西两侧添建四间房，部分用于出租。1995年，柳市镇人民政府为保护自然环境，提升柳市市风市貌，成立专门指挥部对上园村路面进行整治。因上园宗祠东、南、北三面临河（即上园河浃），涉及祠堂东轩部分建筑被拆除。胡氏一族经多方协商，决定重修东轩，改为二层小楼，下设店面，上为宗祠。资金由村里筹资解决，胡志辉等人按男丁借款，每丁500元，累计投入274000元，4年后还本付息。考虑到盘活资金，工程安排上，先建东轩一楼店面出租（年收入约30万），收取的租金作为建中堂的基础。后受到拆建影响，宗祠中堂向东倾斜，故众族人商议新的重建方案。重建项目历时3年，于1999年最终完工。新落成宗祠为三进式仿古设计，面向市场一侧做店面租赁，租金收入除修葺、祭祀和建筑之用外，还设立了奖学金，用于奖励高中毕业及以上学历的族人，足见胡氏一族对教育重视，这在当时农村也是不多见的。奖励金制度经几番调整趋于完善：考上大学的村民，均享受奖学金。被大专院校录取的，一次性奖励 1000 元；录取为硕士研究生的，奖励 3000 元；录取为博士研究生的，奖励 10000 元。该制度一直沿用至今。此外，为健全管理制度，特别设立专门的宗祠管理机构，机构小组成员从胡氏大房、二房、三房推选的代表名单中投票决定，最终产生的小组成员在 10 人左右，每届任期 5 年。这部分宗亲主要负责包括宗祠修缮、各地宗亲往来、奖学金发放以及其他日常管理事项，统辖商议族内大事。

胡氏宗祠建成，既联系了各地族人，又为宗族开展各项活动提供了场所。如清明胡氏族人祭祖，村民选举时投票、唱票地点。宗祠内还设有棋牌室、报刊阅览室等基本娱乐设施，在没有重大活动时，亦可供村民学习休闲，促进村民沟通交流。

三、祭祀祖先

上园胡氏有定期祭祀祖先的习俗。胡氏太祖坟分布两处：一为汤岙余坟地，有说居廉公相中其"莲花芯之穴"，择此处做寿坟。二为上园方宅基，是太祖临终时遗命与马氏太夫人合葬之处。新中国成立后，两处墓地都曾重修，尤其是方宅基太祖坟，2006 年改建坟为八角亭形制，重修后的太祖墓碑上书：上园胡氏始迁祖，讳居廉，明廪生，字夙清胡公之墓，配马氏。嘉靖己丑始建，公元贰仟零陆年丙戌仲冬重修。

每年清明节前一日，由清明节头家组织上坟祭祖及祠堂祭祀。清明节中午合族裔孙在上园胡氏宗祠内聚餐，俗称"吃清明酒"。头家由胡氏族人轮流担当。祭祖需遵循世代承袭的礼拜仪式：太祖墓前的香案上摆放着牲礼、糕点、水果等各类供品及用来祭祀的黄酒。祭坛摆设方法一般分满堂、三坛、八字等几种，大部分用三坛拜。即以排成的高桌分为三段，称一坛、二坛、三坛。每坛有司仪 2 人分站左右。仪式开始，一坛左司仪鸣炮奏乐，宣唱祭仪开始。参加祭拜的全体裔孙肃立，向太祖公三鞠躬。司鼓者司乐者各就其位，主祭者登坛就位，循"三坛"唱词，正冠、撩衣、束带、跪拜先祖。行上香礼，初上香、再上香、三上香。敬礼三次，醑酒灌地降神。祭祖时会宣读清明祭祖文等，场面庄重肃穆。礼毕，鸣炮奏乐。献祭的供品也有讲究，需符合规制，包括但不限于：刚腊（汤猪），柔毛（汤羊），豚首或元首（猪头），舒雁（鹅），德禽（鸡），油馔（肉），粉蒸（松糕），科甲（糖糕），角黍（粽），仙果（寿桃），糍盛（圆饼），时食（清明饼），粉丝（粉干），龙须（素面），魁栗（栗），圆眼（龙眼），霜柿（柿饼），丹枝（荔枝），百子（莲子），丹心（红枣），元枣（北枣），敲果（核桃），青果（橄榄），林檎（花红或沙果），黄菱（菱角），金樱（石榴），金果（金丝蜜枣），甜橙（柑），木奴（橘），沙田（文旦），肴馔（十碗），壳果（花生），茶点（瓜子），香覃（香菇），乳脂（豆腐），米其（豆腐干），西果（葡萄），黄花（金针），银耳（木耳），昆布（海带），山头麦（海藻）。①

　　上园胡氏非常注重与宗亲的密切交流，每年中秋前后，由曹田、胡家垟和上园胡氏宗祠轮流举办"曹田胡氏宗亲联谊会"，加强沟通交流。2001年，适逢曹田胡氏大宗新祠兴建，上园胡氏族人踊跃捐资77650元；新祠落成后，以宗祠名义捐赠石狮子、吊灯和礼金若干贺礼，足见宗亲往来之密。2012年、2013年，胡氏族人分别前往安徽绩溪和河南淮阳，拜谒龙川胡氏宗祠和胡满公祠。分散各地的胡氏族众还举办过合族性祭祀。2014年，曹田、胡家垟、上园三地胡氏宗亲30余人，携供品福礼，鸣礼炮声乐，驱车前往永嘉祭拜先祖卧云公，其规模之大，为百年之所未见。诸如此类以胡氏宗族名义开展的祭祀活动、宗亲联结，说到底也是上园胡氏寻根之旅，在仪式中回溯宗族血脉的辉煌历史，以增强家族认同教育——这也是胡氏一族展示强大凝聚力的方式。

四、文献出版

　　上园胡氏家学源远流长，有着厚重的宗族历史文化，宗族文化体现在族谱、宗祠、管理、祭祀、宗亲活动、制度等方面，从续编族谱开始到宗祠重建，再到每年的清明祭祖，胡氏族人用自己的行动将镌刻在时光中的印记重温。一直以来，关于宗族的文献资料虽然有保留，但更多是零碎、片断式的，缺乏聚焦整个宗族发展历史、生命脉络的完整文献。年轻一代了解旧的人、事、物，多依靠族内长辈口述。因此，为了更好地将胡氏宗族文化影响力扩大，使宗族文化长远传承下去，上园胡氏用心组织族人收集整理已有文献，汇编反映上园胡氏一族历史的著作——《上园胡氏概述》。

　　该书由上园胡氏宗祠理事会牵头，胡省三教授主编，动员族众广泛参与。纵观全书，大致可以分成四部分。第一部分是上园胡氏溯源，包括尧舜后裔胡公满故事和各处胡氏宗亲历史，如华林胡氏，曹田胡氏，永嘉胡氏；第二部分是有关

---

① 胡省三主编《上园胡氏概述》，中华书局，2015，第92~98页。

胡氏宗祠变更和宗亲活动撰述，含祠堂复建、族谱续修和祭祀先祖细节文章，如《重修上园胡氏宗谱序》《清明节祭祖程序》等；第三部分是上园胡氏族人情况概述，主要涉及知名人物和事迹简介，以及胡氏族人的地域分布情况，诸如《搏击长空展宏图——记德力西集团董事局主席兼 CEO 胡成中》《上园胡氏族人地域分布登记表（2012.12.31）》；第四部分则专述上园胡氏祖居地上园村风貌，畅谈上园村在村庄治理、经济发展、环境保护、道德建设和文化传承方面的经验与成就，如《一部村志几多回忆——上园村志》。可以说，《上园胡氏概述》是上园胡氏一族对外展示宗族文化和宗族实力的重要窗口。

宗族是国家政治和村庄自治的中介桥梁，作为中国村庄特有的组织形态，较其他强硬手段，同宗族更能从道德和情感层面创造共鸣和归属感，呼唤族人树立自我认同的集体荣誉感。上园胡氏通过修碑、建祠、续谱、周期性合族活动，将历久弥新的本族精神具象化。恰如哈布瓦赫所说，集体记忆具有"双重性质———既是一种物质客体、物质现实，比如一尊塑像、一座纪念碑、空间中的一个地点，又是一种象征符号，或某种具有精神含义的东西、某种附着于并被强加在这种物质现实之上的为群体共享的东西"。① 对胡氏族人而言，始终持有本族寻根溯源的自觉意识正是他们能够发展至今的强大生命力所在。

胡氏传家宝训有言：勤本业以足衣食，敦孝悌以尽人伦，延师传以教子弟，明礼义而先修身，重亲亲推恩宗族，贵贤贤荐拔经纶，居内室忠君报国，典外牧洁己爱民，尊斯言无惭祖先，悖此训不肖子孙。可以看出，上园胡氏很尊敬祖先，很讲究礼仪人伦，具有浓厚的宗族观念。以往，大宗族在村庄事务管理上有较大话语权。但随着乡村振兴开展，现代农村治理能力和治理水平得到不同程度的提升，村民更多参与到村庄事务运行和监督上，大宗族逐渐丧失了过去执行宗法家规的主导权，这是宗族政治基础削弱的表现。与之相应的是，民主选举、民主决策等基层民主开展方式也为族人利用宗族资源提供了新的路径。中国农村仍是"熟人"或"半熟人"社会，"乡土社会的信用并不是对契约的重视，而是发生于对一种行为的规矩熟悉到不假思索时的可靠性"②，这意味着，同等条件下，村民行使合法权利时更倾向于本族人的主张，以期达成"自己人"意愿；另外，对于外姓村民而言，能有强大的宗族同样意味着经济实力与管理能力的优越性，凭借活络

---

① ［法］莫里斯·哈布瓦赫：《论集体记忆》，毕然、郭金华译，上海人民出版社，2002，第335页。
② 费孝通：《乡土中国》，上海人民出版社，2007，第8页。

的宗亲联系能更好地发掘村庄资源，引入优势项目，促进村庄发展。以上园村为例，1959 年建立党支部以来，支部书记或副书记基本出自胡氏一族，现任村支书胡成云从 2000 年起一直连任，侧面反映了胡氏族人的能力得到村民普遍意义上的首肯。

总而言之，宗族的形成和活动开展，拉近了分散在各地的上园族人的距离，不仅能团结族内尤其是同村成员，促成族内形成强大的向心力和凝聚力，而且通过自我管理和村庄管理为村庄治理提供秩序，刺激村庄发展良性循环。事实上，宗族文化就是在传播—回馈—充实—再传播—再回馈—再充实的螺旋式前进中得到升华。

第二节　民间信仰

我国《宪法》规定："中华人民共和国公民有宗教信仰自由。任何国家机关、社会团体和个人不得强制公民信仰宗教或者不信仰宗教，不得歧视信仰宗教的公民和不信仰宗教的公民。国家保护正常的宗教活动。"即国家尊重和保护信教的自由，也尊重和保护不信教的自由。

温州素来有经商的传统，作为"温州模式"发源地的柳市上园，其宗教也受经济的影响，带有开放和现代意识。在上园村，通过翻阅资料和访谈发现，村民信仰佛教、道教的相对较多，信仰基督教的相对较少，目前有 100 余人。宗教活动以祈祷为主，遇特殊日子，村民自行组织宗教信仰活动，但未形成宗教信仰的团体，也不存在大规模违反国家政策和社会安定的行为。

一、信众基本情况

上园村没有寺院，但建有神庙两座，基督教堂一处，供村民参拜。值得一提的是，上园村宗教场所的翻新和维护，一直是村里出资（村民香火钱不算），不接受村民以个人名义捐赠。胡书记解释说这是为了防止捐赠时可能出现的乱象。

问卷调研结果显示，上园人信仰佛教的占了 69.73%，信仰基督教的占 8.05%，信仰道教和其他宗教的占 4.6%，不信的占 17.62%。（见表 4-6）

表 4-6   上园宗教信仰情况调查表

信仰	人数	比例
佛教	182	69.73%
基督教	21	8.05%
道教	4	1.53%
其他	8	3.07%
不信教	46	17.62%

资料来源：根据问卷调查结果整理。

需要指出的两点：第一，虽然本土宗教道教信仰人数不多，但现实中，民众并未将佛教、道教分得如此清晰——他们供奉佛祖、菩萨，也祭拜土地公、财神爷。所以，上园村信仰佛、道教的人占绝大部分；第二，近两成受访者不信教。

对选择宗教信仰的原因进行分析，16% 受访者表示出自个人兴趣，有 75% 受访者表示受家庭影响，足见家庭对个人信仰影响力之大。（见图 4-3）不难理解，如果把家庭看作社会单元，那么家庭的信仰是唤起家庭记忆的重要线索。库朗热曾指出，宗教"起源于家庭，并且长久地局限于这个小圈子内"[①]，我们可以认为，在家庭内部，宗教信仰鲜少出现分裂情况。

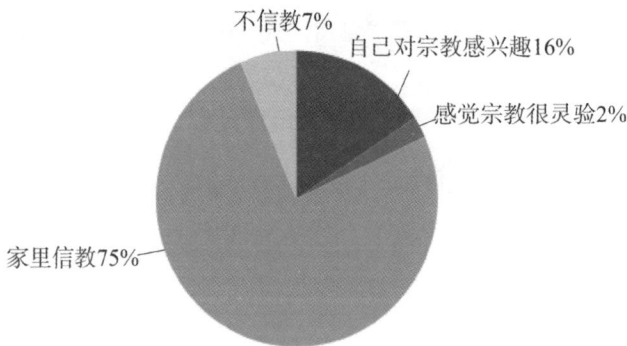

图 4-3   上园村民宗教信仰原因

大多数情况下，宗教信仰与婚姻密切相关。为了减少矛盾冲突、维系家庭稳定，同一家庭的成员信仰往往趋向一致，换句话说，家庭就是拥有相同宗教理想的人组成的生活团体。然而出乎意外的是，问卷调查中对"是否愿意与信仰不同

① [法]库朗热：《古代城邦：古希腊罗马祭祀、权利和政制研究》，谭立铸等译，华东师范大学出版社，2005，第 115 页。

的人结婚"的回答,与设想略有出入。就问卷调查数据来说,过半数受访者不排斥信仰不同的另一半,仅 31.63% 的人明确反对。这表示宗教界线导致的群体壁垒逐步瓦解,宗教不再是择偶时的绝对标准。(见表 4-7)

表 4-7 您愿意与信仰不同的人结婚吗?

选项	人数	比例
可以	115	53.49%
不可以	68	31.63%
不清楚	32	14.88%

资料来源:根据问卷调查结果整理。

出现这种变化,首先与社会进步有关,整体风气开放,恋爱婚姻自由观念深入人心;其次,结合图 4-3 数据,绝大部分人不是因为宗教灵验而信教,而是因为家庭信仰而信仰,带有跟风性质,不像过去那么执着虔诚;最后,信仰可随情感发生变化,当两个人成立家庭,一方或许也会因为感情的偏向而转变宗教观念。

二、信仰习惯

信仰佛、道教的家庭常在家设神龛,案前摆新鲜瓜果和点心,门檐贴符箓。每月初一、十五必须点香、上供,或去附近寺庙念经书拜佛祈愿。信众们还会自发出钱捐资,即供奉"香火",除了用于修葺寺庙,也用于"观音诞辰日"等重要日子购买食材,集体用斋。信徒祈愿多为求生意兴隆、家财万贯或求家人健康平安,或是求子。大家普遍认为,多念经有助修行,凤愿更能得到佛祖聆听而实现。有时间的便天天烧香,诵经,而平时没时间诵经的人家,也常会买念佛机置于佛案前代替。碰上白喜事或者特殊日子,也有人去请和尚、道士(一般叫先生)念佛经、摆道场、做法事等。信众们认为万物都有神,有风雨雷电神和水火山灶台神。诸神之中,财神和土地神最受欢迎,因前者掌人间财富,后者保一方平安。信仰佛道的人讲究因果报应,要心诚,不得存恶念,做恶事。这些教义对信众行为起到很好的约束作用,敦促众人始终存善心、行善事。

上园村的基督教堂始建于 1941 年,原址位于桥板头东北边,1991 年因兴建上园电子大厦,迁移到上园双车头重建。信教村民平时在家做祷告,周末组织在教堂集体祷告。逢圣诞节,教堂组织盛大活动。信仰基督的人家往往会在门口贴上印有十字架的画像,上书"神爱世人";有些人家则在门口贴礼拜单,礼拜单上绘有十字架、画像以及《圣经》中的金句;有些人家会在家里摆上十字架。基督信徒习惯在餐前做祷告，即谢饭祷告。

上园村的两座神庙分别是上垟殿和赤岩殿。上垟殿旧址占楼房四间。楼上中间两间供奉抗倭英雄郭氏元帅和土地公、土地婆。靠西间塑有天地水三官大帝，靠东间塑朱氏菩萨。后因城市规划需要，在原址地基上重建翔垟庙，善男信女常来参拜。赤岩殿主间供黄氏法师和赤岩圣帝与刘包陈赵五位兄弟，东间供土地公公和木易相公，西间塑有圣僧。每逢初一、十五及过年过节，村里外信众都会前来敬香祈求，香火很盛。

上园村信佛的多，信基督的少。信佛与信基督也不是一成不变，宗教信仰也会转变。信仰是基于需求而生，不管佛教徒还是基督教徒，有些是因为身体不好，生活压力大才开始寻找精神寄托，有些是无法适应新时代变化，精神世界空虚，信教之后，内心烦闷有倾诉的渠道，精神负担减轻了。有些村民认为信教可以得到神明保佑，感觉信教之后身体变好了——这些是老一辈人常有的观念。对年轻人来说，有些只是跟着家里信教，信仰并非很坚定，对宗教渊源、习惯、活动也显得兴致缺缺。

过去村里有"神婆"，称自己是"灵媒体"，能"请魂上身"，实现死灵与活人对话，又或者认为被不干净的东西冲撞了才会生病，生病后不就医，喝烧化的符纸灰，洒供奉过的"灵水"，可驱邪病愈。这都是迷信。随着社会发展和村民素质提高，迷信的人越来越少，现在人们更倾向有病及时就医，"神婆"等行当也渐渐被淘汰，退出大众视野。

上园村现有党员84人，男性党员和女性党员基本均衡，且以中青年党员为主力军。根据中组部《关于妥善解决共产党员信仰宗教问题的通知》规定，共产党员是无神论者，只能信仰马列主义、毛泽东思想，不得信仰宗教，不得参加宗教活动。违反规定的，视情况不同分别处理。上园村个别党员偷偷摸摸信教，大型活动不出面，小型宗教活动则视情况参加。村里人对这种情况基本上不予理会。为了坚定党员的共产主义理想信念，上园村书记表示，村党支部一直都在加强对党员队伍的管理，定期开展"两学一做"学习教育活动，坚持"三会一课"、支部活动，上园村党员队伍管理正朝着愈加规范的方向前进。

关于宗教，克利福德·格尔茨从文化人类学的角度定义为："一个象征符号体系，它所做的是在人们中间建立强有力的、普遍的和持续长久的情绪及动机，依靠形成有关存在的普遍秩序的概念并给这些概念披上实在性的外衣，它使这些情绪和动机看上去具有独特的真实性。"① 宗教归根到底是对个人的终极关怀，因此国家对宗教信仰一直抱有宽容却不放纵的态度。从上园村发展的出发点来看，要使宗教与村庄建设趋于协调，宗教活动需适应乡村振兴与新农村建设要求，首先是加强对宗教活动场所和教职等一众人员管理，清楚划分宗教活动边界，合法、有序信教；其次是满足民众基本文化需要的诉求，择取教义中合理健康部分，引导信众积极行善，倡导与他人方便、与自己快乐的普世生活观念。而在民间信仰活动场所规范管理，发挥宗教促进社区和谐的作用上，上园村凸显"一场所、一景观、一故事"的发掘理念，走出了自己特有的道路。

---

① [美] 克利福德·格尔茨：《文化的解释》，韩莉译，译林出版社，2014，第 111 页。

第四章 文化建设

党的十九大明确中国特色社会主义事业总体布局是"五位一体"，即全面推进经济建设、政治建设、文化建设、社会建设和生态文明建设五位一体，强调坚定道路自信、理论自信、制度自信、文化自信，"五位一体"和"四个自信"都印证了文化建设的重要性。乡村文化建设走过了由政府绝对控制到多元力量参与共治的过程[1]，在经济快速发展的今天，文化建设作为丰富精神世界、提升道德责任感的重要任务，亟待与社会进步同轨而行。

第一节 设施和文化活动

上园村深谙文化自信的重要性，在重视经济发展的同时，凭借雄厚的集体资本和相对扎实的群众基础，不遗余力地推动文化建设。本节重点描述上园村主要文化场所的由来和特点，并结合问卷调查分析村民文体活动参与情况以及休闲偏好，以期展现上园村在文化建设方面的投入、经验、优势与不足。

一、文化场所

上园村非常重视文化建设，主要表现之一，就是建立覆盖范围广、基础设施好的各式文化场所。这些或传统或新式的建筑，使村民日常活动有了固定地点，保障他们的学习与实践井然有序地进行。

1. 老年学校

为了让老年人能够"老有所养，老有所依，老有所乐，老有所安，老有所

---

[1] 邹慧君：《把脉乡村公共文化服务建设》，《首都治理》2018 年第 12 期，第 101 页。

为"，1993 年，上园村老年协会创办了老年学校。学校地址选择在怡月楼二楼。学校置办桌椅、电视、影像机、录音机等必要的活动器具，开设老年保健养生、历史、时事政治等课程，每逢初二、十六日上课，课外还组织学员练功、旅游等集体活动，增进老年人之间的交流。学校设立的第一学期便吸引 62 人入会，名气打响后，学员人数一度上升到 100 人。但村办性质的老年学校，在资源供给与学员招录上的吸引力比不得镇里与市里，故后来该老年学校取消。

2. 赤岩殿

赤岩殿始建于清光绪十八年（1892），位于上园村东南隅。时人为祈求丰年，特从楠溪五雷山赤岩殿分迁至此处。1960 年，赤炎殿殿主胡志新之妻，点烛时失火，致使赤岩殿焚烧为一片废墟。直至 1983 年，本村信仰者重建了楼房三间，楼下作凉亭，称龙舌亭，楼上则供奉赤岩圣帝和刘包陈赵五位兄弟，以及黄氏法师。据民间传说，赤岩圣帝五位兄弟在五雷山开洞修炼时，要将开出的岩石推到山下去。恰巧溪边有一老翁独钓，赤岩圣帝等兄弟让老翁走开。老翁说，你们把岩石掼下来，我就用吊钩给钓上去。赤岩圣帝便说，老翁能钓上来，就请他坐头位。结果，老翁将掼下来的岩石钓上去，正好落在洞口。这位钓翁就是黄氏法师，在赤岩殿中，黄氏法师确是坐在首位。

3. 翔垟庙

翔垟庙又称三官庙、元帅庙，是为纪念戚继光麾下抗倭英雄郭严一、郭严二而建，俗称上垟殿。该殿约始建于明朝前期，历经数百年，主体已毁损，后仅残留一间矮小神庙，因建在名"上垟"的东首，故称为上垟殿。新中国成立后，上垟殿曾作为上园村第六生产队仓库，至 1993 年重行修建，扩建为楼房四间。楼下作其他使用，楼上供奉郭氏元帅和三官大帝等神明。翔垟庙年久失修，在综合考虑了信众们的提议以及本村发展需要前提下，村"两委"研究决定：除庙基外，调拨庙前庙后部分集体土地，重建翔垟庙。最后一致决定重建五层楼房：一层、二层作为商场出租；三层四层为民俗文化活动中心；顶层为翔垟庙。

翔垟庙作为民间信仰活动场所，上园村对该场所的管理始终秉持爱国爱教的宗旨，在组织管理、文化特色、社会公益等方面都做得可圈可点。

（1）以组织促成规范管理

不同于一般民间信仰活动场所无秩序无组织的管理，也不同于外松内紧的形式管理，上园村"两委"委托村老协派专人主持日常工作，制定有效措施、关注政策变化，将宗教场所管理落到实处。

专人小组由 8 人组成，分管佛事、财务、文化活动、档案资料及消防安全等，职责界定清晰。民间信仰活动规范开展，既顺应了民众意愿，又有助于社会主义精神文明建设安定有序地进行。翔垟庙的管理方式得到上级政府和诸多民间信仰活动工作者肯定，2003 年、2006 年、2010 年先后被乐清市民族宗教事务局相关部门评为"先进场所"等，2016 年、2017 年被评为"先进集体"。

（2）以活动彰显文化特色

翔垟庙佛事全年都有安排。三月初三为朱氏圣母圣诞日；正月十五、七月十五、十月十五分别是天官、地官、水官诞辰日，等等。诸如此类的佛事事前均妥善安排，不许燃灯、点烛、烧香、焚纸等宗教用火，不得随意倾倒香炉废渣等等，引导善男信女文明祈福许愿。农历九月廿五，郭元帅诞辰，各地信众进香祭拜，诵经祈福。自当天起连续五天每天演两场戏，共十场，每场约有 300 人前来观看。演出费用通过"认本"，即自愿赞助的形式筹集，带有诸神保佑、求平安发财的寓意。戏本安排上，一般是大众喜闻乐见的传统古装大戏，如五女拜寿、包公斩赵王、梁祝等。通过共同观看剧目，提升对传统文化的认同感，而在热闹的"集体"活动中，村民对本村的归属感也更强烈。除此之外，正月十五龙灯节也会祭拜郭元帅及众神，摆香案贺龙灯，四方信众纷纷来贺，祈求风调雨顺，国泰民安。

每月正月初七，柳市镇武术协会在此举行武术表演。表演丰富精彩，邀请温州拳师金德和、南拳和太极拳行家相互切磋交流，每场武术表演都是盛会，吸引全国各地 200 余位武术爱好者前来观摩。

（3）以公益担当社会责任

翔垟庙一直致力于社会慈善公益事业。2004 年为扶贫工作捐资 2000 元；2005 年向城北希望工程捐赠 3000 元，助力教育事业发展；2012 年，外来务工人员吴艳霞之子患白血病，翔垟庙动员信众积极捐款，共筹集资金 28000 元供其治病；同年，上园村老年协会同翔垟庙筹措 120000 元，帮助永嘉平坑村与清水垟村修建道路。此外，翔垟庙非常关心支持村内公益爱心活动。如端午节给老人分粽子，腊八节煮腊八粥免费分发群众，还发动信众投身社区活动，积极参与敬老爱幼活动。通过各种慈善公益活动，弘扬社会正气、传播正能量，得到一致好评。温州慈善总会副会长一行还曾专程来此考察指导。

4. 民俗文化中心

民俗文化中心建于 2012 年，在原上垟殿殿基及殿后杂地合并建造，占地面积 1200 平方米，建筑面积约 7200 平方米，投资额大概 980 万元，全部由村集体出资。民俗文化中心位于一、二层。村书记胡成云表示，设立民俗文化活动中心的初心，是把村里的一些民俗风情、传统文化的历史和故事全部重新收集起来，留给后代人。民俗文化活动中心建成后，开展了丰富多彩的活动。志愿者们也自发组织鼓乐队，编排表演。

5. 幼儿园

上园村一直重视文化教育。1984 年，上园大队在方桥河路边建三层柳市镇第一幼儿园，占地 0.8 亩，招生范围面向柳市镇；1987 年，为缓解幼儿入园困难问题，村民陈碎蕾、郑爱娣开办了河滨路幼儿园。1996 年，村"两委"为培养下一代人才，从幼儿教育入手，出资 300 多万在综合楼内开办了一所高标准幼儿园，招收幼儿入园培养。现存的柳市第一幼儿园在原来基础上做了修缮，功能更齐全、设备更完善、环境更舒服，除了开设幼教课程，逢重阳节举办敬老活动，还会组织文艺会演。

6. 文化礼堂

早在 2013 年，浙江就在全省启动建设以"农村文化礼堂"命名的乡村文化服务综合体。上园村不落下乘，在村里建特色文化礼堂。文化礼堂既有讲述温州模式历史缘起的展示厅，也有供村民观赏表演的大戏台，根据实际需要举办专题活动。比如法治文化主题活动，不局限于传统法制条文宣传，而是采取书法、趣味晚会或广场舞等多样形式，调动村民积极性，使法律宣传周内容丰富完善起来，使法律化入生活，让普法观念深入人心。

二、文体活动开展情况

上园村非常重视文体活动建设，组建各类文体团队开展活动。2014 年成立女子文卫体队，招募成员 30 余人。女子文卫体队自成立以来，一直踊跃参加村文化礼堂和社区组织的各类文体活动。她们的辛勤奉献也得到回报：2015 年参加乐清市第二届农村文化礼堂文化活动，获得优秀奖；2016 年参加乐清市首届农村文礼堂村晚，获得优秀奖，等等。上园村女子文卫体队还非常热心村庄建设和慈善公益事业，在五水共治活动、消防安全整治、创国家卫生城市宣传等活动中都有这群巾帼的身影。

看到取得成就的同时，我们也发现，普通群众对村组织的文体活动参与度不算特别高。根据问卷中对"村组织的文体活动，您参加了几次"一题的回答，可以看到，从来没参与过的人数有89人，占34.10%，参与了1~2次的人数是84人，占32.18%，2~5次的人数有47人，占比达18.01%，而5次以上的仅占15.71%。也就是说，将近70%的民众从不参加或者只参与过一两次村组织的文体活动，群众参与度远低于预期。（见表4-8）这在一定程度上反映了上园村组织的文体活动，对大部分群众的吸引力不够大；另外一个影响因素，考虑到人员职业结构中从事企业工商业生产的人数较多，由于工作太过忙碌，部分村民心有余而力不足，白天并没有空暇时间加入到集体组织文体活动中。（见图4-4）

表4-8　村组织的文体活动，您参加了几次

次数	人数	比例
0次	89	34.10%
1~2次	84	32.18%
2~5次	47	18.01%
5~10次	21	8.05%
10~20次	11	4.21%
20~50次	5	1.92%
50次及以上	4	1.53%

资料来源：根据问卷调查结果整理。

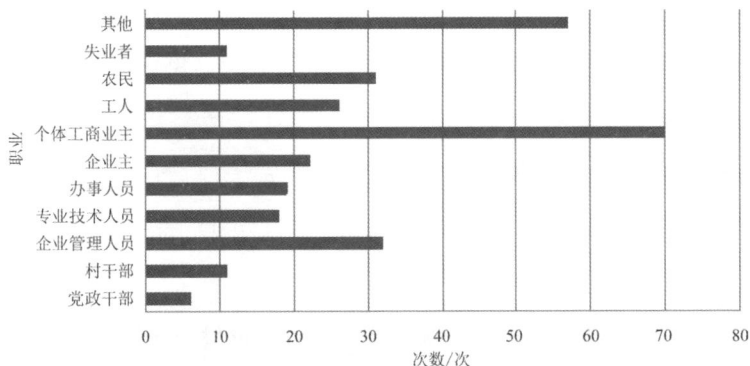

图4-4　上园村从业人员调查

　　除了村组织的文体活动，村民个人闲暇时间分配也是我们关心的问题。图 4-5 显示：体育运动和旅行人气最高，分别以 123 票、113 票高居村民闲暇活动的前两位，紧随其后的是看电视和逛街（商场），人数都达到了 90；选择看书阅报的有 74 人，选择到影院看电影的有 70 人，这两种休闲方式位居受访者选择第五、第六位。剩余选项按照人数从多到少排列依次为：唱歌跳舞，电子游戏，书画，乐器，麻将扑克，棋类和其他。从这组数据我们得出以下两点结论：一是上园村民的休闲娱乐活动形式丰富，比较健康，近半数人热衷体育运动；二是村民生活水平较高，经济收入高，这一点可从从旅游爱好者比例高看出来。

当您有闲暇时间时，您打算做什么？（可多选）
答题人数261

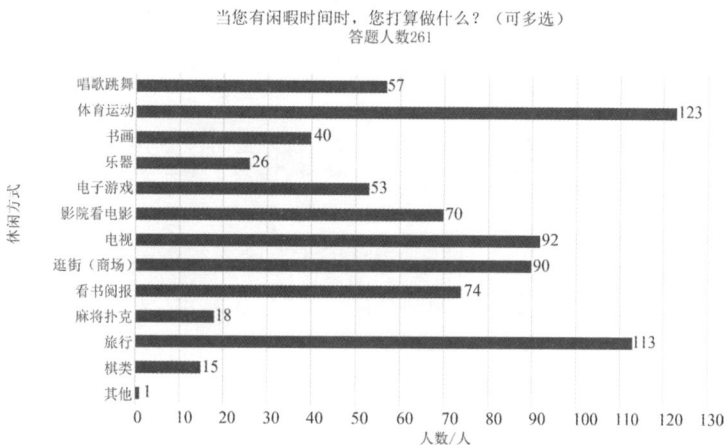

图 4-5　闲暇时间村民会做什么

　　文化对人的影响是潜移默化的，伴随着社会主义经济发展和改革开放的深入推进，外来文化的冲击对人们的思想必然会产生重大影响。这更突显出包括意识形态在内的文化软实力对经济、政治、社会、生态建设等方面的隐性作用。我们在调查中发现，社会主义新农村建设和乡村振兴战略的贯彻落实，使得上园村民的素质得到有效提高，这首先表现在人们的政策观念加强了，关注国家大事，掌握信息动态变化，特别在国家政策允许的范围内有序从事信仰活动，不迷信、不放纵。其次，村民的社会主人翁意识提升，自觉参与志愿者服务、义工劳动、慈善捐款、社区建设等，体现了较强的社会责任感和奉献精神。最后，村民生活方式愈加丰富健康，既参加集体文体活动，又利用个人时间进行体育锻炼、文化学习，工作与休闲、集体与个人"两手抓"，两手都不落。

　　上园村在文化建设方面的进步是可喜的，但同时也存在一些与村庄发展不相适应的地方，主要表现在两方面。一是封建陋习仍然存在，比如算命先生生意兴隆，甚至成为高收入职业。261 份问卷显示，106 人承认自己找过算命先生，占总人数的 40.61%，这说明有相当一部分人认可这个行业的合理性，也反映了村民内心的不安定。二是对集体活动的参与度不够。村民乐于自由安排休闲文体活动，对村委会组织的集体活动缺乏兴致。导致该现象固然有客观上的因素影响，但主观上的不重视也是重要影响因素。针对这点，村委会和村支部应创新文体娱乐形式，创新集体活动内容，创造更多大众喜闻乐见的活动；同时，也要开展适合当地实际和村民生活需要的文化知识的宣传活动，充分利用已有的文化设施和有一定威望的知识分子，引导村民自动自觉地接受思想道德和知识文化教育熏陶，提高文化素养，为上园文化建设提供强有力的队伍保障和群众基础。

第二节　社会主义精神文明建设

2018 年 1 月发布的《中共中央国务院关于实施乡村振兴战略的意见》指出："繁荣兴盛农村文化，焕发乡风文明新气象""乡村振兴，乡风文明是保障"。推动社会主义精神文明建设，打造风清气正、融洽和谐的乡村居住环境，是新时代对乡村建设提出的新要求。

社会主义精神文明建设的基本内容，包括两个方面，即思想道德建设和科学文化建设。思想道德建设要解决的是精神支柱和精神动力问题；科学文化建设要解决的是科学文化素质和现代化建设的智力支持问题。这两个方面密不可分，缺一不可。

一、思想道德建设

上园村"两委"会深知精神文明建设的重要性，在各种大小会议、各种不同场合，对干部和村民进行社会公德、职业道德、家庭美德、法制观念教育，开展爱国爱家、艰苦创业、自强不息精神教育。这些教育并非浮于表面，而是落实到具体实践中：1996 年诞生了温州市第一支村歌——《上园之歌》；1998 年 10 月，基本完成约 40 万字的《上园村志》。《上园村志》客观、翔实记述了数百年来上园村的历史变迁，为上园新农村建设提供了史料查据、文献参考，让上园村村民从上园村历史发展长河中追溯过往，展望未来，既充实了村民精神文化生活，提高村民对自身文化的认同感，也增强了村民之间的凝聚力，促进了社会安定、健康、文明发展。

为营造良好村容村貌、文化氛围，上园村增加投入，加强绿化、道路等基础设施建设，打造整洁、优美、有序的社会主义新农村面貌。不仅如此，每年7月到9月最炎热的100天里，上园村还会组织人员设立伏茶点，给过路人免费供应凉茶。这项活动由村妇联牵头，村民自愿报名，一共招募60余人轮班，每天2~3个人，平均每人每月轮到一次。每天天蒙蒙亮，就有工作人员搭棚摆桌，将茶桶、纸杯、垃圾桶等一应工具取出放置到位。七八点上班高峰期，陆续有民众前来取水。凉茶一般由荷花叶、夏枯草、铜钱草等去火草药煎制而成，能解暑降温，祛火提神。路过的三轮车师傅、忙碌的行人往往驻足停留，喝杯茶再走，附近店铺的店主以及周围熟人，也常常拎着空水壶前来，打满一壶喝一个早上。据志愿者们说，天气热的时候，一天要不间断供应几十桶凉茶；哪怕不那么热了，也得好几桶凉茶。活动需要的工具、材料、劳务等所有费用均由村委会从集体收入里支出。中国自古就有"茶亭"一说，这种设茶亭的习惯一直延续至今。乐清白石山上就设有茶亭，专供上下山行人解渴之用。上园凉茶供应点常年设置，志愿者们虽然辛苦，却甘之如饴。他们表示："凉茶就是'长生茶'，这是做好事，是积功德，再苦再累也值得。"这番淳朴真挚的话语，让大家即使身处炎炎夏季，也感到心里像吃了冰块一样舒爽。

二、科学文化建设

2003年争创科普示范村时，上园村"两委"会经过研究，拨专款在新农村公寓旁制作了长18米、宽1米多的"上园村科普园地"，大力宣传科技政策，普及科技知识，包括村民关心的气候变化和防治疾病知识。村里建有农函大辅导点，有教室和实践基地，并设置专门科普活动场所开展各项科普教育活动。上园村藏书楼的3000余册图书中，约30%是科普资料。村委会还将科普活动纳入新农村建设总规划中，要求每年重点科普宣传活动不少于2次，各类科普培训、科普讲座在6次以上，开展群众性科普活动不少于4次。村民学习科技知识，又将知识运用到生活生产中，既"富了脑袋"，又"富了口袋"。视野开阔了的村民纷纷表示，相比较过去"一问三不知""睁眼瞎"，现在的他们更加自信了。

"精神文明建设，建设的是理想信念，建设的是思想道德，建设的是文明风尚，最需要虚功实做，最忌流于形式。"当代社会，有新思潮的出现，有新观念的碰撞，有互联网等新兴媒体的日新月异变革，我们更要因势利导，创新内容和载体，让精神文明建设越来越贴近百姓生活，越来越符合百姓需求。因此，需要弘扬优秀的传统文化，让精神文明建设扎根民族精髓的土壤中；大力弘扬社会主义核心价值观，坚定党员干部理想信念，筑牢共产党员精神家园；倡导社会公德、职业道德、家庭美德、个人品德和法治教育，引导全社会形成崇德守礼的优良风气；加强舆论疏导、树立文化自信，凝聚民众精神力量；充分发挥先进人物模范作用，做好榜样宣传，推动民众争当文明公民。到了农村，精神文明建设带上了乡土气息。正如费孝通先生所讲，"乡土社会是靠亲密和长期的共同生活来配合各个人的相互行为，社会的联系是长成的，是熟习，到某种程度使人感到是自动的"。在差序格局下的社会，人与人交往靠的是自有道德。一个社会道德的体现，往往靠乡风文明。农村的社会主义精神文明建设也必须在尊重这一客观规律前提下进行。现在，上园村正切实抓好以下几项工作。

一是组织开展学文化、学科学活动，提高村民素质。针对本村实际情况，建立村文化宣传阵地，并通过各种形式的活动，如利用上园村文化礼堂大戏台上演主旋律、正能量剧目，让村民在了解革命历史的过程中自然地接受革命传统教育，在传统文化魅力感染下主动接受传统道德文化的熏陶，坚持科普、法治走廊建设，举办各种培训班和讲座，对村民进行法律、科技等知识教育。

二是积极参与"文明百村行动"，让精神文明建设标准化、具体化。借助这一载体，鼓励群众自发投身到本村科教文卫事业上来。调动包括党员干部在内的广大村民的干事热情，拉近干部与普通民众的距离，创造和谐有序、安定团结的良好氛围；大力推动平安建设，成立柳市新城警务站、上园综合信息指挥中心，打造"平安上园"，营造文化建设良好氛围。凭着敢为人先的勇气担当，上园村先后被授予"平安示范村""温州市平安创建示范村"和"全国民主法治示范村"称号。

三是加强党员队伍建设，规范党员干部行为，荡清负面的思想情绪，要求党员带头干事，给村民树立典范榜样。村里做好宣传工作，发挥先进事迹示范作用，将先进人物的感人事迹娓娓道来，激发精神文明正能量，提升人民道德情操。

不管是生活习俗，还是宗族重构，关乎的都是乡村文化建设的方方面面，而乡村文化建设，一直以来都是维系乡村情感、稳定乡村秩序的关键所在。随着社会经济发展，年轻人逐步走出农村，走出自己祖辈成长的地方，融入新城市生活、学习、工作。我们在采访中了解到，上园村老一辈企业家的接班人，及年轻一辈很多在外地出生、求学、成长并创建事业，他们不了解上园村历史，不参与村庄组织的活动，也不大关心村里的政策与未来发展，对乡村没有归属感，更无意日后回来。与此对应，年轻一辈的上园村人因为彼此在不同的地方、环境生活，除基于亲缘关系的礼节性往来，同本村非同宗的同龄人并不熟识。不难想象，大量年轻人的流失正割裂传统乡村的人缘空间，使得乡村传统习俗和宗族文化作为情感整合方式逐渐失去效用，"家"的存在面临着支离破碎的考验。

上园村的成功属于上园人，上园的成功其不可复制的主要原因就在于村内部的团结。老一辈上园人扎根于上园村这片土壤，他们相互扶持，相互勉励，共渡难关，共享成功。上园村的发展成果从来不是靠一个人做到的，它印证了这么一句话——上园村是上园人的。然而，在内部代际关系分散弱化的今天，如何将身处五湖四海年轻一辈的力量凝聚起来，延续上园的辉煌旅程，开拓发展新篇章，这将是上园当下乃至未来很长一段时间内需要考虑的问题。

专

题

篇

创业创新　成功之道

中国村庄发展

ZHUANTI PIAN
CHUANGYECHUANGXIN CHENGGONGZHIDAO

上园村是温州民营经济的发祥地、典型村。有句话深刻地描述了上园村的地位：浙江是中国民营经济的典范，温州是浙江民营经济的典范，柳市是温州民营经济的典范，而上园又是柳市民营经济的典范。

上园村地处温州地区东北面，远离长三角、珠三角、渤海湾地区，除了南边的温州，周边300公里内没有上百万人口的大城市，区位远不如安徽的小岗村、河南的南街村、江苏的华西村；改革开放之初，上园村面积只有0.56平方公里，人口有1500多人，人口密度高达约3000人/平方公里，远高于华西村（1583人/平方公里）、南街村（160人/平方公里）与小岗村（278人/平方公里）[①]；村庄资源贫乏，没有任何矿藏资源，人均耕地不到5分，近海却不沿海，无鱼可捞，无港可泊。

改革开放前，上园村也同全国广大农村一样，在"公社"体制机制的束缚下，村民在温饱线上挣扎。改革开放之初，上园村人的收入几乎都来自农业种植业，主要是粮食，年人均收入仅130元左右，绝大部分村民只有破旧的平房与少量必需的简陋家具。改革开放后，农村劳动力从土地中解放出来，民营经济如雨后春笋蓬勃生长，上园村的面貌发生了翻天覆地的变化。

到2018年底，上园村村民创办的企业（主要在县外、省外）多达80多家，上园村专业市场的几百个摊位或店面，大部分属于上园村人所有，上园村街面的300多家店面，还有办公写字楼，基本上也是上园村人或上园企业的资产，主要出租给外地人经营。由于缺乏具体的统计数据，上园村的经济总量难以精确估算。上园村民的家庭收入主要来自企业分红与财产出租等经营收益，即使不统计大企业主要股东的家庭收入，根据课题组2019年初对上园村200多人的抽样调查，上园村绝大多数家庭的年收入不低于20万元；家庭户均资产超过600万元，每户拥有的产权住宅面积超过200平方米；每年村集体发放的分红款近2000万元，人均达到10000元左右。村民全部享受农村医疗保险，村民所需缴纳的费用都由村集体统一支出。入托、上大学、读研究生还有村里的奖励金。2003年，上园村被评为"中国十佳小康村"；2008年，被浙江省委、省政府授予"全面小康建设示范村"称号。这标志着上园村发展的初步成功。

---

① 注：南街村与小岗村为2018年数据。

第一章 上园村成功在哪里

村庄是否发展成功的标准并没有严格的定义，主要体现在经济水平、社会文明与文化繁荣方面。一般而言，人们对村庄是否发展成功有几个基本判断指标：村民的收入水平高、村民拥有较多的财产、村集体经济强大、村民收入与财产差异不大、村庄建设美丽、村民素质较高等。

第一节 村民的收入水平

20 世纪 80 年代初以前，由于受计划经济体制束缚与客观自然条件限制，上园村的村民收入主要依靠农业种植业，人均粮食产量仅有 400 公斤左右，加上其他微薄收入，折合成总收入人均仅有 100 余元（20 世纪 70 年代中期），而且长期停滞不前。改革开放后，上园村的民营经济兴起，出现了家家有店面、户户有企业的现象，居民收入迅猛增长。20 世纪 90 年代中期，随着农业用地的消失，上园村村民的收入主要来自就业工资收入、企业经营（利润与分红）、店面与住房出租等。

2009 年据当地统计部门抽样统计，上园村村民年人均收入为 38930 元。但熟悉上园村情况的人普遍认为这明显低于实际收入水平。由于上园村人的低调，以及统计抽样对象（留守妇女与老人）对投资与企业分红收益不太了解，使得这一统计存在较大遗漏。上园村人创办的企业多达 100 余家，还不包括对其他企业的投资参股，个体户有 200 余户，有 500 多人常年从事工商业经营。2009 年，上园人创办的企业销售总额已超过 500 亿元。根据《2009 胡润百富榜》和《2010 胡润百富榜》显示，上园村村民南存辉和胡成中 2008 年的财产分别为 25 亿元和 40 亿元，2009 年的财产分别为 110 亿元和 42 亿元。2009 年，南存辉个人年收入 85 亿元，胡成中个人年收入 2 亿元。仅两人的收入，就可以使 2009 年上园村的村民人均收入增加 589 万元。即使剔除这两个知名企业家的家庭收入，上园村一般居民的年收入也远高于 4 万元。

2018 年，据上园村自己上报的统计数据，上园村年人均收入为 43780 元。经具体了解，这一数据为村民抽样调查数据，不包括正泰、德力西两大家族，而且收入仅为工资性收入与财产出租性收入。因留守家庭成员对企业经营分红与收入不了解，且每年有波动，也被村民认为涉及隐私，这一项数据基本空白。根据课题组对 267 户上园村普通村民的抽样调查与多户居民的深入访谈，一般上园村村民平均每 5 人有一户经营实体，每户至少有 1 人从事工商业经营，每户均有店面出租（其中 10% 左右为自己经营），不少村民还拥有专业市场的摊位，几乎家家有个体经营户或有参股投资企业。通过对上园村普通村民的访谈与抽样调查，上园村一般家庭收入主要为从事企业管理的工资性收入 14.9 万元左右、经营性收益 13 万元、店面或摊位与住房出租等财产性收入 7.4 万元，加上其他，上园村普通家庭的一年收入在 37.21 万元，按平均每户家庭成员 4.8 人计算，平均每人收入 7.75 万元，远高于村委公布的统计数据。加上村集体分红与奖励收入每户约 5 万元，上园村村民平均每户居民收入超过 42 万元。如果算上大企业主要股东的家庭，这一数据还会有明显上升。其中主要遗漏就在企业分红与投资收益这一项上。这从上园村民户户有一辆以上小汽车、接近人均一只手机，以及房屋装修装饰、餐饮、娱乐、人情往来等消费支出水平中得到验证。

第二节 村民的资产与财产

上园村民的财产主要分两部分，一是住房不动产与汽车等动产，二是企业资产。

从生活性财产看，上园村每户居民在上园村本地都有 200 平方米以上（人均 40 多平方米）的住房，按 2019 年市价在 300 万元左右，上园村民户均一个店面，大多出租给外地经营者，有一部分自己经营。九成左右的居民还把多余住房出租。每户上园村民的店面出租与住房出租收入大多可达 10 万元以上。此外，大部分上园村居民在外地，如乐清县城、温州市城区、杭州、上海、广州、北京等地也购有商品房与商业用房、写字楼等，除小部分偶尔自住外，大多用于投资性出租。

但这部分财产及收益，低调的上园人多避而不谈，邻里亲友也不很清楚，其收益很难估计。

从经营性资产看，上园村民每户都有独立的企业、个体工商户或入股企业的股份。上园人创办的工商企业有100多家，个体户有200多户。光从胡润发布的2018年财富榜看，正泰与德力西两大企业的主要股东南存辉拥有资产165亿元、南存飞拥有资产28亿元，德力西大股东胡成中拥有资产55亿元，其另外两个兄弟也各有上10亿元资产。对于一般的上园村民来说，其资产主要是参股企业的股份，或家庭经营的小企业或个体户资产，如一些村民在正泰、德力西等企业长期从事经营管理工作，也有着少量股份；有的村民投资在一些企业里参与管理经营；不少村民在专业市场中拥有商铺或店面。由于统计困难，这部分往往会被遗漏，但从村民的访谈中了解到，一般上园村每户家庭的投资资产不低于200万元。如果将正泰、德力西等上园村大股东的资产统计在内，上园村每户居民的资产在2000万元左右；除去两家大企业股东的资产，上园村每户居民的资产在300万元左右，人均60多万元。非精确的估算，上园村居民的户均财产（包含资产）不低于600万元，人均拥有财产125万元以上。

可见改革开放以来，上园村居民从原来仅有的家徒四壁的一间破平房，迅速发展到普通居民户均财产超过600万元，其成功之路令人赞叹。可以说上园村居民的收入与财产水平，远高于全国绝大多数农村，即使在浙江也是屈指可数。

第三节　上园村的协调发展

上园村的协调发展首先是表现在经济社会发展的协调上。随着民营经济的持续发展，上园村的社会建设也稳步发展。上园村的基础设施建设不断改善，道路交通、供电、供水、通信设施一应俱全，教育文化设施不断增加，民俗文化活动中心、老年活动中心等相继建成，集体与私人开办的幼儿园达三家，平安社会建设卓有成效。

因为受土地资源限制，上园村多数街道较为狭窄，随着居民用车增加，道路两旁规划了不少车位。居民都养成了遵守交通规则、爱护公共卫生的习惯，人行道上没有人乱摆摊位，街道上很少见到有人闯红灯、乱丢垃圾。

上园村的协调发展其次是表现在居民生活水平差距小。虽然正泰、德力西两个知名企业的大股东收入高、资产雄厚，但绝大多数上园村居民都拥有多处房产、经营铺位、企业股份等资产，500多人从事工商业经营管理，还有一部分从事政府、事业单位与企业的管理服务工作，大家的收入与财富差距不大。更为重要的是，正泰、德力西等大企业热心公益事业，长期以来两大企业都拿出数亿元来从事公益事业、回报社会。即使是上园人开办的多数在外企业也热心家乡公益事业，乐于奉献。而且上园人向来不会仇富嫉商，大家更会相互帮衬、共同发展。

难能可贵的是，随着上园村的经济发展，外来经商务工人员不断迁入，而上园村土地上的商品房也吸纳了外部居民购房入住。到2018年底，新上园人（常住半年以上）已超过2300人，已明显超出本土上园人数量（1820人）。新上园人在上园村土地上同上园人一样经商、就业、居住，除不能享受村集体经济（上园集团）的分红福利外，一律同工同酬、平等相处，绝没有像一些村庄那样存在着本村人与外来打工者的巨大鸿沟。

第四节　村民自由与民主参与

上园村的经济是所有权清晰的民营经济，在民营经济的基础上，权力的垄断与对社会的严格管制就难以形成，村民的自由度明显会高于国有或集体为主导的经济。居民可以自主创业、自主招聘或自主就业，居民对职业、对地方、对企业的选择余地很大。居民的生活选择就更为自由，外地人可以通过购房或租房居住落户，上园村人也可以到外地购房居住。只要不违反法律，上园村人可以自由选择自己的生活方式。

同样，建立在民营经济基础的上园村居民会自主地寻求参与村里的公共事务，选举或罢免村领导、检查村集体企业的财务、监督村集体资产的运作、辩论村庄改造规划等。上园村也不可能存在着权威型领导，村主任与村委领导更像是为百姓服务的公仆。村民可以公开地议论村委领导，而不必像少数权力过度集中的村庄，处处感受着"大家长"的威权，与权威领导有不同意见的，很可能会被清扫门户、开除"村籍"。

正因为如此，与一些村庄的居民被迫留在典型村的现象相反，上园人不少人在上海、杭州、北京等大城市买了住房，甚至不少人在外地创业或工作，包括在外地上大学的年轻人，他们都不愿意放弃上园村的"户口"，总是记挂着家乡，记得常回家乡看看。

从上园村的收入与财产增长、社会经济协调发展、上园村人的民主参与度等方面可以看出，改革开放以来上园村的发展无疑是成功的，是中国村庄发展的成功典范。

第二章　上园村何以能成功

上园村的核心优势在于发达的民营经济。改革开放初，上园村民营经济抓住先机，率先发展，成为温州以至浙江的民营经济发祥地。

20世纪70年代初，当公社大锅饭机制还在压抑着各地农民的生产积极性时，上园村农民已经悄悄地实行自主组合的生产队，捅破大锅饭分配体制，还办起了多家村办企业，基本实现了按劳分配；当20世纪70年代末改革开放的春风乍暖还寒时，上园村人已经捕捉先机，贩卖起废铜旧铝、开办起家庭工厂，生产起开关、插线板等较为简易的电器产品；当1992年中国市场经济建设正式拉开序幕，上园村的企业迅速崛起，正泰、德力西等民办企业发展成为全国著名的大企业。

改革开放前，已经有几户村民开办了个体企业，但由于计划经济体制的限制，只能交少许管理费，挂靠在社队企业。改革开放后，上园村农民挣脱了土地与制度的束缚，民营经济迅速崛起，几乎家家开店、户户办厂。期间因为有关部门市场管理不到位，一些企业为了竞争谋利，生产假冒伪劣产品。经过多次市场整顿，才有好转。

1992年邓小平同志南方视察发表重要谈话后，上园村民营经济开始步入大发展阶段，正泰、德力西两大集团迅速成长为全国电器行业领先的知名企业。上园村村民自主创办了80多家股份合作制企业，家庭作坊式工商业200多户，为后来柳市镇成为"中国电器之都"奠定了坚实的基础。

21世纪初以来，柳市第三产业在原有的专业市场基础上迅速发展，上园村的乐联超市、新聚丰园集团等三产企业成为乐清以至温州最大的超市与宾馆之一，十多家银行等金融机构入户上园，名牌服饰一条街、黄金一条街相继形成。

与此同时，上园村的集体经济壮大发展。20世纪90年代初，上园村集体企业全部退出生产与直接经营性企业，而主要建设与管理专业市场、办公大楼、标准厂房、停车场等物业，既为上园村电器产业等经济发展提供物业支撑与配套服务，也通过上园集团等集体企业，进行集体资产的运营管理取得稳定的收益。

第一节　民营经济崛起的基础环境

上园村民营经济的率先崛起有着各种综合的条件与基础环境。

首先，上园村民营经济的率先起步，得益于传统的创业文化环境。由于温州沿海平原地区人多地少，不少人靠经商与外出谋生，有着重商的传统。早在宋朝，在永嘉（今温州）形成了提倡事功之学的一支儒家学派，它是南宋浙东学派中的一支先导学派。永嘉学派提出"事功"思想，主张"经世致用，义利并举"，反对虚谈性命，重视经史和政治制度的研究，主张通商惠工、减轻捐税、探求振兴南宋的途径。在温州，人们不仅不会歧视商人、商业，反而羡慕合法致富的商人。这也养成了温州人乐于经商、善于经商的传统，使得很多温州百姓有着敏感的市场意识与捕捉商机的能力。即使在"文革"时期，也不断有人甘冒风险"钻空子""投机倒把"，追求富裕。当改革开放之初，政府的管制有所放松时，这些种子如遇春风，迅速发芽、生根。

其次，从社会氛围看，人们对待创业与富裕的态度对创业有着深远的影响。社会大众对待创业致富一般有三种态度。第一种是"别人富，我麻木"。普通民众认为创业风险大，不如穷点但悠闲自在，"别人富了跟我也没啥关系"。第二种是"别人富，我嫉妒"。这种"不患贫，患不均"的观念有着深厚的传统，看到他人创业致富，就吃喝卡要或无事生非，想方设法搞垮它，其结果是大家都一样穷。第三种是"别人富，我羡慕"，看到他人办厂开店致富就羡慕，想方设法去套近乎，了解它是怎么致富的，并学着创业。温州地区恰恰有着第三种态度这样的社会氛围。当上园村一些人办起了开关厂，亲友邻里也跟着创业，专业市场开始形成。

当同行企业越来越多，竞争变得激烈的时候，更多的企业转向产业链的专业化分工协作，一个低压电器产业集群的兴起便水到渠成。

第二节　民营经济的变革与创新

上园村民营经济的发展也并非一帆风顺。从 20 世纪 80 年代初到 90 年代初，因市场管理问题，历经一波三折；20 世纪 90 年代末以后，随着资源要素的变化以及市场竞争加剧，上园村民营经济遭遇发展瓶颈。上园村民营经济靠着一股韧劲，通过变革与创新逐步发展壮大。

一是企业制度的创新。上园村的企业制度经历了从个体私营企业到股份合作制企业再到现代企业制度的转变。

改革开放之初的个私经济是来自村集体企业的制度创新。原有的村办集体企业（柳市胜利电器厂）给村民挂户经营，提供账户，订立五金电器业务合同，办理发货、汇款、结算等手续，为村民经营提供了方便，企业也从中获取一定的管理费收益。这成为私营经济突破计划经济制约的一种变通方式，这一模式也被当时温州各地普遍仿效。上园村大量的个体企业挂靠集体企业，由集体企业为个体经营户供销员开介绍信、提供合同，使他们得以到全国各地推销企业产品。他们可以说是温州最早的一批民企供销员。这些供销员"踏遍千山万水，说尽千言万语，想尽千方百计，吃遍千辛万苦"，演绎了吃苦耐劳的"四千"精神。

改革开放后，上园村的劳动力从土地的束缚中解放出来，家庭个体户大量涌现。100 多家村民前店后坊生产五金电器上市销售，形成柳市模式。20 世纪 80 年代初前店后厂成为温州个体户典型的空间形态。个体户通过购买必要的机器，自主采购原材料与半成品，主要是家庭成员在家里加工生产，然后通过供销员销售往全国各地。这种手工作坊式的生产方式，缺乏标准化生产与管理，产品质量难免参差不齐，也增加了政府有关部门的质量监管难度。随着生产规模的扩大，以及市场竞争的加剧，一些个体作坊开始使用低价劣质的废旧材料，甚至以铝充铜，导致一些产品质量出现了较为严重的问题，并被媒体曝光。

从 20 世纪 80 年代初到 90 年代初，在有关部门的监督下，整个柳市镇的低压电器产业进行了多次质量检查与整顿。同时，政府开始限制个私企业，引导个私企业向股份合作制企业发展。1984 年，村民南存辉、胡成中等人创办求精开关厂，成为柳市第一家股份制企业，其后几十家家庭作坊搬出家庭，创办工厂企业，开展正规化生产。由于受体制与政策限制，上园村大量个体私营企业开始向股份合作制企业转变。但大多数股份制企业实际上"换汤不换药"，仅以一些主要员工入股而进行转制，其目的在于以戴红帽子的方式来减轻政策歧视。股份合作企业虽然被认定为集体企业，属于"公有制"性质，但由于股份合作企业并非现代企业制度，股份的分散不利于企业决策与经营，股份转让的限制也制约了股东的进入退出，不利于企业的长远发展。仅有几家真正被引导合并的集体股份制企业的生产经营也不尽如人意，注定了这种企业制度只能是一种过渡的组织形式。

1992 年，邓小平同志南方谈话发表，全国兴起建设市场经济热潮，体制机制的束缚得以消除。20 世纪 90 年代中期，上园村的企业顺应市场发展需要，纷纷转变为有限责任公司。规模较大的正泰与德力西企业还在 1997 年组建了现代企业集团。原有的家族企业逐步被现代企业制度替代。企业的经营管理普遍迈上新台阶，为上园民营企业走向全国、走向世界打下了良好的企业组织基础。上园村民营经济也迎来了大发展的黄金期。

二是企业生产经营的创新。上园村的民营企业在发展的过程中，一直伴随着市场的激烈竞争。一方面，人多地少的上园村以至整个乐清县域一直受着土地资源的制约，而进入新世纪后能源的制约与劳动力资源的制约也不断突显。2003 至 2005 年，上园村电力供应紧张，工业企业甚至出现一周"停四开三"的现象，以致几乎每家工厂都要自备发电机。与此同时，劳动成本大幅上涨，工人工资从 21 世纪初期的 100 元左右迅速涨到 2010 年的上千元。另一方面，随着国内同行企业的不断增加，产品竞争越来越剧烈。上园村企业在市场竞争中，不断推进创新，使民营经济保持了稳定的发展。

上园村民营企业的创新首先体现在技术创新上。在改革开放初期，大量的个私企业开始创办，它们主要通过购置旧设备甚至自行拼装机器，购买旧铜废铝进行加工生产，生产的技术水平低下，产品的质量成为最大问题。在几次产品质量的市场整顿中，上园村不少企业开始从温州、杭州、上海等地聘请大专院校的老师与国有企业技术员，为企业解决技术难题，这些被称为"礼拜天工程师"的技术人员为上园村产品质量提高与生产工艺提升做出了贡献。20 世纪 90 年代中期后，以正泰、德力西等为代表的大中型企业开始注重企业的研发，通过从全国各地引进人才，加强产品的研发，将研发投入在产品销售额中的比例提高 5% 以上，使企业竞争力保持在同行前列。

其次是产品创新。在市场竞争中，上园村以正泰、德力西为代表的民营企业不断顺应市场需求，加强新产品研发，不断推出新产品。除了低压电器产品的不断更新换代与升级，还根据市场发展前景与科技发展趋势，步入高压电器、光伏产品、风能产品、军工产品、环保设备等领域，应用最新科技成果，加大高科技产品开发力度，也为企业的发展打开了蓝海。兰博公司根据市场需求状况，果断退出低压电器生产领域，进入到高铁设备生产领域，与中国高铁公司合作，搭上了迅速成长的列车；胡耀明在20世纪90年代后期找准市场机遇，转向超市行业，创办乐联超市，迅速发展成为温州地区知名的超市商家。

再次是业态创新。改革开放之初，以上园村为代表的柳市模式是以家庭作坊式的前店后厂式出现；20世纪80年代中期后，逐步形成企业向厂区集聚，销售向专业市场集中的格局，形成了典型的中小企业集群模式；20世纪90年代后期，随着一些企业的发展壮大，正泰、德力西等大企业开始通过多元化经营、在全国布局自主的销售网络，逐步脱离专业市场；进入21世纪后，随着电子商务的崛起，线下实体销售逐步受到影响，到2008年后其冲击日渐明显。上园村的专业市场也开始推广电子商务，将线上线下销售结合起来，以应对业态变化的冲击。企业也纷纷推出自己的网站，大力开展网络营销，将线上交易与线下交易结合，从而减缓了电子商务的冲击，使企业保持了稳定较快的增长。

其四是生产方式创新。20世纪90年代初期，通过家庭式半手工作坊向工业园区的集中与企业制度的转变，上园村的企业开始购买机器设备，安装流水线，走上了现代机械生产；20世纪90年代中期以后，随着市场的竞争加剧与劳动要素价格的上升，上园企业开始引进国内外先进设备，加快机器设备的淘汰升级，推进"机器换人"；近十年来，随着工业革命的发展，智能生产成为新的方式。以德力西为代表的上园村民营企业，抓住机遇，通过设备的智能化改造、企业上云、工业物联网建设，推进智能制造。德力西留在柳市的生产企业全面完成了智能化改造，呈现出全新的面貌。

第三节　集体经济的支撑

上园村的集体经济有着较为鲜明的特色。改革开放以来，随着农村居民家庭承包责任制的推广以及个私企业的兴起与集体乡镇企业的改制，温州及全国不少农村的集体经济逐步衰落，甚至消失。当 20 世纪 90 年代中期上园村的邻村都把村里土地平分到家庭时候，上园村坚持将原有的集体企业土地与未征用的集体耕地土地由村集体管理起来、运作起来，通过建客运站、停车场、引进工商银行等金融机构、建设有色金属等多个专业市场、商场写字楼等物业出租，上园村的集体经济始终保持着并不断发展壮大。但与华西村、南街村完全不同，改革开放后，上园村的集体经济全面从制造业、商业等竞争性领域退出，"官"不与民争利，而是通过营运集体物业保持集体资产的盈利与增值。村集体通过统筹全村的物业经营管理服务，获取了稳定的收益与资产增值，更为上园村的社会经济稳定、和谐发展起到了重要作用。

上园村集体经济的作用首先体现在产业服务上。在改革开放初期，随着上园村民营经济的兴起，村集体企业竞争力下降，集体经济逐步从制造业、商业这些竞争性领域退出，而利用村集体土地，建设专业市场、汽车站、停车场等进入公共服务与生产服务的领域。1987 年建设停车场。1987 年建设有色金属材料市场，1994 年进行扩建。1993 年柳市电子市场建成开业。其后，柳市华联大厦、上园大厦、上园百货贸易超市相继建成营运，为上园村的低压电器等制造业产业集群提供了良好的配套服务，集体经济也不断壮大。1994 年初，上园村建立上园经济开发公司。1995 年，上园村相继成立上园村股份合作社和温州上园集团，统筹经营村集体资产。2009 年，上园村办公大楼建成。2012 年，上园民俗活动中心建成，次年汽动市场开业。2014 年，在方斗岩兴建上园村标准厂房，建筑面积 4800 平方米，上园村的一家私营厂家入驻。上园村集体资产没有投入到制造业与商业竞争性领域，反而从制造业中退出，投入到诸多专业市场、商厦、写字楼、汽车站与停车场这些领域，确立合理的物业价格，让利于企、让利于商、让利于民，将专业市场的摊位以公开、公平的方式招租，并引进政府工商、税收等部门的配套服务与管理，弥补了上园村市场、交通、商业门店与办公楼的不足，完善了低压电器产业的服务配套，有力地支持了电器产业集群的发展，同时集体经济也获得了稳定的收益。到 2015 年底，上园村集体净资产已达 10.7 亿元，村集体经济收入达 2800 多万元。

上园村集体经济的作用其次是体现在协助村综合事务管理上。由于村集体经济的壮大，为上园村的社会文化发展提供了有力的支持。多年来，同全国多数村庄一样，上园村实行村委与股份合作公司一体化运作，同时村"两委"直接管理经营上园集团、上园村办多家专业市场等集体企业，村集体经济的发展壮大，为村委的社会管理工作提供了雄厚的基础。与此同时，上园村实行民主监督，让更多的村民参与到村社会经济发展事务中来，村委工作与集体资产实行财务公开，接受村民质询与监督，保证集体资产的合法、合理营运。多年来，上园村将集体资产取之于民、用之于民，通过制订发展各项建设规划，利用村集体资金进行村民旧房拆建，拓宽道路，完善交通、治安等各项基础设施建设，配备治安巡察队、消防安全员、民兵队伍等，投资兴建了上园村幼儿园、上园村老年宫、上园民俗活动中心、上园胡氏宗祠、上园村文化礼堂、温州模式展示厅等设施，组织元宵节、端午节、重阳节等村民节庆活动，加大对村民的科学文化普及宣传，提高村民的文化素养，使上园村的社会文化建设走在了前列。

上园村集体经济的作用还体现在维护社会公平与和谐上。上园村在保证集体资产增值的基础上，每年将集体经济的一部分收益用于社会福利事业。除了投资各项社会文化设施建设，上园村通过集体力量，做好村民生活福利各项保障，尽力避免社会阶层差距扩大。上园村虽然个私企业众多，家家户户衣食、住房无忧，还拥有不少财产和资产。但在市场经济的激烈竞争中，总有一些企业起起落落，个别小企业关门倒闭也时有发生，个别村民因病困难也偶有出现。为此，在村"两委"领导下，经过上园村全体村民的民主决议，利用集体资产收益不断完善村民社会福利建设，让经济发展的成果与全体村民共享。一是保障村民的住房。通过推进村民公寓式住宅改造，保证每户居民至少有一套住宅，人均住宅面积达到80余平方米。二是发放集体分红款。20年前，上园村开始每年拿出部分集体收益给每个村民分红，2013年开始，每个村民的分红从最初的1540元增长到1万元。三是建立起困难求助制度，让困难家庭能得到村集体的统一救助，避免家庭贫困发生。四是建立起全民医疗保险，通过村集体统一支持，全村村民不用自己花钱就可以享受农村医疗保险，因重病而医药费用自负较重的，还可以申请补助。五是给60岁以上老年人每年发放1300多元的压岁钱与健康长寿金，百岁老人还有特别慰问金。六是为了鼓励教育与人才培养，给考上大专、大学、攻读研究生的村民给予1000~3000元的奖励。正因为集体经济的保障，上园村始终没有贫困家庭，没有阶层分化，社会保持和谐。

第三章　村庄发展的比较与启示

　　上园村的成功根源在于具有活力的民营经济。有人曾借华西村与南街村之例来否定民营经济，甚至认为计划经济、集体经济才是村庄发展的成功之道。对此首先要看华西村与南街村是否真的成功。当一个地方的经济社会发展完全依赖一个能人或依仗国家扶持，这种成功能否持续？当能人演变成为威权式的大家长，村民的自由与民主监督权利能否得到保障？当村民没有自主创业的权利，没有就业的选择权，甚至连生活用品购买都要靠统一配给，这种村庄有没有活力？人民是否有幸福感？

　　计划经济是否适合中国发展，改革开放已经给出了明证。在计划经济时代，即使是华西村、南街村，无论居民还是村集体也都是一贫如洗。正是改革开放才给予了中国村庄发展经济的空间。没有市场经济的大舞台，而只依赖政府的调拨分配，没有一个搞计划经济的村庄可以发展起来。更为重要的是，某些人倡导计划经济，一味贬低私营经济，认为私营经济是剥削、是收入不平等之源，但他们在极力推崇"典范村"的同时却又陷入了另一种悖论：无论南街村还是华西村，本地人与外地人被"户口"人为分割，犹如计划经济时代城乡户口的天壤之别。本地人住在"社会主义天堂"，享受着红利与各种配给，而外地人却只能是打工仔，报酬与福利相对要低得多。依据剩余价值理论，这些村集体的利润哪里来？不也是来自外地工人创造的剩余价值吗？如果私营企业的利润是剥削工人而来，那村集体的企业利润又是剥削谁而形成？为什么只有本地人才能享受这些利润？

　　从另一个角度思考，并非搞市场经济与民营经济的村庄就一定能成功。有人甚至将安徽小岗村作为"不成功的典型"。农村家庭联产承包责任制的发源地——安徽小岗村承包到户的开始阶段，农民积极性得到充分发挥，承包改革后次年的粮食产量就相当于1966年至1970年5年的总和，人均收入增至350元，是上一年（1978年）的18倍[①]，长期困扰农民的温饱问题一年内就得到彻底解决。从这点上，小岗村应该是取得了巨大成功。但其后小岗村的发展并非一帆风顺。经济发展规律使得农业在国民生产总值中的比重会不断下降，注定了农业不会持续扩展，农村与农民绝不可能依赖农业致富。小岗村的不足在于工业没有得到发展，当农民的温饱问题得到解决，农民的劳作时间得到解放，他们想到的是"小富即安"。当农业增收乏力，他们想到的是进城打工而不是创业。这种思维定式使得小岗村错过了改革开放初期的先发优势。随着中国发展进入工业化后期，短缺经济的环境不再，农村工业化更为艰难。而家庭联产承包责任制正式推广迟于小岗村的上园村，却在改革开放初期就紧紧抓住了"卖方市场"的机遇，家家办厂、户户开店，迅速形成了电器产业集群。

像上园村这样的村庄在中国并不多。上园村地处远离大城市的温州地区的乐清县，没有任何优势资源，也没有产业基础，可以排除其地理环境优势、资源优势与基础优势。或许对财富的追求欲望、创业文化的差异，才是其发展成功的深层次原因。

上园村的发展可以给中国的村庄发展以下几方面有益的启示。

第一节　自主创业是发展的源泉

上园村民营经济的起步在改革开放初期的全民创业，来自居民自主创业的活力是巨大的，通过竞争、专业化分工合作，上园村形成了电气产业集群，为民营经济的成功发展奠定了基础。而中国多数农村，却没有形成自主创业的热潮。究其因，一是"小富即安"的小农意识。千百年来，这种意识一直在多数农村根深蒂

[①]　朱思雄、韩俊杰、郝迎灿、徐靖：《小岗村开启农村改革大幕——庆祝改革开放40年》，《人民日报》2018年10月15日第1版。

固。当改革开放后，许多农民能够通过自己的简单劳动解决温饱问题，他们就觉得心满意足，认为没必要再为更多的财富与享受去受苦受累，去冒各种风险。二是"嫉富仇商"的心态。几千年来，"不患贫患不均"长期根植在中国老百姓的心里，"均贫富"成为正义的化身。在这种文化环境下，冒富的往往会成为社会嫉恨的对象。而在温州，没有"嫉富仇商"的社会心态与传统文化，大多数人对他人合法的"发家致富"有的只是羡慕与崇敬。

中国广大的农村只有摒弃"小富即安"与"嫉富仇商"的社会文化，才能为自主创业创造良好的社会氛围，才能激发广大居民的自主创业热情，从而为经济社会发展提供持久的活力与动力。

第二节　创新是永恒的发展主题

发展离不开创新。环境在变，发展的方式也需要变革，在市场经济浪潮中，不进则退，绝不能以不变应万变。上园村的民营经济就是根据环境的变化，不断改革创新来求得持续发展。在改革开放初期民营经济政策还不稳定的情况下，上园村个私企业通过挂靠集体企业，或以股份合作制企业来规避政策歧视、求得生存；在市场经济政策明朗的情况下，大量个私企业改制成有限公司、中外合资企业、股份有限公司、企业集团；在企业不断壮大之时，大企业通过横向与纵向一体化，在全国谋篇布局，推进了产业集群，促进了产业组织优化；进入21世纪后，上园村企业借助中国入世机遇，大力推进产品出口，同时具有实力的企业开始走出国门，开展对外投资；当电气产品竞争趋于白热化，上园人开办的企业纷纷加大引进人才、推进科技创新与产品研发，进军高压电气产品、新能源产品、环保设备、高铁等交通器械的新蓝海；2008年以来，随着电子商务兴起，上园村的企业与专业市场，加大商业业态创新、商业模式创新，大力发展线上线下市场；近年来，随着全球新工业革命浪潮兴起，上园人创办的正泰、德力西等大企业跟上步伐，率先推进智能制造，加快生产方式变革与商业模式创新。

中国一些先期成功村庄的衰败，就在于创新的式微。一类是企业产权制度不清，集体所有制下企业依赖于能人，缺乏创新的内在压力与动力。而上园村民营经济的机制活力，为企业创新提供了持续的动力。另一类虽然是产权清晰的民营经济主导的村庄，但企业经营者心态封闭，缺乏创新思维，热衷于模仿追随，或囿于人才与资金困境，难以创新，最终在市场经济的竞争浪潮中被淘汰。

第三节　集体经济起着定海神针的作用

中国发展较为成功的村庄往往也是集体实力较为雄厚的村庄。集体财产、村民社会保障水平往往成为评价村庄发展度的一个重要指标。

在个私经济发达的上园村，集体经济同样壮大。2018年，上园村集体净资产达到10.8亿元，村集体经济收入达290万元，平均每户村民一年分到的收入达5万元左右。①

但与华西村、南街村等以集体经济一枝独秀的模式完全不同，上园村的集体经济在20世纪90年代初就从竞争性的制造业、商业的生产经营领域中退出，仅活跃在开办专业市场、停车场、汽车站、办公大楼、商场、工业园区等公共设施建设营运与产业配套服务领域。上园村发挥村集体资源的优势，利用上园村的集体土地与资金，兴办产业服务配套设施，并从中取得稳定的物业出租与管理服务收益，又为产业发展提供了良好的发展环境，不与民争利，也避免了类似华西村与南街村这样使村集体背上巨额负债包袱。可以说，上园村充分实践了市场与计划"两只手"理论，使集体经济与个私经济各司其职，既保护了个私经济的公平竞争，又为产业发展提供良好的配套设施与公共服务，使更多的居民投入到创业、创新洪流。

上园村的集体收益除了留足村集体发展壮大的后备资产，超过收益的一半通过向村民分配收益，使村民都能够共享发展的成果。同时，还通过为每个村民提供社会保障补贴、为老年人提供补助、为大学生和研究生提供奖励、举办各类文化活动与社会活动、救济重病与受灾村民，从而在凝聚村民认同、完善社会保障、维护社会和谐、缩小贫富差距等方面起到了重要的作用。

第四节　民主法治是村庄发展的重要保障

一个村庄的成功还需要经济与社会的协调发展，需要全民的民主参与。可以说，民主法治是一个村庄发展的重要保障。

---

① 上园村村委：《上园村统计资料汇编》，2019年。

现代民主法治是建立在自由平等的基础上。上园村的民营经济发展为自由平等提供了坚实的经济基础。上园村人只要不违反法制，就可以自由自在地生活，而不必无条件地服从大家长式的威权。只有在自由平等的基础上，村民才能发挥主人翁的精神，才能真正行使民主选举法的权利，才会主动参与村公共事务与民主监督。

而中国一些反面典型村庄恰恰就在于村民的自由没有保障。集体权力一家独大，当能人的威望笼罩整个村庄，村领导权力越来越集中于个人。村民的自主创业、自主就业的权利就会被剥夺，甚至住房、生活用品都依赖村行政权力来分配，村民的自由空间也会越来越小，最后连言论自由、思想自由也难以为继。大邱庄的发展演变，就勾画出从村集体能人到集体权力集中而形成大家长式威权的过程，其结果不但是经济发展活力的丧失，更会形成个别村领导的独断专行，当年大邱庄禹作敏的结局有其必然性。

此外，在个私经济主导的农村，也需要警惕金钱对平等与民主的腐蚀。收入与财产的不平等，如果缺乏制约，容易导致政治权利的不平等。当企业与金钱介入村公共事务，个人与公共的权利就会被金钱绑架，自由平等的基础就会丧失，民主就会成为花架子。上园村在这方面也为中国村庄提供了有益思考：其一是上园村家家有老板、户户有企业，以及较为厚实的村集体资产与收益从客观上为自由平等与民主提供了较好的基础；其二，上园村的村集体资产与公共事务长期保持制度性公开透明，运作较为规范，村领导权力小，服务压力大，这也从制度上杜绝了金钱的介入；其三，上园村的村规民约谢绝个私企业与个人为村公共设施与公共活动提供资金赞助，在选举上严格依法监管，杜绝金钱介入，保证了村民的平等与村公共事务的公平公正。

可以说，只有保障村民的自由平等，才能建立起现代民主法治，才能为村庄的持续发展与长治久安提供坚实的保障。

第五节　大多数村庄的归宿是城市

从经济与城市化的发展规律看，农业在国民生产总值中的比重会持续下降并趋于零，而城市化率将上升到80%以上，届时几乎没有多少人在从事农业，生活在农村的居民也将十不足一。从长远看，与世界工业化大潮流一样，中国的大多数村庄也会融为城市的一部分。

2019 年 3 月，上园村正式撤村而成为柳市镇的一个社区；而华西村也从当初 380 户、人口 1520 人、占地 0.96 平方公里 ① 的江南小村，通过发展合并成面积超 35 平方公里、人口超 3.5 万人（常住人口超 5 万人）的大华西村；南街村也从中原来的小农村发展成以工业为主体的大村庄。华西村与南街村事实上已经成为大城镇，其在不远的未来不可避免地会成为建制镇或街道社区。

在村庄融入城市之际，都将面临转型的重要课题。首先是经济转型。随着村变城，第一产业消失，工业企业也需要不断外迁，第三产业将成为主体产业。在这种背景下，村民的收入来源将面临长远的变化，村集体收入、税收收入都将出现重大调整，这需要财政结构的调整，需要政府对市场的引导与区域发展的统筹。其次是管理转型。从村管理到成为城市一部分的社区管理，原来的村级管理组织、管理理念、管理方式都需要做出重大的调整。其三是村民向市民的转变，卫生环保、出行交通、社交礼仪、生活习俗等方面都需要不断调整适应。

上园村转变为社区的过程可以说是水到渠成。早在 20 世纪 90 年代中期，上园村农业已经消失而成为事实上的城镇，而 20 世纪末以来，所谓的村庄已经与柳市镇区连成一片，成为柳市镇的重要组成部分，绝大部分工业企业也外迁到工业园区或外地。村民转市民的过程中，没有专门的教育培训，更无须强行的宣传灌输，在全国各地奔波、见过世面的上园人已经不知不觉中完成了由村民向市民的转变。上园社区的管理也按照城市管理要求有条不紊地进行。

对于全国不少村庄来说，村情各异，从村庄到融入城市的过程或多或少会存在着磨合期。一方面，需要未雨绸缪，村庄要从村情出发，做好产业规划与建设，及早谋划产业结构调整与城市建设，加强创新，推进企业转型升级，大力发展交通、旅游、文化、商业等第三产业；另一方面，要随着工业化进展，主动推进村庄的开放发展，加大资金、技术、人才、企业与游客的"引进来"，鼓励本地的商品、服务、企业与村民的"走出去"，加快区域开放融合与城乡一体化，同时不断提高村民的现代市民意识，促进工业化、城市化与现代化的协调发展。

---

① 360 网：《华西村简介》，https://baike.so.com/doc/1708357-1806149.html。

访

谈

篇

生机热土　安居乐业

中国
村庄
发展

FANGTAN PIAN
SHENGJIRETU　ANJULEYE

　　上园村地处柳市镇建成区，随着经济社会的持续发展和城市化的快速推进，上园村已经发生了巨大的变化，从以农耕为主的社会发展为以服务业为主的社会，从以种植业为收入主要来源的社会发展为以经营所得和工资为收入主要来源的社会。为了解特定历史时期上园村发展状况，准确描述和反映上园村历史发展变化过程，探索村庄发展变化的内在逻辑，也为更好地让后人了解村庄发展前貌和先辈们的生活生产习俗，传承优秀文化传统，我们组织安排了系列访谈。通过访谈，在研究者与受访者面对面的交流中，我们希望能获取存留于人们脑海中的有价值的历史信息，进而期望将受访者的个人记忆转化为社会记忆，成为文明传承与历史研究的宝贵资源。通过访谈，我们也希望能获取受访者人生经历和对某一事件或现象的看法，进而通过对样本个体情况的分析和归纳来推断总体情况。通过座谈，我们希望在焦点小组访谈的过程获得共同记忆、集体共鸣点和个访的线索。同时，为了更客观地反映上园村2018年底的经济社会发展状况，我们对上园村和村办企业开展了多次的现场观察，还设计了调查问卷进行深入调研，希望能准确了解与描述上园村的总体情况。

第一章　村民访谈活动综述

在两年多的时间里，上园村课题组共作 26 次访谈，访谈对象包括前三任村书记、现任书记、村会计、知名企业家与专业市场业主（19 人）、普通村民等共 80 多人次，访谈笔录共 13 万字左右，其中选录入正文访谈篇的共 9 人，约 5 万字。此外，通过微信群对 267 名村民进行问卷调查，访问企业 5 家、专业市场 3 家，以及文化中心、老年活动中心、胡氏祠堂、村内公园等。

访谈尽量严格按照口述史研究方法开展，努力使访谈有较高质量，能为研究提供真实、客观的第一手资料。访谈是一个过程，它是由各个访谈环节组成的有机组合，各个环节的质量决定了访谈整体的质量。因此，我们认真地对待访谈的各个环节，努力把每个环节做到位，提高访谈质量。

第一节　确定访谈对象

受访者的选择与选题有着密切关系，选题规定了受访者的选择方向。有什么样的选题，就会有什么样的受访者。然而选题确定了，并不意味着受访者就会自然而然产生。在现实中会出现很多可以选择的受访者，但很多受访者并不是理想选择，焦点人群有时候难以寻到。因此，在确定访谈对象时，我们考虑了很多因素，并在与上园村领导与乡贤进行充分沟通的情况下确定了具体的访谈人员。

1.根据上园村的总人数和户数确定受访对象的数量。上园村共有 455 户 1962 人，为较客观地反映上园村的发展历史和现状，我们明确了有质量的 25 人以上的访谈数量要求。

2. 着眼于上园研究的需要确定各方面研究访谈人数。如我们根据研究所需，将研究分成综合、经济、社会、文化、村庄发展等方面，每个方面都确定了 3~6 人的访谈数量。

3. 遵循动态和信息饱和原则。由于定性研究的研究对象数量一般都比较少，通常都是注重对研究对象深入细致的了解。因此，在研究对象数量的确定上，我们遵循动态和信息饱和原则。访谈时，访谈的对象已经不能产生新的信息时，就停止对同类访谈对象的访谈或减少原先约定的访谈时间。如果访谈对象对研究有新的贡献、提供新的信息，我们就继续跟进并寻找新的访谈对象。

4. 充分考虑了受访者的年龄、岗位、职业、性别、姓氏等方面可能对访谈质量的影响。很多上园的年轻人并不了解上园基本情况，也不了解上园的发展变化历程，因此，我们明确了受访对象的年龄要求，其中年龄超过 60 岁的要在 10 人以上，并争取访谈 75 岁以上的村民 1 人以上。考虑到上园是温州模式的发祥地之一、改革开放后温州"30 万跑供销"人员的贡献者之一，涌现出很多知名企业家，因此，我们选择了多位亲历者和知名企业家作为访谈对象，如胡成虎等 10 来位上园村民，他们都是亲历者，甚至现在还在企业打拼。通过访谈，我们试图从他们的亲历中去还原当时的历史面貌、创业艰辛，去发现上园村经济腾跃的奥秘。同时，我们还对几任书记、村主任和会计进行访谈，因为他们是村庄发展的设计者、推动者和实践者。除此之外，我们还随机对部分到村办公室办事的村民和在村办公室的工作人员进行访谈。

5. 充分考虑受访者的表达能力和身体状况。受访者要对访谈内容有确切的理解，能够正确表达自己的感受与体验，能真实而又充分地讲述自己的经历与感受，而且身体状况能满足采访条件。

6. 考虑到访谈对象在代表性上的缺陷和发展现状分析的需要，我们还设置了问卷。通过微信问卷，以电子问卷方式开展了问卷调查。问卷调查对象为上园家庭，每户一份，问卷链接在村民各工作微信群发放，实际填写者近似随机，最后得到有效问卷 267 份，如果一户一份能被遵守的话，超过一半的家庭已填了问卷。

第二节 拟定访谈提纲

一个详细的采访提纲非常重要，很大程度上决定了采访的成败。为了更好地记录和还原上园村不同历史阶段的生产生活情况，本项研究在拟定访谈提纲时，遵循了历时性原则（即个人的人生经历为先后次序）和共时性原则（即个人在不同人生阶段对村庄、其他村民、事件、现象的观察和体会），并采取了半结构式访谈方式。参考通行做法，我们将访谈内容大体分为个人情况、村庄自然环境变化、村庄生活、村落变迁、传统文化等方面，形成通用性提纲。此外，我们还根据访谈对象的不同拟定了个性化的提纲。当然这些预设的通用性提纲和个性化提纲都只是半结构式提纲，采访过程中还会根据访谈情况增加新的问题。无论是通用性还是个性化访谈提纲，都包括以下几类问题：

1. 个人情况描述：包括个人的人口学特征，如出生年月、性别、受教育程度、职业、健康状况；家庭情况，如婚姻、家庭成员情况、家庭经济状况、住房、信仰等；个人的兴趣爱好、个人一生中记忆最为深刻的经历，等等。

2. 个人在成长过程中感知到的村庄自然环境的变化，如村庄建筑物、自家房屋的变化、土地、河流的变化，等等。

3. 个人成长过程中有关政治活动的感知，如土地改革、"文化大革命"、三年困难时期、人民公社、食堂、改革开放、党组织等。

4. 个人在成长过程中有关经济发展的记忆，如个人工作的变化、个人收入的变化(来源)、公社活动、上园村办企业、跑供销、村民办厂、村集体经济，等等。

5. 个人成长过程中有关社会发展和传统文化习俗演变的记忆，如家庭规模的变化、家庭消费的变化、婚嫁礼节的变化、传统习俗的变化、宗教场所情况、休闲方式的变化，等等。

6. 其他个人的生产生活体验及对他人的感知，如对村庄集体感、村"两委"能力、党员作用、村庄未来发展等等的看法。

第三节 做好访谈准备

确定访谈对象和拟定访谈提纲后，在正式与访谈对象进行面对面交谈前，我们还要做好访谈前的准备。在村庄协助人员的帮助下，我们了解了访谈对象大致的人生经历、专业发展、思想感情、兴趣爱好等。在村干部的帮助下，或与访谈对象见面向其详细介绍访谈提纲和访谈要求，或由村协助人员向访谈对象转告访谈内容，并请访谈对象提前做好访谈准备。

第四节　实施正式访谈

正式访谈的类型共两种：一种是个访，与一个访谈对象进行面对面的交谈；另一种是焦点小组访谈（即小型座谈会）。在个访上，我们通过村里的协助，在合适的环境下进行访谈，有些访谈对象在村办公室开展访谈，有些需到访谈对象办公地点或家里进行访谈。焦点小组访谈一般集中在上园村会议室。在正式采访中，访谈对象是主角，主要依照访谈提纲展开论述，访谈者持倾听姿态，做一个忠实的听众，只是偶尔进行提示、引导正题或追问。在焦点访谈时，我们试图引发与会者的集体共鸣与讨论。在征得访谈对象同意的情况下，访谈过程进行全程录音和记录。在必要的情况下还得对访谈对象再次回访，或进行补充调查。

第五节　整理访谈文本

访谈者结合访谈现场记录，将录音整理归类，以访谈对象的表述为基准，转化成文本材料。再结合访谈提纲，以问答形式形成访谈文本。然后根据已有的文献资料，只对访谈文本中一些显而易见的错误进行清理和修正。最后，访谈者将初定的文本返还给访谈对象，请受访对象审阅并核实相关说法，并签字同意允许将审定的访谈内容出版。

第二章　村民访谈录选登

（一）胡成云访谈录

受访人：柳市上园社区党委书记，温州上园（集团）有限公司董事长胡成云

访谈时间：2019 年 5 月 16 日

访谈地点：上园村办公楼

访谈人：徐剑锋、陈静慧、王亦凡、周佳松　　　　**整理人：**周佳松

访：胡书记，按照课题安排，我们想给您做个访谈，希望从您个人生活、工作经历中了解一些上园村的发展历程和相关细节。您看先从您的家庭情况和小时候的经历谈起怎么样？

胡：可以啊。我是 1962 年出生的，小学是在柳市一小，读书读到初中毕业，"文革"后就没怎么读书。我家里九口人，总共有五个姐姐，一个哥哥，我是最小的一个，我哥排第四。我哥哥也是初中毕业，"文革"的时候就没再读书了。后来我做裁缝就是跟哥哥学的。我爸爸是种田务农的，以前在第九生产队当记工员，是记工分的。妈妈以前就是家庭主妇，有时候也帮忙干点农活，晒晒谷子啊之类。我家里以前条件不好，家境应该也比较困难的。

访：那你们小时候也会下农田吗？

胡：下的，那时候还是集体劳动，但就是帮帮忙，我没有拿过工分，我哥是拿过工分的。后来我们两个做手工艺了，就没有怎么下地了。

访：您还记得你们这里是什么时候开始土地变成类似承包性质的吗？

胡：这个比较早了，大概我十几岁的时候，但具体还真记不起来了。我们这里分田到户应该比小岗村还早，那时候我们田地生产承包到户了，但不公开说，就是自己把自己的干好。我知道永嘉是最早的，1958 年，当时是县委书记支持的，

但是书记后来被批斗了。乐清这边就记不清了，那时候大家私下里也不作声响，一般家庭能承包有一两亩地，也就默默地在生产了。那时候爸爸还叫我一起到上园村的一点山地（也分到家庭）种番薯。

访：那个是算自留地吗？当时家中有多少地呢？

胡：不是，那个是山地。山地也是拿来分，水田也拿来分。有块地大家就很高兴，哪块地分给我家，就是我家种的。以前分地的话是按照人头分的，1982或1983年正式开展联产承包责任制的时候，我几个姐姐都嫁人了，户口都迁出去了，全村每个人只分到两分九，我们家分到一亩多。山地我们家没有多少的，整个村里土地是300多亩，田地只有95亩，平均一户人家只能分到一亩多点。按照亩产来算的话，一个季节打个1000多斤算好的了，1200斤最高了。我爸爸以前在生产队也是种田能手，他们也攀比，你这亩地打多少我这亩地打多少。

访：但是基本上全家吃的口粮还是能够有的吧？

胡：那个时候产量也不像现在这么多，还要交公粮的，像我们家里人口多，所以还是吃不饱。以前我们为了吃饱，做饭放米的时候会多放点番薯丝，有些带皮的有些不带皮的。番薯丝放在米饭两边，干活的多吃点米饭。早上吃稀饭，中午可能是干饭，晚上可能是泡饭，杂七杂八都放进去就吃了。以前真的是很苦，也没什么菜。以前自己家也养鸡啊猪啊鸭啊，每户人家都会养，猪最多养两头，一般都是一头。这个大队倒是没有管。

访：上园村有没有海货或海产品？

胡：这个是这样的，农闲的时候，大队会组织一些人到洞头那里，抓乌贼之类的，盖了公章带介绍信过去，证明是大队集体的，就不会赶我们。我们从这边自己划船过去，从内河转到外海去的，一般都是五六个人，队里挑年轻的，力气好的。有一次，我把我爸爸带到上海锦江乐园，我让他去坐"激流勇进"，他说："这个还叫我坐？！我早就坐过了。"他就是那个时候坐的，内航转外海有个高度落差，从上往下溜的（笑）！

访：像您小时候，1960—1962年那个大饥荒影响大吗？

胡：影响很大的，但我们上园村的人都很会顾家，不像别的地方那样大起大落的，没有饿死人。有些地方死的人很多。那时候真的是很苦的啊！1958年的时候我们都是吃大食堂，当时流传着这么一句话，筷子吃细了，碗吃大起来了。筷子嘛，吮，越吮越细；碗嘛，舔，越舔越薄，就大了，就是形容以前没东西吃啊。

访：那后来"文革"的时候对您家影响大吗？有人被批斗过吗？

胡：上园村"文革"的时候相对来说还好。以前民兵不是有两派斗起来嘛，我们村里就没有。不过批斗是有的，我爸爸也被批斗过。我爸爸他们是三个兄弟。老大是我爸爸，种田；老二是德力西胡成中的爸爸，他是做裁缝的；我小叔以前是同济大学毕业的，当时很难得的。三个兄弟在村里也是脑子比较灵活的。我爸爸当过村长，以前叫保长，是20世纪40年代的时候；我二叔胡成中的爸爸，以前当兵的，当了兵回来做裁缝，因为带了徒弟嘛，就说他雇工剥削，就要割资本主义的尾巴，就被说成是投机倒把，被抓去坐过牢。他家里的一栋房子也全部没收掉，1万块钱造的房子就没收掉了，裁缝车都被拉走。那时候我们这帮小孩子吓得只会哭呢。小叔没被批斗过，小叔是脑力劳动的，他这个人思想跟别人两样的。他会自己做机器。以前他补鞋，机器都是他自己设计做出来的。人家都是在他这里定做的机器，他一年搞两台机器卖出去就可以生活了。以前瑞安有个机械厂，叫他去当工程师，他不去。改革开放后，我们这里五金产业开始起来，他开始的也比较早，他做这行比较早。我叔叔也是五个女儿，两个儿子。我二叔胡成中的爸爸是三个儿子，两个女儿。我几个兄弟比较团结的，堂兄堂弟，第一个是我哥哥，叫胡成龙，第二个叫胡成虎，第三个是三叔的儿子，叫胡成豹，龙虎豹。

我爸爸这个人呢，在村里也是懂点文化的，当年上过四年学。以前村里叫他当会计，他说我不当。民国时候当了几个月的保长，就给批斗了，最后就不当当了。像刚才讲的呢，和两个叔叔一样，我爸爸脑筋是比较灵活的。在困难的时候，他也会做些其他生意，像爆米花，在外面打爆米花，弄一杯米啊，玉米啊，一炮加工是一毛钱。我爸爸过年的时候就会出去搞这个，补贴点家用。

访：五个姐姐当时也参加集体劳动吗？

胡：我们这里女孩子是不下地的，跟妈妈一样只是帮帮忙的。大姐姐读到初中毕业，然后去教书了。二姐姐书都没读，第五个姐姐初中毕业做裁缝，第四个姐姐也做裁缝了。二姐姐出生刚好是最困难的时候，饭都吃不饱，就送到尼姑庵去了，后来又接回来。

访：我们都知道您是搞过企业的，那是什么时候开始，都做些什么呢？

胡：我呢是初中毕业以后先跟着哥哥做裁缝，做裁缝做了六年。当时是改革开放前，做裁缝难的，工商局要你们合并起来，搞集体，个人的就说是搞资本主义，不给你做。但我们集中不起来，都偷偷摸摸自己干。直到改革开放后面几年，自己家庭搞五金电器生产的人，还被抓过。以前做裁缝我是跟哥哥学，前三年跟我哥哥一起做，后来哥哥成家了，我也学会了，就开始单干。我记得1980年我自己单干的时候，第一个月做裁缝就赚了420块，那时候收入已经很高了。做裁缝的时候没成家，赚了420块钱就交给爸爸，补贴家用。我是1987年25岁结婚的。

访：那什么时候开始从事电器行业？

胡：裁缝做了六年以后，改革开放后不久柳市开始兴起电器产业，我们就改行做电器了。其实也不算什么企业，以前说是个体户，就在自己家里搞，家庭作坊。我主要是做开关上用的避雷器，材料是去江西景德镇一个国营厂里采购，把瓷器运过来，回来自己加工组装，再卖出去，瓷器是原料，要加工成成品，运过来装起来再卖出去。就像我们做开关，铜丝铁丝买过，买过来再加工。我们也生产也销售，这种产品一般就销到各地的电力部门。电器做了几年以后嘛，我就到上海去开门市部了。那时候在上海西藏中路55号租了个柜台，推销的是我们柳市的东西，不单单是避雷器，很多柳市的产品都销售。这个大概是搞了三年多，后来就回到村里了。

访：回到村里后电器方面的生意您就不做了吗？

胡：我自己是不直接参与了，这块基本上都交给儿子了。他现在在公司——东盟集团。我们集团只有三个股东，两个股东是内弟。股份大头是他们的，我小头，公司是他们先搞起来的，开始我没有股份的，后来在村里干么，我自己也搞过电器的小企业，所以就参加进去了，就给我点股份。现在一个内弟管乐清兴都路上的销售部，另一个在那边管生产。我呢，偶尔管基建，还有对外联系处理关系。我儿子管网络技术这一块。我跟他们讲，我在这里当书记了，我没时间的，要把书记当好要一心一意，公司就由他们管理。生产在2014年的时候都搬到江苏南京溧水去了，这里没有了，南京盖了10万平方米厂区，216亩地，一年产值5个亿左右，主要也是做输变电、变压器、开关之类的。

访：当时市场应该算是经济比较好的时候，为什么到村里工作了呢？

胡：主要是这样的，开门市部的时候我呢在村里公益事业做得比较多，像消防啊，这一块呢比较积极。像每次消防队里面哪里起火了都是我带出去的，联防队、治安这些。村里的人就说您到村里来一起干，1996年的时候就到村里一起干了。我是1997入党的，当了4年的村出纳，也兼消防队队长。2000年的时候就叫我当书记了，一直当到现在，20多年了。以前家里爸爸妈妈对我的教育还是很深刻的。当时村里叫我当书记的时候，我去跟妈妈汇报，你知道她怎么讲？她说，当书记你可以当，但是不要把娘卖掉，这句话什么意思呢？意思就是你要当就要当好，不要给人骂，骂了就是把娘卖掉了。

访：当书记后一切都顺利吗？有没有遇到棘手的事情？

胡：我到村里后呢，闹过一次。1999年村选举，选举了以后呢，村里发生了一些矛盾，有些人上访告原来的领导，村里觉得很难办，就想让我出来。村里有些人还是怕我的。因为我是学过拳的，跟杭州老师学的，而且我也是村里干部。当了书记以后，我就一直在考虑怎么把村里遗留的事情解决掉。上访告状的这些人啊，我就问他你告什么。确实有明确问题的，把事情都明确解决掉，解决后就不能再闹了。如果还是那样搞，那么这个村是搞不好的。如果你们都不去上访，不告了，那我们村做起事情来就有劲，好好发展生产、过好生活。他们都同意了，都签了字，事情解决后就不告了。

访：你们发展集体经济的时候肯定会遇到土地的问题，当中难免也有利益纠纷，这个是怎么解决的？

胡：我就定了两个事情。一个是村里的地不是之前分给大家了嘛，分了以后呢，这块地是我的，那块地是你的，那么我们征地就很难，这样也很难搞一些村里的东西。我就把它做了两个统一，统一征地和统一分配。这两个统一以后，我总共是分了两千万。两千万给大家以后呢，矛盾也是很大的。什么矛盾呢？地征过来以后怎么去分钱，还有个人怎么分钱。后来我们讨论决定是五五分。一半拿出来跟人分，一半拿出来跟地分。打个比方，我们家我一个人是两分九地，两分九地算出来是多少钱，一千万，上园村整个把田加起来分到多少。以前都是跟地分，我说那是不对的。我的孩子、老婆都没有分到地。有的（人家）女儿在这里分到地了，这个地的钱也要给他女儿的，他分到了很多，但是呢，我们这些1982年分地分了一路的人组织家庭了分得很少，会闹。那么我们就提出两个方案，一半跟人分，一半跟地分，算出来，大家都同意的，全村同意了就好分了。分好后我想把这块地作为什么发展，都是村里说了算，不用去每户征地，统一开发。

访：那土地问题解决后，我们村里的发展也算开始走上正轨，在这之后您是怎么统筹上园村的发展呢？

胡：我主要抓三个建设。第一个是我们村集体经济建设。我们一直在讲，一个村富不富，就是看你有没有经济能力，我一直在想这个，要把自己村这块经济搞上去。以前我接过来的时候租金只有 900 万，现在是 2900 万。第二个抓制度建设，制度建设就是像这本书一样（拿起手边的一本《上园村政策汇编》）。以前没有这么厚的，只有薄薄的一点点，2006 年 5 月份的时候，我又重新给它规划了一下。抓制度建设，就是把我们村里的各项事情，比如我们的分配方案啊，开会制度啊，都写在这本书里面，一户一册，按这个来监督我们村上的工作。像我们的工资补贴都写在这上面。以前有个计划生育补贴，都写在这上面。这本制度建设效果很好，像我们的分配方案，我就 1、2、3、4 地分配。10% 收入呢，拿出来做了保险，村民的医疗保险这些都是现在这个新农合医疗保险，有些村集体经济没有的，要下面筹集的，一户一户地筹。那么我们村这个钱呢，都是由村里出的，反正户口在这里的都有份。村里有三四个市场，很多的临街店面，包括我们的村里的台账，我们交了 20% 收入作为台账整理和物业管理费。我们 30% 留为发展资金，40% 用作社员分红。

以前我们还投入了很多资金，把车子买过来，租给别人，开出租车啊，但会存在安全问题，出了事我们不敢承担，所以后来就不搞了。村里现在没有大队企业，他们私营企业德力西、正泰都搞得很好的，我们再去搞，国有都倒了，我们集体很难搞的，我们就自己不办企业，以天时地利人和把市场为主的产业发展起来。因为柳市的低压电器一年的产量这么大，原（材料）没有地方交易，那么我们电子市场就这样办起来了。还有是铜材市场。前不久又建了个气动市场，这是我们这里产业发展的一个新趋势，现在用电少，大多是用气了，气压什么都用这一块了，这个市场比前两个迟一点，也小一点。

访：那一般每户人家能分到多少？

胡：2018 年我们分红的钱是 1895 万，差不多每个人分到 1 万多点，我这个年龄是 1 万，60 岁的老人大概是 13800 元，其中 60 岁的工资发 1200，还有九九老人节 1000，过年 1000 压岁钱，还有个 800 的是作为旅游费用，不去旅游就补贴发给他们，村里不组织那就钱发给他们。老人多分一点，60 岁以后都享受，这些分红的事情我们开会讨论很多次才定下来。我问大家，现在一个小孩比大人用的钱大不大，他说小孩大，小孩他不管大小，生出来就给 1 万。你生出来把户口记在这里，在公安局登记好了就有了，户口不在这里的就不分。

访：这个是一直这么算的吗？什么时候开始的？

胡：这个开始呢是很早了，分 1 万元还是这三年。最早分的是 1988 年吧，一年分 1480 元。分红算起来三十来年了。1480 元怎么算出来呢？ 1000 元是给你家里的补贴，煤气啊之类的，480 元是一年你吃的口粮，算大米多少钱一斤，乘以 365 元，是这样算出来的 1480 元，农民有农民的算法。

访：您刚才说三个建设，还有一个建设是什么？

胡：是治理。这方面我们村里投下的钱很多。我们村监控有 300 多个，建立了一个村里的联防队，"车过留牌，人过留名，机过留号"。治安这块我们这里就像公安局讲的，你到上园村去作案，都在我们眼皮底下，我们都看得到的。环境建设呢，一个是街道，一个是我们以前的一些垃圾河道啊，我们都投入很大的，今年投了 70 多万搞个小公园。以前我们有些地方很脏的，都把它改成绿化。

访：胡书记，咱们柳市车多，现在路旁停满车，车位很难找。对于停车你们今后有什么解决方案？

胡：昨天我也在讨论这个问题，现在我们开始做这个城中村改造。给上面审核的就是停车的问题。我们把街道下面全部打通用来停车，我们已经做了规划给上面批了。我们测绘出来了，这个车库挺大的。现在城中村改造都是一户一档的，每户人家我们把它测出来，一户建一个档案。第一期城中村改造预估是 7 个亿资金。这个资金是村民自己出的，你有房子拆迁了，你要出钱，我们房子盖好，大概一套是 138 平方，34 层的高层，每套有一个车位，一层还有个车库给你。每户人家大概要出 60 万资金，前期工作都是村里补贴，测绘啦，设计啦，设计就 500 万。做紧凑点有 40 个车位。整体这个做好后，上园村就会大变样。

访：但这个以后可能也会有问题，有的人家里老房子面积会大一点，有的小一点，有的装修好一点，这个补不补？怎么调节呢？

胡：这个是拆迁问题了，有拆迁的补法，补上去以后面积大了，两套嘛，基本上我们估了下，这次改造的一批，基本上是改革开放初期村里分他们的，每一间住户占地 33 个平方，有些老房子我们补给他们，有些造的楼高面积大，改造后新房子就多分给他。现在我们柳市镇村民建房管理控制好的就是我们上园村了，我当书记后就不让人家盖房子了。这个改造要公示的，都是村民讨论后同意的。

访：这次是准备先把新房盖起来，拆掉马上可以住进去？

胡：不是，我们先拆，补村民租金，那边老房子没人住了，都搬到新村来了。我们村民一般每户都有三四处房子。这个我们村里有土办法的，原来新农村已经搞过，第一期是 148 套，第二期是 222 套，都分给大家了。

访：这个改造做法跟乐清县城那边一样吗？

胡：两样的。那个是市里面向人民银行贷款，几百个亿。我们这个要做到"地"要平衡，"资"要平衡，都是我们自己做，就是你有房子的，就给你，要你自己出钱。我们力度大，基本上平衡掉，多出来就几套。我们村办事情在乐清还是比较容易，为什么？我们村把农民的地早就买过来了。原来信用社房子我们把它买过来了。这次造村公园，有一间村民房子在边上，我们按市场价45万把它买来拆了造公园。这样村里有土地储备，基础设施建设、市场建设与城中村改造就比较容易办。

访：像您刚才讲的，就是说现在准备进行城中村改造，拆迁后分的138平方米以后属不属于商品房？

胡：目前属于集体用地，我们现在跟政府谈的也是这个问题，希望把它改成国有用地，变成老百姓自己的资产，可以交易。

访：那商铺怎么分配呢？

胡：你是店面的就把店面给你。原先位置差一点的就分偏一点，房子也一样。新店面前面后面的租金相差是10倍。新店面基本上够了，我们都预算好了，楼上楼下的住房应该是抓阄。农村有些事情还是要土办法。

访：书记，现在我们再转到上园村的传统文化习俗方面。上园村胡姓是最多的，您这边修族谱，比如说，到您女儿这一辈之后，女儿也是进族谱的，外孙是不进的？

胡：不进的，一般女儿是带一笔，以前女的是不收谱的。直属的是爷爷、爸爸、儿子，这个家谱一直续下去的；堂兄弟是横过去的，是分支的；我爷爷，我爸爸三个兄弟，再分出去我两个；女的没有兄弟的话，就可以续脉。现在修谱可以把它搞成电子版的，这次的工作量可能是比较大的。胡氏祠堂是我们几个胡家私人出资建的，凝心聚力的作用还是很大的。

访：我们这边现在还有什么地方风俗延续传承下来吗？上园村的宗教礼俗大致是怎么样的？

胡：清明祭祖、元宵灯会还是一直传承保留下来，是每年比较大的活动，很有仪式感的。宗教主要是佛教。有个小教堂，大概有100来人信基督教。春节隔几年从外面请个小百花剧团。特殊日子要办（活动），比如族谱修好了之类的，文化礼堂也有，宗祠也有。现在没有手工艺人了，这个跟经济发展有关系，因为做五金这块，赚钱很容易。黄杨木雕是乐清的特色，我们村里基本上已经没有了。

（二）胡耀敏访谈录

访谈人：胡耀敏，男，1958 年生，乐联商贸有限公司（原联华超市）董事长。

访谈时间：2019 年 5 月 15 日

访谈地点：乐联商贸公司办公楼

访谈人：徐剑锋、陈振宇、陈静慧、王亦凡、周佳松　　　**整理人：**周佳松

访：胡先生，您好。您是上园村的长辈了，您看是否可以先给我们介绍下上园村民营经济发展之初的一些情况？

胡：好的。大致是六几年的时候，我们柳市原来有四个村，前街、后街、上园、东风，整个柳市人口不到 6000 人，每个村一千来人，有些还不到，我们上园村 900 人左右，按照人口来算，上园村排在第三。当时上园叫大队。原来柳市还是比较落后的，只有两个学校，一个叫一小，一个叫二小，没有幼儿园。我们读书还要跑到前街去的，叫第一学校，现在也有 100 多年的历史了。人民公社的时候，上园跟其他地方一样，吃饭要粮票，香烟要烟票，火柴要火柴票，都是计划经济。农村没有粮票布票，只有城市居民有，农村是自己种粮、织布。我们这边地少人多，大家都是在生活上被逼出来创业。我们上园村原来有个算盘厂，是作为集体的，专门做算盘，这个厂办了大概五六年，当时我父亲也做这个，不过是自己在家做，自己销售。所以在"文化大革命"的时候被评了个"单干头子"。就像后来全国有名的"八大王"一样，上园村也有 10 个"单干头子"。现在的德力西老总的父亲也是"单干头子"，还有"迷信头子"等，其他几个记不清了，当时都要戴高帽，一个星期在村里游街一次。后来直到十一届三中全会，邓小平提出了改革开放，让农民放手"单干"，农民才可以经商办厂，把原来"禁止的"变成"可以试一试"。温州人本身就有经商传统，而且脑子比较活络，人也勤快，加上当时温州的政策也比较开放，温州的民营经济发展一下子就脱颖而出，因此可以说相较其他地区是比较超前的。而且上园村民营经济发展在温州地区也比较早，虽然 20 世纪 80 年代初曾经也抓过"八大王"，但很快也改正了，上园村的民营经济就

逐渐稳步发展起来。

访：那您觉得上园村为什么后来会比其他地方要发展得好呢？

胡：除了上园村人有经商头脑、市场意识，勤劳肯干外，我个人觉得还有一个很重要的原因是，上园村的干部比较有长远的考虑，会"理财"，所有的土地都保留下来，不像其他地方只看眼前利益不管子孙后代转让出去了。上园村经过一代一代的积累，随着土地价值的上升，这样上园的村集体资产就比其他地方多很多，上园居民自然而然也就分享到了上园村发展的成果。

访：据您了解，上园村是什么时候开始兴起电器行业的？

胡：上园村最早其实是从铜这个产业开始的，现在的铜厂就是那个时候发展演变过来的。改革开放初期，有台州黄岩人把旧设备上的旧铜拆解下来运到我们这里卖（在本地卖怕被人举报被没收、批斗），就摆在我家门口卖，我爷爷就给他们称量过磅，向买卖双方收取过磅费，赚点小钱。随着交易量逐渐扩大，其他小五金也开始慢慢做起来。山里有几个人是做火车的车头开始，柳市的低压电器就是从那个时候开始逐步兴起壮大的。

访：您是一开始就从事商贸业吗？在这之前有没有从事过其他行业？

胡：我最初其实也是做变压电器这一行的，而且实际上可以说是上园村第一批做的，而且做的量也非常大，种类也很多，柳市现在做的这些，我们当时基本都做过。后端产品我们也做，主要做的是高低压互感器，原来很多地方的电力部门都用我们的产品。我当时全国各地都跑，到江西、北方的一些电力部门推销产品。在推销中，我坚持一个原则，就是不做欠款生意，一手交钱一手交货，这样就避免了很多人钱款被拖欠最后收不回的困难。自己在做生意中坚持诚信，不搞伪劣，结交了不少朋友。后来，通过结交的朋友，我也做了一些资金拆借。当时乐清这边个私企业多但银行又贷不到款，资金紧张靠民间借贷，民间借贷的利率又很高，一个月的利息就要三分四分的，我就利用亲友的关系把北京等地的资金拆借到乐清，自己也得到了好处。后来有了些积累后，我还可以通过结交的各路朋友，买到在当时只能凭单位工作证、政府官员才能乘坐的飞机票、火车软卧票，可以住高级宾馆，办事也就方便多了。电器行业我大概也做了有十来年，也赚了不少钱。但到20世纪90年代中期，做低压电器的企业越来越多，市场竞争越来越激烈，我感觉到再进一步发展比较困难，当时就想着做些投资，或转入一些新行业。所以后来转入商贸业后，我就把原来的企业转给我弟去做了。

访：那您后来是怎么决定改行从事商贸业这一块的，可否谈谈您当时的想法？

胡：其实起初也没有说就瞄准了商贸这一块，当时主要看现在的柳市商城地下负一层面积比较大，大概有 1000 多平方米的样子，一个车位 8 万块钱，一共 36 个车位，我把这一层车位全买过来，买过来做什么也没有想好，当时一般人的家里也没什么小汽车，就想着盘下来再说。然后就做了好多市场调查，发现超市在当时还算个新兴行业，大城市的超市开始冒出来了，而柳市这边还没有一家像样的有规模的超市。我就专门去深圳、上海继续做了 3 个月的调查，考察调研后觉得这个行业确实还不错，在乐清应该是有前景的，就这样定了下来。1999 年 6 月正式注册成立，同年 8 月 13 日在柳市商城正式开业，名称叫乐清联华超市，联华是上海的牌子，我们原来就觉得上海的名气大，所以用这个名字，后来新店才叫乐联。

访：那是什么样的机遇使乐联发展到现今这个规模的？其中政府部门是否有相应支持？

胡：我们 1999 年开第一家店，第二年就开了两家，第三年就开了五家，这样就有八家店了。特别是 2005 年商务部在全国开展了"万村千乡"市场工程，国家通过安排财政资金，以补助或贴息的方式，引导城市连锁店和超市等流通企业向农村延伸发展"农家店"，形成以城区店为龙头、乡镇店为骨干、村级店为基础的农村现代流通网络，以改善农村消费环境，满足农民生产生活需求。当时我们乐清对这个工程非常重视，市里领导还专门到我们这里了解情况，问我们需要什么样的支持。当时我们物流配送还没建立起来，政府就把粮食局的粮食从粮仓里面搬出来给我做配送，这个对我们后来的发展太重要了。资金上，政府陆陆续续也对我们提供了很大支持。这个阶段可以说是乐联发展的关键期，政府在这里面起到了很大的作用。

访：我们都知道任何一家企业发展到一定规模后都会遇到管理上的问题，对于拥有这么多家连锁超市的乐联来说，我们的管理是否有特别之处？

胡：我们的管理是以人为本，一切管理以人的进步成长为出发点。乐联作为一个不上市的公司，产权非常清晰，我占股份 80%，儿子占 20%，因此管理与营运是高效率的。而且我们不急功近利，不盲目扩张、不举债发展，不做房地产投资，不上市不炒股，不融资借钱发展，不搞多元化经营。随着城市化的发展和居民收入的提高，超市的发展空间应该还是很大的，我们要在这一个行业稳扎稳打，做好做精超市。公司内部职工高薪水众所周知，我们坚持把赚到的每一分钱拿出来大家一起分享，每个门店就像是自己的店，所以在乐联工作的人，不仅仅只是拿基本工资，更多的是拿年底奖金和分红。在商品管理上，我们利用大数据技术和ERP系统（是指建立在信息技术基础上，集信息技术与先进管理思想于一身，以系统化的管理思想，为企业员工及决策层提供决策手段的管理平台）监控分析顾客需求和商品库存情况，这样我们就能比较准确地分析出顾客的个性化需求和不同顾客群体的特征，进一步为商品的优化提供科学指导。我们对于所有门店实行实时动态管理，每一家门店店内情况如何，我们都能通过办公室的远程系统实时追踪，便于第一时间了解门店情况。此外，我们最大程度上做到规范化管理，每周开一次会，充分交流讨论，发现问题及时解决问题；企业内部也搞新闻报道，每周保证播出两次，主要是表彰先进，曝光存在的问题与不足。总的来说，正如我们的企业使命所表达的——创造员工价值，追求顾客满意。我们的企业文化精神就是真诚、乐观、勤学、敬业、感恩、舍得。

访：乐联目前的整体经营情况是否可以给我们介绍一下？

胡：乐联商贸有限公司经过近20年的悉心经营和努力奋斗，目前已发展成为乐清市最大的商贸流通企业，在整个温州地区也是数一数二的大超市，员工数1000多人。公司涉足零售、农产品收购及批发行业。目前拥有7家大型超市、18家直营店、20家连锁加盟店，总营业面积近6万平方米，经营网点遍布温州鹿城区、龙湾区、瑞安市、乐清各镇和街道及丽水市，年销售额超过5个亿。

访：贵公司作为一个有着20年历史的老企业，在激烈的市场竞争中走出了一条波澜壮阔的发展之路，先后被评为国家商务部"万村千乡市场工程"的承办企业、浙江省"城乡连锁超市重点龙头企业"、乐清市"服务业十大重点企业"，而且连续十几年被乐清市人民政府授予"十佳雁荡杯企业"的荣誉称号，被中国银行授予"AAA"级信誉企业及"黄金客户"。请问竞争的利器和最大的优势是什么？

胡：总的来说，公司秉承"商品质量代表我们人品"的品质理念、"保障老百姓的食品安全和生活便利"的服务宗旨、"不满意就退货，高于市场价补差价"的服务承诺，坚持做好"温州人民的菜篮子"，为温州老百姓提供真正物美价廉的选择。特别是在采购环节，公司建立了专业的采购团队，生鲜商品通过全国以及东南亚国家基地直接采购，食杂商品通过全国各地厂家直供，真正做到砍掉中间环节，既提升了商品品质，又降低了成本，真正做到了让利于顾客。公司倡导"诚信为本，共赢发展"的经营宗旨，重视品牌价值，通过多年的诚信经营，乐联品牌已在温州地区深入人心。

至于优势方面，我认为主要有两点：一是乐联紧跟时代发展步伐，推进农业产业化、规模化、品牌化进程，利用连锁超市的终端优势，以商业反哺农业，促进农产品流通发展的重大战略决策。目前乐联超市建立了一批长期合作的农业生产基地，在新疆、陕西、山东、黑龙江、江苏、浙江、海南、云南、台湾等全国范围内以及东南亚等国，建立庞大的远程农产品采购体系，与农户建立长期、稳定、和谐的产销联结机制，促进农民就业和创业，带动农户发展农业生产，形成农产品从农田到超市"产、供、销"一体化的有机结合，大大推动了农业规模化、产业化发展。例如我们的绿豆是哈尔滨的，红枣、哈密瓜是新疆阿克苏的，大米是江西万年的，还有江苏南粳大米等。我们自己制定比同行更严格的标准，从源头上保证了产品的质量。二是强大的物流中心。构建现代物流体系是乐联推进核心市场扩张的重要战略部署。根据乐联拓展进程和城市整体规划，2017年我们在乐城新区投资6000多万元买下了占地26亩的办公场所，花巨资进行装修，建设了近2万平方米的乐联物流配送中心。而且我们的物流配送全程都是冷链，做到周边200公里的辐射，这也进一步保证了把食品安全做到精益求精。

访：进入新时代，我们企业有什么新的发展打算吗，愿景是什么？

胡：接下去我们准备在这三方面进一步拓展公司规模，提升自身发展实力：一是在全国建立一个自有品牌，像优衣库一样。我们准备先从200公里的区域内做起，目前200公里的冷链物流能够保证我们的海鲜水果等食品生鲜质优。以后在冷链物流不断优化的环境下，再稳扎稳打，向全国进军。二是进一步优化商品组合和管理团队，通过收购等方式扩大经营规模。三是根据当前"互联网＋"的新形式，我们拟实现线上线下整合，开通网上商城，利用大数据、云端，推进智能化营运，降低经营成本，提高产品品质，并准备在门店3公里范围内实现送货上门，而且这一块已经启动完成，相信很快就能投入运营。作为一家温州地区的商贸流通龙头企业，我们正经历一个超市迅猛发展的时代，也有幸作为其中一分子参与见证。我们将为开辟温州零售业的新篇章继续努力奋斗，争取早日成为浙南地区最优秀的零售企业和零售业员工收入最高的企业，接着走到全国，最后迈向世界。

（三）胡省三访谈录

访谈人： 胡省三，男，1939 年生，丽水学院退休教授

访谈时间： 2019 年 5 月 17 日

访谈地点： 上园村办公楼

访谈人： 陈静慧、王亦凡、尚再清、周婷　　　　**整理人：** 陈静慧

访： 胡老师，您好！我们知道您跟文化打了一辈子交道，还是我们村新中国成立后第一位大学生。

胡： 是的，20 世纪 50 年代。

访： 您是新中国成立后村里第一个大学生，还在教育界奋斗了一辈子。从时代来看，您求学之路肯定很不容易。请您讲一讲您的求学之路，您家为什么这么重视孩子教育，从小到大聊一聊。

胡： 我 1939 年出生，1946 年读小学，抗战胜利后上的小学。我的家庭当时在上园村还是比较好的，家里收入还可以。新中国成立后，爸爸到了食品公司，每个月工资 33 元，相对农民收入较高。农民一天工资只有几毛。但家里有兄弟姐妹 5 人，还有祖父母，33 元工资负担 7.5 个人（祖父母由兄弟轮流赡养），还是比较紧张的。我去读书，新中国成立前费用比较少，新中国成立后国家有助学金，我享受二等助学金，减轻了家庭负担。我家重视教育，特别是我妈妈。村里都认为读书有出息，唯有读书高。好好读书才有好工作，上园村都有这个意识。再加上我自己读书很努力，家里活不用我干，所以成绩一直很不错。

家庭氛围好，加上村里有这种氛围，对我影响比较大。当时柳市镇还没有初中，只有乐清县初级中学。柳市办了一个初中班，我考了第一名，对自己和家庭都是一件高兴的事。我成绩比较好，跳了级，初中上了两年半，这对我来说也是相当鼓舞的。

1954 年，我考进温州中学。本来考了温州中学和瓯海中学，瓯海中学学费比较高，就选择了温州中学。读了三年高中，打下了扎实的文学基础，作文成绩很好，每次都是 5 分。受当时"学好数理化，走遍天下都不怕"的社会氛围的影响，我没有选择文科专业，而选择了物理专业。个人也比较感兴趣。我最后考上了上

海师范大学。

访：请谈谈您的工作经历。

胡：我第一份工作是在出版社。出版社来学校挑人，招物理编辑。三个条件：党员、物理专业、文字水平要好。出版社要有文字功底，必须要改得动作者的文字。三个条件我都符合，我当时文字水平较高，兼黑板报主编，把大学生文章写上去，两周一版。这样我在毕业后，就是1961年，进了上海教育出版社，上海教育出版社主要是出版大中小学教学指导书。

在出版社干了11年，1972年回浙江。爱人在温州工作。当时上海很难调进来，只出不进，十年都没有解决爱人调动，在这种情况下，就把我安排在地委办公室，管文字工作。后来出任地委书记秘书。1978年，全国开了科学大会，决定大力发展教育，这时全国各地兴起办大学热潮。当时丽水还没有大学，就准备筹办丽水师专，但是师资力量极度缺乏。在这种情况下，我响应号召，加上我是"用非所学人员"，鼓励我们回到本专业，这样我就去了丽水师专，开始教育事业。

访：可以讲讲您编写《上园村志》的情况吗？

胡：20世纪90年代，上园村发展比较好。当时的老书记胡志法，提出文化发展很要紧。国家兴盛的时候，文化发展很重要，盛世修志嘛！在这种情况下，就找到我了。他说："胡省三，您是我们上园村第一个大学生，上园村要修志，这个任务就要交给您了！"我一想，这个事情我还没做过，以前都是做教育方面的。但是，老书记已经发话了，不好意思推呀！上园村，我读书读得早、读得多，有这方面优势，想想就接受下来。接下来之后就是下定决心要做好。当时现存的关于上园村的资料不多，都是别人那边的零星部分，所以我找了许多县志、镇志，村志是没有的。所以村志怎么编写就是个关键问题。我参照手头资料，列了四五个方面，比如行政规划之类的、经济发展之类。这样一边找资料一边修改。村里组织了10人的编写小组，他们都熟悉村情，但是文字差一些，有第一任村长、书记，我的叔父，他是上园村老年协会会长，还有胡万宁，上园村老会计，他手头资料保存比较多，再加上一名副书记，这样6个人主笔，还有几个人保障后勤。现在主笔中6人已经去世了4人，只剩下我和老会计2人了。10人小组成立后，就开始摸索。

那时候我还在工作，我当校长，行政事务比较多，教学也比较繁忙。所以就安排在晚上查资料编写提纲。编委成员很认真，平时在上园工作，周末就跑到丽水来。老会计资料多，我的叔父，文化方面的资料多，大家一起合作，过了一年多，初稿出来。初稿要经乐清县审查，当时是县志办公室负责。他们对我们编写的村志还是表示怀疑的，认为一个村一般是编写几页，这么一大本不太可能。我们弄了两大本初稿给他们看，审查后觉得还可以。审查完初稿，给我们指导，通过两年多时间搞出来了。乐清县委也审核通过，县委书记给我们题词。定下来以后，就是出版的问题。找一般的出版社也没有意思，当时就准备找浙江人民出版社。出版社也是第一次碰到一个村志找他们正式出版。编辑室主任接待，请他们审查是否可以出版。结果，审查很顺利，没有大问题。1999 年 5 月出版。1996 年开始，历时 3 年。结果出版后，影响也比较大，浙江省图书展览的时候也将我们的村志展览出去。乐清也做了报道，十几年后还跟踪做了采访，了解编写村志的 10 个老人现在的情况。虽然我是主编，但是依靠大家集体力量。这本村志对上园影响比较好，是温州第一本正式公开出版的村志。

访：昨天听胡书记说起，除了村志，您还参与编写了很多村规，有哪些？

胡：我退休后，胡成云书记让我在村里帮忙，整理相关资料。2006 年开始就在村里做事。我觉得村里做了很多好事，比如搞了好多制度，可以做制度汇编，当时我就做了这本制度汇编，你们也看到了吧。还有消防、医疗方面的宣传资料。我每天过来上班，整理了一些上园村资料汇编，每一年上园村有关资料发表在各个报刊上，很厚的几本。这些材料也是我们村文化建设的一个重要内容。另外，《上园村概况》之类的，还有治安方面的，蛮多的。这一批资料大部分都是我搞的。

访：胡老师，您现在对咱们村文化建设、民俗文化建设，有没有什么想法？接下来有没有规划？

胡：我们上园村是温州模式的发祥地，这个很要紧。我们气动市场二楼有一块搞温州模式展示厅。这个在温州地区，我们上园是比较好的。正泰、德力西发展都很好。中央领导都过来参观。我已经向书记建议，接下来要搞起来。我们村富了，文化建设也要积极搞上去。村里干部找我做这一块事情，我都积极配合。我现在 81 岁了，村里能做的事我积极做。那本关于胡氏宗祠的书，我们也花了三年多时间编写出来，也充分反映了上园村的文化建设。这本书是我退休后开始编写的。上园胡氏宗祠五年换届，书记就推荐了我来搞这一块。2011 年的时候开始提出编写《上园胡氏概述》，把历史写出来。我们研究后，理事会 10 人，积极性很高。老同志提供材料。2012 年开始编写。《上园胡氏概述》跟村志不一样，需要了解全国各地胡氏发展溯源。河南淮阳——胡氏老祖宗胡满公那里，还有其他跟胡氏发展源流有联系的地方，我们都去看了。要编好的话，我们要把资料和历史串联起来，（搞清楚）我们老祖宗怎么流传下来。我们去了这些地方，也受了很多教育。

这个事情我们花了三年（时间），追溯了胡氏源流，包括我们近代永嘉的都看了，内容比较充实。最后由中华书局出版，反映比较好。世界胡氏宗谱秘书长收到我们的书后，说这是他现在收到的第一本由村里编写的宗祠方面的书，还编写得这么清楚。我们现在还没发现其他地方有，所以这个对我们村的意义也很大。《上园胡氏概述》反映了很多祖上对文化对教育的重视，这也需要我们把它保留下来。这也是文化建设很好的一个方面。中共中央统战部原副部长胡德平给这本书题了"枝繁叶茂"四个字。胡耀邦故里还给我们送了"光前裕后"的牌匾，现在挂在宗祠里。

访：村志上是费孝通题字，怎么请到他题字的？

胡：村里有一位在中央首长身边工作的同志推荐了费老。我们村里专门去拜访了费老。看到上园村出了这么多企业家，他非常高兴，就给我们村志题了字。

访：还想问一下，咱们村搞旧村改造，在文化方面有没有什么想法？

胡：现在还在规划，具体还等待审批。问题还比较多，文化场地都有想法，但还没有定下来。

访：温州经济发展很好，但文化方面还比较薄弱。上园种种方面，给我们树立了很好的榜样。能跟我们聊聊上园民俗、风俗变化情况吗？比如您小时候有的，后来没有了，现在又恢复了之类的？

胡：上园一直重视子女文化教育。我印象最深的是我们村的对联文化。对联文化，虽然老百姓文化不多，但很多对联都很熟悉。比如"勤能补拙""天下第一件好事还是读书"，等等，我从小背下来，现在还很清楚，都是引导村民的日常行为。其他的民俗，小时候过节热闹，正月、二月二、端午节、中秋、冬至，一般跟节气有关的都有过。

访：《上园之歌》——咱们的村歌是谁编的？

胡：我叔叔的儿媳妇，是音乐特级教师，浙江省劳动模范。

访：《上园村概况》做了几期？

胡：《上园村概况》做了两期，分别是 2006 年和 2016 年。我们也与时俱进，向大家介绍日日新的上园村。

访：咱们村里有没有特别的风俗，手工艺之类的？有没有印象深刻的童年记忆？有没有特别怀念的民俗？

胡：我小时候有看龙樘。一条很长的，像一条龙，一节一节连接起来，每个人背一节，可以在陆地上兜圈子，很热闹。

访：咱们村有没有像黄杨木雕一类的知名手工艺？

胡：我们村有打铁、做豆腐的，其他手工艺不多。

访：乐清有申请文化遗产的，比如谚语、民歌之类，您知道相关情况吗？

胡：这个不太清楚，可能是乐清统一的。

（四）胡万宁访谈录

访谈人：胡万宁，男，1934 年生，上园村民。

访谈时间：2019 年 1 月 12 日、2019 年 6 月 13 日

访谈地点：上村村办公楼、胡万宁家

访谈人：陈振宇、王亦凡　　　　**整理人：**陈振宇

访：万宁公，打扰您了。您是上园村最了解上园历史的人了。想请您谈谈上园以往的情况。您能不能先谈谈自己的情况，如您多少岁数了？家里兄弟姐妹有几个？

胡：我今年 86 岁，1934 年 12 月 27 日出生。如果父母今年还在的话，父亲应是 133 岁，母亲小父亲 4 岁，应为 129 岁。我是在父亲 47 岁时出生的。我有兄弟姐妹 7 个，其中 4 个兄弟，3 个姐姐，我是最小的。1939 年家里分家，我分到 8 亩地（含父母的众田 [①]）。当时我只有 6 岁，虽年纪小，但也被登记为户主。当时家庭共有 3 人，即父亲、母亲和我。也因为年龄小，随父母居住，农田由父母打理。1949 年在父母的包办下结婚，女方比我大两岁。这是一个典型的封建婚姻，我读小学的时候已定亲。1950 年 3 月 29 日父亲因病去世，当时父亲 63 岁，我 16

---

① 众田是指家庭公共田地。这里仅指分田时确定下来归属父母的田地。这类田地在父母亡故后，会由其子辈分割继承。

岁。1968 年农历三月母亲逝世，当时 77 岁。

父亲是个老实人，只知道勤勤恳恳干活、老老实实做事，也不与其他人过多交际，当时家里的田地都是通过辛苦劳动获得的。为贴补家用，改善生活，我父亲以前做过豆腐、素面，卖过豆腐、素面。父亲也是一个很有民族气节的人。在日本侵略者占领柳市时，父亲曾在后街张永吉店面门口摆摊卖豆腐，因不卖给日本人豆腐而受到日本人掌掴，还受日本人的翻译击打，幸亏被人拦住。后来父亲就不在后街街头卖豆腐，搬到沙门去做豆腐。

访：您与阿婆结婚时有什么仪式？婚娶费用多少？

胡：那时也是一般情况，也没有什么特别的，抬轿娶亲，当时作为聘礼送给女方一头猪。

访：万宁公，您以前读过书、上过学吗？

胡：我上过 6 年的小学，先是在初小上了 4 年，初小的位置就在原来的"女子学校"，现在的柳市镇第二小学。后来在高小上了 2 年，高小的位置就在现在的柳市镇第一小学。一共是 6 年。从初小升到高小是不用考试的。当时柳市在文昌阁也开办了学校，类似私塾性质，从文昌阁毕业到高小学习，需要经过考试。

访：小学毕业后，您后来有再次参加过学习吗？您的会计技能是在什么时候学会的？

胡：20 世纪 50 年代初，我在职工校学习过，当时上的是夜校。虽然当时没有资格去职工校学习，但我跟着胡成云的叔叔（注：胡定者）去旁听。那时胡成云的叔叔是工人子弟可以参加学习。我那时是上中农农民和摊贩身份，没有资格去职工学校学习，所以跟着胡成云的叔叔去旁听。因为当时我是做豆腐的，老师们对我是认识且非常熟悉，也就让我来旁听，后来甚至在学习时也发给我练习和教义，让我与正式学习的学员有一样的待遇。那时觉得学习呀，非常有趣且又有很多收获。当时学习的内容是初级"簿记"，也就是最简单的会计、记账、算账。学习的是会计知识，还学习过"盗资①"。职工校由柳市工会创办的，学习地点在上园村边的初小，即女子学校——现在柳市镇第二小学。以这种方式学习了三期，也就是从 1950 年到 1951 年，掌握了"簿记"知识。

访：您是在什么时候开始工作的？

---

① 这是当时学习内容的特指。学习公共资产流失的方式，目的是防范公共资产流失。

胡：我正式工作应是从农业初级合作社开始。1952 年到 1955 年 10 月在豆腐店做豆腐。当时做豆腐的摊贩一起组织起来开设豆腐店，叫"柳市新合顺水作工场"，我任出纳。1955 年 10 月，豆腐店让我回村种地；同月，我以豆腐店职工的身份回到上园种地，所有公积金均留在豆腐店；11 月，在上园工星农业初级合作社担任会计，接了胡成云父亲的班。不久，合作化高潮来了，我被安排去温州干校学习会计两个月，回来后把柳市的会计教会。1956 年 8 月，被调到浙江省温州地区平阳农业干部合作学校就读会计 5 个月。毕业回家，从 1957 年 1 月到 1976 年 6 月间，一直担任上园大队会计。当时上园几乎所有的账都是我做的，非常熟悉当时上园村的经济状况。

访：上园村农田总共有多少？

胡：上园村耕地原有 431 亩，其中垟心田就有 310 亩，约占耕地 72%，因水利条件极差，垟心田产量较低。另有山场 100 亩（属乐清人民政府发证），山园（即旱地）12 亩。土改前，上园村的农田大部分属于地主和公田。女子学校的公田有 70 亩，本外地地主有 124 亩。土改后，贫雇农得到了土地，实现了"耕者有其田"。从 1956 年合作化定界到 1961 年社员自留地分配之后，上园村的集体耕地基本定型。

上园村按中央的政策按（5%+2%）数量给村民分配了自留地，并经村党支部、管委会研究对自留地做了规定：（1）水田不分配给社员做自留地。（2）分配给社员做自留地是将可耕而没耕的碎片化的土地，如坟基、庙基、堂基什地等，具体有：① 柳市西头上垟汇头河鳗涎两岸的棺材基的坟基约 4 亩；② 柳市西头上垟屋后崇林三进三官堂的堂基和坦基及用地（是明成化十三年 [1477] 毁于大火的废墟）；③ 柳庄桥赤岩庙以北和周边什地、坟基等约 4 亩；④ 阿邦娘屋后 2 亩什地和墙外不可耕什地，共 5 亩；⑤ 卦达路以东娘娘殿基 2 亩（被台风摧毁的废墟）；⑥ 104 国道造桥时打桩施工用的预备路（原是塘河基）约 2 亩。以上见缝插针地共 26 亩，新河头水田 1 亩，总数 27 亩自留地。

自留地中的水田集中交由各生产队统一经营，解决下放人员口粮从原 360 斤提高到 480 斤的缺口，剩下多余粮食作为集体储备粮。

1961 年后，上园村有集体耕地面积 373 亩，其中水田 361 亩，旱地 12 亩。之后因农村建设和经济开发，上园村水田逐渐减少。1993 年 12 月，乐清市经济技术开发区在上园奠基，到 1994 年上园村所有水田均被开发使用。

访：新中国成立前，上园村的大部分村民是贫雇农，那时地租要交多少？

胡： 当时地租是根据农田肥力好差估算的。地租有 1 构、2 构、4 构的。每构粮食大约是 35 斤，约稻谷 4 斗。上园村当时听说还有 8 构的，位置在上园老车站西，约 6 亩，水利条件、土质都较好。好的田，早稻有 250 斤产量，晚稻有 350~450 斤，共计每年每亩约 600~700 斤。1 构的叫田皮租，契约的核心是"只卖田皮不卖骨"，农民将土地上的田皮卖给地主，但土地不卖，该农民再向地主租种。4 构的大部分是"河沽"边田地，当年农会实行"二五减租"时，地租基本给折算为一半，原是 2 构的，地租改成 1 构，原是 4 构的，地租改为 2 构。当时大部分农田的产量全年不到 500 斤，扣除地租后，余粮大约全年为 120~240 斤。因此，当时大部分村民的日子是很艰难的，一个家庭住往一年都还要差几个月的粮食。

访：粮食不足，村民是如何增加生活来源的？

胡： 除了在官山上种番薯外，还可以到洞头打鱼，如到洞头大瞿、双排，瑞安北麂钩江蟹、捕乌贼，还有做凉糊的、打铁的、做豆腐的、打油的等等来增加收入来源。打油的除了做食用的菜油外，还有以桐子打桐油的。当时也有一些专门做桐子和桐油生意的。

访：20 世纪 50 年代村里最好的房屋是怎样的？

胡： 20 世纪 50 年代，最好的房是前新屋，原是阿邦娘的房子。内有花园，有金鱼池，还有牛栏 5 间，后还有 2 亩地，房子是三间两披舍，又称"五间吞"，有宕头，居头，有前道坦、前外道坦和后道坦。这个房屋约有 200 年历史了，称前新屋。村里最早的房子是老屋，后有东屋、西屋、娘娘屋等。

访：当时村里的生活条件怎么样？

胡： 上园村约有 30％村民（指中农）生活上每年都会差一些日子，很多贫民甚至要差几个月的粮食。当时上园村民粮食接济不上的日子大多是在两个时间段，一是清明过后到 5 月份，虽中间有春花收成作为接济，但这段时间为青黄不接；二是早稻种下到早稻成熟期间，称为三青两黄。中农每年的粮食收成大约有 380 斤，上中农的收入约 450 斤。上园村里约有十来户，每年有一点点余粮，但也没有充足的，有时碰到气候不顺时，粮食也常有不足。我家那时就是这十来户里面的一户。当然地主的生活条件更好些。在土改时，我家被划为上中农，当时地主共有 3 户。

访：上园村"居民"户口的有多少人，生活情况如何？

胡：1960年上园村下放到村人数有100多人，这些下放人员，国家保障他们的口粮，发给他们的粮票，大约是每人每年360斤（原粮）。而村里1958—1960年间，村民的口粮为480斤，大队也必须给下放的居民相同的待遇，要不然，他们会有意见，这给上园增加了很大的负担。后随着生产产量的扩大，村民口粮也在增加。另外，居民的生活条件比农民要好些，当时居民的生活较稳定，一般也不大会存在饿着的事。居民在吃饭上，常常可以是"二干一稀"，而农民大多是"一干二稀"。

访：公社期间"一平二调"是怎么回事？

胡：1958年10月，为贯彻中共中央"总路线、大跃进、人民公社"三面红旗，按照一大二公、政社合一的要求，建立了柳市公社。当时公社管辖了白石乡、湖头乡、柳市镇、湖横乡、茗东乡、慎江乡等6个乡镇，改称管理区。在生产劳动上，以管理区为单位，分片统一调配劳动力；在生活上，推行伙食供给制，以需为主、以劳为辅的共产主义分配原则，吃饭不要钱。这时曾出现过"一平二调"现象，后被修正。一平二调是"平均主义"和"无偿调拨"。当时上园村劳动力被调出的约18人，如大办钢铁、运乌泥、洗铁砂、担炭、当饲养员，约在1959年6月；粮食被柳市公社调去稻谷3500斤，用于解决前街村生产队食堂断伙问题，约在1958年10月。上园生产队也有向社员调来的，如为办食堂，向胡金元调来三间二披舍1座、谷仓、稻桶等，还向社员劳动力借用粮食，以献米为由，调来大米2000斤开办食堂。1961年贯彻《关于农村人民公社当前政策问题的紧急指示信》，也就是"十二条"，食堂解散后对"一平二调"进行清理，有物还物，无物计价赔偿。

访：1959年被调去3500斤援助谷，那时好像已进入三年困难时期了，当时上园粮食有这么富余？

胡：当时上园粮食也是没有多少多余的，但相比其他村来说，上园村要好一些。那年（1958年）11月，上园村被人举报官山上有"20亩黑田"（瞒报耕地），由柳市区管理书记刘方銮来调查，并给上园村增加统购的任务，以每亩850斤的标准按20亩计算增加了17000斤的粮食征购任务，这给上园村带来了极大的压力。上园村干部据理力争，官山在旧时就给穷人接济救荒，它不算面积，不要纳税，不完粮。我们被刘批评了一顿：你们共产党员要勒紧裤带，挺起胸膛，完成国家给你们的任务，做到先征购后实测，去完成征购任务。后去官山测量，实为山园 9.5 亩（旱地，大多种番薯），又争取了返销和统购数量减少的机会。这时候（1959 年 4 月）上园大队也是遭遇了很大困难，所幸干部工作得法，没有出现饿死人的现象，而有些乡镇的农民出现了饿死的情况。而且 1959 年 6 月，柳市公社把上园村的 3500 斤稻谷调剂到前街村，使上园村存粮不到 1000 来斤，粮食存量一下子降到了危险的水平。既要保障上园村村民的生活，还要保障被抽调去白石钟前水库做坝（打水库）工人的生活用度量，当时前后有 40 名村民到白石打过水库，去打水库的村民每天要保证粮食 2 斤。因此，库存的粮食是远远不够的。这个时间也是三青两黄的时节。为保障村民生活所需，当时村干部到洞头县大门镇的大金、小金、沙岙等村，从亲戚朋友那里借了 2300 斤番薯干运回救急。后大队委决定，食堂停伙，分粮到户，社员家庭自己开伙，渡过难关，防止饿死。借来番薯干，等到早稻成熟后再还稻谷。也正因为如此操作，上园村安然度过了普遍性的三年困难时期，没有出现过饿死人的现象。

访：万宁公，当时村里粮食是如何分配的？

胡：较早时候，乐清县委办公室主任刘伯龄在上园村当驻村干部时，就账目公布和粮食分配开展了试点。后来，全柳市镇来学习。当时粮食分配按人口和劳动工分以"八二"方式进行分配，如不同年龄的人口有不同的粮分，如 1 岁的人口粮分为 3 分，2 岁的粮分为 3.5 分，依次增加，15 岁以上人口的粮分为 10 分。粮食分配中，粮分所对应的为口粮的 80%。每个人的粮分平均大约是 8.3 分。劳动工分是指参加劳动所记核的分数。劳动力根据劳动力情况对应不同的工分，劳动力的日工分值由各生产队根据劳动力情况核定，一年一次，一般来说，可以担 200 斤的农民的"劳动底分"值为 10 分。只有参加了劳动，才有劳动工分。劳动工分对应的粮食分配额为口粮的 20%。举个例子，如口粮确定为 500 斤，那么按粮分所对应的口粮平均数为每 10 分 400 斤，以劳动工分所分配的数量占人均口粮的 20%，即 100 斤。因人口年龄、数量、劳动力情况的不同，每户所分配到的粮食不同，家庭劳动力缺乏的家庭分到的人均粮食数量就会少，家庭生活也就会艰难些。

农村的粮食分配总是很复杂的，也很细致。如一个下半年出生的孩子，口粮如何计算呢？下半年出生，口粮分是 3 分，农业人口的扣除早稻后，按口粮的 80% 的 67% 折算。如口粮 10 分 500 斤的，下半年出生的农业户口的小孩，按口粮分配到的粮食为 125 斤，而非农业户口则分配到 100 斤。除了粮食进行分配外，农副产品如稻秆、黄花草等也进行分配。如生产队按面积每亩分配一担稻秆，7.5 元栏肥分配稻秆一担，剩余的按人口和劳动工分以"六四"比例分配。稻秆的计算是按 7 盘为 1 堆，9 堆为 1 把，2 把为 1 担，每担计价 0.9 元。

在合作化期间，上园生产队对养猪户采取奖励政策。在年终分配，每头出栏生猪出售给食品公司的，奖励稻谷 30 斤；母猪每头每年供应稻谷 90 斤；50 斤以下买来的中猪给食品公司收购的，奖励稻谷 30 斤，政府奖给养猪户的化肥票，每斤化肥票，生产队无偿给稻谷 2 斤；每 1 元栏肥，生产队供应稻谷 2 斤；7.50 元栏肥，生产队给供应一担稻秆；春花收获时还供应黄花草 1000 斤和秋收番薯藤若干斤。

访：这个分配方式是从一开始就这样规定的吗？

胡：不是的，不论初级社、高级社或人民公社，都是领导集体召开会议来决定。在工星农业初级社时，农产品粮食总量 56341 斤，每亩平均 641 斤，除统购 12306 斤、种子 880 斤，以及统购统销定量规定每人年口粮 450 斤，计 37550 斤外，还剩 5605 斤。土地分 30%，计 1681.5 斤；按劳分 70%，计 3923.5 斤；每 10 工分分粮食 2.055 斤。经济分配，1955 年决算时，实现了社员分配总额 1628.57 元，按劳分 70%，1240 元，每 10 分 0.587 元；土地分 30%，分 488.57 元，每亩 5.558 元，每 100 斤谷价平均 4.60 元，含 121 斤谷，称钱粮"双三七"分。后来进入高级合作社，也是按人口和劳动工分进行分配的。在较早的时候，所有人无论年龄大小都是同样的"吃粮底分"，后来才改成按年龄分别设置"吃粮底分"。早期人口和劳动工分的分配比例也曾实行"七三"的比例，后来才变为"八二"比例。

访：统购统销中定产是如何定的？

胡：统购统销中的定产是根据上年的生产情况，政府对生产大队的产量进行计划。而每个生产队又由大队综合生产情况和政府所认定的计划产量对生产队进行定产。如按口粮每人 600 斤，亩产 750 斤，粮种每亩 40 斤，进行测算，将余粮作为粮食征购的数量。在历史上，上园多次出现了派购、增购的现象，派购是指政府指令要求上园村承担的粮食统购任务，一般是政府召开派购工作会议，下达派购数量。这是指令性的任务，必须完成。上园曾被派购过 17000 斤的粮食。派购的粮食，政府会按派购价格折算成货币购买。增购则更多是协商的结果，往往是政府根据需要，动员生产大队拿出多余的粮食卖给政府。

访：农业税是如何交的？ 交实物？ 交粮食？

胡： 农业税是交现金的，大多时候是在完成征购任务时，即将粮食卖给政府时，直接在统购总额里扣除。农业税也是根据农田情况确定税率的，上园好像是每亩 15 元来着，按当时的价格水平，相当于 200 多斤的稻谷。上园大队将政府所确定的农业税额平均分摊到田地上，由各生产队负担。

访：当时除了稻谷生产，是不是还种了其他作物，给村民增加了收入？

胡： 有一段时间，村里办了村办企业，成立了搬运队，还养了绿萍。绿萍是肥料种植业。当时，上园试种绿萍成功后，从绿萍的生产中赚了不少的钱。上园总共从绿萍的售卖中得到总约 61100 元的收入。搬运队给村民带来了很多收入，当时给供电局拉电线杆。我被区里叫去一起为供电局画线路图，以便随时找出电柱安放地点。

另外还有一个额外收入。当时村庄通过年复一年的统筹，预留下了大量的储备粮，这也是吸取三年困难时期的教训采取的应对办法。到 1967 年底，6 个队已收储了大约 33 万斤储备粮或粮票，当时生产队有一本专门的账记录储备粮。储备粮是怎么来的呢？ 1960 年代，根据中央决定，前后按 5% 和 2% 将耕地分配给农民作为自留地，当时上园留了一手，除杂地分给社员做自留地外，还将当时 27 亩自留地的水田交给各生产队统一经营，没有分配到户。统一经营所获得的粮食由大队按储备粮计划留存，作为救命粮。1967 年 12 月，上园将 33 万斤粮食卖给政府，得到了 23 万斤粮票。各生产队按劳分配，每户约 1000 斤成品粮，按市场价计人民币 1600 多元，好多社员盖上三间 100 平方米的平房，改变了住房环境。大队干部在生产队有劳动工分的参加分配粮票，干部误工的不参加分配粮票。

访：当年有些村民专门做手工业，不从事农业生产，他们是如何交钱投分的？

胡： 不从事农业生产的手工业村民，按工分值高 20% 交钱投分。生产队根据劳动力的人口底分，计算出年度的劳动力底分的工分，如为 2000 分，年终工分值每 10 分是 2 元，应交 0.4 元，那么每年投分者要多交 80 元工分值。交钱投分的实质是交钱购买了按人口所核算的口粮值。当时一队和二队没有投分者，三队有 2 人记投分值为 3000 分，四队有 2 人投分值 3000 分，五队有 3 人投分值为 4000 分，六队有 2 人投分值 3000 分。投分所交的钱，都是生产队内部给分掉的。

访：上园党支部何时成立？您是什么时候入党的？

胡：我是 1958 年 11 月入党，预备期 1 年，在 1959 年 11 月转正成正式党员。当时上园虽已有 5 个党员，但其中 3 个是"特别"党员：胡万畴因实报产量（当年基层普遍存在虚报、高报产量现象）被口头开除党籍；黄岩谦打水库任务完成不好被留党察看；胡万宣没有申请，一直无法转正；只有周顺芝和胡星余是正式党员。1959 年 11 月，在我入党转正后，上园成立了党支部，胡星余是第一任书记。

访：《上园村志》是怎样写成的？

胡：《上园村志》从 1996 年 9 月 29 日开始，到 1999 年 5 月印好，共花了三年时间。1996 年 9 月 29 日，我接到大队党支部书记胡志法通知来村开会，参加编纂委员会。编纂委员会共 6 人，有办公室主任胡星余，副主任陈金定、胡志方，委员胡万宁、胡万盛，还有主编胡省三。在村志的编写中，我们各自有各自的任务。村志的成功，一是靠胡志法、胡星余领导，二是靠主编胡省三。胡省三每个月抽出约三天时间来指导我们，将写好的资料和大家一一核对，有错的改过，重新去打字。

1998 年 8 月，由乐清市志办主任马升永、副主任赵伯雄召开评审会议，提出需要调整章节内容。1998 年 9 月，村志办开始调整章节，重新整理一个月。1998年 10 月，马升永主任、主编胡省三、大队书记胡志法到浙江人民出版社联系出版事项。1998 年 11 月，由浙江人民出版社对《上园村志》进行内容评审。1999 年 1月，在丽水师院校对出版稿一个星期。1999 年 5 月，村志印好，召开首发式会议。这本《上园村志》现保存在浙江省展览馆。

访：您在《上园村志》编写中承担了哪些工作？

胡：村志办主任胡星余和我编写如下：1. 编绘 5 张行政村示意图；2. 1949 年至今的大事记。3. 完成村志一些章节。主要包括第三章村民篇写 2/3 章，第四章组织机构，第五章农业，第六章村集体工业和手工业，其中民企工业企业的介绍由其自编，第七章商业，第八章村镇建设，第九章交通邮电，第十章财政金融，第十一章军事（评审后重新编辑），第十二章消防、治安，第十三章文化教育，第十四章人物篇中的上园村干部名录、传略简介和个人荣誉录。丛录篇中上园村农民户口和居民户口是由胡星余、陈金定编辑的。

（五）胡万良访谈录

访谈人：胡万良，男，1963 年生，鸿宝集团董事长。

访谈时间：2019 年 9 月 23 日

访谈地点：鸿宝集团办公楼

访谈人：徐剑锋、陈振宇、尚再清、陈静慧、王亦凡　　　**整理人：**王亦凡

访：胡总，我们想给您简单做个采访，您看您随便聊聊？包括您个人身世、企业发展、未来打算的发展，等等，都可以。

胡：好的，那我随便聊了。我父祖辈都是农民，真正创业是从我这一代开始的。我爸爸有三个兄弟和一个姐姐，家里条件很一般，不过那时候大家都差不多。我家吃得还不错，因为当时家里做点小生意，做豆腐的。村里当时做豆腐有 16 家。

访：当时豆子买不到吧？

胡：是啊，都是外地买过来的，不是自己种的。

访：那您有几个兄弟姐妹？

胡：我是家里老三，有一个姐姐一个哥哥，还有一个弟弟，但只有我一直读到高中，其他几个兄弟姐妹都没上学。我 1978 年从柳市中学毕业后做了美术老师。

访：您是跟谁学的美术？

胡：我 12 岁就跟一位老师学美术了，老师是南京过来的，在柳市黄杨木雕厂做工艺美术，当时正好住我隔壁。所以高中毕业后，我就去象阳的厂里做了工艺美术师，厂子也是集体性质的乡镇企业。那时工艺美术以古典图案为主，像四大美女之类的。厂里主营做竹丝挂帘，原料竹子主要从泰顺进货过来，给的工资也还可以，我那时候才 16 岁，工资每月有 160 元。

访：胡总，为什么大家说您是"大难不死必有后福"？

胡：哈哈，事情是这样的。我在象阳干了没两年，1980 年去了大荆的厂子，大荆工资更高，每个月有 300 元，主要做雨伞出口日本。这个雨伞不是平时下雨用来撑的，是出殡时用的。日本人出殡时候撑雨伞，基本是竹子做的伞架，覆着

油皮纸，上面画莲花、仙鹤之类吉祥的图案。出殡时每人发一把雨伞，到了目的地再把伞烧掉。做了没两个月，山洪暴发了，我的工厂正好在溪头。山洪暴发那天很有意思的，白天下了雨，但没什么事情，我晚上睡到10点多，半夜醒来发现鞋子不见了，人（从床上）下来（山洪）已经到半路了。那时候做雨伞毛竹很多，我就赶紧爬到毛竹上，趴着毛竹浮到屋顶。那次山洪很大，我周围很多人的牛都被冲走了。山洪暴发对雁荡山影响也很大，以前雁荡山上水很多的，但是山洪冲了一些石子下来，碎石堵住溪道，水就没了。

访：那您1982年就做稳压电源了吗？怎么想到的？

胡：也是凑巧。1980年开始，他们做电器推销，我也想试试。刚开始到重庆跑单，先乘大巴坐到金华，换乘火车46小时后到重庆。推销的产品必须带目录和价目表过去，用供销社的名义做单，供销社按照订单金额收一定比例管理费。订单拿过来后，商品一般通过邮政寄过去的。第一桶金我赚了有两三万。再后来有个契机，稳压电源都在电脑、机房啊等高精密的地方用，中科院研发了产品找合作方。我胆子大啊，就跑去跟他们合作。后来中科院电子学研究所来了5个人，手把手教了半年。最开始厂房都没有，就在家里做，是家庭作坊上零基础发展起来的，配套很差，需要的设备我们去买，技术他们支持。我们是做多少卖多少，而且只能销售给他们一家，不能销向市场的。

访：刚开始的公司名称叫什么？后来听说改名了？

胡：叫作"振华"，后来觉得有点土，1996年左右就改成了"鸿宝"。

访：听您这么说，产品给他们（中科院）包掉销售的话，稳压器的市场发展应该也算快吧？

胡：不算快，但是稳。因为我当时跟中科院合作的，只能销售给一家，不能卖给第二家。一直做到1993年，这帮人退休后，我们才能做内销，做出口，国外可以参加展销会，建立客户，为了打开市场，在全世界十几个地方到处跑。

访：那时做这个利润率多高？

胡：利润率很高。2000年以前联网没改造，很多地方电压都不稳，包括印尼啊非洲啊中东地区，连发电机电压都不稳，比如需要225伏的地方经常变成185伏，有了稳压器，电流就稳了，所以我们的产品是供不应求。当时有些人家里都放好几个稳压器，像冰箱用不起来冰箱用一个，电视开不起来电视用一个，一个家里好几个稳压器。现在出口量比较大的是印尼，还有一些国家电网建设比较滞后的地方，发达国家也有，主要是用在设备上，国内比较少。现在主要是国外占70%，国内占30%。

访：当时大环境不是很好，做这些事容易被打成资本主义之类的。

胡：是啊，所以不能说做企业，我们是挂靠在永嘉那边，挂靠一家乡镇企业，他们那边环境宽松点。我们连把东西运出去都偷偷摸摸的。

访：那1990年"打假"对你们影响大吗？

胡：不大，我们当时没有技术，技术和牌子都是他们（中科院）委托生产的，牌子也是对方的，产品名是我们自己的。

访：公司有厂房吗？

胡：原来厂房是租的，后来拆掉了。1998年上园村支持我们，在104国道边上给了5亩地，厂房盖好大概是1999年，这之后我们就逐步发展了。当时，鸿宝和德力西这些老的企业占地只有三四亩。现在的企业都有三四千亩，上园哪里有地。我们现在乐清有3家——象阳、翁垟和柳市，在上海嘉定区也有3家。

访：那原来振华规模多少还记得吗？现在企业规模多大？

胡：最开始在家里做，请人帮忙，大概有二三十人，产值有三四百万，第二年1000多万，上升很快，做出来就可以不愁销路。建厂之后，规模最多有800多人，产值达到3个亿。这几年少了，新厂区这里只有300人，产值2个亿；上海有200人，产值2亿多。

访：有考虑接班人吗？

胡：有的，大儿子和女儿都在上海公司里，负责管理和销售。还有个小儿子在美国读书七八年了，读的是双学位，本来学软件工程，现在学世界音乐史，弹弹钢琴之类，不怎么想回来。

访：几个孩子户口都转出去了吗？他们对上园归属感强不强？

胡：我几个子女户口都在上园村，现在小孩子从小在外面读书，工作也在外面，不怎么回来的，对上园村也不是很了解。他们这一代基本都在上海、杭州等大城市长大，互相都不怎么认识，各做各的，不像我们这一辈，从小在上园长大，跑供销，基本都熟识。我以后退休了可能就去上海或者北京，专业搞艺术去了。

访：您现在还坚持原来的爱好吗？

胡：一直在做，我是一半做企业一半做艺术，还可以舒缓下压力，想着退休了可以到处展览。我是柳市书画院院长，也是国家美术协会会员。

访：那您觉得上园村除经济以外，文化上有什么特色？像文化有哪些活动，哪方面比较欠缺之类。

胡：文化活动不是很多，但基本上该有的都有了，像端午节、清明祭祖都有做。当然村里有其他活动也会征求我们意见，我们也是随叫随到的。特别新的活动倒是没有，这边不像上海，上海每个农村都有文化礼堂，红白喜事都放文化礼堂办。

访：胡氏一族除了清明祭祖，平常有没有坐在一起聊天？

胡：我是参与比较少，但聊天是有的。族里基本都在祠堂里聚，一般各房自己聚，两兄弟没有特意聚在一起的。祭祖的资金由祠堂出，从租金还有其他收入中走账，平时也没什么需要族人出钱的地方。

访：现在上园都在旧城改造，您觉得怎么样？

胡：对的，这个都七八年了还没搞好。我觉得最好一起改造，把前街村、包宅村（即东风村）都放在一起弄，这样整个柳市的面貌就完全不一样了。

（六）胡万昌访谈录

访谈人：胡万昌，男，1949 年出生，上园村民。

访谈时间：2019 年 1 月 12 日、2019 年 6 月 13 日

访谈地点：上园村办公楼

访谈人：陈振宇、尚再清、王亦凡　　　　**整理人：**陈振宇

访：万昌公，前次座谈会社科院徐老师已说明调研的情况和需求，麻烦您围绕徐老师所说的内容谈谈。我想，您能否先介绍一下自己？

胡：我是胡万昌，1949 年 8 月出生，1983 前曾任生产大队的出纳，1990 年任村长，41 岁，与当时的同行相比，当干部也算是很年轻了。

访：万昌公，您是什么时候开始读书的？

胡：我先是在初小（现在二小）读 2 年，后在柳市一小学习，小学没毕业就去工作了。我是从 9 岁开始读书的，那时同班的同学，比我小 3 岁的也有，有些还比我大 3 岁，最大的大我 5 岁。当时学费是 2 元。当时大多数村民是没条件读

书的。我还是幸运的。我小学读了 6 年，还没读完就结业了。

访：结业后，去哪工作了？

胡：小学结业后，我去队里工作。那时年龄才 15 岁，队里就数我最小了。队里让我去给 2 头牛放牧，一共放牧了 2 年。之后，我去拿起锄头干农活，开始时工分值才 2.5 分，后来慢慢地增加到 3.5 分、4 分……6 分。18 岁后工分值达到了 7 分。在队里工作时，还当了 2 年的出纳。后给队里当拖拉机手，会修理拖拉机，配件是从乐清买的。

访：万昌公，您有几个兄弟姐妹？是什么时候分家的？

胡：我有一个兄弟和一个姐姐。我姐很早就嫁人了。在我结婚时才正式分家的。当时分家也很简单，家里也没有多少财产，只有两间小房子，房子比较矮，到屋顶只有 3 米高。那时结婚时要"扮间"，相当于现在的装修。当时老屋上面是木板、瓦椽，条件好些的是楼板，上面有很多缝隙，且漏出瓦椽或横梁。为了美观，我们就用白纸贴好遮掩住，白纸贴得平稳，把洞房装扮得漂漂亮亮。当时，看到我在用白纸进行装扮，几个朋友也一起帮忙。后来等他们结婚时，我也帮他们"扮间"，我很熟练。洞房扮好后，保养好的可以持续一年，如果遇到台风下雨，那就不行了。那时，一下雨房子就漏水，一漏水纸就贴不住了，而且还会"化"了。"扮间"这种风气也只有在 1970 年代初较流行。

访：当时房子这么小，这么多人住哪呢？

胡：当时我分家后，5 个小孩子和父亲，共 8 个人，就住在"歇间"（指"三披舍"房屋结构中的中堂西侧第一间）里，而且还有一个猪圈。我的一个堂兄，住在"舍里"（舍一般为中堂西侧第二间或东侧第二间），7 个孩子，再加祖父，一共 11 口人住在一间房子里，还要养猪。当时房子是石、木结构的。

访：万昌公，您和老师母是如何认识的？

胡：以前的婚姻都是介绍的。我老婆是黄七甲人。1971 年娶亲时，我 22 周岁。当时娶亲，好像总共也就花了不到 200 元，这是彩礼。当时结婚时，让一个朋友和老婆舅用箩筐把两床被子担过来，还有其他一些如斗、桶、升等物品。那时也办结婚照的，现在一直保留着。

访：当时集体婚礼有没有？

胡：没有。

访：我们听说，娶亲是非常讲究的，如六盒？

胡：我那时也是不讲究的。家庭条件也差。后来，大约从1975年开始，婚娶开始讲究起来了，有嫁妆，如水桶、脚盂、斗、桶、升等。到1980年后，有电视机、自行车、裁缝机。（20世纪）70年代最好的是自行车、裁缝机。后来才有了家电，如电视机、摩托车、沙发、餐桌等一套齐全。

访：万昌公，您有几个子女？结婚的嫁妆如何？

胡：我有5个子女，前两个是女儿，后三个是儿子。现在外孙也25岁了。大约在（20世纪）90年代，大女儿结婚，女婿是七都人。那时他们住在上园，我坚决让他们从我家里搬出来住到外面。女儿也不理解，家里有空的房子为何不让他们住？我说，如果让你们住，你们有可能会因此懒惰下来，不思进取。如果你在外面租房子居住，房租自己出，那时，你如果想着买房子，你就会努力。做人没有压力，就没有动力。当时因为他在外租房子住，所以只给他们买了一个电视机。二女儿结婚时，我买了一辆摩托车，是太子牌的，那时也是一个很有名气的牌子。

访：娶媳妇和嫁女儿是不是差不多的？

胡：那倒是不一样的。当时大儿子结婚时，要买车，由于对方家庭的经济条件一般，所以我自己出钱给儿子买了一辆桑塔纳，黑色的，当是儿媳妇买的。那时好像是1996年，桑塔纳价格约是20多万元。当时上园的轿车也没几辆。

访：当时女子是多大年龄嫁人的？

胡：我的孩子嫁人大约是在25岁。在我那个年代，男的大多是在21~23岁结婚，女的大约要比男的小3岁嫁人。我老婆比我小5岁，嫁人时17岁。也有比我大1岁的，他的老婆比我老婆还要小1岁。

访：万昌公，上园人那么多的人去做生意，您也办过厂吗？

胡：生产队一散，我就开始做电器。第一桩生意是生产弹簧，后来去翻铜，生炉冶炼，但因对环境有影响，灰尘很大，就停了。当时邻居说，早上晒的衣服，晚上收回来就是黑的了。我还打趣说，如果你给我补贴一点钱，我就停了。再后来，去做刀开关，刚好碰上打假，也就停了。风头过后，我与外甥一起再次开始做刀开关、弹冲床，但发现赚不了几个钱，而且又很辛苦，经常自己要日夜弹冲床，声音又响，吵了邻居。于是到全国各地考察，发现宁波有大量厂在生产塑料，就在宁波买了一台塑料机，买了当时最好牌子的塑料机——海天牌的。塑料机比较先进，还带电脑的。回家后却发现不会操作塑料机，连开机也不会，就请了当时前街最好的塑料机操作老师来教，但那个老师也不会，机器太先进了。后来在一个北白象的老师教导下，才开始用塑料机去生产塑料产品。但那时，生产出来的塑料产品温度高，又软，我就把产品摆在店里自然降温。虽然温度是降下来了，但产品也变弯了。供给下游厂里，厂里也不要，产品不过关。又买了塑料粉碎机，想粉碎了重做。但那个塑料很硬，也很难粉碎。这个事给村里当笑话当了好久。后来，柳黄路的一家生产塑料的人，因从宁波购买的塑料机损坏了，请了一个宁波的老师来修理。那时很凑巧，那天晚上，宁波的老师刚好经过我家的店面，看到了灯火通明的店里的塑料机的生产状况，就进来问情况。那个宁波老师说，幸好我不是海天厂里的老师，否则就会给气坏了，肯定会指着鼻子骂人的。一番沟通后，就帮忙调制塑料机，之后生产出来的产品就直接装进袋子里了，一步到位。当时那台塑料机花了 6~7 万元，差一点的塑料机是一台 3~4 万元。后来，家里一个房间放了 5~6 台塑料机进行生产。现在塑料生产已交到儿子手上了。

访：村民住房建设情况如何？村庄房屋建设或改善从什么时候开始？又是如何分配的？

胡：1979 年前上园的房子是很少的，上园人住房很紧张。以前上园的房子也就十几座房子。如东屋、西屋、老屋、娘娘屋、牛场屋等，上垟也只有两座房屋一座厂，厂的顶盖是用稻草做的。1979 年前，上园的房屋很少，也很少去批建，生活条件差，也无钱去建。1979 年后，上园的生活条件有了改善，上园开始给村民分地基，以人均 20 平方米进行分配，6 口人的分到 120 平方米，2 口人的分到 40 平方米。到 1983 年，柳市镇供销社楼房起火，烧得很厉害，乐清开过来的消防车因无路可通而开不进去。于是，柳市镇开始城镇规划和建设。

在 1983 年，上园开始建设新市中街，通向新市街。当时上园侧（指新市街贯穿的上园区域部分）都是房屋，通过做工作，将房屋拆除腾空，去建设新市中街，并建了新市大桥，通向了原新市街。那时镇里把新市街边上的上园浃雨伞桥头支浃线填埋了，拓宽了新市街。这样新市街与原 104 国道就贯通了。从此后，上园村开始建设，上园南路、中路、北路开始建设。那时上园南路附近还都是农田。有了路，就有了路边的店面。当时电器开始红火，所有店面都给出租了，村民获得了极大的出租收益。

到 1990 年，柳市镇进行经济开发。根据规划，上园村要被一次性开发。那年我当村主任，所有签字都是我去的，如铜场、电子市场、车站等的审批和建设。电子市场建设，是以办公楼建设的方式去审批，这可能是当时乐清的第一份。当年去乐清审批时，政府要求立项，要求招投标，我当时说这是村里的建设，规模又小，批什么啊？电子市场所在的位置，当时还有村办企业机具厂、耶稣堂及宿舍，这些建筑都需要拆除。因涉及宗教问题，在统战部领导蔡炳余同志的建议下，我们用邻近翔金垟的 8 分田与耶稣堂进行置换，让耶稣堂在那里重建。

访：农田都是分到户了，上园要开发，就要集中土地，那么村里什么时候回收田地的？

胡：1990 年，村里决定回收承包到户的田地。当时回收田地的租金是很便宜的，大约每亩 500 元，回收时要去每户签订协议。当时因为上园人大部分都出去做生意了，抛荒的较多，所以去签协议回收田地，给几百元租金，村民大多同意。在我任上，大约签订了 90% 的农户，后续的由后任的干部签完。土地回收后，在未开始开发建设前，统一租给"山面人"（指从山区到平原的打工者）种植，"犁田"和"抽水"费用由租用人出。

访：上园的新农村建设是在哪个位置？

胡：上园开发开始后，有"回扣地"（指当政府征收土地时，按一定比例返给农村的建设指标），在铜场边上建了 10 多幢房子。"正泰"后面的是第二期，两期总共是 59 亩地。当时柳青路延伸，规划路宽 60 米，从第二期农房中间穿过，建桥跨过十涉河通向西垟村，该桥现在称为"德力西大桥"。在第二期新农村住房建设时，我又回到村里参与村庄建设。

访：以前分房子是如何分的？

胡：1979 年，上园分房子是按户分的，有分 2 间的，有分 3 间的。1983 年，按人分，每人 20 平方米。在 1983 年，那时没有店面的上园人分给店面，没有住房的分给住房，使每户家庭最少都有一间店面和住房。1995 年新农村建设时，按男性分，只要年龄到了 23 岁，就分给一间地基。每个男子都得到了商品房一套，楼下店面一间。

访：上园是不是由村里统一给办理建房证件的？

胡：两期的新农村建设，都是村集体去审批和办理的。当时我问上园人，你知道地基是如何审批的？表格是如何填的？基本是不知道。因为当时所有地基的审批、房产证的办理都是村干部去做的，办好了全拿回来放在村办公室里，打电话让村民来领取。地基审批、房产证办理的所有费用都是村里出的，手续是村里给办的。

1986 年前建设的房子，因当时政府没有政策，基本上也没有审批。在 1983 年"拔街"（指街道建设，因涉土地征收，有地基补偿）分地基时，也没有办证件。那时村里用 3 米长的木杆子去丈量，插入扫把柄作分界线，标记给村民。分好地基，村民用石头做基础，就可以建造房子。当时上园南路、中路、北路"拔街"时就没有打桩，大多用石头做地基的，现在那片的房子看起来都有些斜了。1986 年，乐清土地局来上园现场办公，给上园村民补办证件，每平方米 1 元，交了钱立刻盖章办好证件。上园村干部去通知各村民来办理证件。所以当时上园的房子基本上证件齐全了。

1995 年后，在"回扣地"上建农房时，由村里进行统筹。建房子时，村里派人监督。12 间联建的，由联建村民自己找泥水老师，并自行监管工程建设。村里的监督是很严格的。在正泰后面的第二期新农房，按约定只能建 5 层，就不能造第 6 层，村里很是严格要求。也正是如此，才能统一办理了房产证，如果有违建，那么房产证就办不了。

访：现在上园村民应该是人手几套房吗？有没有上园人没房子的？

胡：现在上园条件这么好，房屋卖光的也有一些人，无房后去外面租房子住。村里就有个绰号叫"三光"的。造成这种现象原因很多。有些可能是做生意亏空引起的。有些上园的父母在子女做生意时，只要子女需要钱，就去用房子贷款支持，如果子女赚了钱还给父亲，还了贷，那就没问题了。但有些子女会花钱，父母也不问青红皂白就给钱支持，子女就给花光，这就会造成抵押贷款还不了的现象。

访：您觉得如何才能当好一个村干部？

胡：在农村当干部，第一要有实力，第二个要有"公气"（公正），第三个作风要硬。

村干部有实力、经济强，才能真正做事和公正。村干部没有实力，没有经济来源，村庄经济就上不去。村干部没有实力，就很可能没有眼光，越是条件好的村干部就会看得越远。例如，知道哪个村发展较好，需要去参观考察，如果自己村里经济条件差，去参观的费用村里也拿不出来。而且在当村干部的过程中，总是会发生一些费用，如一些接待费用。这些费用是很难从村里报销的，即使政府给了一些补贴，那也是不够用的。所以，当村干部一定要有实力。

当干部，第二个要有"公气"。如果干部行事不公正，那么集体就会散了。我当村干部做得怎么样，处事"公气"不"公气"得由村民他们去评价，但我自己做到自己"门清"，去村里搞点给自己是没有的。

上园还有一个传统，村干部不是一任一任经常在换，而是偶尔换几个干部。这样上园的建设就会一年接着一年干，一任接着一任干，建设事项会连续不断，村庄才会持续发展。而且上园村干部选举时，拉票的很少，甚至连一支烟也不递。而其他村在选举时经常出现拉票的现象。因为上园村民办企业的很多，大大小小有很多。上园人这个办企业做产品，那个办企业，个个争先，比比皆是。我也办了企业，现在传给儿子了。有句话说："上园旺，旺起一大堂。"当年包宅工业区建设时，上园人办的企业占了一半，可见上园人办企业有多少。

另外，上园村的干部集体观念非常强。当时柳市镇领导是这样评价上园干部的：上园干部对内意见不统一，但对外铁板一块。

访：那时村干部需要每天上班吗？

胡：1983年后，上园村干部每周有三个上午上班，已形成制度。后来，在1990年，村里事务较多，如集体回收土地、搞建设等，村里就决定集体坐班。村"两委"7人从周一到周六集体坐班，工资是每个月200多元，所有村干部的工资是一样的。后来工资逐步增加。当时工资由村集体发放。集体坐班，如果没有特别情况，都必须来上班，请假的要扣工资。现在也差不多，所有村干部都要来上班，书记、主任的补贴会多一点点。现在柳市镇也给村主任和书记发工资，即使如此，书记、村主任也不够用啊。

访：上园村的女同志的村民待遇和男同志一样吗？

胡：上园村有规定，女同志嫁人后必须迁出村籍，除去户口，就不再享受村庄10000元的福利。如果女同志嫁人后离婚，迁回上园村的，上园也不给分红。如果给分红给待遇，是不是鼓励他们离婚！如果出嫁女打官司，村里会败诉。法律规定是男女平等。而村规民约只是适用于村庄，也没有法律效力。

访：有没有村里妇女出嫁后，户口不迁出去的？

胡：以前是很少的。如果女方出嫁后，不迁出去的，村里会直接给划出去。如果男方不给迁入的，村里会一起去做工作。后来，因为考虑学区因素，允许出嫁女不迁出户口，但不给村合作社待遇。

访：女同志是不是很有意见？

胡：意见肯定是有的，也有打官司状告村里的。女同志的待遇也不是一概而论，村里也是分情况的。村里是同意给"女儿户"同等待遇的。女儿户也给一间房子。"女儿户"如果有入赘的，也给迁入户口，享受相同待遇，但一个"女儿户"只能是一户，其下一代就是上园人。

（七）胡志海访谈录

访谈人： 胡志海，男，1946 年出生，上园村民。

访谈时间： 2019 年 1 月 17 日

访谈地点： 上园村办公楼

访谈人： 陈振宇、尚再清、王亦凡　　　**整理人：** 陈振宇

访： 老先生，您好！您能不能先介绍下自己个人的情况，如您小时候是什么时候开始学习的？

胡： 我是 1946 年 4 月 13 日出生的，1962 年中学毕业。初中读书刚好是"大跃进"食堂化国家最困难时期。那时候的读书，也不是纯粹的读书。那时，在读书的过程中，要被安排去做实践活动，跟着政治运动开展活动。如曾经去过湖横洗过铁砂，洗到铁砂很少；曾去曹田的农场种过糖蔗；曾到白石的密川收挖番薯，那时候很困难，没东西吃，常以番薯叶充饥。但在那时期，我们村还可以。我从 1959 年到 1962 年读初中时，还算是比较顺利地完成了学业。有些同学还没读完就给"下放"了（结业）。

访： 初中毕业后，是不是直接去队里工作？

胡： 毕业后，第一次参加劳动是跟父亲到白石水库的上水库，也就是钟前水库，做平坝工作，做了一段时间。为何去做平坝工作？那时为鼓励大家支援国家建设，而且村里每天给 2 斤米补贴。为了给家庭增加一点收入，我就跟父亲一起去参加平坝。毕业后，当时家庭里人口多，家里劳动力也只有父亲一个，去工作也能缓解家庭生活压力。

访： 平坝完成后，您去哪工作了？

胡： 平坝后，我就回生产队参加农业劳动。当时在队里劳动要记工分的，以劳动力评底分。好的劳动力可以定 10 分，也有一些人记 8 分、7 分、5 分、3 分的，不等。我那时刚刚参加农业生产，队里给我评了 2.5 分的工分。那时我年龄小，

轻的活如插秧、割稻等还可以承担，但重活，如挑担子就承受不了，还有一些要求技术的活也是做不了。后来体力强了，我的工分值也就增加了。劳动底分是每年评定，每人按出勤日乘劳动底分每月结算，到年终统计工分数乘工分值，结算今年的收入。

访：据说，有一年的大旱很厉害？

胡：1967年整个乐清大旱，据说是超过3个月。3个多月没有一滴水，没下过雨。大旱时，村里人齐心努力抗旱。我们用水全靠村里的几个河潭，在上园陕头与桥柱间筑了小坝拦住水，一是用来村里食用和饮水，二是为了农业灌溉。另外，村里还要派人去智广桥那里引水。那时，白石水库会放水抗旱，水流到智广桥分汇。大旱时期，上园还算好，基本上能解决用水。下游处如象阳、翁垟、黄华等地的村民饮水和生活用水很是困难。

访：在那个年代，除了从事农业生产外，您还有没有做一些辅业？

胡：在大旱那年，我拉过板车。因为当时大旱河里没水，运输只能通过陆地，而有一部分人是以拉板车增加额外收入的。大旱那我已22岁，为获得一些额外的收入，在农闲时曾给一位虹桥钱家垟的老同志拉过板车。那个老同志是专门收购橘子皮的，收了橘子皮后运到黄岩，卖给黄岩老板炼橘油。钱家垟的老同志在柳市将橘子皮收购集中后，让我将橘子皮运到钱家垟。拉板车从我家到虹桥钱家垟，每趟大约要花4~5小时。

访：关于拉板车，您有没有印象深刻的？

胡：印象深刻的拉板车倒有两次，现在回想起来还记忆犹新。

有一次，大约下午3点时，我从柳市拉板车去虹桥，13岁的弟弟一起推车，拉到钱家垟已是晚上7点多。当时是霜降天气，很冷，在拉板车出汗而热，停下来时感到特别冷。当晚弟弟就住在钱家垟主人家，而我继续拉着板车过虹桥龙泽岭，去南塘东山埠，待橘子皮下船后，才拉着板车回到钱家垟，那时天已差不多快亮了。在钱家垟老伯家里休息一下，睡了一小会，上午就回柳市了。

另一次，是和我的堂兄胡岩芳（现已逝世了）一起拉板车。堂兄大我2岁。我俩从柳市木材公司出发。过去木材是凭计划买的。虹桥人买了木材后，让我们俩把木材用板车拉到虹桥。我当时人瘦，体力也差些。堂兄拉得快些，我拉得慢。大概拉到盖竹时，有一座桥很高很陡，拉上去时，我让堂兄帮我一起过桥，下桥时是冲下去的，如刹不住就会出危险，真是心惊胆战的。那天拉板车我很是疲倦，拉着拉着竟然扶着板车的扶手睡着了。当时想额外得到一点收入，实在是不容易！

访：听说您家里也做过馒头？

胡：以前，我父亲农闲时做馒头生意，挣点钱维持家庭生活，经常在戏台下卖馒头。记得有一年，是在我毕业考的前一日，那天盐盘殿做戏，父亲去卖馒头，家里要把面粉、柴爿送过去。因为第二天是初中毕业考，我不想去，但在母亲的要求下，只好送东西过去。母亲不放心，还一直送我到了后垟铁桥边。我将材料送到，交给父亲后，赶紧回来准备毕业考。如果不是碰到毕业考，我会陪着父亲一起卖馒头。

有一次，盐盘殿讲经，我与父亲一起去卖馒头。但那天没有生意，没卖出去多少馒头，于是我们转去湖横东呑陈府殿卖馒头，但也没生意。我们又赶到湖横西呑西龙寺，那时已约晚上11点了，但西龙寺仍没生意。于是我们又去了横带桥头殿，还是没生意。那时天已发白。因一夜实在跑得太累了，父亲就让我先回家，他自己担着没卖完的馒头到里隆码头、七里江边去卖。为挣点小钱而十分辛苦，是拼命的。

访：上园生产队有几个？每个队有多少户、多少田？

胡：开始时，上园的生产队有6个，后来又细分为12个生产队。6个生产队每个生产队有30多户，田地有60~70亩。我属于第一生产队。生产队成员按工作性质看有两种身份，一是长期务农的叫农户；二是不务农的手工业户，不参加农业生产，但要"交钱投分"，用钱去买粮分，获得口粮分配。

访：我记得胡成中的父亲是一个裁缝，他是不是要交钱投分的？

胡：对，胡成中的父亲是胡定余，裁缝老师头。他是手工业户，要交钱投分的。他也是属于农业户，但不直接参加农业生产。

访：当时生产队收入较大的有什么？

胡：当时生产队收入为主的是稻谷收益。另外收入较大的有两种。一种是养绿萍，因农业学大寨推广，绿萍做肥料，出售获得到了较大的收入，大概在1965年到1970年间。二是村办企业收入。1969年政策上允许村里办企业。1969年10月上园开展整党活动后，党支部决定创办了胜利车木厂，生产算盘。后村里又办了机修的厂，叫胜利机具厂。

访：您在村办企业里工作过吗？

胡：我毕业后进入生产队时，队里让我做记分员，当时队里也有一定的工分补助。后来村里创办村办企业，我担任了胜利车木厂的出纳，当出纳也是记工分的。再后来，我当了车木厂会计。当时车木厂共有三四十个员工，都是从各生产队抽调的。活动能力强的做采购和销售；体力强的青年劳力做算盘，做算盘是很辛苦的；家庭困难或家庭劳动力少或弱的来车木厂做油漆、装配，或挑拣、磨滑算盘子等工作，这个环节可以吸收家庭妇女参加。当时村支部、村委会也是充分考虑安排困难户和低收入户。

访：当时车木厂效益如何？

胡：当时车木厂因算盘质量较好，且各种型号都有，得到了各地用户的欢迎和好评。车木厂也因此取得了一定的效益。车木厂把所赚的钱拨到生产队，使生产队工分值提高。车木厂还出钱给村里搞基础设施建设。

访：农业生产不是季节性的吗？当时这么多人一起参加劳动？

胡：一个生产队约60多亩田，劳动力有20多个，现在看来效率实在低，一年基本每天都在田里，都有事情安排去做，也是忙到起早贪黑。换个角度看，集体的事轻松得很，不用"思想"。好的生产队，分配到户的粮食已够自己吃的。那时农民要求也不高，只追求饭吃饱，菜呢可以自己种一点，思想负担少。早上去田里，中午回家，下午再去垟里。如果活比较重，还有点心吃，如粉干、麦疙瘩等。大家坐在田路边休息下，再过一会，一转眼又是太阳落山了，又可以回家了。您看，多简单的生活！而且当时大家生活水平都差不多，没什么差距，反而觉得轻松自在。现在生活条件好了，但思想负担多重啊！贫富差距太大了。

访：手工业者的生活条件是否要好些？

胡：相对于一般农户，手工业者有手艺，生活水平稍好一些，尤其是那些有名气的手艺者生活更好些。

访：记分员有什么责任或任务？

胡：记分员是有任务的：一是要记劳动出勤；二是要记有关分配的事项，如栏肥的计算和记录。当时养猪可以产生栏肥，栏肥投入生产可以折算成钱，还可以换取粮食。我当时还养过母猪。

访：您那时养过母猪？当时村里养母猪就您一户还是有好几户？

胡：当时村里还有几户养母猪的，我家也是其中一户。养猪时，需要平时将糠、饲料等贮存给母猪吃，母猪有营养了才会多生猪仔。猪一般一年可以生两窝半。母猪生了一窝，如果有 10 多头小猪，那我们就很高兴了，猪仔养大卖了就会有四五百元的收入，是一笔大收获。如果一窝小猪过多，就会很难养，母猪的营养跟不上，小猪饲料要足够。当时的四五百元钱对大多数人来说也不是小数目了。有些家庭，也是需要将猪养大后，卖了获得收入，去置办重要家什，或偿还家庭债务。

另外，养母猪会栏肥多。当时队里对栏肥贡献有定价和粮补，我家得到的栏肥收入在村里也算是多的了。栏肥是需要栏草的，那时单靠稻秆作栏草是不够的，有时也舍不得用稻秆当栏草。所以，从 4 月到八九月份，我们经常去水渠里拔草，晒干后作为栏草，给猪当垫铺。草的使用可以冬暖夏凉，既当肥料又清香，又可节省稻秆增加收入。当时如果想改善家庭生活，就必须想尽办法获得额外收入。去拔栏草也是给家里增加收入的。

访：您在厂里当会计后，还做了什么工作？

胡：在厂里当会计后，去了村里当会计，大约是从 1976 年到 1984 年。我于 1987 年从村里离开，去办企业了。先和几个朋友准备去无锡办企业。当时柳市五金电器已很多了。得知无锡人民开关厂生产的是 DW10，有生产许可证，在太湖边上，就与他们联系准备跟他们合作。那时办企业工商登记都是比较严格的，我们几乎办好了登记所需的手续，就连柳市工商局也审批同意了。后来考虑到家庭，再加上一个本地企业叫侨光电器厂的，它的老总是我一个朋友的朋友，让我去参股。所以就不再去无锡了。1989 年 12 月，我去侨光电器厂上班。侨光当时也有生产许可证，生产的是 DZ12，而后生产的是 C45。侨光的厂址在兆丰路口，生意很是红火。当时侨光的名气较好。1993 年，侨光创办集团，并在东风工业区建了厂房。之后侨光生意波折不断，一直上不去。为改变侨光的经营状况，集团采用了承包经营的方式，但生意也没有大的进展。于是在 1999 年，侨光集团整体转让给了其他人。在侨光工作期间，我也另办了车间。如 1995 年，我投资了 30 万元创办了节能灯厂，因技术不过关，可谓是"省电不省钱"，亏光了。在侨光集团转让前，包括我在内的一批承包者又创办了一家企业，名叫东源电器厂，自 1996 年组建的。2002 年，东源电器厂搬到上海，现在的名称为康马电气有限公司，现有厂房占地约 40 亩，产值约三四千万，但利润较低。现在工人工资提高得快，还有社保和其他成本，利润低。为降低成本争取利润，公司转到丽水，租了 1 万多平方米的厂房，生产的产品主要出口到尼日利亚，大多为普通产品，如配电箱、照明用具、漏电开关等。上海的厂房仍然在生产，产量少。主产区在丽水。

访：您当过会计，您是怎么学会会计的？

胡：我的会计技能是从万宁叔那里学的，没有经过正式培训。

访：村办企业创造的利润是如何分配的？

胡：村办企业的利润是归所有生产队的。每年村办企业根据各队的田地数量把利润拨到生产队，从而提高生产队的工分值。村每队工分值2元多，相比周边村庄已高了很多，人家羡慕。

访：您的兄弟姐妹有几个？

胡：我的兄弟姐妹共有4个兄弟、2个姐妹。一个姐姐最大，我是4个兄弟中最大。我在1970年结婚，那时25岁。

访：师母是哪里人，是如何认识的？

胡：我老婆是洞头元觉乡活水潭村人。介绍人是姨父，他是黄华人，曾担任过"岳郎"（是指水产品买卖时，负责称重的记账员），卖过水产。当时洞头有海货，我姨父经常去洞头进货。我老婆的外公是洞头花岗渔村人，善于张网打鱼。我姨父与他有生意上的来往。有一次，我老婆去她外公家里玩，一起帮她外公挑拣张网收获的海货。刚好给我姨父看到，我姨父就问我老婆外公，可以不可以介绍给乐清人？我老婆外公说可行。当时，相对洞头，乐清的条件还算好些，曾有"乐清垟白米饭，洞头角老仓米"说法。洞头靠海边，只能吃到粮仓里的陈米和自种的番薯。那时，我老婆大约还只有十四五岁。后来结婚时，我25岁，老婆20岁。

访：结婚的聘礼有多少？

胡：是200多斤米的聘礼。那时家庭条件也困难，聘礼也不是一次性给的，而是分了三四次。嫁妆是两床被子，还有她自己的衣服。

访：现在交通发达，乐清湾大桥可以直达洞头，那时您是怎么去洞头的？

胡：过去的洞头交通是非常不方便的，一趟都需要3天。如果碰到台风就无法回来了。去洞头要先去里隆或黄华坐船，还要赶潮水，错过了潮水就需要增加一天。一般是早上从家里出发，在10点前到里隆或黄华码头去坐船。那时交通工具差，先是木船，后有帆船，乘坐帆船也需要大约两个半小时才到洞头的码头，再坐小船摇橹上岸。

访：乐清的风俗是不是与洞头的不一样？

胡： 洞头元觉乡人大多是翁垟、地团、黄华等沿海地区移民过去的。他们的风俗与乐清相似，洞头县城的其他地方来自福建的移民较多。当时，从乐清到洞头元觉乡，上岸的第一个村就是从福建移民的，满口的福建话。过了这个村后，就是说乐清话的了。再过几个村，又是说福建话的了。

前时，洞头的丈人去世，那里的丧葬风俗与我们这里有点不一样。我们这里是围丧，洞头那里是要三拜堂，儿子、女儿、外甥依次祭拜，参加的人员都要祭拜。在我们这里，内侄要负责插花和扶丧，但在洞头那里，男的去世了，插花是由外甥负责的；女的逝世了，由内侄插花。

访： 您的子女有几个？

胡： 现在是两个儿子，一个女儿。

访： 子女有没有回村居住？

胡： 大儿子很早就去杭州了，居住在杭州，很少回村里居住。小儿子虽在广州做生意，也没经常回来住。（他们）过年时回来的。

访： 上园村分过几次房？您家里有几套房子？

胡： 在上园南路有2间店面和2间四层楼，在铜场南面有房子和店面，是大儿子的。儿子外出后，房子现在都是我在管理，都是我两老在住。

访： 您觉得上园的村干部工作如何？

胡： 上园的干部一直以来是比较纯的，从老干部到现在，集体观念强，每一任干部都尽心尽力为村庄争光。我也当过村干部，我觉得最大的经验就是当干部要公正硬气，要以自身强为基础。当前的村干部尤其是胡成云书记，自己有本事、有实力，体力也强。书记还有一个特点：每一个上园老人去世了后，书记都去帮忙，从不在人家吃饭。而且出丧那日，书记还来带队维持秩序。

访： 您是如何看待旧村改造的？

胡： 因经常去外面出差，见过很多城镇建设，相比那些，上园的面貌已是很落后了。现在的上园南路、北路等的建设是在（20世纪）80年代，在当时也算是不错了，但基础不好，现在的房子都是老房子，还斜了。因此，上园现在启动旧村改造，需要现任的书记、村主任花精力，细致、耐心，坚持将旧村改造搞成功，改变上园面貌，为上园村民做贡献，功德无量。

（八）胡彩兰访谈录

访谈人：胡彩兰，女，1961 年生，上园村民。

访谈时间：2019 年 11 月 10 日

访谈地点：上园村办公楼

访谈人：王亦凡、陈静慧　　　　**整理人**：王亦凡

访：胡姐您好，根据我们课题需要，胡书记跟我们推荐了您，希望您可以简单谈谈自己。

胡：好的，我出生在上园村，在上园长大，嫁也是嫁到了上园村。我家有三兄弟三姐妹，我排行第五。1979 年，我上了初中。后来，念高一时，发小常常到学校来劝我不要读书了，我回家后一说，就被哥哥骂了。因为我那时候读书（成绩）还可以，他们也很支持我。那时是柳市五金刚兴起来的时候，哥哥他们在做五金，我爸爸叫我们在家里干私活做小件，做小件有钱赚，有时也会去摆地摊。我做姑娘时也跟小妹卖过冰棍、甘蔗和凉茶，卖东西的钱都存在我奶奶那里。当时，两天不到学校学习，老师就会来家里问情况。老人家们都说，女孩子嘛，书不用读得太好，认识几个字就可以了。所以后来高中读了一年，就辍学了。就在那个时候去学了会计——我是第一届拿到会计证的。后来，在街道企业里做事。那时候一个企业的账务我一个晚上就能做好。干了几年，觉得还是自己做电器好。

访：您父母那时是做什么工作的？

胡：父亲以前在二轻工业局上班，做木工，也就几块钱吧。但那时候他有做私活，很勤劳的，老干部们对他的评价很高。以前没有礼拜六，只有礼拜天休息，他就带着我两个哥哥去外面修桶。有家里用的桶，有田里用的工具。回到家就很高兴地在桌上数钱，我们在旁边还能分得几分钱。他晚上也有做私活，做好了之后就给我妈妈放到白石集市上卖。当时我爸在柳市木具厂里做工，他是厂里的工作标兵，参加比赛还得过奖。

我妈妈在家里开宾馆，爸爸说退休后让我顶职，要给我口好饭吃，但家庭成员不同意，说我最小的哥哥也在家，身体又不好，这个要给你哥哥。我说给他就给他吧，现在想想那时怎么这么大度。

访：当时，您工作时工资有多少？

胡：给街道企业做会计时，一个月工资有 500 元。而且我还是二轻企业的正式工人，每月也有几十块。与其他人相比，我做姑娘时收入也算高的。1982 年，我辞掉了二轻的工作，和小妹一起，在自家店铺门口摆个柜子卖电器。对不了解的产品，我们会跑到柜台问内行人，买一只成品拆了研究，然后，自己买零部件进行组装。当时做生意时，老爸的店面就在街边，加上我妈妈开宾馆，客人比较多，都有介绍到我这里。后来小妹去了工商局工作，因为我妈妈说女孩子还是要有工作的。她（小妹）现在是冬泳协会的秘书长。

访：您当时出嫁的聘礼和嫁妆怎么样？

胡：当时，每个人的嫁妆都不一样。我的嫁妆在乐清（柳市）还算是可以的。我是在 1985 年正月结婚的。我结婚时，光嫁妆就买了一万多，都是自己赚的钱，那时候万元户不多的。结婚时沙发也不是自己做的，是我哥在广州托人帮我做的；电器都是从上海靠华侨券买的，14 寸电视机当时已算是好的了，我买的是 21 寸；嫁妆里还有自行车，是凤凰 69 牌，裁缝机，是蜜蜂牌的。东西太好了，自行车被贼惦记着，偷过一回后又找回来了（笑）；被子是自己从苏州买的，当时人家被面是红绿两套，我们是七彩的。人家不盖白色的被面，我买了乳白色的，抬嫁妆的时候大家都说好看得不得了，后来村里人结婚时都到我这边借几个被面过去。那时，我大哥在上海，他让我去他那儿看被套。那里有些产品刚出厂，还只是陈列品不出售，我哥哥还是想办法给我买到了。

访：您的婚礼支出大概有多少？

胡：是这样的，当时很简单的。他（男方）家里条件不怎样，父母都是很老实的农民。他爷爷跟我爸爸说，我孙子还没结婚，您孙子的孩子都生了，您家里姑娘这么多，给我家一个吧。于是就这样玩笑性质的把亲给定了下来。我结婚时摆了十几桌，具体花费多少也记不太清楚。

访：您是结婚以后一直做五金生意吗？

胡：一直做。到了九几年，我先生跟我姐夫办一个厂，后来正泰想和我们合并，出价 5 万，给股份。当时我们觉得自己厂里有许可证，这么点钱很快就能赚回来，就没答应正泰的提议，现在想想目光太短浅了。到了 1997 年，我们跟天正合并，前几年有分股息或者红利，大概是 5% 或 8%，最近几年据说生意不好，都没有分红了。

访：那现在有做其他行业吗？

胡：2001 年我们就不做电器行业了。后来承包了上园集团大楼 9 楼。我先生有个温州朋友，想做美容行业，他觉得我这个位置很好，就过来找我说你们人脉这么好，要不然一起做。我被他说动了，就合作开店，把原来打算租的 300 平方场地扩大到 1000 平方。这家店最后也亏了。虽说亏了几百万现在还可以接受，但这样做下去不行，还得自己懂这个行业。我现在年龄大了，学也学不了，如果还年轻我就自己去学了。我就劝他：你干这个行业不适合，别干了。他也同意了，于是把整个店转让给别人。

访：当时 9 层的租金是多少？

胡：40 多万吧。以前是比较好，村里给我的价和我租出去的有差价，一年价差有个十来万。现在不行了，村里给我多少我给人家多少。

访：您家里有几个孩子？

胡：有两个，都是男孩子。一个 35 岁，一个 31 岁。大的考上警校，头一年分到湖州，待了两年后，去西藏又待了一年，西藏回来没多久，因工作需要又调去新疆待了一年多，现在杭州工作。我儿媳在西湖一小教书，孙女也还小。小的大学毕业去了法国，去年 5 月他回来了，也在杭州打工。我觉得家庭教育很重要，我儿子五六岁的时候，从来不馋别人东西。我只要一去买东西，买个两三百块吃的放在家里，你越放开给他吃他越是不吃。

访：这么算过来，您的家庭状况在上园算好的了。

胡：不算特别好，但一家人其乐融融的。（生意）亏了后，我先生说你身体也不好，别做了，我就不做了。现在每年就去杭州看看儿子，住半个月，然后出去旅游。目前吧，钱没人家赚得多，尤其这七八年，人家都在挣钱，就我们还停留在原地。村里面挺好的，每年都有一万分红。

访：听胡书记说您对村里的老传统比较了解，能谈谈吗？

胡：这就有意思了。以前不是有草垛子吗？我们都在外面田间上一直跑，男的女的，一起玩，哪怕用泥巴打也没关系，还有农村里收稻谷，打爆米花吃。如今的小孩子哪有这么多有趣的事情。再比如现在有公共自行车，以前是几个朋友约好骑自行车，前一个后一个地载着。以前还有织毛衣，我小孩的毛衣都是自己织的。我做姑娘时候家务事都没做过，我妈开宾馆的，她说我"住住宾馆，吃吃食堂"。宾馆里有阿姨打扫，衣服、房间也是阿姨清理的。嫁人后，我妈说我衣服洗不干净，让我拿过去给她洗。电器城做事情时，看人家织毛衣，觉得很有趣，我就学了。学织花样很有意思啊！为了把一捆毛线织完，熬到几点睡觉都可以。

访：村里有没有什么特别的民俗风情呢？

胡：村里的活动我参与得不多。我虽然出生在上园嫁到上园，但每天两点一线，不管其他人。村里的人我不怎么认识，但其他人一般都认识我。正月划龙灯不是有头家吗？有一次轮到了我家，我先生的姑父说，你今年要出来拿红旗的。我不想去，小姑子说陪我去。说来也很好笑。

村里也有铜鼓队，当时几个年纪大的婶子让我组织个队伍，说其他人做不了。问的人多了，我就说这个是集体的事情，要先跟村里说，所以打了报告跟书记谈了几点：铜鼓队我是不收钱的，先组建，前期工作我做，组建后村里管。书记当时不同意。我先生刚开始也一直是反对的，后来看我主意这么正，就说你要干就干好，农村里的事情和其他地方不一样。铜鼓队就这么慢慢成立了。刚开始人很少，头几天只有七八个人报名，还包括我的两个嫂子、一个姐姐、我，还有我的婶婶。我们亲自开车去请老师，去看衣服，自己掏腰包垫钱，费用后来村里才给报。慢慢地大家发动起来，铜鼓队队伍发展到60人，最多时有70人。后来德力西的老总父亲去世，我们铜鼓队想参与第一次送殡，胡书记一直不同意。我想着这样不行，就让书记过来看一下。那天晚上我们全体统一服装，在柳市一小亮相，特别好看。我跟书记说，我一不收大家的钱，二只是送老人一程。您想想每天早上5点多起床，还得排好队，冬冷夏热，多少辛苦。书记看在眼里，觉得我们做得挺好，后来还给我们补买了几套衣服。从铜鼓队成立开始，每年村里十几个老人出殡我们都送，但只限本村，外村的人过来请都不去。包括我们铜鼓队成员中外面嫁到上园村的，说自己也是铜鼓队的，父母去世想送一程，我们也不同意。这都是跟书记提前讲好的，"不出村"。我们这支队伍还参加其他活动，像2015年参加村晚，拿了优秀奖，当时100多支队伍选下来只有13支入围，优胜奖只有4支，我们铜鼓队也是其中一支。我这个铜鼓队在柳市影响很大，其他村的人都到我这边看衣服，学经验。清明节祭祖，我们都有打铜鼓。直到前年移风易俗改革，不允许了，老人出殡就不能打铜鼓了。但红喜事还是可以打铜鼓的，铜鼓队给村里喜事锦上添花。关于铜鼓队我还写了一首诗：飒爽英姿铜鼓队，惊艳亮相柳市镇。上园女子多奇志，不爱红装爱蓝装。

访：那现在每年铜鼓队的维护费有多少呢？

胡：都是村里出的，费用也不大，没多少。有时候出去铜鼓比较重，书记都带人过来帮我们一起搬铜鼓，理东西。书记这点做得很好，真的很难得，所以我很佩服他。他刚开始反对我不怪他，后来他同意了，我问他为什么不同意，他说女人在一起容易闹矛盾，他也有他的顾虑。所以他说我管理很好。

访：有什么管理经验可以供我们参考下呢？

胡：别看我是女人，我很大大咧咧的。我不管别人怎么说，只要交代下去的事情能完成，我就不管你。60个人的队伍不好管，我会先选好组长、正副队长、指挥和秘书长，按照公司一样管理。一共5个组长，一个顾问，其实就是仪表方面，今天穿什么衣服，通知下去，然后怎么搭配。第二天出场要先看一遍。秘书长是先通知明天几点出场，在哪里集合，第二天很早就在群里发通知，谁迟到了由各组长通知。不然的话，事情做久了人家也不愿出来了。有些人家里有小孩，出不来，都要交代好。这就是我们这个队伍做到现在这个样子的秘诀，一个是管理，一个是离不开村里书记的支持。我们参加舞蹈比赛，书记也会过来看看。我做这个事情吧，出于自己的初心，也不图什么。

访：那您其他有没有什么补充的，关于风俗民俗和文化活动的？

胡：这几年妇女这一块都有做，像巾帼系列，村里还办了妇女学校，教葫芦丝、插花、月子课、学村歌。老人节时，村里面60岁以上的妇女发1000元。90岁的妇女再额外给500元慰问。

访：所以我觉得上园村村集体凝聚力很高。作为胡氏一员，您认为宗族最大的作用是什么？

胡：以前族里族长都是年龄大的辈分大的担任，这几年有堂长、堂组员，事情也很多，但分工很明晰。堂里面管事的人都教授一些祭奠礼仪之类，非常认真。他们做得很好，组织旅游啊，收谱，管理老人，祭奠分工，等等。

访：村里面集体活动呢？

胡：这一点村里做得也很好，村里常有组织。像我们村里有个老人嫁到外面，一百多岁高龄去世了，我们铜鼓队穿着红色的衣服过去送了老人最后一程。还有正月十五划龙灯，很是热闹。

访：听说龙灯头家都是轮流的，那您儿子都在外面怎么办？

胡：家里的男丁都要参与的。以前我先生不去，都是我公公去，现在儿子在外地工作，我先生去。我先生虽然姓周，但听说他爷爷老一辈就在村里了。我小儿子今年春节在家，我说你出去看看，了解了解家里风俗，扛个灯在后面跟着就行。他很害羞的，都不怎么愿意出去，后来还是被我们说动了。

访：两个儿子户口都还在上园吗？

胡：是的，当时大儿子考到警校，学校让他户口迁出去，他不迁。

访：您家的信仰是什么？

胡：我们家信佛的。

访：那对儿媳妇或者下一辈信仰有要求吗？

胡：那没有的。儿媳妇那边信什么我们不管，虽然恰巧她也是信佛的。我的意见是这样，能信佛最好，但最重要的是看对眼。我们说了不算的。我儿子去年34岁才结婚，有很多姑娘比儿媳妇条件好得多，但他就是没看上眼，只是应付一下我们才见个面。包括地域上，我希望儿媳妇也是乐清人，这样过年可以一起回来，风俗方面也比较相近。

访：现在取消了一些活动，您有没有想村里再安排什么文化活动？

胡：想是肯定想的，原来广场舞，没音响，我们车开过去放音乐跳舞。现在跳广场舞的太多了，没意思。我想村里多排些实用的课程。比如村里可以把妇女集中起来，半年开一个会或者一年开一个会，交流下思想，等等。我们有腊八粥啊，烧凉茶啊，这些公益都有做。

访：您觉得这些活动还有什么需要改进吗？

胡：我觉得这样做，还不算最好，最好的是把钱放在真正公益上。20年以前，我个人与岭底结对助学，一年500元，我们都有过去的。这些孩子现在小孩都有了，部分党员还一直有跟小孩子联系的，听说现在还是在坚持做。腊八粥不是不好，我打个比方，以前乐清开了素食馆，给有困难的人免费吃，我也在里面做过一段时间义工。过来的大部分都是外地人，冲着免费每天都吃。他们如果有过来表示感谢，比如帮忙、送点菜那就算了，但他们什么回报都没有，我觉得没必要办下去。做公益要给真正有需要的人。十几年前在东向（乐清东边地区）慰问，那些老人都流着泪跪下来，这些才是真正需要帮助的人。之前碰到一个老人，还是乐清市第二届党代表，当兵回来没有子女，就住在一个小地方，家里乱得一塌糊涂。我就跟那村里人说，我来就一次两次，你们村里那么多妇女，每月轮流着给他整理一下，至少得有个坐的地方。有些家里很乱的，家里孩子都没学习的环境。我建议尽量在本地相对落后的地方开展活动，比如你负责永嘉，我负责虹桥一块。我这两年参加了中青爱心团，这个团在杭州落地，全国有几百个群，团长是乌牛人，每年都在做，后来慢慢发挥作用。今年"利奇马"台风打过来，我们也去了三天，第一天代表真如寺送米、油、矿泉水，第二天代表中青团送东西，第三天代表中青团去永嘉送粉干、蛋糕、菜。我的意思是，要把钱给真正有需要的人。钱都是群里捐的，有些真的很困难的就发动捐款，过得去的就不用捐了。这两年中青团一直关注大凉山贫困家庭，资助学生 168 位。去大凉山要开好几个小时车，工作是真难，但这才是真正有意义的事。

（九）郑晓宇访谈录

访谈人：郑晓宇，男，1989 年生，柳市聚丰园大酒店总经理。

访谈时间：2019 年 9 月 23 日

访谈地点：聚丰园大酒店办公室

访谈人：徐剑锋、陈振宇、王亦凡　　　　**整理人**：王亦凡

访：郑总，您好！我们在做一个浙江乡村振兴的专题，浙江省选了 11 个村，总结 40 年的发展情况，温州地区定的是上园村。您的酒店历史悠久，这个行业也比较典型，而且原先酒店就坐落在上园村，所以我们想找您做个专访。

郑：好的。我们父辈有 6 个兄弟姐妹，比较团结，在当地口碑也比较好，我家从爷爷辈开始创业，慢慢闯出口碑。我们的店徽是由 5 个圆圈组成的，代表着他们五兄弟，意味着相互扶持，相互融圆发展。老一辈每天很辛苦，起早贪黑，早出晚归，为理想打拼，让一个小小的店一步步成为当地具有影响力的酒店。老聚丰园是 1992 年开始筹备，1996 年正式营业的，到现在有二十四五年历史。这家店（新店）是从 2002 年做规划，2009 年年底建成，2010 年试营业。现在也有 10 年历史了。前年老店获得了三星级挂牌，今年新店已经评上了五星。我们酒店是乐清地标建筑，政府非常重视，对我们这块工作支持力度也很大。虽然餐饮业是第三产业，但是我希望把它当作文化传承事业去发展，把它打造成为有文化底蕴的公司，我们就朝着这个方向去发展努力。

访：刚才听您说，从您爷爷就开始做了，您爷爷原来是上园村的吗？

郑： 不是上园村的，我们是前街村的。

访：祖籍哪里知道吗？

郑： 祖籍是象山的。每年宗祠祭拜典礼，他们都会来我们酒店聚个餐，我每年都会参与。爷爷这一辈搬到前街村，就是上园村的东边。从我记事起，1980 年代开始在兴隆西路有自己的门店。在这个店之前我们还租过门店。开自己门店的时候爷爷已经过世了，是父亲和叔叔等人合力开起来的。

访：聚丰园牌子什么时候开始的？

郑： 1974 年爷爷已经创立了这个品牌。当时在前市街 57 号，小餐店叫来旺饮食店，后来南怀瑾大师给题字。

访：以前您家里情况怎么样？

郑： 小时候家里条件差，我爸爸比较辛苦。爷爷去世后，我爸五兄弟一个姐妹，家里穷，然后书也没钱去读，我爸就出去打工赚一些生活费，卖过馒头，开过小店，帮别人卖生活用品，赚钱养活弟弟妹妹。我爸是老三，小学没读完就开始赚钱养家。

访：你爸与几个兄弟都在酒店工作，具体怎么安排？

郑： 有 5 个股东：我爸，我的两个叔叔，大伯和姨公。5 个人分工比较明确，分别管厨房、销售、工程，等等，做事效率很高，对事情很有前瞻性，遇到问题大家一起摊在桌面上，进行商量。

在乐清这一带呢，我们店的口碑比较好。当时店面还是小店，爷爷很信任顾客，吃饭喝酒让宾客自己算价钱，喝酒自己说喝了多少就算多少。另外我爷爷比较热情好客，也很聪明。有这样一个故事：有人说菜里有虫子，我爷爷过去把虫子挑出来吃掉，还送了客人一盘菜，获得了很多顾客的信赖。像我们同时期的酒店也有几家知名的，比如松鹤楼、醉仙楼之类的，都换门面了，我们还是坚持下来，坚持四十多年了，说实话确实也不太容易。

访：您出生时家庭条件应该很好了吧？

郑： 出生时条件还是挺一般的吧，小时候寄托在老师那，因为爸妈实在太忙了，酒店经营经常忙到 2 点多甚至更晚。

访：您父亲现在做什么？您现在担任什么职务呢？

郑： 一直以来五个人都非常团结，酒店氛围也很好，他们对我们下一代讲求放手原则。从 2014 年起，父辈慢慢让我们这一辈去主导酒店的事情，打理酒店的日常事务，大的事情他们来把关。我是 2017 年接手的新店，现在名义上是酒店总经理，但担任的是业主代表和常务副总两个职务。我们酒店有这样一个机制，就是总经理聘用制，惯例是职业经理做总经理，业主代表负责执行监督，看总经理是否履行了义务，也可以看成是大股东代表。

访：这里好像有点冲突，您是执行者又是监督者？

郑：是有点冲突。上一任总经理 2017 年离开，现在酒店大小事务由我处理。董事长觉得既然已经了解该行业、员工习性和酒店的一些大小东西，经过几年沉淀，完全可以自己管理。遇见不懂的就结合温州特色向外面的大酒店学习。温州酒店跟外面酒店不一样，温州是大餐饮小客房，外面的酒店是小餐饮大客房，我们的宴会在全国市场都是稳居前列，餐饮品质上我认为温州市场优于全国其他地方，这跟当地风气、习俗有关。从我打小起，酒店生意一直很稳定，在乐清市场保持稳定的位置。

访：那您是什么时候在酒店里做的？

郑：大学毕业后，我去了报社做实习，后来去了电视台，也在房地产公司做过项目管理。2013 年年底老聚丰园装修，我去那边负责，干了一两年。2015 年到新店帮忙，一直干到现在。父辈们比较开放，秉持放手原则，放心大胆给我们干，给我们很大的试错成本。我们做事情，用心去做就好，有错的去调整去完善。

访：老聚丰园有住宿吗？

郑：老聚丰园也有住宿的。我们店来过很多名人，国家领导人多次到访，张纪中等演艺界人士也来过。我们新店功能比老店更全，虽然两个店只差 500 米，走的是差异化路线。这边以商务宴请为主，老店以大众化消费为主。两边口味不一样，那边偏农家菜，小而精；这边走高端路线，色香味俱全，品质要求更高。我们有这么个说法，金字塔运营法则，找准市场定位，每个客群对自己需求不一样。

访：现在几个酒店规模怎样？有多少个客房？营业收入大概是多少？

郑：规模的话，老聚丰园有 11 层楼，32 个包厢，客房有 72 个；新聚丰园客房 216 间，包厢 65 个，宴会厅有 3 个大的多功能厅，9 楼有 1 个西餐厅，10 楼是棋牌间，26 楼是健身会所，27 楼是 SPA 足浴，2 楼有个素食馆。这两个店加起来营业收入过亿，这个营业额在乐清处于前列。

访：您现在还有其他公司吗？

郑：我们在 2015 年设立了一家股份公司——聚丰新元众创空间文化管理有限公司。选址在雁荡山，后来注册地址改到新聚丰园了。预计做十大板块，包括佛道养生、熟食、经销贸易、酒店管理公司等等，逐渐向现代化管理集团和资本化路线发展，并将这个模式复制到其他地方去，这就是我们未来十年的发展方向。

访：聚丰新元股东有几个人？

郑：5 个人，就是原始股东的子女。当时为了响应国家"大众创业万众创新"号召，酒店结合自己的实际情况，发挥自己的特点，长板做长，建了这家公司。另外，今年我们试着走出浙江，去上海开了一家酒店，单做餐饮，宴请为主，8 月份已开始运营，也叫聚丰园，就开在上海莘庄区政府边上。我们想试水看看这个模式在大城市是否可行，如果可行，就扩大到全国，以长三角为主。

访：您觉得上海和乐清比，哪儿的营商环境好？

郑：相比较，我觉得上海信息透明度，还有办事效率方面，要高很多。乐清这几年新政府班子上来后，换营业执照等证件也方便了很多，尤其是对工业企业而言。这几年温商回归，很多大企业回来了，响应号召。我有几个朋友本来想搬出去的，但是政府给了很大扶持力度，就没搬了。这届政府对科技型企业非常看重。我有个做半导体行业的朋友，打算到外面办厂，后来被政府挽留下来。乐清这一带百分之八九十以传统行业为主，没多大变化。但科技型企业投入的确很大，需要政府的大力扶持。

访：您从 2015 年当了总经理，感觉这些年情况怎样？目前整个经济形势不是很好。

郑：新开的文化管理公司刚起步，想慢慢来。酒店方面，我们这边以企业接待为主，政府接待比较少。企业基本变化不大，生意非常稳定，没多大变化。但这几年我感觉大家消费越来越理性了，而且国家倡导廉洁，对酒席操办数量和标准都进行控制，特别是党员、教师和公务员都有明显管控，然后餐标也有管控。然后有一个变化很大，就是红喜事，现在年轻人需求也不一样，喜欢旅游结婚。还有就是像温州那边办喜事都收份子钱，包多少收多少，但乐清特别是柳市这边，我们有个习俗，就是反正总要结婚的，图个方便，红包全不收。这几年经济下行压力大，有些人就不大操大办了，自己亲戚和其他至亲稍微办一下。

乐清从 2017 年开始，在白喜事方面弄了"丧葬礼俗整治"。以前还可以在家里办丧事，现在都限制天数了，而且只能在殡仪馆办。

访：您现在已做了好几年，觉得聚丰园管理上有没有形成自己的特点和理念？

郑：现在我们企业管理想逐步去掉家族化痕迹，利用现代化的管理模式去管理酒店。我们不断加入现代化技术和大数据，根据精确数据做精确分析。我希望将聚丰园打造成百年老企业，成为有当地文化特色的企业，未来希望成为跟全聚德一样的老牌子，到了温州乐清就想到聚丰园，并向长三角甚至全国全世界发展。我们坚持的特色是做自己的拳头产品，打造属于自己的聚丰园文化：聚丰园亲情家园，诚实做人，低调做事。因为我们父辈发家致富，留给我们更多的是精神财富，不是物质上的。他们来我们这吃饭，一方面是情怀，比较有感情嘛，第二个菜价实惠量多，靠这样的品质一步一步运作下去，到我们这一代希望延续这些品格。希望每个人来我这能吃得放心，玩得开心。

访：您刚才提到数据化管理，怎么运用到酒店中？

郑：第一，是针对未来门店数量多了的情况考虑，菜品可以实现数据化，建立中央厨房，某些菜统一配送。第二，可以很好区分客群，做好客户分类管理。第三，能耗在酒店经营中占比其实很高，现在是以人管为主，以后通过大数据做好用电管控，很容易发现用电比较高的地方，我们可以有的放矢，做好把控。现在对设备管理系统和供暖设备也进行了改造升级。第四，是我们会引入智能化设备对客房和前台进行优化，比如入住时通过机器可以实现3秒入住，10秒退房，还有未来不需要提供身份证可以直接人脸识别，或者支付宝、微信作为替代。第五，是针对后勤区域和门禁系统等进行整改。我们后台系统用得非常好，用ERP等多个财务软件对成本有效管控，每次采购之前都会看库存有多少，每个月对成本进行人工盘点，东西及时入库，买了多少，保质期多少都有记录，快到保质期就预警。现在食品安全是重中之重，宴席菜品我们会留样，冷库上的智能设备会升级，供应商也考虑有证无证，食品安全有无保障，其实做餐饮要懂很多东西。

访：你们有没有自己的供应基地？

郑：有，我们跟上海、广东、云南等市场厂商有采买，包括我们每天都有人去温州市场看，采买一定新鲜。这块有四大把关：一个是"采购"，验收员看菜品；第二个是"厨房"，厨师长查看菜肴品质；第三个是酒店高管监督；然后服务员上桌之前看是否一样。温州特色餐饮与其他地方不一样，品类太多了，菜肴有几百个品种。老一辈的有经验，东西好不好能看出来。以前爸爸开小店时，是挑选食品专家，菜好不好看一眼就知道了。现在采购量很大，对食品采购我们有新的管理机制。另外我们自己每个月定期去上海、杭州、广东等菜市场考察供应商，一是看市场行情，价格多少；二是把品质最好的、这边没有的物品给调过来；三是学习新知识，看他们是如何把握海鲜的特质的，看其他酒店是怎么处理海鲜的。

访：这几年有没有碰上印象很深刻的事情，或者感触很大的事情？

郑：最大的感触是我们家族给我们很大空间去发展。大概是 2013、2014 年，我犯了错误，在审核机制上没把关，签订了一个不利于酒店的条约，当时粗心大意了，但他们没有责怪我，而是与我们一道把事情解决好。这对我的人生历练有很大帮助，通过这样事情，我看事情更多元化，视野也更开阔，也算是一种成长。我觉得在老一辈身上学得最多的是坚忍不拔的品质。老一辈在外面很辛苦，顾里顾外，没有怨言，也没有把负能量传递到我们身上，这是成年人的担当。他们面对大的事情敢于下思路、做决定，有很大魄力，对事情都敢去谈，并从细节变化看到长远变化，这可能是他们带给我的一些东西。

访：您现在基本脱了原来所学专业，是大学毕业后就想着接班吗？

郑：不是，我以前读数字媒体专业，想创办媒体公司，后来发现父辈到了这个年纪，迟早要接班，那还不如早点开始做企业，从基层学习东西。

访：同辈的除了您还有谁接班了？

郑：还有两个堂哥，他们现在都在上海店里。他们在上海也是想着做事业。

访：目前企业经营有碰到什么问题？

郑：大问题没有，但现在企业最难的是用工。像父辈做餐饮时，这一行待遇在整个行业排行老二，现在大概在所有行业中排倒数。人才缺失给酒店带来很大压力。另外，乐清一个市，外地人流失率比较高。我希望与政府有一些用工的合作，给我们提供渠道。酒店方面我们坚持安排学生实习。今年来了四批学生，我们跟外省市的多家学校有密切的合作关系，是他们的教育实训基地。乐清职业技术学院等有需要的，我们也会提供机会。我们都是安排他们去轻松的岗位，比如文书之类。

访：刚才说到用工问题，目前情况如何？

郑：目前的话，基础工资 3000 多（不包括瓶盖费、服务费），员工包四餐和住宿。我们不像制造业，他们是计件工资，再加上住房补贴，还是挺可观的。现在用工成本高，加上物价也在提高，但消费越来越理性，营业收入增长有压力。以前人均吃一餐三四百，现在是两百，也就是说物价上升，成本压力大了，各方面都要管控。

访：您有没有听父辈讲起来，聚丰园建立后，上园村的发展与聚丰园有什么互动，或者说上园对聚丰园发展有什么帮助？

郑：我小的时候，惠丰路一片荒芜。上园村的民生工程做得很好，把这一带做了平整，道路越来越宽，交通方便了。铜场、办公楼、车站这几大建筑设施弄起来，企业发展得很快，整个上园村经济很好，靠正确的政策富足起来。我的客户里上园村人占了很大比重。我们跟上园当地企业有良好互动，他们经常光顾酒店。还有当我们的员工住宿存在很大问题时，上园村就把他们后面的楼房租给我们用。他们的支持对我们企业的发展有很大帮助，所以企业发展跟村里支持很有相关。胡书记在村里几十年了，人非常好，一心为民。这几年上园村经济发展起来后，到我们这里消费也多，带动我们收入增长。

访：上园平常有开展文化活动，聚丰园有没有参与？

郑：有的，每当元宵划龙灯，我们都会摆上东西，亲戚朋友坐一起，聚餐聊天。比如花灯需要赞助费用，我们也会全力支持。村里有活动，我们也会参加，出钱、出力都有。比如新老聚丰园装修，有些设备要更换，就将一些设备捐赠给福利机构、宗祠和老人活动中心。我觉得企业做大之后要有所反馈，这是老一辈传下来的东西。

访：您对上园村的感觉怎样？

郑：我感觉他们整个体制做得很完善，尤其是以胡书记和胡主任为主的这几届村委班子，把村里集体经济做得很好，每年都有钱发。他们（上园）把利益分配得很均匀，每个人都有参与权和管理权。而且他们村子里面都很团结。上园呢不算大村，但是整个村为人处世和村的氛围特别好。他们村里面好多人我都认识，跟我父亲也是朋友。我们有时候都觉得，上园和前街都是一家亲，路上碰到好多叔叔阿姨都会叫，特别熟。

第三章　问卷调查

本问卷大概需要花费您 5~10 分钟时间。为了感谢您的参与，如您在 2019 年 7 月 20 日前如实填写本问卷，您将有机会获得 5~100 元的微信红包（金额在上述范围内随机）。本问卷是浙江省规划办重点课题《温州乐清市上园村发展研究》（17WH20016ZD-3Z）的研究内容，我们承诺不会采集和泄露您的个人信息，所有统计数据仅作学术研究用途。

1.2018 年，您的户籍是否在上园村（调整为上园社区前）（单选题＊必答）

○ 是

○ 否

2. 您的性别是（单选题＊必答）

○ 男

○ 女

3. 您的年龄（单选题＊必答）

○ 17 周岁以下

○ 18~34 周岁

○ 35~59 周岁

○ 60 周岁及以上

4. 您的文化程度（单选题＊必答）

○ 不识字

○ 小学

○ 初中及相当文化程度

○ 高中及相当文化程度

○ 大专

○ 本科

○ 研究生及以上

5. 您所在的家庭人口数量（即户口册上登记的在同一户主下的人口数量）（单选题＊必答）

○ 1 人

○ 2 人

○ 3 人

○ 4 人

○ 5 人

○ 6 人

○ 7 人

○ 8 人及以上

6. 您的常住家庭住址位置（单选题＊必答）

○ 上园村

○ 村外，柳市镇内

○ 柳市镇外，乐清市内

○ 乐清市外，温州市内

○ 温州市外，浙江省内

○ 浙江省外

7. 您的个人年收入（2018 年）约（以下选项每个选项含小的数字，不含大的数字）（单选题＊必答）

○ 3 万以下

○ 3~5 万

○ 5~10 万

○ 10~20 万

○ 20~50 万

○ 50~100 万

○ 100~500 万

○ 500 万以上

8. 您个人收入中最主要来源于（单选题＊必答）

○ 农业生产收入

○ 财产性收入

○ 工资性收入

○ 个体户经营所得

○ 创办企业经营所得

○ 其他

○ 没有收入

9. 如果把人归类成几类，您认为您是属于哪一类（如身份重叠，可据实多项）（多选题＊必答）

□ 党政干部

□ 村干部

□ 企业管理人员

□ 专业技术人员

□ 办事人员

□ 企业主

□ 个体工商业主

□ 工人

□ 农民

□ 失业者

□ 其他

10. 您的家庭年收入（2018 年）约（以下选项每个选项含小的数字，不含大的数字）（单选题＊必答）

○ 3 万以下

○ 3~5 万

○ 5~10 万

○ 10~20 万

○ 20~50 万

○ 50~100 万

○ 100~500 万

○ 500 万以上

11. 2018 年您的家庭收入中最主要来源于（单选题＊必答）

○ 农业生产收入

○ 投资收入

○ 工资性收入

○ 个体户经营所得

○ 创办企业经营所得

○ 固定资产租赁收入

12. 2018 年您家庭每月平均支出大概是（单选题＊必答）

○ 2500 元以下

○ 2500~5000 元

○ 5000~10000 元

○ 10000 元以上

13. 2018 年您的家庭消费中花费最多的是（选主要的 3 项）（多选题＊必答）

□ 服装

□ 饮食

□ 住房

□ 交通

□ 娱乐

□ 医疗

□ 教育

□ 旅游

□ 其他

14. 如果将上园村所有人员划分五个层级（五等分），您认为您所在家庭属于哪一个（单选题＊必答）

○ 上层（最好的 20%）

○ 中上层

○ 中层

○ 中下层

○ 下层（最差的 20%）

15. 最近几年，您认为上园村发生的变化有（可以选多项）（多选题＊必答）

□ 人口素质提高

□ 环境质量提高

□ 新建楼房更多

□ 出行更加便利

□ 工业发展迅速

□ 商业发展迅速

□ 服务业发展迅速

□ 城区面积扩大

□ 其他（请简单描述）_____

16. 您认为上园村的村民代表会议作用发挥（单选题 * 必答）

○ 非常大

○ 大

○ 一般

○ 小

○ 很小

17. 您认为上园村党员能发挥先锋模范作用的有（单选题 * 必答）

○ 大多数人

○ 半数人

○ 少数人

○ 个别人

○ 没有人

○ 说不清

18. 如果您遇到生活中的困难，首先想从下列哪位对象获得帮助（单选题 * 必答）

○ 家庭成员

○ 亲戚

○ 村党支部

○ 村委会

○ 乡邻

○ 民间组织

○ 所在单位

○ 乡镇及以上政府

○ 其他——

19. 您在过去 5 年中（2014—2018）参加的，通过投票决定村集体事务的次数？（单选题＊必答）

○ 0

○ 1

○ 2

○ 3

○ 4

○ 更多（请填写具体次数）＿＿＿＿＿＿＿＿

20. 您是否享受上园村的年度分红福利（单选题＊必答）

○ 否

○ 是

21. 您对现行的村福利和保障（包括村集体提供的分红、合作医疗、老龄补贴、奖学金等）制度满意程度？（单选题＊必答）

○ 非常满意

○ 较满意

○ 一般

○ 不满意

○ 很不满意

22. 您的信仰是（单选题＊必答）

○ 佛教

○ 基督教

○ 道教

○ 其他

○ 不信教

23. 假设是您自己，您愿意与不同信仰的人结婚吗？（单选题＊必答）

○ 可以

○ 不可以

○ 不清楚

24. 之所以选择该信仰，是因为（单选题＊必答）

○ 家里信

○ 自己对宗教感兴趣

○ 感觉宗教很灵验

○ 不信教

25. 您是否请算命先生等人士算过命？（单选题＊必答）

○ 是

○ 否

26. 您觉得选择配偶最好是哪里人？（单选题＊必答）

○ 本村

○ 本乡镇

○ 乐清市内

○ 温州市

○ 无所谓

27. 在您看来，您选择配偶的最好方式（单选题＊必答）

○ 自由恋爱

○ 父母包办

○ 媒人介绍

○ 亲朋好友介绍

○ 其他

28. 您的配偶是（单选题＊必答）

○ 自由恋爱

○ 父母包办

○ 媒人介绍

○ 亲朋好友介绍

○ 其他

○ 还未结婚

29. 在 2018 年村组织的文化体活动中，您参加了几次？（单选题＊必答）

○ 0 次

○ 1~2 次

○ 2~5 次

○ 5~10 次

○ 10~20 次

○ 20~50 次

○ 50 次及以上

30. 当您有闲暇时间时，您打算做什么？（可多选）（多选题 * 必答）

□ 唱歌跳舞

□ 体育运动

□ 书画

□ 乐器

□ 电子游戏

□ 实体影院看电影

□ 电视

□ 逛街（商场）

□ 看书阅报

□ 打麻将扑克

□ 旅行

□ 棋类

□ 其他 ＿＿＿＿＿＿

31. 您在 2018 年参加过什么村公益活动（可多选）（多选题 * 必答）

□ 义务劳动

□ 无偿献血

□ 义务宣传

□ 敬老爱幼

□ 各类捐赠

□ 治安类活动

□ 义务消防

□ 村庄环境卫生打扫

□ 没有参加

□ 其他 ＿＿＿＿＿＿

32. 2018 年，您一共参加了几次村级公益活动（单选题＊必答）

○ 0 次

○ 1~2 次

○ 2~5 次

○ 5~10 次

○ 10~20 次

○ 20~50 次

○ 50 次及以上

文献篇

历史存录　继往开来

WENXIAN PIAN
LISHICUNLU JIWANGKAILAI

中国村庄发展

村　域　城　市

上园村文献篇共有两部分组成：一是整体资料概况，分为会议纪要、文件公告、专题资料、账册、族谱、现存碑记、方志、历史文献、媒体报道等 9 类，进行简单罗列；二是选择 7 篇较为重要的代表性文献，展示其全文内容。

第一章　文献资料目录

（一）会议纪要

《上园村 2000 年至 2018 年度工作总结报告》，约 10 万字；

《人听毛主席的话，田就会听人的话，上园大队连续六年获得粮食高产再高产》，1966 年，约 553 字；

《柳市镇上园社早稻预分工作总结》，1966 年，608 字。

（二）文件公告

《加强路线教育，落实分配政策——上园大队关于贯彻执行（1）82 号文件的情况和经验》，中共柳市镇公社党委，1972.1.28，10037 字。

《关于下达上园浃改建工程项目一九九五年度投资计划的通知》，柳市镇城乡建设土地管理分局（柳建〔1995〕30 号）；

《关于建立农函大柳市镇村级函授点的通知》（柳政发〔2005〕67 号）；

《关于表彰 2005 年度全镇科普工作先进集体和先进工作者的通知》（柳科协发〔2006〕2 号）；

《关于命名柳市镇科普示范村的通知》（柳政发〔2006〕54 号）；

《关于柳市上园村 2003 年 1 月 1 日至 2007 年 12 月 31 日财务收支的审核报告》，乐清市宏正会计事务有限公司；

《关于柳市镇上园村财务收支的审核报告》（2008 年、2009 年、2010 年），乐清市宏正会计事务有限公司；

《关于柳市镇上园村股份经济合作社 2017 年度财务收支的审核报告》，乐清市宏正会计事务有限公司。

（三）专题资料

《西乡旧事》，赵乐强编，中国民族摄影艺术出版社，2007.10，36 万字；

《江苏脉动》，龚浔泽著，江苏人民出版社，2008.1，30万字。第72–81页"小岗、华西、上园：中国三种类型的成功村庄"，第130–133页"温州及浙江之行的感触"；

《乐清民营经济发展历程录》，中共乐清市委宣传部、乐清市档案局等编著，主编：吴金汉，2008.12，20万字；

《创富传家》，胡成中著，中国对外翻译出版有限公司，17万字，2014.5；

《公社故事》，乐清市政协文史资料委员会、乐清市文史资料研究会编，主编：黄元明，2016.1，25.2万字；

《乡土乐清》，马建河著，金盾出版社，2016.1，32万字；

《程氏京房宗谱·历史纪年对照表》，永康市祥达印务有限公司编纂，只印刷部分内容，第403–460页，2.6万字；

《乐清市发展村级集体经济案例集》，中共乐清市委、乐清市人民政府农村工作办公室，2015年12月，第1–2页，363字。

（四）账册

乐清县粮食产量、征购、留粮资料表（柳市公社），上园村整理，共111页，9万余字；

上园大队1957—1991年产购表，共6页，7000字；

乐清县柳市镇人民公社上园生产大队各基本核算单位1965年度年终决算各种方案，书记胡星余，大队长胡道姆，共24页A3纸复印本，5000余字；

上园大队非耕地、神殿坦等地登记表，2页，268字；

柳市镇上园村股份经济合作社固定资产登记册，登记日期2017年12月，共244页，主要为房产各种地图、表格、相片和产权证书复印件；

柳市镇上园村股份经济合作社（店面市场房屋固定资产登记册）示意图。

（五）族谱

《上园胡氏概述》，胡省三主编，中华书局，2015.7，50万字。

（六）现存碑记

《修建上园胡氏宗祠碑志》，1983年立，1039字；

《上园胡氏宗祠记》，2002年9月立，1611字；

《太祖墓碑记》，2006 年重建太祖碑后立，约 552 字。

（七）方志

《乐清县志》（永乐）、《乐清县志》（隆庆），影印本；

《乐清县志》，乐清市地方志编纂委员会，中华书局，2000.6，178 万字；

《乐清文献丛书：道光乐清县志》，鲍作雨、张振夔，线装书局，2009.12，109.5 万字；

《上园村志》，胡省三主编，浙江人民出版社，1999.5，50 万字；

《乐清县水产志》，乐清市水产局编著，主编：张传章，浙江人民出版社，1999.5，16.2 万字；

《柳市镇志》，温州镇志编纂委员会，主编：汤一钧，黄山书社出版社，1998.10，43.3 万字；

《浙江分县简志》，徐规、陈桥驿等编纂，浙江人民出版社，1984.10，82 万字，P165–179："温州市"；

《温州市志》，温州市地方志编纂委员会，中华书局，1998.2，443.4 万字；

《北白象镇志》，北白象镇志编纂委员会，中华书局，2011.8，60 万字；

《乐清市民营企业志》，乐清市地方志办公室编，线装书局，2009.3，150 万字；

《乐清市土地志》，乐清市土地志编纂委员会，中华书局，2002.1，48.5 万字。

（八）历史文献

《上园村概况》，上园村编，2016，主要为相片、文字、图表，6000 字；

《上园村民主法治建设资料》，浙江省乐清市柳市镇上园村，2005.9，95 页，37652 字；

《上园村村务公开和民主管理制度汇编》，浙江省乐清市柳市镇上园村，2006.5，151 页，82545 字；

《突发事件应急预案消防安全知识手册》，上园村"两委"会，2009.5，24 页，5472 字；

《浙江省民间信仰活动场所——翔垟庙》，2018，主要为相片、文字，14 页，23088 字；

《上园龙灯》，全部为上园龙灯节活动照片，51 页；

《创建科普示范村资料汇编》，包括表格、图片、文字，2008.8，约 20400 字；

《上园村资料选编 2004 年》，约 10 万字；

《上园村资料选编 2005 年》，约 10 万字；

《上园村资料选编 2006 年》，约 10 万字；

《上园村资料选编 2007 年》，约 10 万字；

《上园村资料选编 2008 年》，约 10 万字；

《上园村资料选编 2009 年》，约 10 万字；

《上园村资料选编 2010 年》，约 10 万字；

《温州年鉴 2004》，第 579 页，"乐清市上园村获中国十佳小康村称号"，1853 字；

《温州年鉴 2005》，第 111 页，"柳市镇上园村"，719 字；

《温州年鉴 2011》，第 98 页，604 字；

《温州年鉴 2012》，第 114 页，"省级中心镇——上园村"，376 字；

《温州年鉴 2013》，第 125 页，464 字。

（九）媒体报道

《坚持以丰补歉，适当多留贮备——上园大队提留和管理贮备粮为问题的调查》，1965.9.11，《乐清简报》第 17 期，3196 字；

《脚踏实地办实事 抓住机遇求发展》，《浙江经济》，1996.11，第 181 期，1702 字；

《农嫁非嫁飞了选举权》，《法制日报》，2002.8.29，1925 字；

《亿元村的零接待费》，《人民日报》，2003.4.6，544 字；

《小康村上园力助汇源村致富》，《浙江日报》，2006.1.10，576 字；

《胡经云：傲啸雄鹰腾九天》，《今日浙江》，2007.12，3083 字；

《我是火炬手》，《温州瞭望》，2008.9，1134 字；

《枝繁叶茂，光前裕后》，《钱塘文化》2010 年第 9 期，第 16 页，991 字；

《上园：没有农民的村庄》，《乐清日报》网站，2011.6.30，2100 字；

《南存辉：感恩他人，懂得放下》，《第一财经日报》，2013.11.20，2645 字；

《浙江柳市镇上园村将设"温州模式展示厅"》，人民网温州频道，2014.3.21，1500 字；

《讲述上园村的故事》，《机关事务》，2016.1，第 45-46 页，2229 字；

《乐清上园村登上中国名村影响力榜》，《温州商报》，2016.12.13，约 1500 字；

《我们的生活定会一天更比一天好》，《经济日报》，2017.12.4，843 字；

《温州乐清柳市上园村发 1700 万年终奖 已持续二十多年》，《温州都市报》，2018.1.26，约 2500 字，新浪等网络媒体转载；

《柳市上园村"母亲学堂"学员手织围巾赠环卫工人》，《浙江新闻》网站，2018.2.7，约 1000 字；

《与法同行，法润上园——柳市镇上园村绘就美丽乡村新画卷》，《温州法治》2018.4.4，约 5000 字；

《上园村"智慧村居 在线治安"有成效 枫桥经验再出发 群防群治新样板》，《浙江新闻》网站，2018.9.12，约 3500 字；

《周其仁分岔路口的抉择》，《人物》，2018.10，2447 字；

《奢生活专访——柳市上园村党委书记：胡成云》，《搜狐网》，2018.10.30，约 1500 字；

《上园著名的经济强村》，《中国经济时报》，2018.12.30，1965 字；

《乐清有个"土豪村"人均分红超过万元 虹桥镇东街村、柳市镇上园村就是其中的典型代表》，《乐清房产超市—今日要闻》，2019.1.14，约 2000 字；

《乐清又一土豪村发钱！总共 1800 多万》，《乐清上班族网》，2019.1.14，约 790 字；

《法治化营商环境驱动市场创新——温州民营经济腾飞的法治密码（上下）》，《法制网—综合报道》2019.5.28，约 8000 字；

《从突围到打造民营经济"大本营"——"温州模式"崛起发展历程记（上）》，《中国财经日报》，2019.6.13，4151 字；

《乡村振兴示范村候选典型案例——"浙江省乐清市上园村：上风上水上园村为民为国好榜样"》，《温州乐清网》，2019.9.24，约 3000 字。

第二章　代表性重要文献

（一）太祖墓碑记

太祖公讳居廉，字凤清，永嘉（温州）胡氏始迁祖卧云公十三世孙，漕田宗胡氏祖松静公八世孙，而胡家垟胡氏祖会川公之来孙也。高祖讳匡右，曾祖讳国品，祖父讳孝劭，父讳则垦，明天顺四年庚辰生公子黄华胡家垟，兄弟三人，公居中，自幼聪颖好学，知名于乡里，弱冠入庠，食廪膳。柳市马翁见而器之，许以女，乃寄居岳家，设馆教学，舌耕笔耨，渐臻殷实。时，去柳市西百余步，有地三面临水，象洵秀美，形家称为"金钩挂月"。公乃析胡家垟之产，于其地筑室居之。屋舍俨然，园林秀洁，号为"上园"，一代宗师遂为上园始祖。弘治十八年乙丑，公年四十六，作家祠于村东南隅水汇清淑之地，以祀祖考。晚岁太祖公益向善，为报恩寺大檀越。马氏太夫人出身素封之门，相夫教子，有令德，生子二，曰：真、曰：宬。嘉靖八年己丑太祖公卒于家，享寿七十。临终恋开基之土，不忍离去，遗命就地安葬，故与马氏太夫人合于本村方宅基地。初，太祖公尝营寿坟于汤岙之原荷花心之穴，至今清明吾上园胡氏子孙犹两处并祭也。太祖公卒后至今几五百年，其墓清代曾重修，今茔周高楼环立，小巷不能旋马，且地面下陷，坟基罅裂，吾子孙孰能熟视！乃择日重建，改形制为八角，坚石为壁，穹顶为盖，南面围墙筑为神道之门，额曰：风范长存。内立碑记，详述巅末，以备吾上园胡氏子孙世代不忘肇始之祖也。

峕

公元贰仟零陆年　岁次丙戌　仲冬　吉日

（二）清明祭祖文

惟

中华人民共和国 65 年公元 2013 年岁次癸巳 4 月 3 日，上园胡氏六地裔孙谨备三牲福礼，时新五果，四季糕点，金银香烛祭奠于始祖夙清公、太夫人马氏之座前。

上园胡氏源流，可追溯到 3100 年前的帝舜后裔胡公满，迁安定，徙华林，而后到达永嘉楠溪豫章。先祖卧云公生于 1087 年宋哲宗元祐二年，自幼博通经史，年二十三登 1109 年大观三年进士第，初任大理寺左评事，寻升吏科都给事，1143 年绍兴十三年，迁永嘉豫章，遂为永嘉豫章胡氏始迁祖。传六世至礼二公，号松静，1276 年恭宗德祐二年，迁居乐邑潽川，曹田三世新四公，讳以海，1328 年元致和一年，迁黄华胡家垟。又越五世，曹田雁行八世孙夙清公，讳居廉，自幼好学不倦，1479 年明宪宗成化十五年，由胡家垟迁居上园，遂为上园胡氏始迁祖。1505 年明孝宗弘治十八年，作家祠于本村东南隅水汇上，以祀祖考。上园三面临水，象洵秀美，形家称为金钩挂月。

追念先祖，一代宗师，繁衍至今，已有 535 年。数百年来，先祖庇佑子孙支脉兴旺，繁荣富强，百代昌盛，世泽绵长。子孙勤劳，家业富足；学风大振，人才辈出；儿孙贤明，光宗耀祖；丁财两旺，富贵双全。跪求灵感，川流不息，宗功永茂，祖德绵长。怀念先德，倍感敬仰，祭坟大吉，康乐万年。伏维

简飨！

上园、前窑、合湖桥、胡家垟、潘珠垟、百花庙及各地裔孙叩拜

公元 2013 年岁次癸巳 4 月 3 日

（三）胡氏传家宝训

勤本业以足衣，敦孝悌以尽人伦，延师传以教子弟，明礼义而先修身，重亲亲推恩宗族，贵贤贤荐拔经纶，居内室忠君报国，典外牧洁己爱民，尊斯言无惭祖先，悖此训不肖子孙。

（四）上园村村务工作规则

第一章 总则

第一条 根据《中国共产党农村基层组织工作条例》《中华人民共和国村民委员会组织法》以及有关法律法规，结合我村实际制定本规则。

第二条 村务工作以邓小平理论和"三个代表"重要思想为指导，坚持党的领导、村民自治、依法办事、民主监督、从实际出发的原则，把加强党的领导与推进村级民主政治建设结合起来，不断提高村级组织的创造力、凝聚力和战斗力。

第二章 村党支部、村民委员会职责及其关系

第三条 村党支部职责

1. 贯彻执行党的路线方针政策和上级党组织及本村党员大会的决议。

2. 讨论决定本村经济建设和社会发展中的重大问题。需由村民委员会、村民（代表）会议决定的事情，由村民委员会、村民（代表）会议依照法律和有关规定做出决定。

3. 领导和推进村民主选举、民主决策、民主管理、民主监督，支持和保障村民依法开展自治活动。领导村民委员会、共青团、妇代会、民兵组织和老协等群众组织，支持和保证这些组织依据国家法律法规规定各自章程并充分行使职权。

4. 搞好支部的自身建设，对党员进行教育、管理和监督；负责对入党积极分子的教育和培养，做好发展党员工作。

5. 负责共青团、妇代会、民兵组织、老协等村组织负责人和村后备干部的培养、选拔、教育、考核、监督，以及村报账员等人员的选用。

6. 搞好本村的社会主义精神文明建设和社会治安综合治理、计划生育等工作。

7. 党章规定和上级党组织指定的其他职责。

第四条 村民委员会职责

1. 宣传贯彻宪法、法律、法规和国家的政策，教育和推动村民履行法律法规规定的义务，爱护公共财产，维护村民合法权益，发展文化教育，普及科技知识，促进村与村之间团结、互助，开展多种形式的社会主义精神文明建设活动。

2. 依照法律规定，管理本村属于村农民集体所有的土地和其他财产，教育村民合理利用自然资源，保护和改善生态环境。

3.支持和组织村民依法发展各种形式的合作经济和其他经济，承担本村生产服务和协调工作，促进生产建设和社会主义市场经济的发展。

4.尊重村集体经济组织依法独立进行经济活动的自主权，维护以家庭承包经营为基础，统分结合的双层经营体制，保障村集体经济组织和村民、承包经营户、联户或者合伙人的合法的财产权和其他合法的权益。

5.办理本村的公共事务和公益事业。

6.组织实施本村建设规划，兴修水利、道路等基础设施，指导村民住宅建设。

7.依法调解民间纠纷，维护本村的社会治安。

8.向村民（代表）会议报告工作并接受评议，执行村民（代表）会议的决议、决定。

9.协助乡镇人民政府开展工作；向人民政府反映村民的意见、要求和提出建议。

10.法律法规规定的其他职责。

第五条 村党支部是村级全部工作和战斗力的基础，是贯彻"三个代表"重要思想的组织者、推动者和实践者，是村各个组织和各项工作的领导核心。村民委员会是村民自我管理、自我教育、自我服务的基层群众自治组织，实行民主选举、民主决策、民主管理、民主监督。

村党支部、村民委员会是领导与被领导的关系。村党支部领导村民委员会及其他村组织开展工作，行使思想、政治、组织领导权，依照宪法和法律支持和保障村民开展自治活动，直接行使民主权利。村民委员会定期向村党支部报告工作，接受其工作建议。

第三章 重大村务事项

第六条 由村党支部、村民委员会或十分之一以上村民联名提出，需村"两委"联席会议研究决定或村民（代表）会议讨论决定或通过的事项，均为重大村务事项。

第七条 重大村务事项由村根据实际情况确定，包括如下内容：

一、村财务管理

（一）财务预决算制度

1.财务做到年初有预算，年终有决算。预算、决算年度与会议核算年度同步，即每年公历 1 月 1 日至 12 月 31 日。

2. 集体经济组织财务预算、决算的主要内容包括收入和支出以及债权、债务的清理。

3. 预算必须坚持量入为出、留有余地的原则，预算方案均在每年 1 月底前编制完毕，经村民代表大会讨论通过，张榜公布，并于每年 2 月底前报"中心"、镇农经站备案。（附年度收支预算方案）

4. 每年年终，"中心"根据村年度实际收支情况详细编制收支预算，并将决算向村民代表大会公布和说明，同时在村务公开栏张榜公布，接受群众监督。

（二）货币资金管理制度

1. 在柳市镇开设两个基本账户，杜绝多头开户。

2. 除日常小额另行开支外，原则上实行支票转账结算，具体操作如下：

（1）空白支票凭证和村财务负责人印鉴由村报账员保管，财务专用章由"中心"保管。

（2）资金转账、支取现金业务，先由村委会主任开具资金使用计划单，出纳员开具支票，经报账员加盖村财务负责人、报账员印鉴，带《现金日记账》，经"中心"审核，并加盖财务专用章后，方可到开户银行办理相关手续。

3. 现金收入由村出纳员按规定负责管理，并及时将现金存入银行。

4. 库存现金限额 8000 元以下，不准白条抵库，不准坐支，不准擅自出借公款，不准公款私存，不准设立"小金库"。

5. 出纳员到银行提取现金时，必须按用途提取，做到当日提取，支用以当日结账，不能跨月或超现金限额支付。

（三）财务开支审批制度

1. 确定村委会主任分管财务工作，原则上实行一支笔审批，不准未批先付。

2. 财务审批权限以每笔开支业务为单位，非生产性开支金额 2000 元以下，由村主任审批；2000 元以上至 10000 元由村主任审批，书记审核、签名有效；1 万元至 10 万元支出，由村"两委"集体研究决定，主任、书记批准；10 万元以上由村民代表大会通过。基建工程项目在 10 万元以上，须经建行审核后，由村"两委"再组织实施公开投标。

3. 村干部报酬、岗位津贴、误工工资，经村"两委"集体研究决定，村"两委"成员每月工资 1200 元，半月旷工按实工实记计算，每天出勤补贴 50 元，每月煤气补 50 元，医疗费包干每月 150 元。

4. 手机、电话费每人每月书记、村主任补 500 元，其他"两委"成员每人补 300 元。

5. 每笔开支须有经手人、审批人签字，并注明用途，凡手续不齐全、用途不明确的，财务人员有权拒付。

6. 决定上园村村账镇代理报账员一名，由村委委员胡建臣担任。

（四）民主理财和财务公开制度

1. 村民主理财、监督小组成员由村民代表推选产生，成员 5 名，每届随村委会选举，任期 3 年。

2. 在每月终日由报账员向民主理财监督小组提供当月收支票据，经审核签字后向"中心"报账，对审核发现的问题，及时向村民委员会提出，村委会对提出的问题应及时加以改进，并将结果反馈给民主理财监督小组。

3. 民主理财工作每年不少于一次。

4. 村财务收支情况每季度公开一次，重大开支项目和工程建设项目开支，以及广大村民关注的开支，应专项向村民公布。

5. 财务公开由"中心"按照要求，提供资料，经民主理财小组审核签字后在村固定公开栏进行张榜公布。

6. 村集体经济及收益按 1 : 2 : 3 : 4 比例使用：

（1）10% 保险；（2）20% 市场物业管理与村台账管理费；（3）30% 集体发展资金；（4）40% 按在册人数发放生活补贴。60 岁以上的在册老人每月发放 60 元。

（五）票据管理制度

1. 统一使用浙江省农村集体经济组织统一收据，禁止使用其他收款收据。

2. 收据由"中心"统一管理，并建立收据领用登记制度，包括领用时间、数量、收据号码、领用人签字以及回收核销等内容。

3. 村按票据领用的先后顺序开具票据，并将开具完毕的票据及时交"中心"登记核销。

二、村计划生育管理

（一）全村村民有实行计划生育的权利和义务。

1. 未婚青年要按时参加村组织的计划生育国策教育；

2. 男女青年到法定年龄要求结婚的（男年满 22 周岁，女年满 20 周岁），要依法办理结婚登记手续，由夫妻双方自主安排一孩生育时间，领取《生殖健康服务证》。未领结婚证怀孕的应主动落实补救措施；

3. 符合生育政策要求再生育的，经审批后可怀孕，并领取《生殖健康服务证》。未经批准擅自怀孕的，应主动落实补救措施；

4. 育龄群众要自觉落实避孕节育措施。避孕节育知情选择的对象要在国家指导和充分掌握避孕知识的基础上，履行一定程序后自主选择落实一种安全、有效、适宜的避孕节育措施；

5. 已婚育龄妇女要按时参加一年三次镇、村组织的孕环情监测；

6. 外出务工经商的 18~49 周岁的育龄人员，在外出前应办理全国统一的《流动人口婚育证明》，按时到流入地交验证，孕环检对象要按时到现居住地县级以上计生指导站或回镇参加孕环情监测，并将有效孕环情检查证明寄回村委会或镇计生服务站；

7. 本村用工单位或出租户对外来流动人口与计划生育负有管理责任；

8. 村民要自觉签订《计划生育村规民约协议书》，主动参加村举办的各类学习培训班。

（二）自觉履行计划生育各项义务的计划生育户，享受下列优先优惠、奖励保障政策。

1. 独生子女已领取独生子女证，只能单项享受村社民生活补贴金两份名额，发放本人至十八岁，其他和村社民同等待遇，如果生二胎，处领取村补贴金总金额的两倍罚金，本条规定从二〇〇三年度开始实施；

2. 二女儿户家庭，一女可享受上村社民户口册和男社民同等待遇。

3. 领养子女一律不上村社民户口册，结婚五年后经证明不会生育的，可领养一个子女，户口上村社民户口册，享受男社民同等待遇。

4. 在册社民子女被大专院校录取的，一次性奖励 1000 元；录取为硕士研究生的，奖励 3000 元；录取为博士研究生的，奖励 10000 元。

（三）村民有下列违反计划生育政策行为之一者，当年不予享受第（二）条规定的优惠奖励政策。

1. 拒绝与村委会签订《计划生育村规民约协议书》的；

2. 当年生育一孩三个月内未落实放环或未签订《知情选择协议书》的；

3. 当年生育二孩一个月内未落实长效避孕节育措施的；

4. 一次不按时参加村组织的国策教育或孕环情检查的；

5. 外出务工经商 18~49 周岁的育龄人员未办理流动人口或孕检情况的；

6. 用工单位和出租户对外来人员未履行管理职责的；

7. 计划外怀孕后逃避落实补救措施的；

8. 有孕环检作弊行为的。

（四）村民有下列违反计划生育政策行为之一的，三年内不予享受第（二）条规定的优惠奖励政策。

1. 出现计划外生育的；

2. 一年二次不参加孕环情检查的；

3. 生育后一年内不落实避孕节育措施的；

4. 违反《计划生育村规民约协议书》有关规定，又不自觉履行违约责任的；

5. 外出育龄人员一年内不提供现居住地地址和婚育情况或孕环检情况的；

（五）每位村民有监督与被监督的权利和义务。

三、村民自治章程或村规民约的制定和修改（略）

四、需由村民（代表）会议讨论或通过的涉及村民利益的其他事项

第四章　议事规则和决策程序

第八条 村内日常事务，由村各个组织按照各自职责认真履行。

第九条 村党支部书记列席村民委员会议，不是村党支部委员的党员、村民委员会主任列席村党支部委员会议。

第十条 重大村务事项的决策，坚持先党内后党外的原则。议题一般由村党支部提出，如由村民委员会或十分之一以上村民联名提出的，须先向党支部报告，由党支部研究后提出。

第十一条 对由村民委员会或十分之一以上村民联名提出的重大村务事项议题，党支部必须在七天内予以讨论并提交村"两委"联席会议研究决定。

第十二条 需提交村民（代表）会议讨论决定或通过的重大村务事项，应经村"两委"联席会议研究决定后，再提交村民（代表）会议讨论决定或通过。

第十三条 村"两委"联席会议是重大村务事项的议事决策机构。

（一）村"两委"联席会议由村党支部书记召集并主持。必要时经镇党委决定，可指派驻村干部临时召集主持。出席联席会议的成员为村党支部委员、村民委员会成员。村党支部、村民委员会各需二分之一以上成员到会，会议方可召开。列席会议人员由主持人确定。村"两委"联席会议一般每月召开一次，如遇特殊情况，可以随时召开。

（二）村"两委"联席会议决定事项采取无记名投票、举手、口头等形式进行。会议决定多个事项的，应逐项表决，以赞成票超过到会村"两委"成员的半数为通过。村"两委"成员因故不能参加会议，其意见可用书面形式表达，视同到会人员。

（三）村"两委"联席会议研究决定的事项必须由村党支部书记、村民委员会主任共同签署意见，党支部、村民委员会共同盖章。

第十四条 村民代表会议由村民选举的代表、村"两委"成员组成。全体党员以及团支部、妇代会、老协等村组织负责人和本村各级党代表、人大代表、政协委员等列席。村民代表任期与村民委员会任期相同，在村民委员会换届选举前，先选举产生村民代表。村民代表可连选连任。

第十五条 村民代表会议经村民会议授权讨论决定或通过下列重大事项：

（一）村土地征用和补偿费的使用，村建设规划、经济和社会发展规划的制订，村年度预决算方案。

（二）村集体重大建设项目的确定、资金筹集方案、招投标和承发包。

（三）村集体大额资金的使用。

（四）村级财务审批权限的确定。

（五）本村享受误工补贴的人数及补贴标准。

（六）宅基地的使用方案和农户土地承包、调整流转方案。

（七）制订、修改村民自治章程、村规民约。

（八）其他涉及村民利益的重大事项。

第十六条 村民代表会议由村民委员会召集，至少每半年召开一次，参加会议人数必须达到应到人数的三分之二以上，会议方可召开。有三分之一以上村民代表提议，应当及时召开村民代表会议。村民代表会议议题一般应于会前通知，村民代表应主动征求村民对议题的意见。

第十七条 村民代表会议讨论决定或通过议题，必须坚持少数服从多数的原则，所做决议和决定应经到会人员过半数通过，且不得与宪法、法律、法规和国家政策相抵触。决议和决定一经通过，村民委员会和全体村民必须认真贯彻执行。

第十八条 村民代表会议须由专人记录，会议资料应立卷存档。

第十九条 遇有设立、撤销、调整村民委员会，选举和罢免村民委员会成员，有十分之一以上的村民提议时，必须及时召开村民会议。

第二十条 村民会议由村民委员会召集，一般由村民委员会主任主持。如遇特殊情况，可由村党支部书记或镇干部主持。

第二十一条 召开村民会议，应当有本村十八周岁以上村民的过半数参加，或者有本村三分之二以上的户代表参加，所做决议、决定应当经到会人员过半数通过。

第五章 印章管理

第二十二条 村党支部、村民委员会印章由专人管理，印章使用的审批人与印章保管人不得为同一个人。

换届选举工作结束后，上届村党支部、村民委员会应在十天内向下届村党支部、村民委员会移交印章。拒不移交印章的，由镇党委政府负责追缴，并追究责任。村民委员会在届内被集体罢免的，印章由镇人民政府暂时代管，新的村民委员会产生后及时将印章交给新的村民委员会。

第六章 村民代表的权利和义务

第二十三条 村民代表享有下列权利：

（一）有权向村民委员会提出对各方面工作的意见、建议；

（二）有根据地批评村民委员会及其成员，检举村民委员会及其成员违法乱纪的事实，要求处理或罢免违法乱纪的村民委员会成员；

（三）参加村民（代表）会议，讨论决定有关事项；

（四）对村民(代表）会议做出的决定，如有不同意见，在坚决执行的情况下，可以把自己的意见向村党支部或镇党委、政府反映；

（五）有权提出辞职。

第二十四条 村民代表必须履行下列义务：

（一）认真学习马克思列宁主义、毛泽东思想、邓小平理论和"三个代表"重要思想，学习党的路线方针政策，学习科学、文化和业务知识，努力提高参政议政的能力；

（二）遵守国家的法律法规，遵守村规民约；

（三）与推选自己的村民联系，反映村民的意见和建议，维护村民的合法权益；

（四）负责向推选自己的村民传达村民（代表）会议精神，动员村民认真遵守和执行；

（五）自觉接受村民的监督。

第七章　矛盾控制和化解

第二十五条 凡村与村、村组织、村组织与村民、村民与村民之间的矛盾和纠纷，原则上在村范围内妥善解决。

第二十六条 村党支部、村民委员会承担村内矛盾控制和化解的主要责任，其他组织做好协助工作。村党支部、村民委员会不得参与或怂恿村民集体上访或越级上访。

第二十七条 因未控制或可以解决未能解决，产生越级上访或集体上访的，须在上级有关部门告知之日起七天内帮助解决，并做出书面报告。

第二十八条 通过健全民主生活会、建立民情恳谈会等措施及时控制和化解矛盾和纠纷。

第二十九条 村组织自身无法控制和化解的矛盾和纠纷，以及刑事案件、自然灾害等突发性事件，都要及时向镇党委、政府报告。报告采取书面形式，情况紧急时可口头报告，但事后必须补报书面材料。

第八章　民主监督

第三十条 村务监督小组由村民（代表）会议选举产生，一般由五至七人组成，任期与村民委员会的任期相同，其成员可连选连任。村民委员会成员及直系亲属，不得担任村务监督小组成员。

第三十一条 村务监督小组在党支部领导下开展工作，负责监督本届村务，有权检查、审核村务公开内容，并对发现的问题提出处理意见。如对往届村务特别是财务有疑义，要求清查或追究责任的，须由村民（代表）会议讨论决定。

第三十二条 村务监督小组每年至少一次向村民代表会议报告工作。村务监督小组的成员不履行工作职责，经批评教育仍不改正的，终止其村务监督小组成员资格，并由党支部按原推选方式增补成员。村务监督小组要接受群众的监督。

第三十三条 凡村民普遍关心的热点问题以及涉及村民切身利益的重大事项，都要如实向村民公开。村务公开的重点是财务公开。村级财务实行预决算制度，重要项目和工程实行专项预算、专项决算。

第三十四条 定期对村"两委"成员开展民主评议（测评）。民主评议（测评）由镇党委、政府组织，每年至少开展一次。参加对象为全村党员、村民代表、各级党代表、人大代表、政协委员和村各个组织负责人。

民主评议（测评）结果分优秀、称职、不称职三个档次。

第三十五条 对村"两委"成员实行经济责任审计。经济责任审计分在职年度审计和离任审计。重点对象是村党支部书记和村民委员会主任。经济责任审计原则上由镇农经站负责，特殊情况需上级审计部门审计的，由村民（代表）会议研究决定。

第九章 责任追究

第三十六条 责任追究对象是指在重大村务事项决策和管理中，不按规定程序办事，独断专行造成工作失误，渎职、失职造成村民死亡、大规模群体上访、村集体经济重大损失，或有贪污、受贿等腐败行为的村干部。

第三十七条 责任追究的主体为村民（代表）会议、镇党委、政府和司法机关。

第三十八条 村党支部对村民委员会报告的事项在规定时间内不讨论、不提交村"两委"联席会议研究决定的，或拒不执行上级党委、政府决定，或党员拒不参加会议的，由乡镇党委视情节轻重对村党支部书记或党员提出批评直至党纪处分。

第三十九条 未经集体讨论决定，违反规定进行管理和决策，尚未造成严重后果的，其主要责任人由镇党委提出诫勉、警告或通报批评。

第四十条 重大村务事项未经本规则第四章规定执行的一律无效。已造成严重后果、但尚可挽回的，在镇政府的领导和指导下，召开村民（代表）会议讨论提出处理意见；已报经上级批准或执行完毕的，追究村主要领导责任，并视情节轻重，分别给予党政纪处分、责令辞职或启动罢免程序进行罢免等处理；违反法律的，移送司法机关处理。

第四十一条 未按规定审签的经费，镇村账委托代理服务中心可予拒付，未按规定签订的合同和决定的事项一效。

第四十二条 村干部在村务工作中有以权谋私、贪污受贿行为的，视同国家公务员依法处理；有其他违纪违法行为，是党员的，给予相应的党纪处分。

注：以上规则如与法律、法规相抵触，以法律法规为准。

（五）上园集团章程

温州上园（集团）有限公司章程

第一章 总则

第一条 为规范公司的组织和行为，保护公司、股东和债权人的合法权益，根据《中华人民共和国公司法》和有关法律、法规规定，结合公司的实际情况，特制定本章程。

第二条 公司名称：温州上园（集团）有限公司

公司住所：乐清市柳市镇兴达路2号。

第三条 公司由以下一个法人股东投资组建，股东独自分享利润，并独自承担风险和亏损。

投资人姓名：乐清市柳市镇上园村股份经济合作社

身份证号码：3303821007789

第四条 公司为法人股东投资的一人有限责任公司。股东以其认缴的出资额为限对公司承担责任，公司以其全部财产对公司的债务承担责任。公司的股东不能证明公司财产独立于股东自己的财产的，应当对公司债务承担连带责任。

第五条 公司依法在乐清市工商行政管理局登记注册，取得企业法人资格。公司有独立的法人财产，享有法人财产权。

第六条 公司从事经营活动，必须遵守法律、法规及本章程规定，遵守社会公德、商业道德、诚实守信，接受政府和社会公众的监督，承担社会责任。

第二章 经营范围

第七条 经营范围：高低压电器元件、电子元器件、机电产品、仪器仪表（不含计量器具）制造、加工、销售；物业管理、房地产投资。

第八条 公司的经营范围中属于法律、行政法规规定须经批准的项目，应当依法经过批准。

第三章 注册资本、股东的出资方式、出资额和出资时间

第九条 公司注册资本为人民币 7180 万元，增加或减少注册资本，股东应当做出决定。公司减少注册资本，应当自做出决定之日起十日内通知债权人，并于三十日内在报纸上公告。公司减资后的注册资本不得低于法定的最低限额。

第十条 股东的出资方式、出资额和出资时间为：乐清市柳市上园经济合作社以货币方式出资 7180 万元，占注册资本的 100%。出资时间：1995 年 8 月 28 日出资到位。

第十一条 公司成立后，应当向股东签发出资证明书。

第十二条 公司置备股东名册，载明公司股东姓名或名称、住所、出资额、出资证明书编号等。股东依法转让股权后，公司应当注销原股东的出资证明书，向新股东签发出资证明书，并相应修改公司章程和股东名册中有关股东及其出资额的记载。对公司章程的该项修改不需再由股东做出决定。

第十三条 股东可以转让其全部或者部分股权。

第四章 股东

第十四条 公司的出资人为公司股东，股东是公司的权力机构。

第十五条 股东行使下列职权：

（一）决定公司的经营方针和投资计划；

（二）任命和更换执行董事、监事，决定有关执行董事、监事的报酬事项；

（三）审定批准执行董事的报告；

（四）审定批准监事的报告；

（五）审定批准公司的年度财务预、决算方案；

（六）审定批准公司的利润分配方案和弥补亏损方案；

（七）对公司增加或者减少注册资本做出决定；

（八）对发行公司债券做出决定；

（九）对股东向股东以外的人转让股权做出决定；

（十）对公司合并、分立、变更公司形式、解散或者清算等事项做出决定；

（十一）修改公司章程。

第十六条 股东对本章程第十五条所列事项做出决定时，应当采用书面形式，并由股东签名后置备于公司。

第五章　执行董事

第十七条 公司设执行董事一名，由股东任命。执行董事每届任期三年，任期届满，可以连任。

第十八条 执行董事对股东负责，行使下列职权：

（一）向股东报告工作；

（二）执行股东的决定；

（三）拟定公司的经营计划和投资方案，制定公司的年度财务预算和决算方案，利润分配方案和弥补亏损方案，增加或者减少注册资本的方案，合并、分立、变更公司形式和解散的方案，内部管理机构设置的方案；

（四）决定聘任或者解聘公司经理及其报酬事项，并根据经理的提名决定聘任或者解聘副经理、财务负责人及其报酬事项；

（五）制定公司的基本管理制度；

（六）股东授予的其他职权。

第十九条 执行董事为公司的法定代表人。

第二十条 执行董事对本章程第十八条所列事项做出决定时，应当采用书面形式，并由执行董事签名后置备于公司。

第二十一条 公司设经理一名，由执行董事聘任，行使下列职权：

（一）主持公司的生产经营管理工作，组织实施执行董事决定；

（二）组织实施公司年度经营计划和投资方案；

（三）拟定公司内部管理机构设置方案和公司的基本管理制度；

（四）制定公司的具体规章；

（五）提请聘任或者解聘以外的负责管理人员；

（六）执行董事授予的其他职权。

第六章　监事

第二十二条 公司设监事一名，由股东任命，监事是公司内部监督机构。公司执行董事和高级管理人员不得兼任监事。

第二十三条 监事每届任期为三年，任期届满，可以连任。

第二十四条 监事行使下列职权：

（一）检查公司财务；

（二）对执行董事、高级管理人员执行公司职务的行为进行监督，对违反法律、行政法规、公司章程或者股东决定的执行董事、高级管理人员提出罢免的建议；

（三）当执行董事、高级管理人员的行为损害公司的利益时，要求执行董事、高级管理人员予以纠正；

（四）向股东提出议案；

（五）依照《公司法》第一百五十二条的规定，对执行董事、高级管理人员提起诉讼；

（六）股东授予的其他职权。

第二十五条 监事对本章程第二十四条所列事项做出决定时，应当采用书面形式，并由监事签名后置备于公司。

第二十六条 公司股东、执行董事、监事、经理、高级管理人员应当遵守公司章程，忠实履行职务，维护公司利益，不得利用公司的地位和职权为自己谋私利；不得利用职权收受贿赂或者其他非法收入；不得侵占公司的财产；不得挪用公司资金或者将公司资金借贷给他人；不得将公司资产以其个人名义或者以其他个人名义开立账户存储；不得以公司资产为本公司的股东或者其他个人债务提供担保；不得自营或者为他人经营与其所任公司同类的营业或者从事损害本公司利益的活动，如违反法律、法规和本公司章程的规定，给公司造成损害的，应当承担赔偿责任。

第七章　财务会计和劳动、工资管理

第二十七条 公司应依照法律、行政法规和国务院财政部门的规定建立本公司的财务、会计制度。

第二十八条 公司应当在每一会计年度终了时编制财务会计报告，并依法经会计师事务所审计。

第二十九条 公司分配当年税后利润时，应当先按规定弥补以前年度亏损，再提取利润的百分之十列入公司法定公积金。公司法定公积金累计额达到公司注册资本的百分之五十以上的，可以不再提取。

第三十条 公司员工实行聘用制，员工聘用、解聘、工资、福利、劳动保护、劳动保险等，按照国家有关规定实施。

第八章 经营期限、解散和清算办法

第三十一条 公司的经营期限为长期，《企业法人营业执照》签发之日即为公司成立之日。

第三十二条 公司因下列原因解散：

（一）公司章程规定的营业期限届满；

（二）股东决定解散；

（三）因公司合并或者分立需要解散；

（四）依法被吊销营业执照、责令关闭或者被撤销；

（五）人民法院依照《公司法》第一百八十三条的规定予以解散；

（六）其他法定事由需要解散。

第三十三条 公司因本章程第三十二条第（一）项、第（二）项、第（四）项、第（五）项、第（六）项规定而解散的，应当在解散事由出现之日起十五日内成立清算组，开始清算。清算组应当自成立之日起十日内通知债权人，并于六十日内在报纸上公告。债权人应当自接到通知之日起三十日内，未接到通知的自公告之日起四十五日内向清算组申报其债权。清算组在清算期间清理公司财产，分别编制资产负债表和财产清单，通知、公告债权人，处理与清算有关的公司未了结的业务，清缴所欠税款以及清算过程中产生的税款，处理债权、债务，处理公司清偿债务后的剩余财产，代表公司参与民事诉讼活动。

第三十四条 清算组在清理公司财产、编制资产负债表和财产清单后，应当制定清算方案，并报股东或者人民法院确认。公司财产在分别支付清算费用、职工的工资、社会保险费用和法定补偿金，缴纳所欠税款、清偿公司债务后的剩余财产，分配给股东。清算期间，公司续存，但不得开展与清算无关的经营活动。公司财产在未依照前款规定清偿前，不得分配给股东。

第三十五条 清算组在清理公司财产、编制资产负债表和财产清单后，发现公司财产不足清偿债务的，应当依法向人民法院申请宣告破产。公司经人民法院裁定宣告破产后，清算组应当将清算事务移交给人民法院。

第三十六条 公司清算结束后，清算组应当制作清算报告，报股东或者人民法院确认，并报送公司登记机关，申请注销公司登记，公告公司终止。

第三十七条 公司被依法宣告破产的，依照有关企业破产法律实施破产清算。

第九章 附则

第三十八条 本章程解释权属公司股东。

第三十九条 本章程未尽事宜按国家有关法律、行政法规的规定执行。

第四十条 本章程经股东签名，在公司注册登记后生效。

第四十一条 本章程一式柒份，并报公司登记机关备案一份。

股东签名：

2015 年 11 月 4 日

（六）关于同意柳市镇村（社区）规模优化调整方案的批复

乐清市人民政府关于同意柳市镇村（社区）

规模优化调整方案的批复

柳市镇人民政府：

《柳市镇人民政府关于村（社区）规模优化调整的请示》（柳政〔2019〕51 号）悉。根据《中华人民共和国村民委员会组织法》和《中华人民共和国城市居民委员会组织法》有关规定，经研究，同意你镇村（社区）规模优化调整方案。现将有关事项批复如下：

一、撤销西凰屿村、东凰屿村、社头村、东仁宕村，合并设立凰屿村，新村办公地址设在原东凰屿村。

二、撤销浃东村、浃西村、长春村，合并设立浃底村，新村办公地址设在原浃西村。

三、撤销西潭头村、长丰村，合并设立麻园村，新村办公地址设在原长丰村。

四、撤销苏吕村、苏呑村，合并设立新的苏吕村，新村办公地址设在原苏吕村。

五、撤销林宅村、塘沿周村，合并设立周林村，新村办公地址设在原林宅村。

六、撤销横带桥东岸村、横带桥西岸村，合并设立横带桥村，新村办公地址设在原东岸村。

七、撤销薛宅村、捕捞新村，合并设立新的薛宅村，新村办公地址设在原薛宅村。

八、撤销尚宅村、长道坦村，合并设立新的长道坦村，新村办公地址设在原长道坦村。

九、撤销前西村、后西村、东村村，合并设立新桥村，新村办公地址设在原东村村。

十、撤销湖西村、西宋村，合并设立新的湖西村，新村办公地址设在原湖西村。

十一、撤销呑底村、呑外村，合并设立南沙呑村，新村办公地址设在原呑底村。

十二、撤销沙东村、沙西村、沙后村、山弄村，合并设立沙呑桥头村，新村办公地址设在原沙西村。

十三、撤销戴东村、戴西村，合并设立戴宅村，新村办公地址设在原戴东村。

十四、撤销朝阳村、垟心村，合并设立朝阳东村，新村办公地址设在原朝阳村。

十五、撤销方斗岩村、上游村，合并设立龙泾村，新村办公地址设在原方斗岩村。

十六、撤销荷呑村、旭光村，合并设立柳湖村，新村办公地址设在原荷呑村。

十七、撤销三里村、马仁桥村，合并设立里马村，新村办公地址设在原三里村。

十八、撤销智广村、丁桥村，合并设立新的智广村，新村办公地址设在原智广村。

十九、撤销仙垟村、杨宅村，合并设立新的仙垟村，新村办公地址设在原杨宅村。

二十、撤销黄七甲村、上来桥村、吕庄村，合并设立柳江村，新村办公地址设在原吕庄村。

二十一、撤销峡门村、新光村，合并设立新东村，新村办公地址设在原峡门村。

二十二、撤销西西村、西东村，合并设立湖横西岙村，新村办公地址设在原西西村。

二十三、撤销沪屿前村、沪屿后村，合并设立沪屿村，新村办公地址设在原沪屿前村。

二十四、撤销北山村、华西村，合并设立华北村，新村办公地址设在原北山村。

二十五、撤销前京村、南山村，合并设立京山村，新村办公地址设在原前京村。

二十六、撤销金棚头村、华山村、南山前村，合并设立金山前村，新村办公地址设在原南山前村。

二十七、撤销黄华村、黄浦村，合并设立新的黄华村，新村办公地址设在原黄华村。

二十八、撤销上岩前村、上岩后村，合并设立上岩村，新村办公地址设在原上岩前村。

二十九、撤销三宅村、南盐村，合并设立南宅村，新村办公地址设在原三宅村。

三十、撤销长林东村、长林西村，合并设立长林村，新村办公地址设在原长林西村。

三十一、撤销排岩头村、排岩头东村，合并设立新的排岩头村，新村办公地址设在原排岩头村。

三十二、撤销金西村、金东村、西埭村，合并设立金丝河村，新村办公地址设在原金东村。

三十三、撤销金光岙村、楼下村，合并设立金楼村，新村办公地址设在原楼下村。

三十四、撤销马道西村、上屋村、马道底村，合并设立马道村，新村办公地址设在原马道底村。

三十五、撤销七前村、七西村、七东村、七里港捕捞村，合并设立七里村，新村办公地址设在七里码头。

三十六、撤销高前村、高后村、高四村，合并设立高园村，新村办公地址设在原高后村。

三十七、撤销深河村、大河沿村，合并设立新的深河村，新村办公地址设在原深河村。

三十八、撤销大㳟村、庄垟村，合并设立大兴村，新村办公地址设在原大㳟村。

三十九、撤销象山桥前村、象山桥后村，合并设立象山桥头村，新村办公地址设在原象山桥前村。

四十、撤销汤西村、万里桥村，合并设立汤岙朱西村，新村办公地址设在原汤西村。

四十一、撤销汤东村、圆木社村，合并设立汤岙朱东村，新村办公地址设在原汤东村。

四十二、撤销路头石村、谊山村、山前马村、大茅岭村，合并设立象北村，新村办公地址设在原谊山村。

四十三、撤销坭前村、坭后村，合并设立霓阳村，新村办公地址设在原坭前村。

四十四、撤销上池头村、晚斜阳村、四板桥村，合并设立象虹村，新村办公地址设在原四板桥村。

四十五、撤销井虹寺前村、寺前田垟村，合并设立新的井虹寺前村，新村办公地址设在原井虹寺前村。

四十六、撤销龙根村、下渎朱村、泮垟前横村，合并设立新的泮垟前横村，新村办公地址设在原泮垟前横村。

四十七、撤销长虹村、南陈岙村、长虹社区，合并设立新的长虹社区，东至长江路、南至柳翁路、西至延河路、北至大兴街，新社区办公地址设在原长虹村。

四十八、撤销东风村、东风社区，合并设立新的东风社区，东至双龙路、南至乐琯运河、西至西垟洨、北至垟心村，新社区办公地址设在原东风村。

四十九、撤销后街村、西垟社区，合并设立后街社区，东至环城东路、南至新市街、西至育英南路、北至 104 国道，新社区办公地址设在原后街村。

五十、撤销上园村、翔金社区、三里社区，合并设立上园社区，东至金钩路、南至大兴路、西至翔金路、北至柳白运河，新社区办公地址设在原上园村。

五十一、撤销前街村、上园社区，合并设立前街社区，东至柳黄路、南至柳翁路、西至安平路、北至新市街，新社区办公地址设在原前街村。

五十二、撤销黄华居民委员会、七里港居民委员会、象阳居民委员会。

你镇要根据相关法律法规和市村（社区）规模优化调整工作有关政策，组建新村（社区）各过渡组织，在新村（社区）村（居）民委员会、村（居）务监督委员会和村股份经济合作社选举前代行相应职能，并及时做好其他后续融合工作。

此　复

乐清市人民政府

2019 年 5 月 20 日

（七）上园之歌

1=♭B　2/4

中速、有朝气地

作词　赵顺鹏
作曲　黄鸿鸿

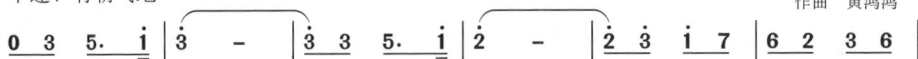

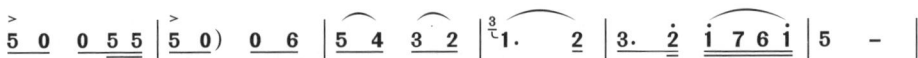

0 3 5. 1 | 3 - | 3 3 5. 1 | 2 - | 2 3 1 7 | 6 2 3 6 |

5 0 0 0 5 5 | 5 0） 0 6 | 5 4 3 2 | 1. 2 | 3. 2 1 7 6 1 | 5 - |

1. 瓯江　之　畔，　中雁　山　麓，
2. 国道　横　贯，　运河　绕　村，

1 6 1 2 | 6. 1 5 4 3 2 | 3. | 3 - | 0 6 5 6 4 4 3 |

昔日　默默的村落，　　曾经　寂寞的
商潮　如　涌繁华处，　　人们　竟似长

2 1 2. | 2 - | 3 3 1 2 | 3 3 #2 3 | 5 5 4 5 | 6 6 #5 6 |

土地，　如今沐　改革春光，籍天　时　地利人和，
身手，　股份经济　全国先，　电器　之　都神州誉，

0 5 6 1 | 2 2. | 2 3 1 7 | 6. 2 3 6 | 5 - | 0 5 1 2 |

正大步迈向　迈向辉　煌。　啊，
高楼欢奏　欢奏文　明　曲。

3 - | 3 2 3 1 7 | 6 - | 0 5 6 1 | 2 - | 2 1 2 7 6 |

上　园，　啊，　上

5 - | 5 - | 6. 6 4 6 | 5 4 3 | 2. 2 6 1 | 7 6 5 |

园，　创业号角声阵阵，工农贸技其沸腾！

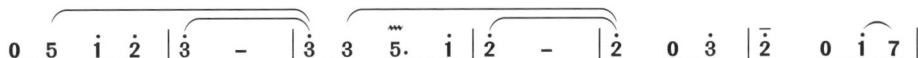

0 5 1 2 | 3 - | 3 3 5. 1 | 2 - | 2 0 3 | 2 0 1 7 |

啊，　　　啊，　　上园　上

6 0 1 | 6 1 | 7 7 5 | 3 3. | 3 6 5 6 | 4 4 3 |

园，　这片　生机　的热土，　闻名　遐迩的

2 1 2. | 2 3 2 3 | 5 5 6 | 3 2 3 2 1 | 1 - | 1 - ‖

地方，　我那　可爱的　村　庄。

参考文献
REFERENCES

志书

[1] 鲍作雨、张振夔：《乐清文献丛书：道光乐清县志》，线装书局，2009。

[2] 北白象镇志编纂委员会：《北白象镇志》，中华书局，2011。

[3] 胡省三主编《上园胡氏概述》，中华书局，2015。

[4] 胡省三主编《上园村志》，浙江人民出版社，1999。

[5] 汤一钧主编《柳市镇志》，黄山书社，1998。

[6] 温州市地方志编纂委员会：《温州市志》，中华书局，1998。

[7] 徐规、陈桥驿等：《浙江分县简志》，浙江人民出版社，1984。

[8] 乐清市地方志编纂委员会：《乐清县志》，中华书局，2000。

[9] 乐清市土地志编纂委员会：《乐清市土地志》，中华书局，2002。

[10] 乐清市地方志办公室：《乐清市民营企业志》，线装书局，2009。

[11] 张传章主编《乐清县水产志》，浙江人民出版社，1999。

[12] 中共乐清市委宣传部、乐清市档案局等：《乐清民营经济发展历程录》，经济日报出版社，2008。

专著

[1] 费孝通：《乡土中国》，上海书店，1948。

[2] 费孝通：《江村经济》，江苏人民出版社，1980。

[3] 费孝通：《乡土中国》，上海人民出版社，2007。

[4] 费孝通：《乡土中国生育制度》，商务印书馆，2011。

[5] 龚浔泽：《江苏脉动》，江苏人民出版社，2008。

[6] 胡成中：《创富传家》，中国对外翻译出版有限公司，2014。

[7]　黄元明：《公社故事》，乐清市政协文史资料委员会，2016。

[8]　马建河：《乡土乐清》，金盾出版社，2016。

[9]　钱穆：《现代中国学术论衡》，岳麓书社，1986。

[10]　徐勇：《乡村治理与中国政治》，中国社会科学出版社，2003。

[11]　余力：《乐清文献丛书：翁卷集笺注》，北京线装书局，2009。

[12]　赵乐强：《西乡旧事》，中国民族摄影艺术出版社，2007。

[13]　竺乾威：《公共行政理论》，复旦大学出版社，2015。

译著

[1]　[法]莫里斯·哈布瓦赫：《论集体记忆》，毕然、郭金华译，上海人民出版社，2002。

[2]　[法]库朗热：《古代城邦：古希腊罗马祭祀、权利和政制研究》，谭立铸等译，华东师范大学出版社，2005。

[3]　[美]克利福德·格尔茨：《文化的解释》，韩莉译，译林出版社，2014。

文章

[1]　陈锋：《分利秩序与基层治理内卷化：资源输入背景下的乡村治理逻辑》，《社会》，2015年第3期。

[2]　陈清清：《上园村"智慧村居 在线治安"有成效 枫桥经验再出发 群防群治新样板》，《浙江新闻》，2018年9月12日。

[3]　陈微微：《上园：没有农民的村庄》，《乐清日报》，2011年6月30日。

[4]　陈嫣然、秦雪征：《配偶年龄差距对婚姻质量和婚姻稳定性的影响》，《劳动经济研究》，2019年第4期。

[5]　陈耀辉、朱跃、李娅媚、柯寒冰：《我是火炬手》，《温州瞭望》，2008年第9期。

[6]　崔智友：《中国村民自治与农村土地问题》，《中国农村观察》，2002年第3期。

[7]　付建军：《从民主选举到有效治理：海外中国村民自治研究的重心转向》，《国外理论动态》，2015年第5期。

[8]　桂华：《农村土地制度与村民自治的关联分析——兼论村级治理的经济基础》，《政治学研究》，2017年第1期。

[9] 胡志法、胡万伍:《脚踏实地办实事 抓住机遇求发展》,《浙江经济》,1996 年第 12 期。

[10] 李芝兰、吴理财:《"倒逼"还是"反倒逼"——农村税费改革前后中央与地方之间的互动》,《社会学研究》,2005 年第 4 期。

[11] 裴志军:《村干部的薪酬与其角色定位和行为选择——基于 CGSS 农村调查数据的实证研究》,《农村技术经济》,2011 年第 4 期。

[12] 汪博:《胡经云傲啸雄鹰腾九天》,《今日浙江》,2007 年第 12 期。

[13] 温州市普法依法治理领导小组办公室:《与法同行,法润上园——柳市镇上园村绘就美丽乡村新画卷》,《温州法治》,2018 年 4 月 4 日。

[14] 王佑:《南存辉:感恩他人,懂得放下》,《第一财经日报》,2013 年 11 月20 日。

[15] 徐勇:《村干部的双重角色:代理人与当家人》,《二十一世纪》,1997 年第8 期。

[16] 杨婵、贺小刚:《村长权威与村落发展——基于中国千村调查的数据分析》,《管理世界》,2019 年第 4 期。

[17] 叶长一:《小康村上园力助汇源村致富》,《浙江日报》,2006 年 1 月 10 日。

[18] 应裕智:《柳市上园村"母亲学堂"学员手织围巾赠环卫工人》,《浙江新闻》,2018 年 2 月 7 日。

[19] 邹慧君:《把脉乡村公共文化服务建设》,《首都治理》,2018 年第 12 期。

[20] 张衡:《从突围到打造民营经济"大本营"——"温州模式"崛起发展历程记(上)》,《中国财经日报》,2019 年 6 月 13 日。

[21] 张信国、陈俊贤:《"农嫁非"嫁飞了选举权》,《江苏农村经济》,2002 年第10 期。

[22] 周飞舟:《从汲取型政权到"悬浮型"政权——税费改革对国家与农民关系之影响》,《社会学研究》,2016 年第 3 期。

[23] 周其仁:《分岔路口的抉择》,《新能源经贸观察》,2018 年第 10 期。

后 记

P O S T S C R I P T

　　本书是浙江省社会科学界联合会文化工程重点项目，是浙江省 11 个"中国村庄发展：浙江样本研究"之一。课题组成员由浙江省社会科学院（徐剑锋、周佳松）与乐清市委党校（陈振宇、尚再清、陈静慧、王亦凡）组成，在两年多的时间里，上园村研究课题组深入住户、企业、专业市场、文化中心等调查，访谈 80 多人次，包括村干部、企业家、经营者、普通居民等，并对 267 名村民进行家计调查。课题组的调研与书稿写作中，得到了浙江省社会科学院何显明院长、陈野副院长、乐清市委党校常务副校长杨素丹以及乐清市上园村党委书记胡成云等领导干部与广大村民的大力支持与配合。陈野不仅带队赴上园村参加调研，还多次参加本课题的研讨会与书稿的修改讨论会。

　　本书由徐剑锋负责统筹篇章节的安排，执笔导语、经济发展篇、专题篇，参与部分访谈篇访谈与修订、文献资料整理；陈振宇执笔史地篇、部分访谈篇访谈与整理，并参与全书统稿、文献资料整理；尚再清执笔社会建设篇与部分访谈篇访谈与整理；陈静慧、王亦凡执笔文化生活篇与部分访谈篇访谈与整理；周佳松参加部分访谈篇访谈与整理。

　　书稿历时两年多终于完成，由于受资料缺失、专业研究水平等诸多因素限制，书稿难免存在着缺陷与不足，恳请读者包涵指正。

徐剑锋

2021 年 6 月 30 日

丛书后记

P O S T S C R I P T

　　"中国村庄发展：浙江样本研究"项目研究和书稿撰写，由浙江省社会科学院组织院内外相关科研人员集体承担。此刻，面对11部厚重书稿，回顾项目组寒来暑往五春秋的研究历程，前期酝酿筹措的漫长经过、奔波于乡村大地深入调研的艰辛历程、埋首于电脑键盘奋笔疾书的种种身影，均历历在目。感怀系之，作此以记。

　　本项目于2016年初由浙江省社会科学院副院长、研究员陈野倡议谋划，旨在整合全院从事乡村研究的科研力量，加强顶层设计，开展重大项目研究，为本院凝练一个可持续的科研方向和学术品牌。经与院乡村研究中心主任、研究员闻海燕反复磋商，咨询省市农办，赴村实地调研等前期摸底筹备，于2016年正式动议有关村庄发展研究的事宜。

　　2017年2月6日，时任浙江省省长车俊在《历史大变局下的农村新集体经济文化建设调研与思考》调研报告上做批示予以肯定。2017年2月13日，时任省委常委、宣传部部长葛慧君批示要求"在本省多选一些村庄做深入研究，形成一批实践样本。如需要，省社科院一起参与"。2017年2月16日，省委宣传部常务副部长来颖杰批示："请社科院再做深入调查，进行样本总结。"省委省政府和省委宣传部的指示和要求，使我们更加明确和坚定了开展村庄发展研究的思路，加快了项目筹划的进度。

　　2017年6月，村庄发展研究项目被立项为浙江省社科院重大专项课题。2017年9月，被立项为浙江省第二期文化研究工程重大项目，陈野研究员为项目负责人，浙江省农办原副主任、著名乡村研究专家顾益康先生和闻海燕研究员为首席专家。期间，根据实地调研情况、省市县农办意见、省规划办和评审专家建议，项目研究方案经过十数次的调整修改，最终确立为在全省11个设区市中各选一个村作为研究个案，撰写11部专著，形成"中国村庄发展：浙江样本研究"丛书。

　　研究与撰写过程中，项目组发挥前期学术积淀深厚、科研人员学科背景多样、组织协调机制高效灵活、项目组成员高度团结等优势，深入乡村和各级农办、档案局、史志办、文旅局等政府部门实地调研，广泛收集谱牒档案、镇村史志、契约账册等文献资料，驻村开展上千人次的口述访谈。项目组全体成员冲寒冒暑，以认真负责、刻苦钻研、严谨踏实、精益求精的研究态度和工作精神，为课题研究尽心竭虑，无私奉献，并在研究中形成了精诚团结、友好合作、交流研讨、互帮互助的优良团队氛围。各子课题负责人认真组织、悉心筹划、精心统筹、务实开展课题研究，带领各自课题组成员通力合作，为如期完成研究和撰稿任务起到关键作用。各子课题的具体科研工作情况，可参见各部专著的后记，此处不做一一赘述。

项目负责人陈野研究员对项目高度负责、执着认真，全力投入、全程负责项目的启动、开展和推进，承担了策划项目，确立研究思路、主题、体例、理论分析框架和研究内容，设计篇目大纲等全局工作；定期组织召开内部讨论会，研讨篇目框架、研究内容、行文规范；数次邀请专家进行指导评审；多次率队赴省市县相关政府部门座谈请教，倾听学习来自乡村建设实践的真知灼见；先后深入数十村庄开展实地调研访谈；根据自查结果和专家审稿意见与每一位子课题负责人商议修改计划，对11部书稿作三次全面统稿，并做多种局部调整。

项目首席专家顾益康先生自始至终关注关心本项目研究，在百忙之中数次参加项目组研讨活动，对研究方案提出具体思路建议，认真评审数部子课题书稿，指导子课题负责人开展研究，特别是以其丰富的乡村工作经验、深厚的学术研究造诣和对本项目的深入了解，为丛书撰写了站位高远、剖析深入、具有提纲挈领作用的丛书绪论。

首席专家闻海燕研究员在项目对接农办系统、联系专家学者、选择村庄个案等方面发挥重要作用，以长期从事农村经济研究的学术积淀帮助相关子课题开展研究。在项目开展的全过程中认真、积极、负责地协助项目负责人陈野研究员开展实地调研、组内研讨、稿件审读等相关工作。尤其力挑重担，担任"绿水青山就是金山银山"科学理论发源地，在我国新时代生态文明建设中具有重大价值、重要影响力的余村发展研究子课题负责人，带领余村课题组取得丰富研究成果。

　　浙江省社会科学院科研部王玮老师承担了项目组内勤外联、会议记录、通知纪要、送审打印等具体编务工作，以其认真负责、细心周到、任劳任怨、不计报酬的工作态度和精神，为项目完成起到不可或缺的保障作用。

　　借此丛书书稿完成撰写、即将交付出版之际，我们衷心感谢中共浙江省委宣传部、浙江省社科联、省规划办和来颖杰、盛世豪、郭华巍、邵清、陈先春、刘东、董希望等领导对本项目研究的信任肯定及在研究过程中的悉心关怀！衷心感谢夏阿国、邵峰、杨建武、郭占恒、王景新、毛丹、赵兴泉、梁敬明、郭红东、胡豹、任强等专家学者对书稿质量的严格审阅把关和学术指教！衷心感谢张伟斌、迟全华、俞世裕、何显明、胡海良、潘捷军、毛跃、陈柳裕等院领导对本项目研究的重视、关心和指导！衷心感谢北山村、花园村、龙峰村、缪家村、蚂蚁岛村、清漾村、上园村、邵家丘村、沙滩村、棠棣村、余村村两委会和全体村民的热情参与、积极配合和无私奉献！衷心感谢相关省市县农办、宣传、文旅、社科、文化、旅游等众多政府部门对本课题研究和实地调研的大力支持和鼎力相助！衷心感谢浙江大学出版社和责编老师专业、细致、负责的编辑出版工作！

　　由于我们水平所限，书中错漏不足之处在所难免，恳望各位领导、专家、学者，各位读者予以批评指教！

2020 年 11 月 26 日